中国社会科学院创新工程学术出版资助项目

革命根据地法制文献选编（中卷）

GEMING GENJUDI FAZHI
WENXIAN XUANBIAN

韩延龙　常兆儒◎编

中国社会科学出版社

目 录

第四编　刑事法规

第二次国内革命战争时期

中华苏维埃共和国临时中央政府人民委员会命令
　　——为检查和取缔私人枪支禁止冒穿军服事
　　（一九三三年四月十五日）…………………………（603）
中华苏维埃共和国中央执行委员会训令
　　——关于惩治贪污浪费行为
　　（一九三三年十二月十五日）………………………（605）
中华苏维埃共和国惩治反革命条例
　　（一九三四年四月八日中华苏维埃共和国中央执行委员会
　　中字第6号命令公布）………………………………（606）
中华苏维埃共和国人民委员会训令
　　——关于地主富农编制劳役队与没收征发问题
　　（一九三四年五月二十日）…………………………（609）
闽西苏维埃政府布告
　　——惩办反革命条例
　　（一九三〇年六月）…………………………………（610）
闽西苏维埃政府布告
　　——禁止私人收买金银首饰
　　（一九三〇年十月）…………………………………（611）
闽西苏维埃政府布告
　　——反动政治犯自首条例
　　（一九三一年二月）…………………………………（611）
湘赣省苏区惩治反革命犯暂行条例

（一九三二年四月八日公布）……………………………（612）
湘赣省苏政府自首自新条例
　　（一九三二年四月十五日）…………………………（613）
鄂豫皖区六安县第六区肃反条例
　　（一九三〇年四月）……………………………………（614）
川陕省没收条例
　　（一九三四年一月六日）………………………………（616）
川陕省没收条例说明书
　　（一九三四年五月）……………………………………（619）
川陕省苏维埃政府肃反执行条例 ……………………………（620）
川陕省苏维埃政府关于反革命自首的条例 …………………（621）
赣东北特区苏维埃暂行刑律 …………………………………（623）

抗日战争时期

中共中央关于宽大政策的解释
　　（一九四二年十一月六日）……………………………（636）
陕甘宁边区抗战时期惩治汉奸条例（草案）
　　（一九三九年）…………………………………………（637）
陕甘宁边区抗战时期惩治盗匪条例（草案）
　　（一九三九年）…………………………………………（638）
陕甘宁边区惩治贪污条例（草案）
　　（一九三九年）…………………………………………（639）
陕甘宁边区政府禁止仇货取缔伪币条例
　　（一九三九年六月十日公布）…………………………（640）
陕甘宁边区破坏金融法令惩罚条例
　　（一九四一年十二月十八日公布）……………………（641）
陕甘宁边区查获鸦片毒品暂行办法
　　（一九四二年一月公布）………………………………（642）
陕甘宁边区贩卖纸烟惩治办法
　　（一九四二年一月公布）………………………………（644）
陕甘宁边区自卫武器登记给照暂行条例
　　（一九四三年四月二十五日公布）……………………（645）
陕甘宁边区禁止粮食出境修正暂行条例

（一九四一年十一月二十五日边区政府公布施行）…………（647）
陕甘宁边区禁烟禁毒条例（草案）……………………………（649）
晋察冀边区行政委员会修正处理汉奸财产办法
　　（一九三八年二月九日公布，一九三九年十一月一日修正
　　公布）……………………………………………………………（651）
晋察冀边区汉奸自首单行条例
　　（一九三八年十一月十七日公布）……………………………（652）
晋察冀边区行政委员会关于严禁播种罂粟的命令
　　（一九三九年二月十九日）……………………………………（653）
晋察冀边区行政委员会关于堕胎溺婴案件均须依法科刑的
　　命令
　　（一九四二年三月十三日）……………………………………（654）
晋察冀边区破坏坚壁财物惩治办法
　　（一九四二年四月一日公布）…………………………………（654）
晋察冀边区惩治贪污条例
　　（一九四二年十月十二日通过，一九四二年十月十五日公布
　　施行）……………………………………………………………（656）
晋察冀边区行政委员会关于严厉禁止粮食资敌规定六项
　　紧急措施的命令
　　（一九四三年一月七日）………………………………………（657）
晋察冀边区关于逮捕搜索侦查处理刑事、
　　特种刑事犯之决定
　　（一九四三年一月二十一日晋察冀边区第一届参议会通过，
　　同年二月四日晋察冀边区行政委员会公布）………………（659）
晋察冀边区处理伪军伪组织人员办法
　　（一九四三年四月十二日公布）………………………………（663）
晋察冀边区行政委员会关于法令中凡规定罚金之条文准依
　　原定数额增加十倍的通知
　　（一九四四年六月十二日）……………………………………（664）
晋冀鲁豫边区禁止敌伪钞票暂行办法
　　（一九四一年五月十日公布，一九四二年九月一日修正
　　公布）……………………………………………………………（665）
晋冀鲁豫边区保护法币暂行办法

（一九四一年七月五日公布，一九四二年九月一日修正
公布）……………………………………………………………（666）
晋冀鲁豫边区惩治盗毁空室清野财物办法
（一九四一年十月二十日公布施行）………………………（668）
晋冀鲁豫边区惩治贪污暂行办法
（一九四二年二月十一日公布）……………………………（669）
晋冀鲁豫边区司法罚金及没收赃款保管解缴处理暂行办法
（一九四二年三月二十五日公布）…………………………（670）
晋冀鲁豫边区汉奸财产没收处理暂行办法
（一九四二年八月一日施行）………………………………（671）
晋冀鲁豫边区惩治盗毁空室清野财物补充办法
（一九四二年八月九日）……………………………………（673）
晋冀鲁豫边区危害军队及妨害军事工作治罪暂行条例
（一九四二年十月三十一日颁布）…………………………（673）
晋冀鲁豫边区妨害公务违抗法令暂行治罪条例
（一九四二年十二月十日公布）……………………………（674）
晋冀鲁豫边区妨害婚姻治罪暂行条例
（一九四三年一月五日颁布）………………………………（675）
晋冀鲁豫边区政府晋冀鲁豫边区高等法院联合通令
——关于群众运动中罚款处理办法的决定
（一九四三年三月四日）……………………………………（676）
晋冀鲁豫边区毒品治罪暂行条例
（一九四一年七月十五日施行）……………………………（678）
晋冀鲁豫边区冀鲁豫行署关于村政权人员贪污之处理的指示
（一九四三年三月十二日）…………………………………（679）
晋冀鲁豫边区冀鲁豫行署查禁假鲁钞暂行办法
（一九四三年五月二十六日公布）…………………………（681）
晋冀鲁豫边区冀鲁豫行署关于处理因灾荒买卖人口纠纷的
规定
（一九四四年十月十四日施行）……………………………（682）
太行区战时紧急处理敌探汉奸暂行办法 ……………………（683）
晋绥边区修正扰乱金融惩治暂行条例补充办法
（一九四二年二月十五日施行）……………………………（685）

晋西北没收汉奸财产单行条例
　　（一九四〇年三月十三日公布）………………………（686）
晋西北惩治贪污暂行条例
　　（一九四一年九月公布）…………………………………（687）
晋西北禁烟治罪暂行条例
　　（一九四一年十一月一日公市）…………………………（689）
晋西北修正扰乱金融惩治暂行条例
　　（一九四一年十一月一日施行）…………………………（690）
山东省惩治贪污暂行条例
　　（一九四〇年十二月三日公布施行）……………………（693）
山东省处理汉奸财产条例
　　（一九四一年四月十八日公布施行）……………………（694）
山东省战时工作推行委员会关于罚款募捐及没收代管的决定
　　（一九四一年五月三十日）………………………………（695）
山东省惩治盗匪暂行条例
　　（一九四二年九月六日参议会通过，同年九月十日战工会
　　公布施行）………………………………………………（696）
山东省战工会关于制止抢劫寡妇的训令
　　（一九四三年四月）………………………………………（697）
山东省战工会关于赌博罪的训令
　　（一九四三年四月）………………………………………（697）
山东省禁毒治罪暂行条例
　　（一九四三年四月二日公布，同年五月一日施行）……（698）
山东省战时除奸条例
　　（一九四三年四月二日公布）……………………………（699）
山东省战时除奸纪律
　　（一九四三年四月二日公布）……………………………（700）
山东省惩治贪污公粮暂行条例
　　（一九四三年八月一日施行）……………………………（700）
修正山东省惩治贪污暂行条例
　　（一九四五年三月十日施行）……………………………（701）
山东省战时行政委员会山东军区关于特务汉奸之处理办法的
　　联合决定

（一九四五年三月十五日施行）……………………………（702）
山东省惩治战争罪犯及汉奸暂行条例
　　　（一九四五年八月公布施行）……………………………（703）
山东省汉奸自首自新暂行条例
　　　（一九四五年八月公布施行）……………………………（705）
山东省处理汉奸财产暂行办法
　　　（一九四五年八月公布施行）……………………………（706）
山东军区处理伪军伪警条例
　　　（一九四五年八月二十日公布施行）……………………（706）
山东省政府山东军区关于敌伪资财处理办法
　　　（一九四五年八月二十五日公布）………………………（707）
渤海区惩治贪污暂行办法
　　　（一九四三年七月二日通过）……………………………（708）
渤海区处理敌人扫荡期间窃盗案件暂行办法
　　　（一九四三年七月二日通过）……………………………（709）
胶东区惩治窃取空舍清野财物暂行办法
　　　（一九四三年十一月二十五日公布施行）………………（710）
苏中行政公署苏中军区司令部联合公布处理汉奸军事间谍办法
　　　（一九四四年二月八日）…………………………………（712）
苏中行政公署新四军苏中军区政治部调查叛国汉奸罪行暂行条例
　　　（一九四五年七月公布）…………………………………（713）
苏中区伪政权伪组织人员悔过自新暂行办法
　　　（一九四五年七月公布）…………………………………（714）

解放战争时期

华北人民政府解散所有会门道门封建迷信组织的布告
　　　（一九四九年一月四日）…………………………………（716）
华北区禁烟禁毒暂行办法
　　　（一九四九年七月十六日）………………………………（717）
华北人民政府关于重大案件量刑标准的通报 ……………………（718）
晋察冀边区鸦片缉私暂行办法
　　　（一九四五年十一月二十一日公布）……………………（720）
晋冀鲁豫边区高等法院关于特种案犯运用刑法的指示

（一九四六年六月十二日施行） ……………………（721）
晋冀鲁豫边区惩治贪污条例
　　（一九四八年一月十日公布） ………………………（724）
晋冀鲁豫边区破坏土地改革治罪暂行条例
　　（一九四八年一月十五日晋冀鲁豫边区政府公布） …（726）
太行行署对战犯处理的指示
　　（一九四五年十二月十日） ……………………………（727）
太行行署关于处理伪军伪组织人员的原则及执行中应注意事项的
　指示
　　（一九四六年四月八日） ………………………………（729）
太岳区惩治滥用浪费民力暂行条例
　　（一九四八年六月十五日） ……………………………（730）
山东省政府关于争取逃亡地主和失节附敌分子的决定
　　（一九四五年九月二日） ………………………………（732）
山东省胶东区行政公署司法处关于"褫夺公权"的几个问题
　　（一九四七年四月二十九日山东省胶东区行政公署司法处
　　公布） …………………………………………………（733）
淮海区惩治盗匪暂行条例 ……………………………………（734）
修正淮海区惩治贪污暂行条例 ………………………………（735）
苏皖边区惩治叛国罪犯（汉奸）暂行条例
　　（一九四五年十二月二十九日公布实施） ……………（737）
苏皖边区危害解放区紧急治罪暂行条例
　　（一九四六年六月公布施行） …………………………（740）
苏皖边区第一行政区惩治汉奸施行条例
　　（一九四六年三月公布） ………………………………（741）
苏皖边区第一行政区破坏解放区革命秩序治罪办法
　　（一九四七年一月） ……………………………………（745）
苏北区奖励节约惩治贪污暂行条例
　　（一九四九年九月一日颁布，同年十一月十四日修正第七条
　　第六项全文） …………………………………………（746）
苏北区禁烟禁毒暂行办法 ……………………………………（748）
苏中区惩治战争罪犯及汉奸暂行条例
　　（一九四五年九月二十五日公布施行） ………………（749）

苏中区汉奸自首自新暂行条例
　　（一九四五年九月二十五日公布施行）……………………（751）
东北解放区惩治贪污暂行条例
　　（一九四七年五月六日东北行政委员会颁布）……………（751）
东北解放区交通肇事犯罪处罚暂行条例
　　（一九四八年十一月一日东北行政委员会颁布）…………（753）
辽西区行署关于没收财产问题之决定
　　（一九四六年二月十日）……………………………………（753）
辽吉区禁烟禁毒条例
　　（一九四六年八月二十五日公布）…………………………（754）
辽吉区查获鸦片毒品暂行办法
　　（一九四六年八月二十五日公布）…………………………（756）
辽北省惩治关于婚姻与奸害罪暂行条例（草案）……………（757）
辽北省惩治窃盗犯暂行办法（草案）…………………………（758）
辽北省惩治土匪罪犯暂行办法（草案）………………………（759）
内蒙古自治政府为清剿流窜叛匪与昭告蒋匪溃兵特务自新的布告
　　（一九四八年十二月十日）…………………………………（761）
内蒙古自治政府关于登记内蒙古自治区域内反动党派人员的布告
　　（一九四九年三月三十日）…………………………………（762）
绥远省戒吸毒品暂行办法
　　（一九四九年八月二十日）…………………………………（763）
附录 ……………………………………………………………（764）
　陕甘宁边区违警罚暂行条例
　　（一九四二年二月二十三日公布）…………………………（764）
晋冀鲁豫边区违警处罚暂行办法 ………………………………（770）
陕甘宁边区抗战时期戒严条例（草案）
　　（一九三九年）………………………………………………（773）
晋察冀边区戒严检查办法
　　（一九四二年十一月四日边区行政委员会公布）…………（774）
淮海分区戒严条例
　　（一九四五年八月）…………………………………………（776）

第五编　诉讼法规

第二次国内革命战争时期

废止肉刑问题

　　（一九二九年十二月）……………………………………（781）

中华苏维埃共和国中央执行委员会训令

　　——处理反革命案件和建立司法机关的暂行程序

　　（一九三一年十二月十三日中央执行委员会非常会议通过）……（782）

中华苏维埃共和国国家政治保卫局组织纲要

　　（一九三二年一月二十七日）……………………………（784）

中华苏维埃共和国中央执行委员会命令

　　（一九三二年二月一日）…………………………………（787）

中华苏维埃共和国军事裁判所暂行组织条例

　　（一九三二年二月一日中华苏维埃共和国中央执行委员会
　　公布）………………………………………………………（788）

中华苏维埃共和国司法人民委员部对裁判机关工作的指示（节录）

　　（一九三三年五月三十日）………………………………（791）

中华苏维埃共和国中央执行委员会命令

　　（一九三二年六月九日）…………………………………（794）

中华苏维埃共和国裁判部暂行组织及裁判条例

　　（一九三二年六月九日中华苏维埃共和国中央执行委员会
　　公布）………………………………………………………（795）

中华苏维埃共和国临时中央政府执行委员会训令

　　——为更改执字第六号训令第二项之规定

　　（一九三二年六月九日）…………………………………（799）

中华苏维埃共和国劳动感化院暂行章程

　　（一九三二年八月十日）…………………………………（799）

中华苏维埃共和国临时中央政府司法人民委员部命令

　　——为组织劳动法庭的问题

　　（一九三三年四月十二日）………………………………（801）

中华苏维埃共和国临时中央政府司法人民委员部命令

　　——关于没收犯人的财产和物件的手续

（一九三三年四月十六日）……………………（802）
中华苏维埃共和国临时中央政府人民委员会命令
　　　（一九三四年二月九日）…………………………（803）
中华苏维埃共和国中央执行委员会命令
　　　（一九三四年四月八日）…………………………（804）
中华苏维埃共和国司法程序
　　　（一九三四年四月八日中华苏维埃共和国中央执行委员会
　　　公布）………………………………………………（804）
中华苏维埃共和国中央执行委员会关于肃反委员会决议
　　　（一九三三年四月十五日）………………………（806）
国家政治保卫局特派员工作条例
　　　（一九三四年四月三十日）………………………（807）
肃反委员会暂行组织条例
　　　（一九三六年一月二十八日）……………………（808）
国家政治保卫局工农红军总政治部中央革命军事委员会训令
　　　（二月九日）………………………………………（809）
革命法庭条例（草案）………………………………………（810）
革命法庭的工作大纲…………………………………………（812）
闽西苏维埃政府布告
　　　——裁判条例
　　　（一九三〇年五月）………………………………（815）
鄂豫皖区苏维埃政府革命军事法庭暂行条例
　　　（一九三一年九月一日）…………………………（817）
鄂豫皖区苏维埃政府革命法庭的组织与政治保卫局的关系及其
　　　区别
　　　（一九三一年十月四日）…………………………（818）
福建省苏维埃政府训令（节录）
　　　——关于处理犯人的问题
　　　（一九三二年八月二十七日）……………………（821）
福建省苏维埃政府命令
　　　（一九三二年九月八日）…………………………（821）
福建省苏维埃政府训令（节录）
　　　——关于犯人的材料及坚决废止肉刑的问题

（一九三二年九月九日）……………………………………………（822）

西北政治保卫局暂行组织纲要

（一九三六年七月十五日）…………………………………………（822）

川陕省革命法庭条例（草案） ………………………………………（824）

抗日战争时期

陕甘宁边区高等法院组织条例

（一九三九年四月四日公布）………………………………………（827）

陕甘宁边区高等法院对各县司法工作的指示（节录）

（一九四一年五月十日）……………………………………………（831）

陕甘宁边区政府审判委员会组织条例

（一九四二年八月）…………………………………………………（833）

陕甘宁边区调整军政民关系维护革命秩序暂行办法

（一九四三年一月十五日公布）……………………………………（834）

陕甘宁边区军民诉讼暂行条例

（一九四三年一月十五日公布）……………………………………（835）

陕甘宁边区高等法院分庭组织条例草案

（一九四三年三月公布）……………………………………………（836）

陕甘宁边区县司法处组织条例草案

（一九四三年三月公布）……………………………………………（837）

晋察冀边区陪审制暂行办法

（一九四〇年五月十五日公布）……………………………………（838）

晋察冀边区公安局暂行条例

（一九四一年四月十日）……………………………………………（840）

晋察冀边区法院组织条例

（一九四三年一月二十日晋察冀边区第一届参议会通过，
同年二月四日晋察冀边区行政委员会公布）……………………（841）

晋察冀边区行政委员会关于改变公安机构及其工作范围之决定

（一九四三年二月十二日）…………………………………………（844）

晋察冀边区行政委员会关于边区司法机关改制之决定

（一九四三年二月十二日）…………………………………………（845）

晋察冀边区行政委员会关于处理监押犯之决定

（一九四三年四月十五日）…………………………………………（847）

晋察冀边区行政委员会关于执行改进司法制度的决定应注意
　事项的命令
　　　（一九四四年五月二十九日） ……………………………（848）
晋察冀边区行政委员会关于改进司法制度的决定
　　　（一九四四年五月三十一日） …………………………（849）
晋察冀边区行政委员会关于特种刑事案件审理程序之决定
　　　（边委会第四十六次委员会议通过） …………………（851）
晋冀鲁豫边区高等法院组织条例
　　　（一九四一年十月十五日公布施行） …………………（852）
晋冀鲁豫边区政府晋冀鲁豫边区高等法院关于执行决定之
　审级制度的命令
　　　（一九四二年五月二十一日） …………………………（856）
晋冀鲁豫边区公安总局晋冀鲁豫边区高等法院关于公安司法
　部门工作关系的联合指示
　　　（一九四二年七月三十日） ……………………………（858）
晋冀鲁豫边区高等法院关于执行死刑合议制度变通办法的决定
　　　（一九四二年八月十日） ………………………………（859）
晋冀鲁豫边区民事诉讼上诉须知
　　　（一九四二年九月十日颁布） …………………………（859）
晋冀鲁豫边区政府晋冀鲁豫边区高等法院关于对根据地人民、
　敌占区民夫等抢劫盗毁食粮田禾处理办法的通令
　　　（一九四二年十月十九日） ……………………………（861）
晋冀鲁豫边区高等法院关于执行核案新决定的命令
　　　（一九四三年一月二十日） ……………………………（862）
晋冀鲁豫边区政府晋冀鲁豫边区高等法院关于司法工作在扶植
　群众运动中及适应战争环境的几点指示 ……………………（863）
晋冀鲁豫边区太岳区暂行司法制度
　　　（一九四四年三月一日公布施行） ……………………（865）
晋绥边区第四专员公署通令
　　　——规定各县送复核复判案件应注意遵守事项由
　　　（一九四三年） …………………………………………（882）
晋西北巡回审判办法
　　　（一九四二年三月一日公布） …………………………（882）

晋西北陪审暂行办法
　　（一九四二年四月十五日公布）……………………（884）
山东省各级司法办理诉讼补充条例
　　（一九四一年四月十八日通过，同日公布施行）………（886）
山东省改进司法工作纲要
　　（一九四一年四月二十二日通过，同日施行）…………（886）
山东省陪审暂行办法（草案）………………………（888）
山东省公安局暂行条例
　　（一九四一年十月一日公布施行）………………（889）
山东省战时工作推行委员会关于盗匪案件划归公安局审理的通令
　　（一九四二年七月六日）………………………（890）
山东省战时工作推行委员会厉行判决批答严格审级的通令
　　（一九四二年七月十八日）……………………（891）
山东省战时工作推行委员会关于厉行保释、减少羁押人犯与
　　改善犯人待遇的训令
　　（一九四二年八月）……………………………（891）
山东省战时工作推行委员会关于厉行保释、减少羁押人犯
　　与改善犯人待遇的决定
　　（一九四二年八月）……………………………（892）
山东省各级公安局拘押差犯暂行条例
　　（一九四二年九月二十七日公布施行）……………（892）
山东省战时工作推行委员会关于成立司法机关的训令……（894）
山东县司法处刑事复判暂行办法……………………（895）
山东省胶东区行署各级军法会审委员会组织及审理暂行条例………（897）
修正淮海区审理司法案件暂行办法…………………（899）
淮海区人民代表陪审条例（草案）……………………（903）
淮海区巡回审判实施办法……………………………（904）
淮海区徒刑案犯执行暂行办法………………………（905）
淮海区司法公安案犯统一管教暂行办法……………（906）
淮海区拘票使用办法…………………………………（907）
淮海区公务人员非法拘押惩处暂行条例（草案）……（909）
淮海区审理敌伪区人民诉讼案件暂行办法…………（911）
苏中区惩治伪化诉讼暂行条例

（一九四四年九月公布施行） …………………………………（912）
苏中区处理诉讼案件暂行办法
　　　（一九四四年十月公布施行） …………………………………（913）
苏中区第二行政区诉讼暂行条例
　　　（一九四三年九月一日公布，一九四三年九月十五日施行）……（921）
苏中区第二行政区征收诉讼费用暂行办法
　　　（一九四三年九月一日公布，一九四三年九月十五日施行）……（925）

解放战争时期

华北人民政府指令
　　　——游击区判处死刑案件可由行署批准由
　　　（一九四八年十月五日） …………………………………………（927）
华北人民政府为统一各行署司法机关名称、恢复各县原有
　　司法组织及审级的规定的通令
　　　（一九四八年十月二十三日） ……………………………………（927）
华北人民政府通令
　　　——处理死刑案件应该注意的事项由
　　　（一九四八年十月二十三日） ……………………………………（928）
华北人民政府指令
　　　——边沿区、游击区判处死刑亦应执行宣判送达手续由
　　　（一九四八年十一月二十二日） …………………………………（929）
华北人民政府关于估定囚粮额数、取消讼费及区村介绍起诉
　　制度的通令
　　　（一九四八年十一月二十三日） …………………………………（930）
华北人民政府关于县市公安机关与司法机关处理刑事案件
　　权责的规定
　　　（一九四八年十一月三十日） ……………………………………（931）
华北人民政府为清理已决及未决案犯的训令
　　　（一九四九年一月十三日） ………………………………………（931）
华北人民政府训令
　　　——处理各县逃亡平津等大城市人犯的规定
　　　（一九四九年二月七日） …………………………………………（935）
华北人民政府关于各级司法委员会改为裁判研究委员会的通令

（一九四九年三月二十二日）……………………………（936）
华北人民政府关于确定刑事复核制度的通令
　　　（一九四九年三月二十三日）……………………………（937）
华北人民政府关于贯彻清理积案，并研究减少积案办法的训令
　　　（一九四九年五月二十一日）……………………………（938）
晋察冀边区行政委员会关于调整复核复判程序的命令
　　　（一九四五年十二月四日）………………………………（939）
晋察冀边区行政委员会关于颁发各级法院状纸与讼费暂行
　　办法的命令
　　　（一九四六年一月四日）…………………………………（940）
晋察冀边区各级法院状纸与讼费暂行办法
　　　（一九四六年一月四日公布）……………………………（941）
晋察冀边区行政委员会关于诉讼费用征收问题的通知
　　　（一九四六年四月二十四日）……………………………（945）
晋察冀边区行政委员会通知
　　——关于取消法庭法院干部分工等问题的解答
　　　（一九四六年六月二十二日）……………………………（945）
晋察冀边区行政委员会关于人民法庭工作的指示
　　　（一九四八年一月六日颁布）……………………………（947）
晋冀鲁豫边区关于审级及死刑核定的暂行规定
　　　（一九四六年二月十二日施行）…………………………（949）
晋冀鲁豫边区关于公安司法关系及城市管理分工的指示
　　　（一九四六年三月五日行署转布）………………………（950）
太行行署关于公安司法关系及城市管理分工的指示
　　　（一九四六年二月二十日）………………………………（951）
太行行署关于执行新审级制度应注意事项的指示
　　　（一九四六年五月二十三日）……………………………（952）
太行行署关于重新规定审级审核制度的通令
　　　（一九四六年八月十一日）………………………………（954）
冀南区诉讼简易程序试行法
　　　（一九四六年八月一日试行）……………………………（956）
山东省各级军事法庭组织条例
　　　（一九四五年）……………………………………………（962）

山东省政府关于目前司法工作的指示
　　（一九四五年）……………………………………………（962）
山东省审理汉奸战犯暂行办法
　　（一九四六年五月二十四日公布）………………………（963）
山东省胶东区行政公署现行民刑审级制度及诉讼程序简化办法
　　（一九四七年四月二十九日胶东区行政公署司法处公布）………（965）
太原市军事管制委员会特别法庭暂行办法（草案）
　　（一九四九年七月一日）……………………………………（967）
苏北行政公署关于县市公安机关与司法机关处理刑事案件
　权职的规定
　　（一九四九年六月八日）……………………………………（968）
苏北行政公署指令
　　（一九四九年九月二十八日）………………………………（969）
苏北行政公署训令
　　（一九四九年九月二十八日）………………………………（970）
苏皖边区第二行政区人民法庭组织办法
　　（一九四七年十二月二十四日公布施行）…………………（971）
苏皖边区第六行政区人民法庭组织条例
　　（一九四八年二月二十三日公布施行）……………………（973）
苏皖边区第六行政区人民法庭办事细则
　　（一九四八年二月二十三日公布施行）……………………（975）
江西省府法院关于司法工作几个问题的指示 …………………（976）
东北行政委员会关于司法行政及组织问题指示
　　（一九四六年十月十六日）…………………………………（979）
东北各级司法机关暂行组织条例
　　（一九四六年十月十九日）…………………………………（980）
关东各级司法机关暂行组织条例草案
　　（一九四七年六月草订）……………………………………（982）
东北解放区人民法庭条例
　　（一九四八年一月一日）……………………………………（986）
东北行政委员会关于成立高等法院并健全司法机关的指示
　　（一九四八年三月二十三日）………………………………（988）
东北行政委员会关于建设司法工作的几项具体指示

（一九四八年五月二十七日）……………………………（989）
东北行政委员会关于各级司法机构改为人民法院的通令
　　（一九四八年九月六日）………………………………（990）
辽北省各市县旗人民法院的组织职权、义务及办事细则（草案）……（990）
哈尔滨特别市民事刑事诉讼暂行条例（草案）
　　（一九四八年十月二十四日市府常委会通过）…………（995）
哈尔滨特别市人民法院法庭规则
　　（一九四八年）……………………………………………（998）
哈尔滨特别市政府对公安局与人民法院关于处理民刑案件的分工
　　与联系决定 ………………………………………………（999）
内蒙古自治政府关于确定死刑审核及上诉制度的命令
　　（一九四九年九月二十九日）……………………………（1000）
陕甘宁边区民刑事件调解条例
　　（一九四三年六月十一日颁布）…………………………（1001）
陕甘宁边区政府关于普及调解、总结判例、清理监所指示信（节录）
　　（一九四四年六月六日）…………………………………（1004）
晋察冀边区行政村调解工作条例
　　（一九四二年四月一日公布）……………………………（1005）
晋察冀边区行政委员会关于加强村调解工作与建立区调处
　　工作的指示
　　（一九四四年六月一日）…………………………………（1007）
晋察冀边区行政委员会关于区公所调处案件的决定（草案）
　　（一九四四年六月一日）…………………………………（1010）
晋冀鲁豫边区冀鲁豫区区调解委员会组织大纲 ………………（1011）
冀南区民刑事调解条例
　　（一九四六年二月二十日公布）…………………………（1014）
晋西北村调解暂行办法
　　（一九四二年三月一日公布）……………………………（1017）
山东省调解委员会暂行组织条例
　　（一九四一年四月十八日通过，同日公布施行）………（1018）
山东省政府关于开展调解工作的指示
　　（一九四五年十二月十三日）……………………………（1019）
山东省战时工作推行委员会关于民事案件厉行调解的通令 ……（1020）

渤海区村调解委员会暂行组织条例
  （一九四四年四月二十日公布施行） ………………………（1021）
苏中区人民纠纷调解暂行办法
  （一九四五年五月） …………………………………………（1023）
华北人民政府关于调解民间纠纷的决定
  （一九四九年二月二十五日） ………………………………（1025）
天津市人民政府关于调解程序暂行规程
  （一九四九年三月十五日天津市人民政府公布） …………（1027）
关东地区行政村（坊）调解暂行条例草案
  （一九四八年三月草订） ……………………………………（1028）

第四编

刑事法规

第四篇

植 物 篇

第二次国内革命战争时期

中华苏维埃共和国临时中央政府
人民委员会命令

第四十二号

——为检查和取缔私人枪支禁止冒穿军服事

（一九三三年四月十五日）

枪支是战争的重要武器，应当集中到红军部队及地方工农武装组织里面，去进攻敌人，发展战争，私人不能随便携带。对于工农阶级的敌人——地主、富农、资本家及一切反革命分子——更是绝对禁止他们手中存有武器，并严格防止反革命分子潜入到我们武装队伍——红军独立师团、赤少队中来窃取武装，这是保障革命胜利的一个必要前提。

军服是红军穿的，不是红军的人员就不能随便穿红军的制服，以免混淆不清。

我们考查在一、二、三次战争胜利中有很多枪支散失在农村中，没有完全收清。同时过去各地的地主武装虽被我们完全消灭，但不免有少数枪支被反革命分子所埋藏。这些枪支的散布，难免不落于反革命手中。据最近事实，在汀、会、石等县检查地主富农的时候搜出有不少枪支。更就肃反中所发现的反革命组织暗探队（会昌）、扑杀队（雩都）、秘密守望队（寻乌、万太）等等武装阴谋，都足以表示这一问题的严重。当目前阶级斗争到了最剧烈的时候，我们不仅要彻底消灭外面进攻的敌人，而且要彻底解除苏区内部反革命派的武装，镇压反革命一切企图来保卫苏区，加强苏区的发展和胜利。枪支是武器中最主要的武器，应当保证在工农武装队伍手里，举行检查和取缔私人的枪支，实行枪支登记，这是保障革命胜利的一个重要工作。

近日红军制服遗散于群众中者甚多，特别是开小差的随身穿回家去，这样使红军与非红军分别不清，使政府损失大批经济，更直接影响于革命战争经费，非立即加以检查和取缔不可。

因此决定以下办法：

一、举行枪支检查，除正式武装部队——红军独立师团、游击队、警卫部队、赤少队以外，私人不得携带和隐藏枪支。

二、凡县一级以上之各机关和国家保卫局特派员，因工作关系必须携备枪支者，只限于短枪步枪，由该机关负责人签名，向同级国家保卫局登记领取枪证，边区之区乡两级工作人员如因环境及工作关系须要携带枪支者，由直接隶属的县机关证明登记，领取证书。

三、以后凡无证书之私人枪支，一经查出，即以私藏军火论罪。

四、除脱离生产之武装部队在职战士，政府在职之工作人员，红军残废战士回家者得穿红军制服外，赤少队、群众团体及私人，均不得穿红军制服。至战士和政府工作人员退职时应将军服缴还。

五、中央区规定以五月为检查枪支、制服的时期，其他苏区自文到之日起二十天内检查完毕。

六、在检查期内自动缴报者不加处置，否则一经查出，即以私藏军火制服论罪，但过期后能自动缴报者可减轻处罚。

七、检查机关以县区军事部协同保卫局来进行。

八、在检查中必须动员赤少队和各群众团体来参加，并且发动和鼓动群众经常向政府和保卫局举发私藏枪械者。

以上各项由各级政府、各级国家保卫局机关协同拟定实行具体办法，并将检查登记情形按级报告为要。此令

主　席　毛泽东
副主席　项　英
　　　　张国焘

（选自《红色中华》第七十一期）

中华苏维埃共和国中央执行委员会训令

第二十六号

——关于惩治贪污浪费行为

（一九三三年十二月十五日）

为了严格惩治贪污及浪费行为，特规定惩罚办法如下：

一、凡苏维埃机关、国营企业及公共团体的工作人员，利用自己地位贪污公款以图私利者，依下列各项办理之：

甲．贪污公款在五百元以上者，处以死刑。

乙．贪污公款在三百元以上五百元以下者，处以三年以上五年以下的监禁。

丙．贪污公款在一百元以上三百元以下者，处以半年以上二年以下的监禁。

丁．贪污公款在一百元以下者，处以半年以下的强迫劳动。

二、凡犯第一条各项之一者，除第一条各项规定的处罚外，得没收其本人家产之全部或一部，并追回其贪没之公款。

三、凡挪用公款为私人营利者以贪污论罪，照第一、第二条两条处治之。

四、苏维埃机关、国营企业及公共团体的工作人员，因玩忽职务而浪费公款，致使国家受到损失者，依其浪费程度〔处〕以警告、撤销职务以至一个月以上三年以下的监禁。

中央执行委员会
主　席　毛泽东
副主席　项　英
　　　　张国焘

（选自一九三四年一月四日《红色中华》第140期）

中华苏维埃共和国惩治反革命条例

(一九三四年四月八日中华苏维埃共和国
中央执行委员会中字第6号命令公布)

第一条 凡犯本条例所列举各罪者，不论是中国人外国人，不论在中华苏维埃共和国领土内或在领土外，均适用本条例以惩治之。

第二条 凡一切图谋推翻或破坏苏维埃政府及工农民主革命所得到的权利，意图保持或恢复豪绅地主资产阶级的统治者，不论用何种方式，都是反革命行为。

（注）本条例所称为对于苏维埃或在苏维埃境内的反革命犯罪行为，包括对于革命委员会或在革命委员会管理之下的一切反革命犯罪行为。

第三条 凡组织反革命武装军队及团匪、土匪侵犯苏维埃领土者，或煽动居民在苏维埃领土内举行反革命暴动者，处死刑。

第四条 凡勾结帝国主义国民党军阀，以武力来进攻苏维埃领土，或抵抗苏维埃红军的行动者，处死刑。

第五条 组织各种反革命团体，实行反对和破坏苏维埃，意图维持或恢复豪绅地主资产阶级统治者，处死刑。其情形较轻者，处三年以上的监禁。

第六条 组织或煽动居民拒绝纳税或不履行其他义务，企图危害苏维埃者，处死刑。其情形较轻者，处一年以上的监禁。

第七条 以反革命为目的，故意反对或破坏苏维埃的法令及其所经营的各种事业者，处死刑。其情形较轻者，处一年以上的监禁。

第八条 以反革命为目的，混入苏维埃机关或苏维埃经营的事业，意图窃取或破坏苏维埃政权及其事业者，处死刑。其情形较轻者，〔处〕二年以上的监禁。

第九条 以反革命为目的，暗杀或谋害苏维埃政府、红军、革命团体的工作人员及其他革命分子，不论用何种方法，其指使者以及其执行者均处死刑。

第十条 以反革命为目的或企图取得报酬为反革命服务，进行各种间谍行为或传达、盗窃、收集各种有关国家秘密性质的材料或军事秘密者，处死刑。因玩忽政务，不感觉其行动所能发生的结果，泄漏上项秘密者，处一年至五年的监禁。

第十一条 在反动统治方面曾担任过重要〔责〕任，对工农利益及革命运动作积极反对行为者，处死刑。但遇特种情形时，得减轻处罚。

第十二条 以反革命为目的，用反动的文字、图画、讲演及谈话对于居民或红色战士进行宣传鼓动或制造散布谣言，使社会发生恐慌，破坏苏维埃及红军信仰者，处死刑。其情形较轻者，处六个月以上的监禁。

第十三条 制造或保存各项反动煽惑的文字、图画，以便作反革命的宣传鼓动者，处一年至五年的监禁。

第十四条 以反革命为目的，利用宗教迷信，煽惑居民，破坏苏维埃及其法令者，处死刑。其情形较轻者，处六个月以上的监禁。

第十五条 投降反革命并向反革命报告中华苏维埃共和国的各种秘密或帮助反革命积极反对苏维埃红军者（革命叛徒），处死刑。

第十六条 携带枪械或其他军用品投敌者，教唆或组织他人投敌者，均处死刑。

第十七条 以反革命为目的，混入革命武装部队，企图夺取或破坏这种部队，以帮助敌人者，处死刑。

第十八条 领导和组织红色战士逃跑或红色战士逃跑至五次以上者，均处死刑。有特殊情形者，得减轻其处罚。

第十九条 以反革命为目的，故意破坏或抛弃枪支及其他军用品者，或偷卖军用品于敌人者，均处死刑。其情形较轻者，处一年以上的监禁。

第二十条 以反革命为目的，故意违抗上级指挥员的命令，意图破坏某种战斗任务或在战线上故意向自己部队打枪或乘机扰乱战线者，均处死刑。

第二十一条 以反革命为目的，杀害革命民众或故意破坏与抢夺革命民众的财物，致损害苏维埃与红军在群众中的威信者，处死刑。其情形较轻者，处六个月以上的监禁。

第二十二条 藏匿军火，意图达到其反革命目的者，处死刑。

第二十三条 以反革命为目的，组织秘密机关，破坏水陆交通、公共仓库、国营企业及各项建筑物者，处死刑。其情形较轻者，处六个月以上的监禁。

第二十四条 以反革命为目的，放火焚烧房屋或山林，致国家及居民遭受重大损失者，处死刑。其情形较轻者，处六个月以上的监禁。

第二十五条 以破坏中华苏维埃共和国经济为目的，制造或输入假的苏维埃货币、公债票及信用券者，或煽动居民拒绝使用苏维埃的各种货币或抑低苏维埃各种货币的价格，引起市面恐慌者，或煽动居民向苏维埃银行挤兑者，或藏匿大批现金，故意扰乱苏维埃金融者，均处死刑。其情形较轻者，处六个月以上的监禁。

第二十六条 以反革命为目的，阻止或破坏苏维埃共和国的贸易，使国家企业、合作社及居民受到重大损失者，或故意停闭企业造成经济恐慌者，均处死刑。其情形较轻者，处一年以上的监禁。

第二十七条 假冒苏维埃红军或革命团体的名义，或假造苏维埃红军或革命团体的公私印章、文件，以进行反革命的活动者，处死刑。其情形较轻者，处六个月以上的监禁。

第二十八条 凡以反革命为目的，混入苏维埃机关，对于反革命分子或地主资产阶级之任何犯罪分子故意纵容或唆使逃跑或重罪轻罚，对于革命分子则加以冤枉或施以非刑或压制其对于反革命分子控告与揭发者，处以死刑。其情形较轻者，处二年以上的监禁。

第二十九条 被苏维埃驱逐出境又秘密进入苏维埃内，意图进行反革命活动者，处死刑。

第三十条 凡藏匿与协助本条例第三条者，与各该条之罪犯至二十九条所规定的各种罪犯同罪。

第三十一条 凡犯本条例第三条至第三十条所列举各罪之一项或一项以上，经法庭判处监禁又再犯本条例所举各罪之一项或一项以上者，加重其处罚。

第三十二条 虽有本条例规定的犯罪行为之企图而未达到目的者（未遂罪），或为该项犯罪行为所附和者，得减轻其处罚。

第三十三条 凡被他人胁迫非本人愿意犯法，避免其胁迫因而犯罪者，或察觉该项犯〔罪〕行为为最终目的者，或与实施该项犯罪行为无关系者，均得按照各该条文的规定减轻或免其处罚。

第三十四条 工农分子犯罪而不是领导的或重要的犯罪行为者，得依照本条例各项条文的规定，比较地主资产阶级分子有同等犯罪行为者，酌〔情〕减轻其处罚。

第三十五条 凡对苏维埃有功绩的人，其犯罪行为得按照本条例各该条文的规定减轻处罚。

第三十六条 凡犯本条例所列各罪之一未发觉而自己向苏维埃报告者（自首分子），或既发觉而悔过忠实，报告其犯罪内容，帮助肃反机关破获其他同谋犯罪者（自新分子），得按照各项条文的规定，减轻处罚。

第三十七条 年龄在十六岁以下的未成年人，犯本条例所举各罪者，得按照该条文的规定减轻处罚；如为十四岁以下的幼年人，得交教育机关实施感化教育。

第三十八条 凡本条例所未包括的反革命犯罪行为，得按照本条例相似的条文处罚之。

第三十九条 凡犯本条例各罪之一者，除按照该条文上的规定科罪（刑）外，得没收其本人的财产全部或一部，并得剥夺其公民权一部或全部。

第四十条 本条例所规定的监禁期限，以十年为最高限度。

第四十一条 本条例自公布之日起发生效力。

（选自《肃反令文汇集》）

中华苏维埃共和国人民委员会训令
中字第三号
——关于地主富农编制劳役队与没收征发问题
（一九三四年五月二十日）

人民委员会根据各方面所得新的材料，为了使各级苏维埃政府更正确地执行中字第十八号命令"关于尽量利用地主富农的劳动力与资财问题"的重要指示，认为必须明白指出在革命战争日益紧张的条件下，我们对于地主富农的方法不能不有相当的变动，但消灭地主阶级与反对富农的我们的基本策略还是不变的。因此必须更明确地规定：

一、地主应该编入永久的劳役队，富农则应该编入临时的劳役队。在直接作战的区域（狭义的战区，即坚壁清野与准备坚壁清野的战区），在军事必要时，即在直接作战区域的近后方（即广义的战区），地主富农可以编入同一劳役队内。在基本地区，则仍应有这种区别。

二、在所有战区进行反革命活动的地主富农应就地处决外，地主的家产全部没收，地主家属一律驱逐出境或迁往别处，但对富农则只实行征发其粮食与现金，富农家属一般的仍可留在原地。征发的程度可由当时战争的环境与战争的需要来决定，但不得少于基本地区的征发量。

三、在所有基本地区，对于地主家产仍然是全部没收，富农亦应开始征发其粮食，暂时决定每人五斗谷子。富农捐款的百分比应相当（应）增加。

四、除对于关店、停业、逃跑、操纵居奇造成经济恐慌，以响应敌人进攻的商人与资本家的财产应全部没收外，目前应开始在主要市镇向商人资本家募集捐款，帮助革命战争的经费。

主　席　张闻天
（选自《红色中华》第 192 期）

闽西苏维埃政府布告
第十三号
——惩办反革命条例
（一九三〇年六月）

兹将闽西第一次工农兵代表大会关于惩办反革命条例之决议案公布于下。

1. 土豪劣绅恃势欺压贫民者枪决。
2. 反动政党领袖危害革命者枪决；其党员自首者免究。
3. 勾结白军摧残群众者枪决。
4. 为敌人引路者严办。
5. 为反动派当侦探者枪决。
6. 窝藏反动派及侦探者严办。
7. 强权租息捐税者枪决。
8. 破坏革命团体及苏维埃者枪决。
9. 捣乱会场或政府机关者严办。
10. 私藏枪械者严办。
11. 侵吞公款、侵害公共建筑物及公产者究办。
12. 乱烧乱杀者严办。
13. 作反动宣传及造谣惑众者究办。
14. 故意破坏革命标语布告者严办。
15. 破坏邮政交通者究办。
16. 与政府颁布法令有抵触行为者究办。
17. 本条例自公布之日起发生效力。

闽西苏维埃政府布告

第三号

——禁止私人收买金银首饰

（一九三〇年十月）

闽西自暴动以来，各县妇女多数实行剪发，所有金银首饰俱变为废物，一般贪利之徒，争向群众收买，发到白色区域去贩卖，以图厚利。查金银首饰可转变为银币，贩卖首饰是和私运银币出口同样的捣乱金融。因此本政府经济、财政、土地委员会联席会议决议，并经常委会通过，禁止私人收买金银首饰，以后如有私人在赤色区域收买首饰，一经查出，处以十倍以上之罚金，其将首饰送到白色区域贩卖，或在赤区私铸银币，则处以死刑。为此特行布告，仰我革命群众，一体遵照。

闽西苏维埃政府布告

第九号

——反动政治犯自首条例

（一九三一年二月）

一、凡属反动政党不论党魁、党羽一律准其自首免罪。

二、自首申明书除确报姓名、年龄、籍贯及最近住址外，必须载明以下三点：

（1）社会出身及家庭情况如何？

（2）曾经担任过些什么反共产党反苏维埃的工作，并担任该项工作的地方和时期怎样？

（3）本人加入反动政党及自首的原因？

三、须将该反动派的重要分子及其组织情形，尽其所知，详细报告政府。

四、本人自首后，担任肃反工作，并须绝对服从苏维埃政府的一切法令。

五、如本人愿意暂将真姓名不公布的，须在申明书内说明理由。

六、申明书交到当地最高政权机关后，暂定三天至多七天为调查期间。

七、反动政治犯自动自首后，按照其履行本条例第二条的程度区别给奖。

八、申明自首者须找到工人、雇农、贫农或共产党两人的担保。

九、自布告标贴之日起，半个月为自首期间。在自首期间内，按照本条例自首者概行免罪。

湘赣省苏区惩治反革命犯暂行条例

（一九三二年四月八日公布）

第一条　凡公开的或秘密的加入一切反革命组织，企图破坏革命，颠覆苏维埃的反革命分子，均受本条例制裁。

第二条　裁判反革命分子分下列等级处理：

一、死刑，没收其本人的土地财产。

二、监禁或发苦工。

三、剥夺公权，监视其劳动。

四、警告。

五、劝告。

第三条　凡有下列情事之一者，依本条例第二条第一项处理之：

一、阶级异己分子为反革命首领，工作显巨者。

二、豪绅地主子弟加入反革命组织者。

三、富农、流氓、资本家及其他剥削分子加入反革命组织，参加反革命活动者。

四、经常与敌人暗通消息或隐藏反革命侦探，及反革命家属与反革命犯同谋反动者。

五、自新后重新参加反革命活动者。

第四条　凡有下列情事之一者，依本条例第二条第二项处理之：

一、加入反革命组织担任反革命职务而无工作者。

二、经逮捕之后不忠实报告反动企图，保存秘密者。

三、诬害贫苦工农分子为反革命者。

第五条　凡有下列情事之一者，依本条例第二条第三项处理之：

一、凡贫苦工农被欺骗加入反革命组织到会有三次以上者。

二、商人、富农、学生、教员加入反革命组织无反革命事实，而自动出来自首,忠实地报告反动组织者。

第六条 凡有下列情事之一者,依本条例第二条第四项处理之:

一、贫苦工农被欺骗加入反革命组织到三次会而无反动事实者。

二、贫苦工农被欺骗加入反革命组织自动出来自首者。

第七条 凡有下列情事之一者,依本条例第二条第五项处理之:

一、贫苦工农被欺骗加入反动组织而未到过会者。

二、因感情作用,被反革命所利用(替反革命送一次普通文件)而不知道者。

第八条 监禁、发苦工、剥削(夺)公权时间的长短,依犯罪的轻重判处之,但剥削(夺)公权期间,最少为三个月。

第九条 凡经处罚的人犯,工作积极,表现已脱离反动组织关系者,仍得随时斟酌情形,予以□减,不好者,亦将延长其处罚。

第十条 未长成(十六岁以下)之男女加入反革命组织者,准其自新自首,不加追究。

第十一条 妇女犯判与男子减轻一等处罚。

第十二条 本条例公布发生效力后,一九三一年十月所颁布之惩治反革命犯暂行条例宣布作废。

第十三条 本条例自公布日发生效力。

湘赣省苏政府自首自新条例

(一九三二年四月十五日)

一、湘赣省苏维埃政府遵照中华苏维埃中央政府颁布的法令及国家政治保卫局组织纲要,依据阶级路线重新颁布自首自新条例。

二、一般的工人、红军战斗员、雇农、贫农、中农与独立劳动者,只要不是坚决投降于反革命的领袖分子,而为反革命胁迫欺骗加入或附和反革命行动或组织的,在原则上一律给以自新的出路,准于自首自新。

三、凡贫苦工农、兵士、贫民,被胁迫欺骗加入AB团、改组派、国民党或反革命派御用的"甲子团"、"屎谈会"、"吃烟会"、"好吃会"、"春风社"、"恋爱社"、"忠善堂"、"新共产党"、"新共产党青年团"(这些都是反动派利用各种新的名义,来欺骗群众,实际阴谋破坏革命的秘密组织)等组织的,一律准许自首。凡自动出来自首,向当地苏维埃政府忠实报告反动派组织的自首分子，一律免罪或减轻处分。

四、凡贫苦工农、士兵、贫民过去被反革命胁迫欺骗加入或附和反革命行动，而现在又尚未觉悟出来自首的分子，经各县政治保卫分局、肃反委员会或特派员侦察和检举被发觉后的自新分子，要按照阶级地位、罪犯轻重分别予以劝告、公开警告、禁闭、开除军籍、剥削（夺）公民权、拘押等处分。

五、凡学生、教员、商人、富农等异己阶级中的自首分子，亦应分别首从，给以较其应得的较轻的处罚，并须规定察看期间，在察看期间不得自由行动。

六、自首自新分子，须将AB团，改组派等反动派的欺骗阴谋罪恶及本人受欺骗加入反动组织的经过，向群众诚实宣布，并须绝对遵守苏维埃一切法令，努力参加各种斗争和革命工作，在行动上表现完全脱离一切反动派的关系。

七、发觉自首自新分子继续进行反革命的活动时，即由当地政治保卫局或肃反委员会逮捕，予以更严重的处罚。

八、贫苦工农、兵士、贫民中自首自新分子的土地财产不能没收，并须切实给予土地革命的利益和保障。如违反苏维埃法令及本条例，经苏维埃法庭处决时，亦只得没收其本人的土地财产，其家属的（有）通消息及隐藏反革命的，应以反革命治罪。

九、如有特别情形不能公开的，可向湘赣省政治保卫分局秘密自首。

十、凡加入AB团、改组派等反动组织的，须立即按照本条例到当地政治保卫局或肃反委员会登记自首，并发给自首证为据。如本条例公布后尚企图隐瞒不出来自首的，一经发觉，即按加入反动组织时间长短及其罪犯（行）加重处分。

十一、本条例自公布发生效力后，一九三一年十月公布之自首条例即作无效。

十二、本条例自一九三二年四月十五日发生效力。

鄂豫皖区六安县第六区肃反条例

（一九三〇年四月）

一、凡曾捕捉或杀害革命民众及其家属者，一律处以死刑。

二、引导或勾结反革命军人捕捉或杀害革命民众及其家属者，一律处以死刑。

三、凡向反动机关、团体报告革命民众之行为或踪迹者，一律处以死刑。

四、凡告密破坏革命情节重大者，或作有系统之反宣传者，一律处以死刑。

五、凡唆使他人犯一、二、三、四各条之罪者，一律处以死刑。

六、凡犯以上各条之罪者，其家属若无反动情形又无剥削压迫等情形者，不得株连。

七、凡有反动言论无反动行为者，由肃反委员会斟酌轻重情形，处以罚金或禁闭。

八、凡被人威迫或利诱致有反动行为者，由肃反委员会斟酌轻重，处以罚金或禁闭。

九、凡有下列情形之一者，由肃反委员会处以死刑或罚金或禁闭：

1．克扣工资、虐待工人店员之厂主及行主。

2．重租重利剥削农民之地主。

3．克扣军饷、虐待兵士之军官。

4．剥削穷人、鲸吞公款、把持乡政、鱼肉乡民之豪绅。

5．贪婪致富之官吏。

6．豪绅地主之忠实走狗。

十、凡直接、间接破坏革命团体者，由肃反委员会斟酌轻重，处以死刑或罚金或禁闭。

十一、凡假借革命团体、机关、共产党名义发表言论或印刷物者，处以死刑。

十二、凡假借革命团体、机关、共产党名义在外欺诈讹索乡民者，皆要斟酌他的动机和环境处理，不得概以死刑论罚。

十三、凡藉革命势力私自报复者，以反革命治罪。

十四、凡因事反对革命团体个人而不反对革命团体者，不得以反革命治罪。

十五、凡诬告他人反动者，处以罚金或禁闭。

十六、凡犯本条例各条之罪未经察觉而自首者，得斟酌原因减刑或免刑。

十七、凡犯本条例各条之罪而供出遂犯者，不得减罪。

十八、肃反委员会要根据民众利益和要求为肃反的原则。

十九、在群众没有认识以前，肃反委员会处置以上各条之罪犯，要向群众解释，必要时开群众大会裁判。

二十、对于一切罪犯，都要经过苏维埃肃反委员会裁判审定，各乡各警卫队不得自由解决罪犯。

（选自《中国苏维埃》，一九三〇年五月版）

川陕省没收条例

（一九三四年一月六日）

帝国主义国民党军阀、豪绅、地主，剥削工农劳苦群众的血汗，以增加其财富，而更凶狠的再来剥削工农，使工农劳苦群众只有日见穷困、饥饿与死亡，工农只有起来推翻帝国主义国民党反动统治，建立苏维埃政权，才能得到彻底的解放。

苏维埃政权为消灭帝国主义的侵略与封建剥削，主张没收帝国主义在华的企业、银行，同时主张没收一切地主、豪绅、反革命分子的土地财产分配给劳苦工农享用，以彻底解除工农的痛苦。

川陕省苏维埃政府，为执行中华苏维埃中央政府的一切法令，为统一没收工作的执行，特颁布没收条例于后：

一、帝国主义的一切企业、银行由苏维埃没收并经管。

二、国民党反动组织的企业、交通、土地由苏维埃执行没收，所没收的企业、交通，由苏维埃经营管理，没收土地则照土地法令执行。

三、封建地主、军阀、豪绅、寺院、教堂及反革命分子的土地、财产，一律没收，分配给穷苦的工农享用（惟贫农、雇工，中农非自觉的被勾引而反对苏维埃，经当地苏维埃认可者，不在此例）。

四、富农的土地没收之后，可分得较坏的"劳动份地"，但必须用自己的劳动力耕耘，多余的农具，由苏维埃没收，分给穷苦农民，没有反动的富农，其财产可以不没收，但苏维埃得向他征发。

五、资本家、商人在遵守苏维埃法令的条件之下，准其自由营业，但参加反革命组织的资本家、商人或违反苏维埃法令者，其营业财产由苏维埃执行没收。

六、贫农、雇工、中农分子参加反革命组织而系积极活动分子，但其家属没有反对苏维埃,则只没收其个人应得之土地、财产,如非积极反革命分子,而能改过者,亦不得随便没收。

七、执行没收,必须动员群众参加,成为群众斗争,对于被没(收)者的罪恶,必须向群众宣布。

八、苏区中执行没收之权,属于区以上苏维埃政府,并对上级苏维埃负责,在白区或未成立苏维埃之新发展地区执行没收之权,则属于红军或地方武装的政治机关,但必须向该上级的政治机关负责。

九、执行没收必须确实调查清楚,经当地苏维埃的认可,方始进行没收;初发展之赤区,由红军政治机关和当地革命委员会(或苏维埃)组织没收委员会,来执行没收与分配,坚决反对乱行没收,反对个人没收和不分阶级没收,侵犯中农与穷人利益。

十、没收的一切物质(粮食、衣服、银钱……)除将一部分群众需要的物品发给当地穷苦群众外,其余物质,应交苏维埃(或政治机关)集中保存。坚决反对私打土豪的行为。

十一、没收物质的分配,红军及地方武装有优先权,凡红军需要的物品(粮食、布匹、医药、食盐、军用品等),应集中送交军事机关收管分配,绝不是个人私有。

十二、红军、地方武装、地方党团,苏维埃各机关在外工作之宣传队员,经理处人员,事务人员,绝无私自没收之权(违者枪决),如发现有地主反动应没收之事,必须一面派人看守,一面报告当地最高苏维埃机关或当地最高红军政治机关,由他们派人来调查没收。

十三、如有假公报私或挟嫌报复,利用苏维埃或红军机关,或因富农地主流氓混入苏维埃机关,或招摇撞骗,执行不正确之没收,与私自没收者,得由发现者报告,会同当地苏维埃或红军政治机关拘捕与拷问之,如情重者交上级革命法庭与保卫局,更重者,得由上级批准后(至少县保卫局与红军政治部),交当地群众枪决。如系因破坏活动为现行犯和临时情重者,得由当地苏维埃政府暂行拘捕之,交上级。

十四、城市没收工作,必于红军打进城市后,而禁止个人没收,红军或地方政治工作人员必须动员群众迅速成立没收委员会,详细调查。凡没收之物产必须封闭清楚,由没收委员会来讨论交上级执行,或交最高之革命委员会,或交最高政治机关,决定没收办法与分配。

十五、如系豪绅地主之反动财产交穷人保存者,穷人如自动报告出来,由苏府奖励之,如故意包庇被没收者的财物,则应受苏维埃法令之处罚。

十六、苏维埃人员有包庇或助护地主反动的财物或营私舞弊，损公肥己或故意混乱阶级成分，祸害穷人者，得受极严厉之处罚（由撤职以至死刑）。

十七、没收工作必须与发动群众坚决肃反的工作联系，必须将苏维埃没收条例及没收原则广泛说明群众，千万要揭穿反革命的造谣，坚决肃清地方反动〔分子〕，镇压潜伏的反动势力。

十八、本条例自公布之日起施行。

附 对"打粮"的决定

（1）废除"打粮"名称，应用"没收粮食"（即没收反动地主的粮食）与"征发粮食"（即征发富农粮食），绝对遵守苏维埃没收与征发条例，执行阶级路线，不得损害穷苦工农及中农的一升一粒。

（2）没收反动地主粮食，如系赤区内，则必经过当地苏维埃与群众详细调查，无论红军地方武装及苏维埃机关人员，必须统一于当地苏维埃（乡苏以上）指挥之下，经过共同讨论，得以没收者，由苏维埃派委员去没收。没收粮食，由苏维埃及各部〔派〕人商议，共同或全交上级支配①，如有较多者，亦得酌量分给当地少粮的群众。

（3）绝对禁止私自没收，或不经过调查与当地苏维埃的指挥的无组织的没收，没收的粮食，不得私自分配，不得营私舞弊或伪公报私，红军各部及地方武装、宣传队、事务人员及战士人员绝无私自没收与征发之权。

（4）在白区没收和征发粮食时，必须根据上述原则执行，特别要发动白区群众一同没收，没收之粮食，最少的十分之三、四分给当地穷苦群众。没收中必须做扩大宣传教育工作，使白区群众团结于苏维埃旗帜之下斗争，并且联系到开展白区一切工作。

（5）在有苏维埃〔的〕地方，没收必须经过苏维埃，如无苏维埃，必须报告当地红军最高政治机关派人切实调查后，再没收或征发，如有特别事故，须防止反动运走时，可选派人看守，但不得先宣布没收。

（6）征发富农，特别要调查清楚，绝不侵犯中农利益。

（选自《军区党团委员会工作计划》，红三十军政治部翻印件）

---

① 原文如此。——编者

川陕省没收条例说明书

(一九三四年五月)

川陕省苏维埃政府因为过去所颁布的没收条例，非常容易引起滥用没收权利的毛病，如像在各地没收工作中不断的发生"左"、右倾的错误，乱打穷人，中农有几斗米、喂五条猪就被称为富农并被没收；以及在商业上实行普遍没收，极端的妨碍了私人资本在相当条件下的自由活动；甚至合作社也有遭受没收的，这样就增加了物资供给的困难。另一方面又发现区级乡级的苏〔维埃〕政府包藏豪绅地主土地财产，企图避免没收的事实。因此，特别发表如下的说明书：

一、要彻底消灭帝国主义国民党军阀豪绅地主的反革命力量，就只有采取没收政策，完全摧毁反革命的经济基础。

苏〔维埃〕政权为要消灭帝国主义的侵略与地主封建剥削发财人的压迫，所以要没收帝国主义在华的一切银行与企业，归苏〔维埃〕经营管理。同时更主要地没收地主豪绅及一切反革命分子的土地财富（富农的土地和一部分农具）分配给劳苦工农享用。只有这样才能够完全捣毁反革命的经济基础，使穷人得到彻底的解放。

二、没收政策的用意最要紧的是满足贫苦工农群众的迫切物质要求。

苏〔维埃〕政府目前的没收政策，除了供给革命战争的需要之外，最要紧的是满足贫苦工农群众的迫切物质要求，要等这些群众起来为自己的苏维埃政权而斗争，就要使这些群众从没收（打土豪）斗争中获得衣物粮食，提高他们的斗争决心。没收的耕牛耕具，一定要尽先分给没有耕具或少耕具的贫农雇工和红军家属。

三、没收工作必须动员群众参加，成为群众斗争。

没收工作打土豪，必须要动员〔群众〕参加，成为群众斗争，决不单独是苏〔维埃〕工作人员的事情。特别是宣传队和事务人员，地方武装中的个别人员，没有没收的权利。区以下的苏〔维埃〕不能执行没收工作，没收要经过区苏〔维埃〕以上的批准。对于被没收者的罪恶，必须向群众宣布，使个个群众了解，没收委员〔会〕要有群众的代表参加。

四、没收绝对不能加到中农的头上。

没收只是用来对付帝国主义、国民党、军阀、豪绅、地主、剥削者以及一切反革命分子的，绝对不能用来对付中农。用没收来侵犯中农利益，破坏联合中农的政策，应当受苏〔维埃〕法令的严厉处罚。

五、没收工作不应完全绝灭苏区买卖自由，妨害物资品的供给。

没收不能普遍用来对付城市口岸的商人资本，使苏区商业停顿。这并不是苏〔维埃〕政府爱护商人，而是目前我们不能绝灭自由买卖来断绝物资品的来源。

六、多种粮食多喂牲畜，不该没收反要奖励。

农民分得土地，应该奖励他提高生产，多种粮食，多喂牲畜来发展苏区经济。应当反对过去认为"多几条猪"、"多几斗粮食"就是富农，就要没收的错误观念。

七、乱打穷人私自没收的交革命法庭问罪。

一切乱打穷人和私自没收，借公报私的人，要交革命法庭问罪，毫无情面的判处监禁以至枪毙。非地主富农分子犯苏〔维埃〕法令，被处死刑者，得没收个人财产或其一部分，但未判决前不能随便没收。

八、反对一切包藏保护豪绅地主财产的行动。

对于一切包藏豪绅地主反革命土地财产，避免没收的人，或假意分配地主田地，不打破原有主佃关系的行动，应当严厉的反对，交革命法庭公审。

川陕省苏维埃政府肃反执行条例

一、在群众面前，坚决揭破反革命的罪恶，要有群众的参加来肃反。肃反目的是要肃清与镇压其反革命头目，夺取其被欺骗与被压迫的群众。

二、破坏工农利益与破坏苏维埃法令的反革命现行犯与反动头目，穷人得向苏维埃报告，送交苏维埃或送交武器者重赏。

三、被胁从加入反动团体或反动武装组织（盖天党、圣母团、扇子会、木刀会、烟户团、清共团、义勇队、自愿队等）的雇工、贫农、中农，只要能改过，一律不究，依旧得到土地利益，其家财不能侵犯，仍受苏维埃保护。

四、除现行犯外，无论个人或其他革命机关，均无擅自捕人之权（逮捕人主要由苏维埃政权机关常委会、保卫局长、革命法庭主席及政治机关主任、政治委员负责）。被逮捕者即送县苏，区苏以下不能关案子、打案子，更不能杀人。县级处决案犯须得省级批准。

五、凡阶级异己分子（地主、富农剥削分子）组织反动团体的，缴枪投诚，并坚决帮助苏维埃政府肃反者，得减刑或免刑，肃反有功者有赏。

六、一般案犯必由革命法庭公审（并有群众代表参加）、考验、判决。处死刑者要详布罪状；未到死刑者，依其案情定罪或释放，仍在生活上受一般待遇，不得任意虐待；贫农、中农要好些待遇，并加紧其政治教育。

七、一切无名报告概不生效。故意陷害、假公报私者，罪加一等。无故逮捕与乱整穷人者处以极刑。

八、凡反革命案犯逮捕后，其土地、家财由苏维埃与革命法庭派人看管，在未判决其死刑以前，不得没收之，绝对禁止一切挟嫌乱自没收行为。

必须使个个人知道，肃反工作是为了解放群众，保护穷人利益，保障革命胜利的。害怕肃反的就不是革命分子，肃反不依阶级路线就是帮助反革命。

川陕省苏维埃政府关于反革命自首的条例

根据川陕苏维埃第二次苏维埃代表大会关于镇压反革命按照阶级，分别首要和盲从、轻重，分别拟罪和奖励自首的原则，规定反革命自首条例如下：

一、苏维埃政府对工农穷人之受反革命欺骗或胁从者，无论是参加反革命政党、团体、军事组织等，如国民党改组派、AB团、第三党、国家主义派、赤蜂派、法西斯蒂、共产党的叛徒组织、托陈取消派、工贼富农组、民团、铲共团、剿赤团等等，或参加某种反革命活动者、均公开号召他们自首。

二、苏维埃政府对反革命分子或出自剥削阶级的反革命分子，准其在一定条件之下自首，但苏维埃政府明白向群众宣布：对于这种分子，不应有丝毫的幻想，只在最严厉的镇压之下，才能强迫其一部分对苏维埃法律表示屈服。

三、自首的条例如下：

甲、毫不隐瞒地公布或密报自己和别人的反革命企图和行为。

乙、完全脱离反革命一切关系。

丙、实行参加告发破获反革命和实行反对反革命的阴谋。

丁、交出或密报反动武装、文件、材料等，密告反革命秘密组织、交通工具和联络法等。

戊、自动听候苏维埃法律的裁判。

四、凡工农穷人被反革命胁从欺骗参加反革命，但没有反革命的积极行动者，遵照第三条自首条例自首者免罪，经过两个以上公民担保，经苏维埃群众大会和代表大会的批准，许其有公民权。如曾经或现在积极参加反革命活动的工农穷人自首者，免处其死刑，由革命法庭视其犯罪之情况轻重，判决减罪免罪、永久或暂时褫夺公民权处分，经过两个以上公民担保，将授予土地、房屋和工作。

五、凡反革命的首要分子或系地主、富农、资产阶级出身之反革命分子，遵照第三条之规定自首者，免除其死刑，按照其反革命的情况，由苏维埃政府特赦，或由革命法庭予以减罪或免罪之处分。

六、凡反革命的知识分子和专门家以及小商人和小贩等，遵照第三条之规定自首者，免除其死刑，分别免罪减罪，经过三个以上雇农、贫农的担保，得在苏维埃政权下工作或营业。

七、出身工农穷人的排首自首者免罪，经过两个以上的雇工、贫农的担保，经苏维埃大会、代表大会批准，听其有公民权；而在反革命政权内服务者，除上述排首外，如官吏、区正、团总、甲长或出身剥削阶级的排首等，遵照第三条的规定自首者，免除死刑，按照其过去所犯罪恶，减等处罚。

八、凡白军的下级军官和士兵，及白色团防携械逃阵者，一律免罪，并予奖励。

九、凡反革命军官民团团总、队长和反革命侦探携械投降，在敌线上倒戈或拿获反动首长，带着敌人机密和物品来降或口头告密者，准其自首免罪，并予以奖励。

十、凡借自首来诬陷非反革命分子，或借自首本身进行反革命阴谋者，加倍处罪。

十一、凡自首不实不尽者，须从新审查处理，或自首后仍继续反革命活动者，加倍处刑。

十二、自首者得随时向苏维埃机关请求自首，但自首的手续和登记，除军事犯向军事机关自首外，须分别案情由革命法庭、政治保卫局、工农检查委员会处理。判决自首案之权，属于革命法庭。

十三、苏维埃政府必须发动工农群众来积极反对反革命，才能实行对反革命分子必要的监督。

（选自《苏维埃中国》第二集，一九三五年版）

赣东北特区苏维埃暂行刑律

第一编　总则

第一章　本法的效力

第一条　在中央未颁布刑律以前，本律有绝对的效力。
第二条　本律于凡犯罪在本律颁行以后者，适用之。
第三条　本律于凡在赣东北区内犯罪者，不问何人适用之。

第二章　不为罪

第四条　凡未满十二岁人之行为，不为罪，但因其情节，得施以感化教育。
第五条　精神病人之行为不为罪，但因其情节，得施以监禁处分。
第六条　非故意之行为不为罪，但应以过失论者，不在此限。不知法令，不得为非故意，但因其情节，得减本刑一等或二等。
第七条　对现在不正当之侵害，而出于防卫自己或他人之权利的行为不为罪，但逾防卫行为过当者，得减本刑一等至二等。
第八条　避不能抗拒之危难强制，而出于不得已之行为不为罪，但加过当之行为的，得减本刑一等至二等。

第三章　未遂罪

第九条　犯罪已着手，而因意外之障碍不遂者，为未遂犯，其不能生犯罪之结果者亦同。未遂罪之刑，得减既遂罪之刑一等或二等。
第十条　犯罪已着手，而因己意中止者，准未遂罪犯论，得免刑或减轻本刑。

第四章　累犯罪

第十一条　已受徒刑之执行，更犯徒刑以上之罪者，为再犯，加本刑一等。但有期徒刑〔执行〕完毕，无期徒刑或有期〔徒刑〕执行一部而免后，逾五年而再犯者，不在加重之限。
第十二条　三犯以上者加本刑二等，仍适用前条之例。

第十三条　凡审判确定后，于执行其刑之时，发觉为累犯者，依前两条之例。

第五章　俱发罪

第十四条　确定审判前，犯数罪者为俱发罪。各科其刑，而依下例定其应执行者：

一、科死刑者，不执行他刑，科多数之死刑者，执行其一。

二、科多数之有期徒刑，于各刑合并之刑期以下，其中最长之刑期以上定其刑期，但不得过十年。

三、科多数之拘役，照前款之例定其刑期。

四、褫夺公权及没收，并执行之。

第十五条　一罪先发，已经确定审判，余罪后发，或数罪各别经确定审判者，从前条之例，更定其刑。其较重刑消灭，仍余数罪者，亦同。

第十六条　俱发与累犯互合者，其俱发罪依前二条之例处断，与累犯之刑并执行。

第十七条　以犯一罪之方法或其结果而生他罪者，从一重处断，但于分则有特殊规定者，不在此限。

第十八条　凡连续犯罪者，以一罪论。

第六章　共犯罪

第十九条　二人以上共同实施犯罪之行为者，皆为正犯，各科其刑；在实施犯罪行为之际，帮助正犯者，准正犯论。

第二十条　教唆他人使之实施犯罪之行为者，为造意犯，依正犯之例处断。

第二十一条　在实施犯罪行为以前，帮助正犯者，为从犯，得减正犯之刑一等或二等。

教唆或帮助从犯者，准从犯论。

第二十二条　在前教唆或帮助其后，加入实施犯罪之行为者，从其所实施者处断。

第二十三条　值人故意犯罪之际，因过失而助成其结果者，准过失共同正犯论，但以其罪应论过失者为限。

第七章　刑名

第二十四条　刑分为主刑及从刑。

主刑之种类及重轻之次序如下：

第一　死刑。

第二　有期徒刑。

一、一等有期徒刑：五年以下，三年半以上。

二、二等有期徒刑：三年半未满，二年以上。

三、三等有期徒刑：二年未满，一年以上。

四、四等有期徒刑，一年未满，半年以上。

五、五等有期徒刑：半年未满，一月以上。

第三　拘役：一月未满，一日以上。

从刑之种类如下：

第一、褫夺公权。

第二、没收财产。

第二十五条　凡执行死刑，非经特区苏维埃人民委员会批准，不得执行。

第二十六条　褫夺公权者，终身夺其下列资格之全部或一种：

一、参加政权的资格。

二、参加一切群众组织的资格。

三、选举资格。

四、充当红军的资格。

第二十七条　在分则中，有褫夺公权之规定者，得褫夺现在之地位，或于一定期间内，褫夺前条所列资格之全部或一部，但以应科徒刑以上之刑者为限。

第二十八条　没收之物如下：

一、违禁私造私有之物。

二、供犯罪所用及预备之物。

三、因犯罪所夺之物。

第八章　宥减

第二十九条　喑哑人或未满十二岁或满八十岁人犯罪者，得减本刑一等或二等。

第九章　自首

第三十条　犯罪未发觉而自首于审判机关受审判者，得减本刑一等。

第三十一条　一罪既发觉，而自首未发觉余罪者，得减所首余罪之刑一等。

第三十二条　预备或阴谋犯分则特定各条之罪，未至实行而自首于审判机关受审者，得免除或减轻其刑，但没收不在免除之限。

第十章　酌减

第三十三条　审按犯人之心术及犯罪之事实，其情轻者，得减本刑一等或二等。

依法律加重或减轻，仍得依前条之例，减轻其刑。

第十一章　加减例

第三十四条　死刑、徒刑、拘役依第二十四条所列次序按等加减之，徒刑不得加至死刑，拘役不得减至免除。

第三十五条　分则定有二种以上主刑，应加减者，依第二十四条所列次序按等加减之，最重主刑是死刑，应加重者，只加重其徒刑，最重主刑是一等有期徒刑，应加重者，只加重二等以下的有期徒刑。最轻主刑系拘役，应减轻者，只减轻其徒刑，徒刑减尽者，只处拘役。

第三十六条　有二种以上应减者，得累减之。

第三十七条　从刑不随主刑加重减轻。

第十二章　假释

第三十八条　受徒刑之执行，而有悛悔之实据者，有期徒刑逾二分之一后，由县审判机关报告特区审判机关，许假释出狱。但有期徒刑之执行未满半年者，不在此限。

第三十九条　假释出狱，而有下列情形之一者，撤销其假释，其出狱日数，不算入刑期以内：

一、假释期限内，更犯罪受拘役之宣告者。

二、未经撤销假释者，其出狱日数算入刑期之内。

第十三章　时效

第四十条　提起诉讼权之时效期限，依下例定之①：

---

① 本条缺少一等、五等有期徒刑诉讼时效的规定，有遗漏。——编者

一、系死期者，十五年。
二、系二等有期徒刑者，七年。
三、系三等有期徒刑者，三年。
四、系四等有期徒刑者，一年。
前项期限自犯罪行为完毕之日起算，逾期不起诉者，其起诉权消灭。

第四十一条 二罪以上之起诉权的时效期限，据最重刑，依前条之例定之。

第十四章 时例

第四十二条 时期以日计者，阅二十四小时，以月计者，阅三十日；以年计者，阅十二月。

第四十三条 刑期自审判确定之日起算。

第四十四条 未决期内，羁押之日，得以二日抵徒刑、拘役一日。

第二编 分则

第一章 藏匿罪人及湮没证据罪

第四十五条 藏匿被追犯人或脱逃之逮捕、监禁人者，处一等至二等有期徒刑。

第四十六条 湮没关系他人刑事被告事件之证据或伪造或行使伪造之证据者，处四等以下有期徒刑或拘役。

第四十七条 犯本章之罪者，得褫夺公权。

第二章 伪证及诬告罪

第四十八条 依法令在审判机关或政府为证人，而为虚伪之陈述者，处二等至四等有期徒刑。

第四十九条 意图他人受刑事处分、惩戒处分而为虚伪之告发者，处三等至五等有期徒刑。

第三章 放火、决水及防害水利罪

第五十条 放火烧毁下列各物件之一者，处死刑或一等有期徒刑：
一、在城镇及其他人烟稠密处所之建筑物。
二、图书馆。

三、储藏军用品之建筑物。

四、矿坑、学校、兵营、病院、工场、狱舍及其他建筑物。

第五十一条 放火烧毁他人所有之建筑物者,处二等至四等有期徒刑。

第五十二条 决水侵害第五十条所列建筑物,或他人所耕种田圃及其他利用之地者,处死刑至一等有期徒刑。

第五十三条 决水侵害自己所有之地,致因有前条损坏之危险者,处二等至四等有期徒刑,实有损坏者,其刑与前条同。

第五十四条 因过失决水而致有五十二条之损坏者,处五等有期徒刑或拘役。

第五十五条 妨害灌溉田亩之水利者,处四等以下有期徒刑或拘役。

第五十六条 犯第五十条及五十二条之罪者,褫夺公权。

第四章 危险物罪

第五十七条 意图为犯罪之用,而制造、收藏炸药火药及此类之爆裂物[者],处二等或三等有期徒刑。

第五章 妨害交通罪

第五十八条 损坏壅塞陆路、水路、桥梁因而致有来往之危险者,处四等以下有期徒刑或拘役。

第五十九条 以强暴胁迫或诈术妨害邮件、电信之递送收发者,处四等以下有期徒刑或拘役。

第六章 伪造货币罪

第六十条 伪造通用货币者处死刑或一等有期徒刑,行使自己伪造之通用货币或意图行使而交付于人者,亦同。

第六十一条 意图行使而收受他人伪造之通用货币者处死刑,其收受后行使或意图行使而交付于人或自苏区外贩运者,亦同。

第六十二条 犯本章之罪者,褫夺公权。

第七章 伪造文书及印文罪

第六十三条 伪造公文书或图样者,处死刑。

行使伪造公文书或图样,意图行使而交付于人者,亦同。

第六十四条 公务人员明知虚伪之事实而据以制作所掌文书图样,或行使此种文书图样，或意图行使而交付于人者，亦同。

第六十五条 伪造私文书、图样是以证明他人权利义务之事实者，处三等至五等有期徒刑；行使伪造之他人私文书、图样或意图行使而交付于他人者，亦同。

第六十六条 于自己私文书、图样为虚伪之登载，足以证明对于他人之权利义务之事实或行使而交付于人者，依前条之例处断。

第六十七条 医师、检验吏于出具他人之诊断书、检案书、死亡证书为虚伪之登载者，处四等以下有期徒刑或拘役。

第六十八条 伪造公私印文、署押或盗用者，依伪造公私文书各条之例处断。

第六十九条 伪造公印者，处死刑。

第七十条 伪造私印者，处四等以下有期徒刑或拘役。

第七十一条 犯本章之罪，宣告二等有期徒刑以上之刑者，褫夺公权，其余得褫夺之。

第八章 伪造度量衡罪

第七十二条 意图行使、贩运而制作违背定程之度量衡或变更其度量衡之定程者，处一等至三等有期徒刑，知情而贩卖不平之度量衡者，亦同。

第七十三条 行使不平之度量衡而得利者，以欺诈取财论。

第七十四条 犯七十三条之罪者，得褫夺公权。

第九章 鸦片烟罪

第七十五条 制造鸦片烟，或贩卖或意图贩卖而私藏或自苏区外贩运者，处死刑至三等有期徒刑。

第七十六条 制造吸食鸦片烟之器具，或贩卖或意图贩卖而收藏或自苏区外贩运者，处四等以下有期徒刑。

第七十七条 开设馆舍，供人吸鸦片烟者，处死刑至三等有期徒刑。

第七十八条 意图制造鸦片烟而栽种罂粟者，处死刑至三等有期徒刑。

第七十九条 吸食鸦片烟者，处一等至三等有期徒刑。

第八十条 犯本章之罪〔者〕，褫夺公权。

第十章 赌博罪

第八十一条 以赌博为常业者，处一等至二等有期徒刑。

第八十二条　聚众开设赌博以营利者，处一等至二等有期徒刑。

第八十三条　聚众赌博者，处二等至五等有期徒刑。

第八十四条　发行彩票者，处死刑至二等有期徒刑。

第八十五条　造赌具者，处死刑至二等有期徒刑。

第八十六条　犯八十一条及八十二条、八十四条、八十五条之罪者，褫夺公权。

第十一章　奸非罪

第八十七条

一、对未满十二岁之男女为猥亵之行为者，处三等至五等有期徒刑。

二、以强暴、胁迫、药剂、催眠术或他法，致使不能抗拒而为猥亵之行为者，处二等至三等有期徒刑。

第八十八条　对十二岁以上男女，以强暴、胁迫、药剂、催眠术或他法，致使不能抗拒而为猥亵之行为者，处三等至五等有期徒刑。

第八十九条　对妇女以强暴、胁迫、药剂、催眠术或他法，致使不能抗拒而奸淫之者为强奸，处一等至二等有期徒刑。

奸未满十二岁幼女者，处死刑至二等有期徒刑。

第九十条　乘人精神丧失或不能抗拒而为猥亵之行为或奸淫者，依第八十七条第二项及八十九条之例处断。

第九十一条　因犯前四条罪致人死伤者，依下例处断：

一、致死者，处死刑或一等有期徒刑。

二、致废疾者，处一等有期徒刑至二等以上有期徒刑。

三、致被害人羞忿自杀或意自杀而伤害者，依前项之例处断。

第九十二条　引诱妇女卖淫以营利者，处五等有期徒刑或拘役。

第九十三条　第八十七条至九十条之未遂犯罪之。

第九十四条　犯本章之罪，宣告二等有期徒刑以上之刑者，褫夺公权，其余得褫夺之。

第十二章　妨害饮料水罪

第九十五条　污秽供人所饮之净水，因而致不能饮者，处五等有期徒刑或拘役。

第九十六条　污秽由水道以供公众所饮之净水或其水源，因而致不能饮者，处三等至五等有期徒刑。

第九十七条 以有害卫生之物，混入供人所饮之净水内者，处四等以下有期徒刑或拘役。

第九十八条 损坏壅塞水道水源，以杜绝供公众所饮之净水至二日以上者，处二等至三等有期徒刑。

第九十九条 第九十五条至第九十六条之未遂犯罪之。

第一百条 犯本章之罪，宣告二等有期徒刑以上之刑者，褫夺公权，其余得褫夺之。

第十三章 妨害卫生罪

第一百〇一条 知情贩卖有害卫生之饮食物、饮食用器具或孩童玩具者，处其卖价二倍以下卖价以上罚金，若二倍之数未满五十元，处五十元以下卖价以上罚金。

第一百〇二条 未受政府之允准，以医为常业者，处三等以下有期徒刑，百元以下之罚金。

第十四章 杀伤罪

第一百〇三条 杀人者处死刑，或一等有期徒刑。

第一百〇四条 伤害人者，依下例处断：

一、致死或笃疾者，处二等以上有期徒刑。

二、致废疾者，处一等至三等有期徒刑。

三、致轻微伤害者，处四等以下有期徒刑。

第一百〇五条 犯前二条之罪，当场助势而未下手者，以从犯论罪。

第一百〇六条 二人以上，同时下手伤害一人者，皆以共同正犯论。同时伤害二人以上者，以最重之伤害为标准，皆以共同正犯论，其当〔场〕助势而下手未明者，以前二项之从犯论。

第一百〇七条 决斗者，处四等以下有期徒刑或拘役。

因而杀伤人者，依故意杀伤罪各条之例处断。

第一百〇八条 教唆他人使之自杀或得其承诺而杀之者，处死刑至三等有期徒刑。帮助他人使之自杀或受其嘱托而杀之者，处三等至五等有期徒刑。

谋为同死，而犯本条之例之罪者，得免除其刑。

第一百〇九条 教唆他人使之自伤或得其承诺而伤之者，依下例处断：

一、致死或笃疾者，处三等至五等有期徒刑。

二、致废疾者，处四等以下有期徒刑或拘役。

三、致轻微伤害者，处五等有期徒刑或拘役。

第一百一十条　帮助他人使之自伤或受其嘱托而伤之者，依下例处断：

一、致死或笃疾者，处四等以下有期徒刑或拘役。

二、致废疾者，处五等有期徒刑或拘役。

三、致轻微伤害者，拘役。

第一百一十一条　因过失致人死伤者，处四等以下有期徒刑或拘役。

第一百一十二条　因玩忽业务上必要之注意，致人死伤者，处二等至四等有期徒刑。

第十五章　堕胎罪

第一百一十三条　怀胎妇女服药或以他法堕胎者，处五等有期徒刑或拘役。

第一百一十四条　受妇女之嘱托或得其承诺使之堕胎者，处四等以下有期徒刑或拘役。

第一百一十五条　有下列行为之一者，处死刑至四等有期徒刑：

一、以强暴胁迫或诈术使妇女自行堕胎者。

二、以强暴胁迫或诈术而受妇女之嘱托或得其承诺而使之堕胎者。

三、未得妇女之承诺，以强暴胁迫或诈术使之堕胎者。

四、知为怀胎妇女而施以强暴胁迫致使小产者。

第一百一十六条　犯本章之罪〔者〕，得褫夺其公权。

第十六章　遗弃罪

第一百一十七条　依法令契约担负扶助养育保护老幼残废疾病人之义务而遗弃之者，处三等至五等有期徒刑。

第一百一十八条　于自己经管地内发见被遗弃之老幼残废疾病人而不与以相当之保护者，处五等有期徒刑。

第一百一十九条　犯一百一十七条之罪者，褫夺公权，其余得褫夺之。

第十七章　略诱及和诱罪

第一百二十条　以强暴胁迫或诈术拐取妇女或未满二十岁之男子者，为略诱罪，处二等至三等有期徒刑。和诱者，处五等有期徒刑或拘役。

和诱未满十六岁之男女者，以略诱论。

第一百二十一条 移送自己略诱之妇女或未满二十岁之男子于苏区外者，处二等以上有期徒刑。

系和诱者处二等有期徒刑。

第一百二十二条 意图营利，略诱妇女或未满二十岁之男子者，处二等以上有期徒刑。

和诱者，处二等至三等有期徒刑。

第一百二十三条 意图营利，移送自己略诱之妇女、未满二十岁之男子于苏区外，处死刑或一等有期徒刑。

第一百二十四条 预谋收受藏匿被略诱、和诱〔之〕人者，依前四条之例处断。

未预谋者依下例处断：

一、收受藏匿第一百二十条、第一百二十一条第二项及第一百二十二条第二项之被略诱和诱〔之〕人者，处三等至五等有期徒刑。

二、收受藏匿第一百二十一条第一项、第一百二十二条第一项及第一百二十三条之被略诱和诱〔之〕人者，处一等至三等有期徒刑。

第一百二十五条 本章之未遂犯罪之。

第一百二十六条 意图营利犯本章之罪者，褫夺公权，其余得褫夺之。

第十八章 窃盗及强盗罪

第一百二十七条 意图为自己或第三人之所有而窃取他人所有物者为窃盗罪，处五等有期徒刑或拘役。

第一百二十八条 窃盗有下列行为之一者，处三等至五等有期徒刑：

一、侵入现有人居住或看守之第宅、建筑物、矿坑、船舰内者。

二、结伙三人以上者。

第一百二十九条 意图为自己或第三人之所有而以强暴、胁迫抢取他人物者为强盗罪，处三等至五等有期徒刑。

以药剂、催眠术或他法使人不能抗拒而强取者，亦同。

第一百三十条 窃盗因防护赃物、脱免逮捕而当场施以强迫者，处五等有期徒刑。

第一百三十一条 强盗有下列行为之一者，处四等以上有期徒刑：

一、侵入现有人居住或看守之第宅、建筑物、矿坑、船舰内者。

二、结夥三人以上者。

三、伤害人尚未致死及笃疾者。

第一百三十二条　强盗有下列行为之一者，处死刑或一等有期徒刑：

一、结伙三人以上在途行劫者。

二、致人死或笃疾或伤害至二人以上者。

三、于盗所强奸妇女者。

第一百三十三条　犯强盗之罪故意杀人者，处死刑或一等有期徒刑。

第一百三十四条　犯第一百二十八条至第一百三十三条之罪者，褫夺公权，其余得褫夺之。

第十九章　诈欺取财罪

第一百三十五条　意图为自己或第三人之所有，以欺罔恐吓使人将所有物交付与己者为诈欺取财罪，处五等有期徒刑或拘役。

第一百三十六条　乘人未满十六岁或精神错乱之际，使将本人或第三人〔之〕物交付于己，或因而得财产上不法之利益或使第三人得之，或损害本人之财产者，依前条之例处断。

第一百三十七条　三人以上共犯前二条之罪者，处二等或三等有期徒刑。

第一百三十八条　本章之未遂犯罪之。

第二十章　毁弃损坏罪

第一百三十九条　毁弃关系他人权利义务之文书者，处三等有期徒刑或拘役。

第一百四十条　损坏建筑物、矿坑、船舰者，处三等至五等有期徒刑。损坏第五十条之建筑物、矿坑、船舰者，处二等至三等有期徒刑，因犯本条之罪致人死伤者，援用伤害各条，依第十四章之例处断。

第一百四十一条　凡有下列行为之一者，处四等以下有期徒刑或拘役：

一、损坏伤害前条所列以外之他人所有物者。

二、纵逸他人所有之动物致令丧失者。

第二十一章　私擅逮捕监禁罪

第一百四十二条　私擅逮捕或监禁人者，处三等至五等有期徒刑。

第一百四十三条　因犯本章之罪致人死伤者，援用伤害各条，依第十四章之例处断。

第一百四十四条　犯本章之罪者，得褫夺公权。

第一百四十五条 捕捉或暂押反动分子，不为罪。

第二十二章 骚扰罪

第一百四十六条 聚众意图为强暴胁迫已受该管理政府解散之命令仍不解散者，处四等以下有期徒刑或拘役。

附和随行仅止助势者，处拘役。

第一百四十七条 聚众为强暴胁迫者，依下例处断：

一、首魁，处二等以上有期徒刑。

二、执重要事务者，处二等至三等有期徒刑。

三、附和随行仅止助势者，处四等以下有期徒刑或拘役。

第一百四十八条 于前条所列情形内，犯杀伤、放火、决水、损坏其他各罪者，援用所犯各条，分别首魁、教唆、实施，依第十四章之例处断。

第一百四十九条 犯第一百四十七条之罪，宣告二等有期徒刑以上之刑者，褫夺公权，其余得褫夺之。

（选自闽北分区革命委员会翻印件，一九三一年五月十九日）

抗日战争时期

中共中央关于宽大政策的解释

(一九四二年十一月六日)

各抗日根据地发布的施政纲领或其他文件曾宣布:对敌人、汉奸及其他一切破坏分子等,在被俘被捕后,除绝对坚决不愿改悔者外,一律施行宽大政策,予以自新之路。这里是提出了镇压与宽大两个政策,并非片面的只有一个宽大政策。对于绝对坚决不愿改悔者,是除外于宽大政策的,这就是镇压政策。这样,同时提出的两个政策是完全正确的,必须坚决实行的。但各地有些同志只作片面的了解,这是错误的,必须纠正。对于一切破坏民族利益的分子,必须采取坚决镇压的政策。凡属破坏抗日政府、抗日军队、抗日人民、抗日政党的利益者,都是破坏民族利益的分子。对于此类破坏分子,如不采取坚决镇压政策,即无异帮助敌人。对于此类分子,采取放任态度,并谬施于宽大政策,是完全不正确的,是脱离群众的。凡在此类分子的行为上,已经证明是坚决破坏民族利益者,即应依法严惩,绝对不应放任。只有那些真正表示改悔者,才应采取宽大政策,而对于一切曾有破坏行为,但是真正表示改悔确有证据者,我们则必须采取宽大政策。在实施时,又必须区别首要分子与胁从分子,在首要分子中真正表示改悔者,也是可能的,也是有过的。但在胁从分子中真正表示改悔的可能性最大,过去经验证明也最多。根据此种情形,我们在惩治破坏分子时,主要的应是惩治那些首要分子,其次才是惩治那些胁从分子。同时,我们的宽大政策,主要的是施于胁从分子,其次才是施于首要分子。总之,以表示真正改悔与否为决定政策的标准。

各地党政军领导机关应根据本件作明确正当的解释,并根据此种解释去实事求是地、有分别地实行镇压政策与宽大政策,而镇压与宽大应同时注意,不可偏倚的。

(选自晋冀鲁豫边区冀鲁豫行署《法令汇编》上册,一九四四年版)

陕甘宁边区抗战时期惩治汉奸条例(草案)

(一九三九年)

第一条 本条例为彻底肃清汉奸,保障抗战胜利及巩固边区而制定之。

第二条 本条例所列举之犯罪行为,无论任何人民,凡在边区以内者,均适用之。

第三条 凡有下列行为之一者,即以汉奸论罪。

(一) 企图颠覆国民政府所属各级政府,阴谋建立傀儡伪政权者。

(二) 破坏人民抗日运动或抗战动员者。

(三) 进行各种侦探间谍,及一切秘密特务工作者。

(四) 组织及领导土匪活动扰乱者。

(五) 施放信号,显示敌人轰炸或射击目标者。

(六) 组织领导军队叛变或逃跑者。

(七) 宣传煽惑人民,组织领导叛乱者。

(八) 谋害党政军及人民团体之领袖,或其负责者。

(九) 诱逼人民以供敌人使用,侮辱凌虐或毒害人民生命者。

(十) 拖枪逃跑哗变投降敌人者。

(十一) 藏匿贩运及买卖军火意图叛乱者。

(十二) 以粮食军器资送敌人者。

(十三) 破坏交通、妨碍交通运输者。

(十四) 破坏货币、紊乱金融财政者。

(十五) 捏造或散布谣言者。

(十六) 乘机纵火抢劫者。

(十七) 以文字图画书报宣传,或以宗教迷信破坏抗战者。

(十八) 有意放纵汉奸分子逃跑者,或诬捏别人为汉奸者。

第四条 犯第三条各款之罪者,视情节之轻重,判其有期徒刑或死刑,并没收本犯之全部财产,或处以罚金。

第五条 教唆放纵或协助犯第三条各款之罪者,与本犯同罪。

第六条 第三条之未遂罪罚之。

第七条 犯第三条各款之罪,经政府认为确实是被胁迫而构成从犯者,得减刑。

第八条 犯第三条各款之罪,未经发觉而自首者,得减刑。自首条例另定之。

第九条 犯第三条各款之罪,在事先告发能防止或破获者,得减刑或免除其刑。

第十条 犯第三条各款之罪,年龄在十四岁以下八十岁以上者,得减刑或免除其刑。

第十一条 本条例解释之权属于边区政府。

第十二条 本条例修改之权属于边区参议会。

第十三条 本条例经边区参议会通过后,由边区政府颁布施行。

(选自《抗日根据地政策条例汇集——陕甘宁之部》
下册,一九四二年版)

陕甘宁边区抗战时期惩治盗匪条例(草案)

(一九三九年)

第一条 本条例为肃清盗匪,巩固后方治安,保护人民利益而制定之。

第二条 凡以抢劫为目的,有下列行为之一者即以盗匪论罪。

(一)聚众持械抢劫者。

(二)以暴力强夺他人财物者。

(三)掳人勒赎者。

(四)藏匿贩运及买卖军火者。

(五)窝藏或依分赃物者。

(六)伤毙人命者。

(七)乘机强奸妇女者。

(八)纵火焚毁房屋者。

(九)破坏阻塞交通者。

(十)袭击或抗拒军队者。

(十一)抢夺军队或自卫武器者。

(十二)勾引军队为匪者。

第三条 犯第二条各款之罪者,视情节轻重,判处以徒刑或死刑,并没收本犯之全部财产或罚金。

第四条　凡教唆庇纵或协助犯第二条各款之罪者，与本犯同罪。

第五条　第二条之未遂罪罚之。

第六条　犯第二条各款之罪，经政府认为确实是被威逼而构成从犯者得减刑。

第七条　犯第二条各款之罪，未经发觉而自首者得减刑。

第八条　犯第二条各款之罪，在事先告发能防止或破获者，得减刑或免除其刑。

第九条　犯第二条各款之罪，年龄在十四岁以下八十岁以上者得减刑。

第十条　本条例解释之权属于边区政府。

第十一条　本条例修改之权属于边区参议会。

第十二条　本条例经边区参议会通过后，由边区政府颁布施行。

（选自《抗日根据地政策条例汇集——陕甘宁之部》下册，一九四二年版）

陕甘宁边区惩治贪污条例（草案）

（一九三九年）

第一条　边区所属之机关部队及公营企业之人员，犯本条例之罪者，依本条例处断之。凡群众组织及社会公益事务团体之人员，犯本条例之罪，经所属团体控告者，亦依本条例办理。

第二条　有下列行为之一者，即以贪污论罪：

（一）克扣或截留应行发给或缴纳财物者。

（二）买卖公物，从中舞弊者。

（三）盗窃侵吞公有财物者。

（四）强占、强征或强募财物者。

（五）意图营利，贩运违禁或漏税物品者。

（六）擅移公款，作为私人营利者。

（七）违法收募税捐者。

（八）伪造或虚报收支账目者。

（九）勒索敲诈收受贿赂者。

（十）为私人利益，而浪费公有之财物者。

第三条 犯第二条之罪者以其数目之多少及发生影响之大小依下列之规定惩治之：

（一）贪污数目在一千元以上者，处死刑。

（二）贪污数目在五百元以上者，处以五年以上之有期徒刑或死刑。

（三）贪污数目在三百元以上五百元以下者，处三年以上五年以下之有期徒刑。

（四）贪污数目在一百元以上三百元以下者，处一年以上三年以下之有期徒刑。

（五）贪污数目在一百元以下者，处一年以下之有期徒刑或苦役。

第四条 前第二条之未遂罪罚之。

第五条 犯本条例之罪，于发觉前自首者，除依第六条之规定令其缴出所得财物外，得减轻或免除其刑。

第六条 犯本条例之罪，除依照第三条之规定处罚外，应追缴其贪污所得之财物，无法追缴时，得没收其犯罪人财产抵偿。

第七条 贪污之财物，如属于私人者，视其性质分别发还受损失者全部或一部分。

第八条 犯本条例之罪者由司法机关审理执行。

第九条 本条例修改之权，属于边区参议会。

第十条 本条例解释之权，属于边区政府。

第十一条 本条例经边区参议会通过后，由边区政府颁布施行。

（选自《抗日根据地政策条例汇集——陕甘宁之部》

下册，一九四二年版）

陕甘宁边区政府禁止仇货取缔伪币条例

（一九三九年六月十日公布）

第一条 凡陕甘宁边区所辖境内各地禁止仇货取缔伪币，均依照本条例办理之。

第二条 凡敌国出产之一切商品，无论其以敌国商标或冒充友邦及中国商标者，不得买卖之。

第三条 凡非仇货，但贴有敌国或伪政府之印花及标记，或夹带反宣传之文字者，亦不得买卖之。

第四条 凡属敌国或伪政府之货币，不得使用之。

第五条 边区人民不得以任何物质供资敌人及伪政府，并不得以硬币或法币向敌人或伪政府作一切交换。

第六条 凡在边区之边界地方，得由各县政府与当地方部队合组检查站，进行检查仇货工作，其他机关或部队，非经检查站不得擅行检查，检查站之组织条例另定之。

第七条 其检查出认为应没收之仇货，须报告边区财政厅批准，所有没收之仇货，全部交财政厅处理之。

第八条 凡违犯本条例第二条及第三条者，得将其货物全部没收，并得按情节之轻重，给以有期徒刑之处分或科以罚金。

第九条 凡违犯本条例第四条及第五条者，得按情节之轻重处以有期徒刑或死刑或科以罚金。

第十条 凡隐藏暗地运入之仇货而经检举者，除运货人得受第八条之处罚外，其隐藏货物者，亦受同等之处罚。

第十一条 凡有私人而假冒检查机关名义私行检查借故苛索者，或检查机关人员营私舞弊私自放行者，一经查觉，均得分别以法惩治之。

第十二条 凡地方人民或在职公务人员缉获仇货解送检查站者，或事先报告检查机关因而缉获者，均得酌量奖励之。

第十三条 本条例自颁布之日起施行。

(选自《抗日根据地政策条例汇集——陕甘宁之部》
下册，一九四二年版)

陕甘宁边区破坏金融法令惩罚条例

(一九四一年十二月十八日公布)

第一条 本条例依据本府三十年十二月一日坚字第七二号颁布巩固金融法令制定之，凡违背该法令所规定之条款者，依本条例惩罚之。

第二条 凡在边区境内买卖，不以边币交换作价者，以破坏金融论罪，其钱货没收之。

第三条 在边区境内故意拒用边币者，按其情节轻重处以一月以上六月以下之劳役，或科以一千元以上一万元以下之罚金。

第四条 凡在货币交换所以外为私行交换货币之营业者，其货币全部没收之。

第五条 意图破坏边区金融，进行货币投机事业以牟利者，其货币全部没收，处以一年以上二年以下之有期徒刑，并科以五千元以上十万元以下之罚金。

第六条 如恃强胁迫兑换法币或以不正当之手续借以没收法币及故意提高法币者，一经告发，除依法赔偿被害人损失外，得视其情节，处以三月以上一年以下之有期徒刑。

第七条 犯本条例之罪者，得由当地公安机关负责查获，移交司法机关处理之。

第八条 犯本条例之罪者，凡商民人等，均得据实报告告发或扭送公安机关或司法机关，其没收之款，提十分之三奖励报告人，十分之三奖励查获人，所余之数报解边府充公。

第九条 如有挟嫌诬告者，以诬告论罪，处以二月以上一年以下之有期徒刑。

第十条 因犯本条例之罪，涉及其他刑事责任者，按数罪并科论。

第十一条 本条例自公布之日起即发生效力。

(选自《抗日根据地政策条例汇集——陕甘宁之部》
下册，一九四二年版)

陕甘宁边区查获鸦片毒品暂行办法

(一九四二年一月公布)

第一条 本办法为贯彻边区禁政，肃清边区境内之烟毒制定之。

第二条 凡查获鸦片毒品（吗啡、白面、高根、海洛因以及制成的毒品药丸等），悉依本办法之规定处理。

第三条 无论部队、机关、团体或个人，皆有协助政府查获吸食或贩卖烟毒（以下简称烟毒）之责，但查获烟毒时，须将烟毒与人犯随时转送边区禁烟督察处或分处（以下简称督察处）处理，一切非禁烟机关概不得私自处罚人犯或没收毒品。

未设督察处之县市，查获烟毒须随时送交当地政府，转送该管分区或距离较近之禁烟机关处理。

第四条　督察处受理烟毒案件后，除将毒品妥为储藏准备销毁外，其人犯须于二十四小时以内转交司法机关讯办。

第五条　凡查获烟毒者，概按下列规定予以奖励：

（一）亲自查获烟毒案件送交督察处或当地政府者，给予奖金之全部；

（二）事前闻悉或目睹，随时向督察处或当地政府密报（书面口头均可），因而缉获者，给予密报人奖金三分之一，其余三分之二，分给协同办案之在事出力人员。

（三）奖金之等额如下：

1. 查获烟毒不满五十两者，每两以二十元给奖；
2. 五十两以上不满百两者，每两以十五元给奖；
3. 百两以上不满五百两者，每两以十元给奖；
4. 五百两以上不满千两者，每两以五元给奖；
5. 千两以上者，每两以二元五角给奖。

（四）伪制代用品，如烟底等物，依前列烟毒十分之一给奖。

第六条　前条所列之奖金经督察处批准后，领奖人可随时向督察处或当地政府领取。

第七条　无论部队、机关、团体或个人，如查获之烟毒原包顶替或从中偷换其一部分者，除扣发其奖金外，如系部队、机关或团体，由督察处随时呈报边府处理，如系个人，则送司法机关依法惩办。

第八条　查获贩运吸食烟毒人犯，除将人犯移交司法机关办理外，其烟毒及烟具全部没收销毁之。

第九条　凡公安或其他与查禁烟毒有关机关，如查获贩卖或吸食烟毒人犯，应造具赃证清册连同人犯、烟毒、烟具一律移送司法机关处理。

第十条　凡司法机关受理之贩卖或吸食烟毒案件，应于判决后，将烟毒及烟具全数移送禁烟督察处（或分处）处理。

第十一条　因施行查缉职务而侵占他人与烟毒无关之财物者，依诈欺论罪。

第十二条　本办法自公布之日施行。

（选自《抗日根据地政策条例汇集——陕甘宁之部》上册，一九四二年版）

陕甘宁边区贩卖纸烟惩治办法

（一九四二年一月公布）

（一）本办法根据本府第三次政务会议议决之禁止贩卖纸烟决议案订定之。

（二）从本年一月十五日起，各种纸烟概不得进口，如发现有偷运进口者，由各地税局负责查缉，除将纸烟全部没收外，科以从价三倍到五倍之罚金。

（三）从本年三月一日起，所有商店概不得出卖纸烟。如有违令偷卖者，由各该地税局、公安机关负责查禁没收，并视其出卖香烟多寡，处以从价三倍到五倍之罚款。

凡经公安机关没收之纸烟，一律交税局，如当地无税局者，则交县金库，如当地无金库者，则交贸易局。

（四）各地军民均负有帮助政府禁止贩卖纸烟之任务，如发现有偷运及私贩纸烟情事，均须立即报告该地税局及公安机关，予以查缉没收，按章处罚。税局及公安机关并得提罚款十分之三给报告人，以资奖励，但报告人不得私自予以没收处罚。

（五）过往客籍人士准许携带自用香烟百支，超过者没收之，转口纸烟税率从一月十五日起提高到百分之八十。

（六）税局公安机关所没收之纸烟及罚款，概交当地财政机关作为财政收入。

（七）为便利商民起见，凡在一月十五日以前进口之香烟，在二月底以前仍未能卖出者，得交各该地贸易局代向边区外出卖，并向贸易局科以一定之手续费。

（八）本办法所指之纸烟，系指外来之五福、仙岛、风车、前门、炮台及其他牌或无名牌之纸烟，至于水烟、曲沃烟、兴隆烟、汗烟及土制烟丝不在禁止之列。

（九）本办法自公布日生效。

（选自《抗日根据地政策条例汇集——陕甘宁之部》
上册，一九四二年版）

陕甘宁边区自卫武器登记给照暂行条例

（一九四三年四月二十五日公布）

第一条 凡陕甘宁边区人民及公务人员为自卫之用，置备自卫武器后，均须依本条例办理登记，领取执照。

第二条 本条例所称自卫武器，系指步枪、马枪、驳壳枪、手枪、手提机关枪、炸弹、土枪、土炮、猎枪而言。

第三条 自卫武器分为公用、私用两种：

一、凡政府机关、警察、警卫队、税警、法警及警卫员，为警卫而持用之武器，为公用自卫武器。长枪由该主管机关造具清册，呈报上级机关备案，并报治安机关存查，短枪应依本条例办理登记领照手续。

二、凡部队及军事机关之短枪（手枪、驳壳枪）亦为公用自卫武器，应依本条例办理登记领照手续，其步枪、马枪、炸弹、机关枪，可由各该部队及机关自行登记，规定烙印办法。

三、凡边区人民、公务员、自卫军，为自卫而持用之武器，为私用自卫武器，私用自卫武器，又分公有私用与私有两种：凡以私资购置者为私有，否则为公有，其登记烙印领照手续，依本条例办理之。

第四条 私用自卫武器之登记烙印领照手续如下：

一、由武器持用人觅具妥保二人，填具保证书连同登记申请书，由乡政府介绍送呈区政府，经区审查属实，转报县（或市）治安机关办理。

持用人如系公务人员，则由所属机关主管人员负责介绍，将申请书、保证书、径送县（或市）治安机关，办理登记领照手续。

二、县（或市）治安机关，于接到申请书及保证书后，经复查无讹，即将申请书、保证书所列各项，分别详细记入登记册内，并呈报分区治安机关备查。

三、县（或市）治安机关，关于申请登记期满后，定期派员前往适中地点，进行检验烙印、给照手续，并将检验情形，呈报分区治安机关备查。

四、枪支护照由陕甘宁边区保安处统一制定转发各县，加盖县印，填发持用人。

五、土枪、土炮、炸弹须登记，不给照。

第五条 凡有下列情形之一者，不准置备自卫武器，不予登记，其已登记给照者，得随时缴销之：

一、有破坏抗日政党、抗日政府、抗日军队和抗日人民之行为者；

二、曾被褫夺公权尚未满期者；

三、工作职务上非重要负责干部者，或无保护他人义务及强制执行之必要者；

四、所处地区无置备自卫武器之必要者。

第六条　已登记烙印给照之武器，其使用与保管，须依下列各款办理：

一、武器及弹药不得随意转借他人；

二、不得使用是项武器进行勒索、抢劫及其他违法行为；

三、遇军政和治安机关检查时，须随时将武器及执照一并呈验，不得借故推脱；

四、如遇有意外，武器遗失时，须立即将执照缴销；

五、枪配子弹或炸弹数目，遇有消耗或补充时，须随时报告治安机关登记；

六、凡公枪私用者，须经当地县级以上党政机关主要负责人之批准，持枪人在调动或离职时，应将自卫武器交原机关保存，不得带走；

七、武器须出卖或转移时，须由新旧持用人联名会呈治安机关，报告转移情形，缴销旧照，请发新照。倘有甲县转移乙县时，须由新旧持用人联名会呈甲县治安机关销案，并由甲县治安机关将武器转移情形函知乙县治安机关，新持用人再依照本条例第五条各款向乙县治安机关请领新照。

第七条　凡持用自卫武器有违法情事者，依下列各款办理：

一、以武器接济反革命者，除没收其武器外，并与反革命同罪，保证人应负连坐责任；

二、有武器无执照或抗拒检查者，没收其武器，并以私藏军火论罪；

三、武器与执照不符者一并没收之。

第八条　自卫武器已经治安机关核准登记并给执照者，即受政府法令之保护，无论何人及军队不得借故没收之。

第九条　武器执照限用一年，不得涂改和转借。期满时，呈请换发新照或延期，如有遗失，亦须将详情随时呈报治安机关宣告作废，并补发新照。

第十条　自卫武器得临时征作军用，其持用人并须依法受当地卫戍治安机关之管理指挥。

第十一条　除经治安机关特许者外，禁止私自制造、埋藏、贩运、购买自卫武器。

第十二条　凡擅将公有或军用武器变为私用武器而私相授受或买卖者，以盗卖军火论罪。

第十三条　凡携带武器过境，持有军政护照并与护照所载武器弹药数目、枪支种类号码相符者，不受本条例之限制。

第十四条　本条例自公布之日施行。

（选自《陕甘宁边区政策条例汇集》续编，一九四四年版）

陕甘宁边区禁止粮食出境修正暂行条例

（一九四一年十一月二十五日边区政府公布施行）

第一条　本条例修正三十年四月二十三日边区政府公布之陕甘宁边区禁止粮食出境条例制定之。

第二条　本条例之目的在于：（一）防止边区粮食外流资敌；（二）战胜日寇汉奸亲日反共派对边区粮食的破坏与封锁；（三）保证全边区部队、机关及人民的粮食供给。

第三条　凡边区所有粮食，不问属于原料或制造品（如面粉），一概严禁私运出境。

第四条　凡关军事或其他特殊需要，须运粮食出境者，无论军政民须申请边区政府财政厅核发粮食出境证明文件，然后凭证运送出境。

第五条　友区军政民须购买边区粮食出境者，必须直接申请边区政府，经核准后，由财政厅发给粮食出境证明文件，方得凭证出境。凡未经核准而擅自运出边区者，得扣留处罚之。

第六条　以上两条之运出人于申请粮食出境许可证明文件时，应说明其出境理由、数量、运出地点、粮食种类。

第七条　凡粮食入境者，一律不受任何限制。

第八条　友区军政民须运粮食通过边区境域者，入境前须取得县级以上政府之粮食过境证明信，方可运出边区。

第九条　边区内部粮食流通绝对自由，各级政府不得予以阻止。

第十条　凡边区边境各地区一律均须以下列方法进行查禁：

（一）边区各行政村长与自然村长应时刻注意，如遇有偷运粮食出境者，应即报告区乡禁粮委员会查禁之。

（二）边界各区乡组织查禁粮食出境委员会，负责各该区之查禁工作，以区乡政府、自卫军、农会等负责人组织之。

（三）县政府不另组织查禁委员会，直接负责督导检查各级查禁粮食出境委员会之查禁工作。

（四）需要时县政府得组织查禁队，派赴各交通要道巡查。

（五）其他受县政府委托之各地方部队、各群众团体、各公务人员，得随时注意查禁工作。

第十一条　各负责禁查之人员、机关、部队等，对未持财政厅许可文件，或无粮食过境证明信，而运粮食出境者，必须将人粮一并扣留，押送县市政府法办，或遇有所持文件与实际运出之粮食之数量或种类不符者，亦应押送县级以上政府法办，均不得自行没收处置，所运粮食数量如不超过文件所限者应即放行。

第十二条　边界各县政府，得按边界实际情况，允许友区贫苦人民，购买五升以内之自用粮食，不在查禁之例。

第十三条　各该受理政府，如查明所扣留粮食确系私运出境者，应将其粮食全部没收，人送县司法机关依法判处。如查明所扣留之粮食数量超过粮食出境许可证或种类不符时，得斟酌实情没收粮食之超过部分，并给人以处罚。

第十四条　查获违禁出境粮食有功者之奖励办法如下：

（一）受委托之部队、团体、公务人员之查获者，给以相当于没收粮食之百分之二十现款奖励之。

（二）各县组织之查禁队查获者，由各县政府酌予奖励，但至多不得超过没收粮食之百分之十。

第十五条　各县没收之粮食均须缴入仓库，并随时将没收数量，呈报财政厅与粮食局备案，绝对不得擅自动用。

第十六条　各级公务人员，对禁粮出境，如有徇私舞弊或借故敲诈从中贪污者，依法严办。

第十七条　本条例如有未尽事宜得由财政厅呈请边区政府随时修改之。

第十八条　本条例自公布之日施行。

（选自《抗日根据地政策条例汇集——陕甘宁之部》
中册，一九四二年版）

陕甘宁边区禁烟禁毒条例(草案)

第一条 本条例依据国民政府颁布禁烟禁毒各种法令并参酌边区特殊情形而制定之。

第二条 本条例在陕甘宁边区范围内适用之。

第三条 本条例所称之烟毒分类如下：(1)鸦片；(2)吗啡；(3)高根；(4)海洛因；(5)各种烟毒配合或化合丸药。

第四条 凡有下列行为之一者，即以违犯禁烟禁毒条例论罪：

（一）吸食或注射烟毒者，但因治病经政府指定医生证明者不在此例；

（二）种植鸦片烟苗者；

（三）制造吸食或注射烟毒之器具者；

（四）抗拒禁烟禁毒职务之执行者；

（五）帮助或庇护他人吸食、注射及买卖、贩运烟毒者；

（六）买卖或贩运烟毒者；

（七）设立传布烟毒之商店机关者。

第五条 凡吸食或注射烟毒者，由政府公布登记后限期戒绝，特分别规定如下：

（一）三十岁以下者，限期登记后三个月内戒绝；

（二）四十岁以下者，限期登记后六个月内戒绝；

（三）六十岁以下者，限期登记后一年内戒绝；

（四）六十岁以上者，限期登记后二年内戒绝，倘因年老力衰经政府指定医生证明者不在此例。

第六条 凡不登记或登记后在此限期内未戒绝者，即作为违犯第四条第一款之罪处半年以下之徒刑或苦役（六个月），并科百元以下之罚金，仍照第五条之规定限期戒绝。

第七条 违犯第四条第二款之罪处一年以下之徒刑或苦役，并科二百元以下罚金。

第八条 违犯第四条第四款、第五款之罪，视情节轻重，处一年以上三年以下之有期徒刑或科二百元以上五百元以下之罚金。

第九条 违犯第四条第六款之罪，视其买卖及贩运价值，分别定其刑罚如下：

（一）烟毒价值在十元以内者，罚一个月以下苦役，并科十元以下之罚金；

（二）烟毒价值在十元以上者，罚六个月以下苦役，并科一百元以下之罚金；

（三）烟毒价值在五十元以上一百元以下者，处一年以下有期徒刑，并科二百元以下之罚金；

（四）烟毒价值在一百元以上三百元以下者，处一年以上三年以下有期徒刑，并科五百元以下之罚金；

（五）烟毒价值在三百元以上五百元以下者，处三年以上五年以下有期徒刑，并科一千元以下之罚金；

（六）烟毒价值在五百元以上者，处死刑，并没收其家产。

第十条　违犯第四条第七款之罪，视情节轻重，处一年以上有期徒刑至死刑，并没收其全部财产。

第十一条　凡直接或间接受日寇之主使以烟毒危害民族生机者，按惩治汉奸条例论罪。

第十二条　违犯第四条各款之未遂罪罚之。

第十三条　违犯第四条各款之罪，经判处罚后仍连续重犯者，即加重处罚。

第十四条　凡收受贿赂，纵容他人犯第四条各款之罪，依第六条至第十条之规定加重处罚。

第十五条　凡诬告他人违犯第四条各款之罪者，依照第六条至第十条之规定加重处罚。

第十六条　违犯本条例之罪，经法庭判决一年以上有期徒刑者，剥夺其公权。

第十七条　凡为医药所需用之烟毒，经向边区政府呈请批准者，不受本条例之限制。

第十八条　凡经查获之烟毒及其器具一律没收，除供医药用外，均销毁之。

第十九条　凡能协助政府禁烟禁毒政策之执行，侦查告发破获烟毒者，由政府给以奖励。

第二十条　边区各县设立戒烟所，其组织规程另定之。

第二十一条　戒烟所将配制戒烟药丸发之。

第二十二条　本条例解释之权，属于边区政府。

第二十三条　本条例修改之权，属于边区参议会。

第二十四条 本条例经过边区参议会通过后，由边区政府颁布施行。

（选自《抗日根据地政策条例汇集——陕甘宁之部》
上册，一九四二年版）

晋察冀边区行政委员会修正处理汉奸财产办法

（一九三八年二月九日公布，一九三九年十一月一日修正公布）

一、晋察冀边区行政委员会（以下简称本会）为肃清汉奸，加强抗日力量，对于没收汉奸财产，除依修正惩治汉奸条例第八条至第十三条规定办理外，悉依本办法之规定。

二、凡通谋敌国而有国民政府公布之修正惩治汉奸条例第二条所列各款行为之一者均属汉奸，得由政府没收其财产之全部或一部。

三、没收或查封汉奸财产，应限于本人所有，不及其亲属，如系同居家属，应酌留家属生活费。

四、凡属汉奸财产不论动产不动产，政府均得没收。

五、被没收之汉奸财产属于动产者，一律集中本会，移交边区银行，充做准备金或分赏游击队，其有笨重什物未便集中者，得由所在地县政府呈准本会拍卖，以现款集中。

六、被没收之汉奸财产属于不动产者，一律为边区公有，由本会直接管理，无租分给贫苦人民耕种或居住，其办法如下：

（一）被没收之土地房屋，经政府分配注册后，其耕种住居权即属于受分配者之贫苦人民，但不得将分配之土地房屋典卖于他人或作为抵押物。

（二）被没收之土地房屋，抗战军人家属贫苦者，有分种分住之优先权。

（三）被没收之土地房屋，其种、住以人为计算单位。某人应分种土地若干、住房屋若干，其数目由所在地之县政府或区公所规定，召集村民大会表决行之。

（四）受分种土地或分住房屋之人民，县政府应给付证据，并呈报本会备案。

（五）分配之土地房屋，其原有应纳之国家赋税，受领人仍须照额完纳，以重公帑。

（六）人民于受领土地或房屋后，如受有刑事处分之宣告者，县政府应撤销其耕种或居住权,并呈报本会备案。

七、被没收之汉奸财产,如有典当租借关系者,由县政府按照原有关系代替原主清理之,并呈报本会备案。

八、以本办法没收或查封之汉奸财产,应由执行机关造具没收或查封财产清册,呈报本会备案。

九、依本办法没收或查封之汉奸财产,须经本会核准方得执行,并由执行机关公告之。

十、本办法自公布之日施行。

(选自晋察冀边区行政委员会《现行法令汇集》
上册,一九四五年版)

晋察冀边区汉奸自首单行条例

(一九三八年十一月十七日公布)

第一条 本边区日益扩大与巩固,敌伪组织纷纷内向,兹为更加扩大与巩固统一战线,以争取抗战最后胜利,特予汉奸附逆者以自新机会,爰制定本条例公布之。

第二条 凡因不得已组织或参加伪军(伪保安队、伪皇协军、伪满洲军、伪警察)者,不论士兵与官长,个人与团体,其能执行下列工作之一者,均予以自新之机会:

一、我军攻击城镇或据点,伪军里应,因而收获城镇据点者,除予以抗日名义,参加抗日工作外,由本委员会呈报国民政府予以奖励。

二、官长率领士兵杀死敌伪官吏,破坏敌方重要工事、交通要道,携械来归者,一律予以抗日军人名义,加以训练后参加抗日工作,不解散其部队,不缴其械,并由本委员会呈请国民政府予以奖励。

三、下级军官率领爱国志士杀死执迷不悟之伪军首长而毅然来归者,除按其人数多寡予以适当之编制外,其余待遇与第一款同。

四、三五成群或个人带有武器来归者,除按本会收买武器办法给以应得之奖金外,并按其志愿给以适当的工作。

五、未找得反正机会,经常供给本边区各所在地之政府、部队及群众团体以敌方秘密,对敌方工作消极怠工而有证明者,于我军收复各该地区时,除优遇外,并分配以适当的工作。

第三条 凡因不得已参加伪政权而来屠杀中国同胞者，不论官级高低，个人与团体，其能执行下列工作之一者，均予以自新之机会：

一、杀死敌方官吏或执迷不悟之汉奸而毅然来归，并将敌方秘密尽量暴露者，除按其能力分配以重要工作外，并由本委员会呈请国民政府予以奖励。

二、与本边区各级政府、各部队、各群众团体有密切联系，经常供给敌情，掩护本地区工作人员，尽量庇护敌区同胞，而有具体事实表现者，随时来本地区均予优待并分配工作，或于我军收复各该地区时除优遇外，并分配以适当的工作。

三、帮助本边区作财力、物力、人力的动员或政治宣传而有具体事实表现者，其待遇与第一款同。

第四条 凡因不得已参加伪宣抚班、伪报馆、伪新民会等汉奸组织者，不论其过去欺骗同胞之罪恶，其能弃暗投明，痛改前非，从敌区来归，写诚恳的悔过书，并于其行动上证明其确系悔过者，加以教育后，分配以适当的工作。

第五条 凡贪图小利为敌方驱使，刺探军情或破坏电线，或有其他阴谋者，向其所在地之政府或部队自首，将敌方之秘密文件或消息报告我方，并将同伙奸细报告因而捕获者，除由当地县政府予以经济上的帮助外，并按工作能力分配以工作。

第六条 凡因一时愚昧为寇方利用后悔莫及者，其能探听敌方消息或抓拿汉奸而有一件工作表现者，有可靠保人五人或铺保两家之保证，即予以自新之机会，保证其生命财产之安全。

第七条 本条例自公布之日起实行。

（选自《抗日根据地政策条例汇集——晋察冀之部》）

晋察冀边区行政委员会关于严禁播种罂粟的命令

（一九三九年二月十九日）

查播种罂粟，病国害民，早已悬为严禁，惟自敌寇进犯以来，厉行毒化政策，到处强迫播种。而无知愚民，竟有受其欺骗秘密偷种者，若不严加禁绝，将见生产日减，毒氛日炽，影响抗战殊非浅鲜。现值春耕将届，罂粟不日下种之期，合再重申禁令，仰该县长认真查禁，彻底肃清，倘有偷种，一经查获，即按中央禁烟治罪暂行条例严重处办，除分令外，仰即遵照，并布告该县民众一体周知为要。

（选自晋察冀边区行政委员会《现行法令汇集》上册，一九四五年版）

晋察冀边区行政委员会关于堕胎溺婴案件均须依法科刑的命令

（一九四二年三月十三日）

查堕胎溺婴，不仅有违人道，且为危害民族后代的罪行。所以刑法"堕胎"、"杀人"、"遗弃"三章中对于这类行为，全定有处罚明文。

在此长期抗战过程中，对民族后代的保育，不惟有关抗战，且对于建国伟业关系更大，所以今年三八妇女节，特有"奖励生育"口号的提出。那么如何保护民族后代？这也是比任何时期更值得注意的一件事情。

但是根据各地的报告，自从去秋反扫荡以后，各地妇女鉴于携带婴儿打游击的困难，因而堕胎溺婴的事情反比以前多了起来，而各地区公所与县政府，对于这种事情，有的轻描淡写略加批评批评；有的教育几天，就算完事。这样轻纵，不啻助长了这种恶风，且将贻害于民族甚大，亟应严格加以纠正。

兹特规定所有堕胎溺婴事件，均须依据刑法科以刑罚，在执行过程中，再加强其教育，不得借口教育不予处罚。自通令之日起，各地新发生之堕胎溺婴事件，村长不立即报告者由村长负责，区长对于此种案件不送县政府而私自处理者由区长负责，县政府对此种案件，不依刑法之规定科刑者由县长负责。希即知照，并通令所属一体知照。

（选自晋察冀边区行政委员会《现行法令汇集》上册，一九四五年版）

晋察冀边区破坏坚壁财物惩治办法

（一九四二年四月一日公布）

第一条 为保护边区财力物力，防止敌寇汉奸盗匪破坏，特制定本办法。

第二条 本办法所称坚壁财物者，系指因防止敌寇汉奸之破坏与掠夺而移藏于地窖、山沟及其他隐蔽处所之衣被、粮秣、公文、器具等类之一切公私财物与用土石堵塞之建筑物而言。

第三条 有下列行为之一者，处死刑、无期徒刑或十年以上有期徒刑：

一、勾结敌伪，挖掘搜索坚壁财物者。

二、明知为坚壁之军械、弹药、公文、印信、卷宗，而挖掘搜索者。

三、结伙三人以上窃盗坚壁财物者。

四、制造敌情或冒充敌伪而窃盗抢劫坚壁财物者。

五、故意焚烧毁坏坚壁财物者。

六、故意向敌伪暴露坚壁财物之处所致生损害者。

七、意图阻碍、反对与破坏坚壁工作而用文字图画向群众宣传，致生损害者。

八、窃盗坚壁财物在三次以上者。

前项一至七各款之未遂犯罚之。

第四条 有下列行为之一者，处二年以上七年以下之有期徒刑，得并科二千元以上之罚金：

一、窃盗坚壁财物者。

二、因被胁迫而引道敌伪挖掘搜索坚壁财物者。

三、侵占代他人坚壁之财物者。

四、意图阻碍、反对或延缓坚壁工作而用言语向群众宣传致生损害者。

前项第一款之未遂犯罚之。

第五条 因敌寇汉奸变更坚壁财物之位置借口拾得而侵占之者，处二年以下有期徒刑，得科或并科五百元以下之罚金。侵占拾得之军械、子弹、公文、卷宗、印信者，加重处罚。侵占或拾得财物经动员说服自愿交出者，得减轻或免除其刑。

第六条 明知系因不法而取得之坚壁财物，而收受、搬运、寄藏、故买或为牙保者，处一年以上七年以下有期徒刑，得并科五百元以下之罚金。

第七条 故意陷害诬告他人犯本办法之罪者，处以各该条之刑。

第八条 村级以上政民干部犯本办法之罪者，得加重其刑至二分之一。

第九条 因犯本办法之罪所得之财物，得追缴原物或价额。

第十条 犯本办法之罪而向村级以上之政府自首者，得减轻或免除其刑。

第十一条 犯本办法之罪者，由有军法审判权之机关审判之。

依本办法判决之案件，应于宣判后五日内缮具判决正本，并令被告人提出声辩书，连同卷宗送由边区行政委员会（冀中送冀中行署，冀北送由冀北办事处）核定之。

第十二条 其他法令与本办法不相抵触者适用之。

第十三条 本办法修改解释之权属于边区行政委员会。

第十四条 本办法自公布之日施行，必要时得由边区行政委员会修改之。

注：本办法公布后，边委会于三十年公布之边字第三号布告第五、六两项有关坚壁之规定，已明令废止。

（选自晋察冀边区行政委员会《现行法令汇集》上册，一九四五年版）

晋察冀边区惩治贪污条例

（一九四二年十月十二日通过，一九四二年十月十五日公布施行）

第一条 本条例依据中华民国刑法及中华民国惩治贪污条例之立法精神，并参合（照）边区实际情况制定之。

第二条 边区各部队及各级机关团体之工作人员，犯本条例之罪者依本条例处断之。受政府领导或指导办理社会公益事业之人员，犯本条例之罪者亦同。

第三条 有下列行为之一者为贪污罪：

一、克扣或截留应行发给或解交财物粮饷供私用者。

二、买卖公物从中舞弊者。

三、盗窃、侵吞公有财物粮饷者。

四、侵占、私征或强募人民财物者。

五、挪用公有财物供私人营利者。

六、擅自动用或处分所保管之公有财物者。

七、浪费公有财物供私人挥霍享乐者。

八、伪造或虚报收支账目者。

九、勒索敲诈、收受贿赂者。

第四条 犯第三条之罪者，以其贪污数目之多少及发生影响之大小，依下列之规定惩治之。

一、贪污数目在五百斤小米市价以上者，处死刑或十年以上之有期徒刑。

二、贪污数目在三百斤小米市价以上五百斤未满者,处死刑或七年以上之有期徒刑。

三、贪污数目在一百斤小米市价以上三百斤未满者,处七年以下一年以上之有期徒刑,得并科五百斤以下之小米折价的罚金。

四、贪污数目未满一百斤小米市价者,处一年以下之有期徒刑,拘役,得并科或专科三百斤以下之小米折价的罚金。贪污实物以发生贪污行为时当地之市价计值。

第五条　前二条之未遂罪罚之。

第六条　犯本条例之罪者,其所得之财物属于公有者应予追缴,属于私人者视其性质分别予以没收或发还受害人一部或全部,无法追缴时没收其财产抵偿。但财产不及或仅及应追缴之价额时,应酌留其家属之生活费。

第七条　诬告或陷害他人犯本条例之罪者,依刑法之规定从重处断。

第八条　犯本条例之罪于发觉前自首者,除以第六条之规定追缴贪污财物外,得减轻或免除其刑。

第九条　犯本条例之罪者,由有军法职权之机关审判,呈请晋察冀边区行政委员会核准执行之。

第十条　刑法总则、刑事诉讼法之规定与本条例不相抵触者适用之。

第十一条　本条例解释及修改之权属晋察冀边区行政委员会。

第十二条　本条例自公布之日施行。

(选自晋察冀边区行政委员会《现行法令汇集》上册,一九四五年版)

晋察冀边区行政委员会关于严厉禁止粮食资敌规定六项紧急措施的命令

(一九四三年一月七日)

粮食是决定战争胜负的重要因素,谁能掌握粮食,谁就能够坚持战争,取得胜利。日寇为了苟延其垂死的寿命,自五次治安强化运动以来,便以"确保农产"、掠夺粮食为其最中心目标,敌于强制入仓、直接抢掠与低价收买办法连续失败后,改用"高价收买"的办法,抛出大批伪钞,换取我之粮食。这种用废纸掠夺粮食的狠毒阴谋,极易迷惑与欺骗一般民众,以为"市价"很高,可以出售,奸商又乘机走私,运粮出口,以图厚利,致使敌人"高价收买"粮食的阴谋,得到部分的收获,造成边区各地粮价飞涨、粮食外流的严重现象，如不加以有效制止，粉碎敌寇抢粮阴谋，根据地的军需民食必受严重影响。为掌握粮食，根绝粮食出口，粉碎敌寇"高价收买"的掠夺计划，特规定严厉禁止粮食出口的紧急措施如下：

一、奖励游击区粮食运入巩固区出售或存放，巩固区粮食绝对禁出封锁沟，私运粮食出封锁沟者，以出口资敌论罪。

二、划定封锁沟内五里至十里为缉私线，缉私线上的粮食只准运入巩固区，不准运出封锁沟，其需出卖余粮或购粮自用者，在本村以内得自由买卖，出村买卖粮食者，须持该村公所之证明单（统一由县政府印发），买粮回家者，须持集市"粮食交易所"或区公所之证明单（证件由县政府印发，统一格式），违者以贩卖粮食出口论。"粮食交易所"由贸易机关、集市派出所、商会或商救会各派一人组织之，并可吸收粮牙纪参加"粮食交易所"的工作。

三、开展群众缉私运动，缉私线上的贸易管理、公安、武装各部门，须在区公所统一指挥下，领导村公所、治安员、中队部，发动民众，组织全面纵深的缉私网，须将人犯及粮食，一并送交区公所转送县政府依下列规定处理之：

1. 奸商私运粮食出口在五斗以下，并系初犯者，粮食没收，并科以五十元至五百元之罚金。

2. 奸商私运粮食出口在五斗以上二石以下者，粮食没收，并处以有期徒刑六个月至二年（重犯者以各次走私粮食之和计算）。

3. 奸商私运粮食出口在二石以上者，处死刑（重犯者以各次走私粮食之和计算）。

4. 无知民众私运粮食出口，并系初犯者，酌情从轻处罚。

四、查获走私粮食案件之群众或团体，按粮食变价，给以百分之二十的奖金。

五、缉私线以内的巩固区粮食，自由流通，不加任何限制。

六、游击区发动民众，切实保存粮食，各村制定公约，粮食不上伪市，不准卖与敌人，各村互相调剂粮食者，须持村公所之证明单，违者以走私论。

以上六项办法，由专署会同贸易支局，拟定各该专区实施办法，报告本会备案。在执行上述办法时，必须向群众详细解释，说明禁粮出口，在于保证军需民食，制止敌人掠夺收买。巩固区粮少，游击区粮多，巩固区粮食不准出口，不是限制游击区人民。只有巩固区粮食不出封锁沟，游击区粮食才能切实保存，只有游击区粮食不上伪市场，巩固区粮食才能有效控制，同时必须打击敌伪造谣，打击敌钞票，严防因缉私而形成滥捕滥罚及缉私人员之营私舞弊。干部人员违背上项规定者，一律加重治罪，以期收到利民而不害民，制敌而不害己。希即遵照切实执行。

（选自《晋察冀边区工作研究参考材料》下册）

晋察冀边区关于逮捕搜索侦查处理刑事、特种刑事犯之决定

（一九四三年一月二十一日晋察冀边区第一届参议会通过，同年二月四日晋察冀边区行政委员会公布）

为保障抗日人民、团体、党派、军队、政权之安全及其合法权利，对于逮捕搜索侦查处理普通刑事、特种刑事犯之手续，特作如下之决定：

甲 普通刑事、特种刑事犯之范畴

第一条 普通刑事犯之范畴，依中华民国刑法之规定。

第二条 下列各种犯罪为特种刑事犯：

一、犯国民政府修正惩治汉奸条例之罪者。

二、犯国民政府惩治盗匪暂行办法之罪者。

三、犯国民政府禁毒治罪暂行条例之罪者。

四、犯晋察冀边区惩治贪污条例之罪者。

五、犯晋察冀边区破坏坚壁财物惩治办法之罪者。

六、其他以法律规定属于特种刑事之犯罪。

乙 普通刑事、特种刑事犯之逮捕及弹压

第三条 普通刑事及特种刑事犯之逮捕，由各级政府公安部门为之。其逮捕手续在通常情况下，应依下列各款之规定：

一、犯人为褫夺公权尚未复权之人民者，区以上之公安部门得进行逮捕之。

二、犯人为公民及村级政民干部者，须经县政府批准后逮捕之。

三、犯人为区级政民干部者，须经专员公署批准后逮捕之。

四、犯人为县级以上之政民干部者，须经边区行政委员会或其行署批准

后逮捕之。

前项犯人之犯罪，仅及个人，不得株连其家属，其家属为从犯或嫌疑犯者，应按其家属身份，依前项各款之规定逮捕。

第四条　有下列情事之一时，公安部门有径行逮捕犯人之权，但须于事后呈报该管政府及上级公安部门。

一、证据确凿之敌探汉奸及危害抗战之分子，有逃亡之虞，不及履行法定手续时。

二、敌占据点或敌伪军中派出之敌探汉奸，证据确凿，不及履法行定手续时。

三、凶犯强盗，有杀害抢劫行为时。

四、遇有实行暴动，叛变投敌之人犯，或发觉有暴动叛变投敌之阴谋，不及履行法定手续时。

五、遇有越狱逃跑或通缉在案之犯人时。

六、遇有部队逃亡之人员时。

七、遇有其他普通刑事、特种刑事之现行犯时。

第五条　有下列情事之一者，公安部门有鸣枪弹压之权，但须于事后呈报该管政府及上级公安部门。

一、犯人以武力抵抗，无法逮捕时。

二、犯人越狱逃跑，不及追捕时。

三、剿捕聚伙案犯时。

第六条　在通常情况下，人民及一切民众组织，有协助军政机关逮捕犯人之责，但无自行逮捕犯人之权。

第七条　当敌军"扫荡"、"清剿"或武装汉奸滋扰时，对于证据确凿之汉奸，人民及民众组织均有逮捕之权，但须于逮捕后连同证据一并送交军政机关处理。

第八条　普通人民犯罪，牵涉现役军人者，对于现役军人之逮捕，政府机关应通知军事机关为之。

现役军人犯罪，牵涉普通人民者，对普通人民之逮捕，军事机关应通知政府机关为之。

丙　普通刑事、特种刑事犯之搜索及扣押

第九条　对于特种刑事犯之身体、物件、住宅或其他处所之搜索，由公安部门为之。

有充分理由确信第三人之身体、物件、住宅或其他处所，为犯人或应扣押之物件存在时，亦得搜索之。

第十条 搜索应用搜索票，搜索票应记载下列事项：

一、应搜索人之姓名，及应扣押之物件。

二、应加搜索之处所、身体或物件。

特种刑事之搜索票，于侦查中由县以上之公安部门签发之，于审判中由军法机关签发之。

第十一条 公安部门于逮捕人犯时，虽无搜索票，得径行搜索其身体。

第十二条 有下列情事之一者，公安部门虽无搜索票，得径行搜索其住宅或其他住所。

一、于逮捕犯人时。

二、于逮捕现行犯或逮捕脱逃犯时。

三、事实足信为有人在内犯罪而情形急迫时。

第十三条 可为证据或得没收物件，或为该案应扣押之物件，均得扣押之。

第十四条 扣押物件时，应出具收据，详列扣押物件之名称、数量，付与扣押物件之所有人、持有人或保管人点收。

第十五条 扣押物件应于移送犯人时，移送审判机关，于释放犯人时发还。依法应没收者没收之。

丁 普通刑事、特种刑事犯之侦查及处理

第十六条 公安部门逮捕普通刑事犯后，应于二十四小时内，连同证据、口供移送司法机关。但遇特殊情况时，得延长至三日。

第十七条 特种刑事案件之侦查，由公安部门为之，侦查完竣，应即向审判机关提起公诉，或为不起诉之处分。

前项侦查期间，不得逾二月，遇有特殊情形，经该管政府兼理军法官之批准，得延长二月，但以一次为限。

第十八条 普通刑事案件之审判，由司法机关为之。

第十九条 特种刑事案件之审判，由军法机关为之，犯人为现役军人者，其审判由军事机关之军法官为之，犯人为普通人民者，其审判由政府机关之兼理军法官为之。

第二十条 特种刑事徒刑之判决，须经上级政府之复核，始为确定；死刑之判决，须经边区行政委员会或其行署之批准，始得执行。

第二十一条　特种刑事犯不服原审判机关之判决，得声辩于上级政府，但以一次为限。对于边区行政委员会军法官所为之判决，不得声辩。

第二十二条　公安部门对于原审判机关所为之判决，认为不当时，须向上级审判机关提起上诉。

戊　游击区特种刑事犯之紧急处理

第二十三条　凡县政府所在地，在游击区与封锁沟线以外，因敌人封锁，交通隔阻，与专员公署或其办事处联系困难者，其所判决之特种刑事案件，得先执行，事后补报。

得适用前项规定之县政府，以由专员公署批准报经边区行政委员会备案者为限。

第二十四条　游击区武装工作队，对于证据确凿之汉奸，得径行逮捕，送交县政府处理，但因接敌太近，或解送途中案犯大声急呼，有被敌发觉之虞，无法带走时，得先行处理，事后补报。

第二十五条　在敌占据点线附近进行某种汉奸行为之现行犯，抗日人民均得当场逮捕，解送区公所以上之政府机关或武装工作队，先行处理，事后补报。

被逮捕之汉奸犯，有拒抗情事时，得以强力制服之，以武器拒捕时，并得当场格杀之。

第二十六条　在战斗情况下，遇有武装汉奸，经审查属实，抗日人民得当场予以捕杀，报由区公所或武装工作队转报上级政府备案。

第二十七条　凡依游击区特种刑事处理之决定处决或捕杀之人犯，县政府据报后应公布其犯罪事实。

第二十八条　凡先行处理或捕杀汉奸之案件，其补报时间，不得超过十日。

第二十九条　凡先行处理或捕杀汉奸犯之案件，如有误杀或处理不当情形，原承办人须负全责。

第三十条　本决定自公布之日施行，前颁法令与本决定抵触者同时作废。

（选自晋察冀边区行政委员会《现行法令汇集》上册，一九四五年版）

晋察冀边区处理伪军伪组织人员办法

（一九四三年四月十二日公布）

第一条 为促使伪军伪组织人员及早觉悟，改过自新，并严厉镇压死心塌地罪大恶极之汉奸分子，特制定本办法。

第二条 本办法所称伪军伪组织人员系指下列人员而言：

一、伪军官兵。

二、伪警察及其官佐。

三、公开与秘密的敌伪特务侦谍情报人员。

四、伪政权团体之工作人员。

五、其他为日寇服务危害抗战之汉奸分子。

以上伪军伪组织人员之家属，如不参与危害抗战之活动，不得以伪军伪组织人员论。

第三条 凡系伪军伪组织人员均予以自新之路，须依下列办法请求登记：

一、自行登记。

二、由其家属代为登记。

三、由本人委托亲友代为登记。

前项登记机关为所在地县政府，必要时得由县政府委托区公所及前方部队之政治机关或武装工作队办理之，登记限期另定之。

第四条 凡经登记之伪军伪组织人员，自登记之日起，须履行下列各款规定之一：

一、脱离敌伪组织，参加抗日工作。

二、虽不参加抗日工作，须与敌伪组织永远断绝关系，并不得有危害抗战之言行。

三、因有可原之情形，不能即刻脱离敌伪，经登记机关核准后得展期脱离，但须对敌伪阳奉阴违，帮助抗日工作。

履行前项各款规定，均以有事实证明者为限。

第五条 凡履行本办法第四条之规定者，其汉奸罪行一律赦免，其生命与一切法定权益均予以保障，但侵害他人之法定权益部分不在此限。

第六条 在限定期间不履行第三条及第四条之规定之伪军伪组织人员，得由各级政府根据调查及人民之检举告发分别情节，依下列办法处理之：

一、因敌之诱迫而为敌伪服务者褫夺全部公权，其个人之一切法定权益均不予保障。

受前款之处分如悛悔有据者，得恢复其公权。

二、积极效劳敌伪危害抗战者，依惩治汉奸条例治罪。

三、甘心事敌罪大恶极者，依惩治汉奸条例严惩，并得交付晋察冀边区特别法庭裁判之。

四、侵害人民之生命财产者，得由人民或检察机关检举控诉，依法惩治之。

五、由抢夺勒索等非法取得的财产，政府不承认其法定权益，并得由被害人民或检察机关检举控诉，依法追还或没收其非法所得之财产。

第七条 凡罪大恶极之汉奸，不论已获未获均得由边区行政委员会、高等法院会同军事机关及群众团体，组织特别法庭审判之。

前项特别法庭之组织另定之。

第八条 凡罪大恶极之汉奸，检察机关及人民均得向特别法庭检举控诉之。

第九条 凡经特别法庭判处死刑但尚未捕获之汉奸，得由抗日军民随时逮捕，就地正法，或解送政府执行。

第十条 凡经特别法庭判决，但尚未捕获之汉奸，如自行投案悔过自新或建树抗日功绩者，得依汉奸自首条例减免其罪行。

第十一条 本办法自公布之日施行。

（选自晋察冀边区行政委员会《现行法令汇集》

上册，一九四五年版）

晋察冀边区行政委员会关于法令中
凡规定罚金之条文准依原定
数额增加十倍的通知

（一九四四年六月十二日）

查案件科处罚金，原在对犯罪者施以教育，使其思想有所转变，但近因物价昂贵，在各种刑法法令中所规定之罚金额数有时难收刑罚之效，兹决定自文到之日起，凡有罚金之条文，一律按照定额增加十倍，即原为一百元以下之罚金者，在增加十倍之后，为一千元以下之罚金，其他民事与行政案件

（包括违警）之罚锾，亦准依此规定，惟在执行中，应注意防止下列偏向：

一、严防滥罚。个别县份，往往因案件不甚严重，或因囚粮数字限制，乃不从积极组织犯人参加生产求得解决，而以科处罚款完案了事。

二、不得一律向最高额看齐，罚金数额增加后，有增至数万元者，在执行时应视其犯罪情形，被告人之经济实况，以为高低标准，更不应一般的处理。

三、在并科时更应注意到犯人生活，使其不致在出外之后感觉无法度日而生意外。

以上各点，希在执行中妥慎注意，特此通知。

（选自晋察冀边区行政委员会《现行法令汇集》
下册，一九四五年版）

晋冀鲁豫边区禁止敌伪钞票暂行办法

（一九四一年五月十日公布，一九四二年九月一日修正公布）

第一条 为巩固根据地金融，保护抗日本币，打击与禁绝敌伪钞票，对敌进行货币斗争，特制定本办法。

第二条 一切敌伪发行之钞票，在本区内绝对禁止携带、保存与行使；但工人工资收入及从敌占区逃来灾难民、反正及被俘伪军伪组织人员所携带之敌伪钞票，得向冀南银行分行及委托之代办机关兑换冀钞行使之。

第三条 军政民机关，因特殊工作（对外贸易之使用另订之），确有携带敌伪钞票出入境之必要者，须经政府核准，发给证明文件，始得通行。核准权限：军政民工作人员携带伪钞出入境在二百元以下者，由县政府核准；二百元以上，一千元以下，由专署核准；一千元以上，须经边区政府或行署核准。

第四条 违反前条规定，有在本区携带、保存或行使敌伪钞票者，一经查获，除予没收外，并按其保存或携带或行使之不同行为，酌予下列之处罚：

不过廿元者，处以百分之卅至五十罚金。三十元以上至一百元者，处以百分之四十至七十之罚金。一百元以上至二百元，处以一倍至三倍之罚金。

二百元以上至四百元者，处以二倍至四倍之罚金。

四百元以上者，处以三倍至五倍之罚金。

别有严重情节者，须送司法机关，按破坏抗日金融，从重治罪。

第五条 前条所处罚金，得提奖百分之二十，以十分之四奖报告人，十分之六奖查获人。无报告人，全奖查获人，每次每人不得超过二百元。公务人员按应提奖金数七成发给，每次每人不得超过一百元，余数归公。

第六条 对违法在本区保存、携带或行使敌伪钞票者，军队、公安人员、民兵、区村公所、群众团体及民众只有查获权，其没收及处罚，属县级以上政府。没收及罚金，并须制给凭单或收据（须用三联单，由县政府制发），以示证明。

第七条 公务人员如有包庇、串通、卖放、侵吞情事，按贪污渎职，从严论处，民众按诈财治罪。

第八条 敌占区民众行使何钞，不加干涉，接敌区及游击区，应按具体情况，适当划定界限，界限以外，只没收，不再处罚，或以冀钞兑换，而不没收，界限以内，仍按第四条规定执行。

第九条 前条所指之界限，应以行政村为单位，由县府划定，经专署批准，再经一定时期之宣传解释后，方得执行，并报告边府备案。

其界限应按敌占区工作之开展情形，适时变更之。

第十条 敌伪商业票据等之处理办法另订之。

第十一条 本办法公布后，以前禁止敌伪钞暂行办法即作无效。

第十二条 本办法经边区临参会驻会委员会同意后，由边区政府公布施行之。

（选自晋冀鲁豫边区《法令汇编》下册，一九四三年版）

晋冀鲁豫边区保护法币暂行办法

（一九四一年七月五日公布，一九四二年九月一日修正公布）

第一条 为保护法币，防止敌伪操纵套换，特制定本办法。

第二条 本区一切交易往来，收支公款，均以冀南银行钞票（简称冀钞）为本位。行使法币时，须向冀南银行分行或其委托之代办机关兑换冀钞后，始得行使。

第三条 凡携带法币进出或通过本区者，须依照下列各款办理：

一、携带法币系过境者，须向本区边境税务稽征所或区级以上政府登记，并领取证明文件，才准通行。

二、携带法币入口，系存藏者，除向本区边境税务稽征所或区级以上政府登记，并领取证明文件外，并须向当地县政府报请登记，以资保护。

三、携带法币出口。系一般公干或旅行而非投机取巧者，须向当地区级以上政府登汜，领取证明文件，方准出口。

四、如携带法币出口，系贩运入口货物，须经各级工商管理局核准，并须向银行履行登记手续。

办理前条各项之法币登记手续，概不收取任何费用。

第四条 在本区内之一般私人保存法币，只要不在本区市面行使，听其自便，不加干涉。

第五条 凡违法在本区公开交易或暗中行使法币，捣乱金融者，除法币没收外，并得按其数量多少（二百元以下者不处罚），分别予以下列之处罚：

二百元以上至五百元者，处以百分之三十至百分之五十之罚金；五百元以上至五千元者，处以百分之五十至一倍之罚金，五千元以上，处以一倍至三倍之罚金，有其他情节者，送交司法机关处办之。

第六条 前条所处罚金得提奖二成（百分之二十），以十分之四奖与报告人，以十分之六奖与查获人，无报告人者，全归查获人，每次每人不得超过二百元。公务人员接应提奖金数七成发给，每次每人不得超过一百元，余数归公。

第七条 对违法行使法币行为，军队、公安人员、区村公所、民兵、群众团体及民众，只有查获权，处理权属于县级以上政府办理。没收及罚金，均须制给凭单或收据（须用三联单，由县政府制发），以示证明。

第八条 公务人员如有包庇、串通、卖放或私行没收、侵吞等情事，按贪污渎职，从严论处，民众按诈财治罪。

第九条 本办法公布后，以前之保护法币暂行条例、保护与兑换法币暂行办法，宣告无效。

第十条 抗日政府不能经常驻在之法币区域，不实行本办法之规定，接近法币区及接敌区，法币处理办法另定之。

第十一条 本办法经边区临参会驻会委员会同意后，由边区政府公布施行之。

（选自晋冀鲁豫边区《法令汇编》下册，一九四三年版）

晋冀鲁豫边区惩治盗毁空室清野财物办法

（一九四一年十月二十日公布施行）

第一条　凡为备战所埋藏之一切公私财物为空室清野财物。
前项财物被盗毁时均适用本办法。

第二条　盗毁空室清野财物，除追还赃物或赔偿外，其情节轻微者，处以两月以下劳役，得并科一百元以下罚金。

第三条　对连续犯或捏造敌情致民众逃避而乘机窃取空室清野财物及情节严重者，依刑法窃盗罪加重处罚之。

第四条　泄露军用品或公家物品致受损失，或直接盗取者，依刑法窃盗罪加重处罚。

第五条　凡勾结敌人盗毁空室清野财物，使他人受有损失时，处以死刑或十年以上有期徒刑。

第六条　有看管空室清野财物负责之人，而自己盗取者，依下列各款处断：

一、合于第二条之规定者，处一年以下有期徒刑。

二、合于第三、第四两条之规定者，加重其刑二分之一。

三、合于第五条之规定者，处死刑。

第七条　向敌伪自动告密空室清野财物，因而遭受损失，或虽无损失经证明告密属实者，均以汉奸论罪。

第八条　因敌伪扰乱未及携带埋藏而弃置之财物，经人拾得而坚不退还者，依侵占论罪。

第九条　凡教唆或帮助他人犯盗毁空室清野财物之罪者，依刑法之规定从重处罚之。

第十条　本办法之执行权属于县级以上政府。

第十一条　本办法由边区临参会通过，边区政府公布施行。

（选自晋冀鲁豫边区《法令汇编》下册，一九四三年版）

晋冀鲁豫边区惩治贪污暂行办法

(一九四二年二月十一日公布)

第一条 为整饬纪律，节约物资，根绝贪污，树立廉洁政治，特制定本办法。

第二条 凡边区一切政民人员，如有贪污情事，依本办法处理之。

第三条 凡有下列行为，贪污达五百元以上者处死刑：

一、没收克扣公款、公粮、公产者。

二、购买军用品器材及一切物品，从中舞弊者。

三、盗卖公粮、公物、公产以自肥者。

四、凭借势力勒索、强占、敲诈财物者。

五、以公用舟车马匹等运输力，装运违禁物品或漏税物品者。

六、受贿、卖放、徇私、包庇者。

贪污公粮、公物、公产之价值以时价折算。

第四条 贪污不足五百元者处以下列徒刑或劳役：

一、三百元以上未满五百元者，处五年以上十年以下之徒刑。

二、二百元以上未满三百元者，处三年以上五年以下之徒刑。

三、百元以上未满二百元者，处一年以上三年以下之徒刑。

四、五十元以上未满百元者，处六个月以上一年以下之徒刑。

五、不满五十元者，酌处六个月以下之徒刑或劳役。

第五条 未经上级同意，浮派粮款，擅自增加人民负担者，依第三、第四两条之规定，其将浮派粮款贪污中饱者，得将两罪合并惩处之。

第六条 凡第三条、第四条、第五条之未遂罪，按本刑减轻惩治之。

第七条 各级政民人员发生贪污情事，依法惩处时，其直接上级须受连带处分。

第八条 教唆或帮助他人贪污者，以从犯论。

第九条 诬陷或诬告他人犯本办法第三、第四、第五各条之罪者，依刑法之规定从重处理。

第十条 犯本办法之罪者，其所得之赃款、赃物除属于公有者应予追缴外，并应依其情形，分别予以没收，或发还受害人赃款赃物之全部或一部，无法缴还得没收其财产抵偿，但其财产价值，无论是否足够抵偿其应追惩之价额，均应酌留其家属必须之生活费。

第十一条 依本办法例外处理之案件，非经边区高等法院或该院明确委托代核之机关核准，不得执行。

第十二条 连续贪污之行为以一罪论，其贪污数目合并计算之。

第十三条 在抗日政府成立前之贪污行为不得追诉。

第十四条 本办法经临参会通过后由边区政府颁布之。

第十五条 本办法自颁布之日施行之，凡在本办法颁布前之各种临时惩治贪污之规定均属无效，惟其与刑法及刑事诉讼法不相抵触者，得适用刑法及刑事诉讼法规定。

(选自晋冀鲁豫边区《法令汇编》下册。一九四三年版)

晋冀鲁豫边区司法罚金及没收赃款保管解缴处理暂行办法

(一九四二年三月二十五日公布)

第一条 凡依法判决科罚罚金及没收赃款赃物之保管解交，除法令别有规定者外，均依照本办法办理之。

第二条 各级司法机关之司法罚金及没收之赃款（包括拍卖赃物之款及赃物租出之租息在内），一律按月交由各该级政府之财政部门，按金库制度管之。

甲、财政部门保管此款，须单立科目，并予有关方面以四联收据：一存于收款机关，一交于交款机关，一呈上级财政机关，一呈高等法院。

乙、财政部门保管此款，按月向上级解交，每年总结报告。

丙、各级司法机关本身亦须单立账，于每款加以说明，按月逐级上报，每年总结报告一次。

丁、高等法院与财政厅，分院（司法处）与行署财政处，每年将总结对账清算。

第三条 各级司法机关之司法罚金及没收之赃款、赃物，须予有关方面以收据，施用三联单制，另立账簿（一与被罚或被没收的人，一呈高等法院备案，一存原机关）。

第四条 没收之赃物，除违禁品（如毒品、鸦片、武器〔弹〕药等）外，其余应按下列各款处理：

甲、没收汉奸财产，须经专署以上政府之批准，始得处理。

乙、没收之一般日用品，应依当地市价拍卖之，并可予军政机关、荣誉军人、贫苦抗属及本案出力人员，以购买之优先权。

丙、没收土地，依边区土地使用暂行条例处理之。

丁、上述拍卖权、处理权，属于县级以上之政府。

第五条 没收赃物之违禁品，须递级呈交高等法院各行署司法处，分别存销之，其呈缴办法如下：

甲、凡毒品鸦片类，须于呈交书中，注明种类数量（毛重或净重）等项。

乙、凡武器类，须于呈交书中，注明种类、件数、枪号、子弹数、附件等项。

丙、凡赌具、淫具及其他违禁品类，均须注明种类及数量。

第六条 所有罚金及没收之赃款赃物（包括违禁品）之动用存销权，属于边区政府及高等法院。

第七条 各级政府人员，未经上级同意，擅自动用罚金及没收之赃款赃物者，由上级司法机关依法处分之。

第八条 本办法经边区政府委员会通过后，公布施行之。

（选自晋冀鲁豫边区《法令汇编》下册。一九四三年版）

晋冀鲁豫边区汉奸财产没收处理暂行办法

（一九四二年八月一日施行）

第一条 凡经司法机关判处死刑及没收财产之汉奸犯，其财产没收处理，悉依本办法行之。

第二条 汉奸之财产分为动产、不动产、日用品、解上品四类。

（一）动产包括：现款，存款，有价证券，工商业投资，牛，羊，牲畜，粮食，衣服，棉纱，布匹，山货果实，农具（犁、锄、䦆、锹等）。

（二）不动产包括：土地，房屋，池沼，井窖等。

（三）日用品包括：日常生活必须用品，如食具（锅、碗、盆、筷），用具（烟袋、笔、墨），陈列品（衣箱、桌、椅）等。

（四）解上品包括：成品（工厂、商店、森林），贵重品（金、银、珠宝、古玩、玉器、首饰、钟表、绸缎、皮貂、药品、书籍），军需品（枪械、子弹、铜、锡、机器、火药、硝磺、电料、通讯器材），违禁品（鸦片品、毒品、烟具、赌具、伪钞、法币、禁止书报）等。

第三条 汉奸全家附逆，或其本人无家属者，其财产全部没收之。

第四条 汉奸本人尚有父母未行继承者，没收其本人全部自置产及个人衣物。

第五条 汉奸已行继承者，没收其财产大部，酌留一部予其无辜配偶或子女，但日用品不没收。

第六条 汉奸与其兄弟姊妹等同财伙居者，按股均分，没收其应得份。

第七条 没收之汉奸财产，依下列办法处理之。

（一）没收之动产、不动产等，尽量分配予参加反蚕食斗争、除奸斗争中之抗属、荣誉军人、赤贫农民、斗争积极之贫苦干部、报告人、抓获人、出力干部等一部或全部。

（二）没收之动产、不动产、日用品等，因事实不能分配者，拍卖之，拍卖所得之款，分配予上述群众，或以一部购买民兵使用之武器弹药，或作为社会救济之用。

（三）不动产土地房屋等之分配，依土地房屋分散情形，不限于分配予一村。

（四）没收之土地，政府认为必要时，得将其一部或全部作为地方公产，依土地使用条例第六十五条处理之。

（五）没收之解上品，不得分配，解缴专署以上之政府处理之。

第八条 凡分配予群众之财物，并发予给予证，政府保障其所有权，其中土地房屋等另立契约，向政府税契。

前项受领者，有违法反动行为，或受领时为抗属而参军人已逃亡者，政府得将不动产部分或全部撤回，另行分配之。

第九条 汉奸所欠之公粮、公款，应尽先在被没收之财产内扣除之。

第十条 汉奸所持之债权，如系贫苦人民，应将契约作废，本息停付；如系富有者，应由政府代行债权，向债务人追还。

第十一条 没收汉奸财产之处理分配权，属于县级以上之政府，但必要时可委托区公所办理之，其各种手续，另以命令定之。

第十二条 本办法与边区政府过去颁布之法令有抵触者，暂行适用本办法之规定。

第十三条 本办法由边区政府委员会通过后，颁布施行之。

第十四条 本办法如有未尽事宜，由边区政府委员会随时修正之。

（选自晋冀鲁豫边区《法令汇编》下册，一九四三年版）

晋冀鲁豫边区惩治盗毁空室清野财物补充办法

（一九四二年八月九日）

（一）凡在战争期间，为饥寒所迫，窃盗少数粮食、衣服，以救济其本人及家属者，除赔偿外，得科以一百元以下之罚金。战后自首并自动赔偿原主损失者，得免除其刑。

（二）凡以窃盗为常业或屡犯、连续犯窃盗空室清野财物者，处死刑。

（三）虽初次窃盗，但在战争时期并非为饥寒所迫，而乘机窃盗空室清野许多财物，借以发扫荡财者，处死刑。

（四）组织他人窃盗空室清野财物者，处死刑。

（选自晋冀鲁豫边区《法令汇编》下册，一九四三年版）

晋冀鲁豫边区危害军队及妨害军事工作治罪暂行条例

（一九四二年十月三十一日颁布）

第一条 有下列行为之一者处死刑、无期徒刑或五年以上有期徒刑：

一、捕杀抗日军人及其家属者。

二、煽惑抗日军人逃叛通敌者。

三、组织暴动、捣毁机关，抢劫军用品、公用物者，或杀伤抗日军人者。

四、乘战争混乱迫害军队伤病员者。

五、组织鼓动群众进行破坏军事，实施有据而情节严重者。

六、解除抗日军人之武装及破坏军用品者，但如因抗日军人违反抗日戒严之规定，或有持械非法行为而依法解除其武装者，不在此限。

七、经常制造有利于敌之谣言，破坏抗日军威信及抗日秩序与主动挑拨离间军民关系者。

八、勾结敌伪陷害抗日军人有据者。

第二条 有下列行为之一者，处一年以上五年以下之徒刑：

一、殴打辱骂抗日军人或恶意毁谤军事或政工人员者。

二、乘危急状况下对军人作非法要挟者。

三、故意传播谣言者。

四、偷盗军用品及军用材料者。

第三条 凡犯本条例第一、第二各条之罪行得视为现行犯，不论军民均可随时随地拘捕之，但须送交县政府处理。

第四条 对违犯本条例之行为的治罪，得适用刑法总则之规定。

第五条 本条例自颁布之日施行。

（选自晋冀鲁豫边区《法令汇编》下册，一九四三年版）

晋冀鲁豫边区妨害公务违抗法令暂行治罪条例

（一九四二年十二月十二日公布）

第一条 妨害公务有下列行为之一者，处死刑、无期徒刑或五年以上之徒刑：

一、聚众骚扰捣毁政府机关者。

二、绑架杀害公务人员及其家属者。

三、对公务员执行职务时，聚众施行强暴胁迫而致公务员于死或重伤者。

四、窃盗政府机密文件或印信者。

第二条 妨害公务违抗法令有下列行为之一者，处五年以下三年以上之徒刑或两千元以下千元以上之罚金：

一、以强暴胁迫或诈术阻止公务员执行职务或煽动公务员弃职逃亡者。

二、以强暴胁迫或诈术阻止扰乱政府之集会者。

三、毁坏或窃盗公文书或重要公物者。

四、冒充公务人员骗征粮款或敲诈人民者。

五、恶意造谣、曲解、破坏或抵抗法令超过违警行为者。

第三条 妨害公务违抗法令有下列行为之一者，外三年以下一年以上之徒刑或千元以下三百元以上之罚金：

一、冒充公务员招摇撞骗者。

二、制造行政纠纷或调唆他人词讼者。

三、以声色货利诱惑公务员腐化堕落贻误职务者。

四、减租减息后故意不退还文约者。

第四条 第一、二两条之未遂犯罚之。

第五条 第一条至第三条之累犯加重处罚。

第六条 本条例经晋冀鲁豫边区临时参议会通过后，由晋冀鲁豫边区政府公布施行。

（选自晋冀鲁豫边区冀鲁豫行署《法令汇编》
上册，一九四四年版）

晋冀鲁豫边区妨害婚姻治罪暂行条例

（一九四三年一月五日颁布）

第一条 本条例依据中华民国刑法妨害婚姻罪之原则制定之。

第二条 有下列行为之一者，处五年以下一年以上之徒刑，得并科千元以下之罚金：

一、贩卖妇女者。

二、霸占他人妻女者。

三、煽动抗战军人家属离婚或退婚成为事实者。

四、勒索财物妨害寡妇再嫁者。

五、虐待妇女有据者。

六、抢亲者。

七、蓄婢或纳妾者。

八、重婚者。

第三条 有下列行为之一者，处一年以下之徒刑，得并科三百元以下之罚金：

一、买卖婚姻者。

二、勒索财物妨害婚姻者。

三、妨害寡妇再嫁者。

四、挑拨他人夫妇不和而鼓动离婚者。

五、与有配偶之人通奸者。

六、租妻或合伙娶妻者。

七、强迫不到结婚或订婚年龄之男女结婚或订婚者〔者〕.

八、不经本人同意，而强迫其结婚或订婚。

九、妨害成年男女自愿结婚或订婚者。

第四条 第三条第五款非其配偶不得告诉，但其配偶纵容、原宥或自知悉之日起逾六个月者无告诉权。

第五条 本条例自晋冀鲁豫边区婚姻条例颁布之日起发生效力，不溯及既往。

第六条 本条例经晋冀鲁豫边区临时参议会通过后，由晋冀鲁豫边区政府颁布施行。

（选自晋冀鲁豫边区《法令汇编》下册，一九四三年版）

晋冀鲁豫边区政府
晋冀鲁豫边区高等法院联合通令
——关于群众运动中罚款处理办法的决定
（一九四三年三月四日）

一年来各地区群众运动蓬勃发展，已获得相当伟大成绩，但在某些地区，在罚款的处理上，或者一律收为政府收入，使群众已受之损害，未能获得赔偿，或者一律分给群众，使群众发生经济主义，又使政府应得之收入受到相当影响，或者胡乱开支，形成浪费现象，或者分派欠妥，造成不公纠纷。兹为正确扶植群众运动，纠正一切凌乱现象起见，特对群众运动中罚款之处理，作如下决定：

一、凡由群众运动中检举之不法事件，认为有处罚之必要时，罚款在本币（冀钞）一千元、赔偿退粮在小米四石以下，经受县政府特别委托之区公所核准，或罚款在本币一千元、赔偿退粮在小米四石以上，经县政府以上之司法机关核准者得处罚之。

凡罚款退粮都须经区公所或县以上之司法机关处理，不得擅自处罚。

二、凡因违反法令，侵害他人利益之罚款、退款、退粮，依下列情形处理之。

甲、凡胁持群众维持敌人之粮款，在摧垮维持后得由主动维持分子赔出，其全部或一部发还原出粮款之人民，其因维持敌人行为依法判处之罚款，以七成作政府收入，三成奖给反维持的群众。

乙、凡恶霸侵占敲诈群众之粮款，由该恶霸照数赔出，发还原受害人。其因恶霸行为，而引起群众反对，由政府科处之罚款，以八成作政府收入，二成奖给反恶霸的群众。

丙、凡贪污之粮款，由该贪污犯照数纳出，其缴出之贪污粮款，以下列三种情形处理：

①贪污之粮款，属于村中社中公产公款者，仍留存于村中、社中，作公益、救济、优抗、购买枪械之用。但功用此项款项，须经村某种委员会多数通过，再经县政府核准，方得动用。

②贪污之粮款，属于浮派多收，擅自增加人民负担性质者，照原数退交原出粮款人。其当时未出粮款人，不得分派给退粮退款。

③贪污之粮款，属于应缴上者（即该犯按上级分派数额征收，但未将征收全数缴上之粮款），以八成缴公，二成奖给反贪污的群众。其因贪污行为由政府科处之罚金，以八成作政府收入，二成奖给反贪污的群众。

丁、凡因逃避负担隐瞒财产，应补缴之粮款，依下列情形处理：

①因其本人隐瞒财产，逃避负担，遂致增加其他负担户之负担额者，其应行补缴之粮款，依当时负担户之负担比例，退给负担户。

②因其本人隐瞒财产，逃避负担，遂致减少政府收入者，其应行补缴之粮款，以八成缴公，二成奖给揭发隐瞒的群众。

至于因其逃避负担之行为，而受处罚之行政罚款，以八成交公，二成奖给反对逃避负担的群众。

戊、凡因不减租、不减息及额外剥削之收入应行退还之粮款，全数退交各佃户、债户。

己、凡属侵害他人利益之罚款、退款、退粮，上述各项无明文规定者，由区公所转呈县政府，根据本决定之精神，规定具体处理办法处理之。

三、凡经群众大会揭发之汉奸、特务、窃盗、烟毒、危害军队等罪行之罚款，以八成作政府收入，二成奖给积极揭发的群众。

四、凡未经群众运动之民刑案件之罚金，除有特别规定者外，悉作司法收入，不予奖金。

五、凡本决定系有明文规定，而认为有发给奖金或分给群众之必要者，得由县政府呈明事实及具体处理办法，呈请专员公署核准后，始得发给（应防止奖金主义、毫无中心的什么都给奖的倾向）。

六、凡经政府判处之徒刑易科罚金时，其所易科之数额，不能援上述规定提奖或分派。

七、各项罚款，以处罚本币为标准，不得处罚粮食及其他实物。但属于退粮及赔偿群众之损失性质者，不得受此项限制。

八、本决定自令到之日起，一体遵行。凡在本决定到达之日前所有经群众处罚之粮款，须由区公所或县政府负责督促清理之。其已清理者，呈报专署备案，其未清理者，迅为清理。

九、本决定到达之日，前于三十一年九月十一日，本府本院所发法行字一三五号《关于罚款办法的指示》宣告作废。

以上各项，仰即通令所属，妥为传达解释，严格执行，并将执行结果汇报上级，是为至要，此令。

晋冀鲁豫边区毒品治罪暂行条例

（一九四一年七月十五日施行）

第一条 本条例称毒品者，指吗啡、高根、海洛因及其他化合物或配合物而成之各种毒品（如俗称机器泡、金丹、料面、白面等）。

第二条 制造毒品者，处死刑，没收其财产全部或一部。

第三条 以运输毒品或包庇运输为常业者，处死刑或无期徒刑，但确系初犯，数量极少，或被胁欺骗而为运输者，得减轻其刑或科三千元以下之罚金。

第四条 贩卖毒品者，处死刑或无期徒刑，并没收其财产全部或一部，或并科罚金；但被胁迫贩卖数量极少者，得减轻其刑。贩卖毒品之经纪介绍人与正犯同。

第五条 吸食毒品者，勒令登记，自民国三十年九月一日开始在村公所登记。凡吸毒犯年在二十五岁以下者，限三个月戒绝；二十五岁至四十岁者，限六个月戒绝；四十岁以上者，限九个月戒绝。过上定期限仍吸食者，处以一年以下劳役，并酌科三千元以下之罚金；三次犯处以远地一年以上之劳役，并酌科三千元以下之罚金；三次以后再犯者，处死刑。

第六条 帮助他人犯本条例第二、第三、第四各条之罪者，按正犯之刑减轻之。帮助他人施打吗啡或吸用毒品者，不论初犯或再犯，处七年以下有期徒刑，并科一千元以下之罚全。

第七条 犯本条例第三至第四条之罪，而能供出毒品制造所或其主要犯，因而破获者，得减轻其刑，未经查获而自首者，得免除其刑。

第八条 栽赃诬陷或捏造证据诬告他人犯本条例之罪者，处以各该条之刑。

证人、鉴定人意图陷害本条例各条犯罪嫌疑之被告而为虚伪之鉴定者，亦同。

犯前二项之罪，于该案裁判确定前自首者，得减轻或免除其刑。

第九条 公务员犯本条例第二条至第五条之罪者，依各该条最高刑处断，学校教职员亦同。

第十条 公务员包庇或要求期约收受贿赂而纵容他人犯本条例第二条至第六条之罪者，处死刑。

盗换隐没查获之毒品者，亦同。

盗换隐没扣押之财产者，以贪污论罪。故纵犯本条例各该条之罪犯脱逃者，以各该条最高刑处断。

犯本条第一项之罪者所收受之贿赂没收之，如全部或一部不能没收时，追缴其价额。

第十一条 本条例第二条至第六条，第八条及第十条之未遂犯，依法处罚之。

第十二条 查获毒品或专供制造毒品或吸用毒品之器具，均没收销毁之。咖啡精、乳糖粉、鸡那素等，查明确系专供制造毒品之用者，亦同。

第十三条 犯本条例各条之罪受六个月以上有期徒刑之宣告者，褫夺公权一年以上十年以下。

第十四条 本条例施行前所颁禁毒法规之定有罚则者，其刑罚部分于本条例施行之日失效。

第十五条 本条例所未规定者，依其他法令之规定。

第十六条 供医药用及科学用之吗啡、高根、海洛因及其同类毒性物或化合物，依照麻醉药品管理条例办理，不适用本条例之规定。

第十七条 本条例自民国三十年七月十五日起施行。

（选自晋冀鲁豫边区《法令汇编》下册，一九四三年版）

晋冀鲁豫边区冀鲁豫行署关于村政权人员贪污之处理的指示

（一九四三年三月十二日）

为了完满解决反贪污斗争，开展群众运动，加强农村团结，巩固农村抗战力量，本署对村政权人员贪污之处理，特作如下之指示：

一、本指示所提出之办法，适用于民主民生工作开展之基本区，至于接敌区及变质地区等，各级政府可根据实际情形，并参照本指示斟酌适当处理。

二、处理权的规定：

甲、区级以上政府，对反贪污斗争案件，有处理权及拘押权，但区公所拘押人犯不得超过二十四小时（上级委托者例外），如在拘押期间不能解决者，应即将全案转送县政府处理之。

乙、村政权人员无论村长或管账人员，如有发生贪污行为时，群众及群众团体有告发权及算账权，无处罚权及拘押权。但属于倒粮范围内，不须处罚或拘押既可解决者，可不经政府，由群众自行处理。如遇贪污案情重大，且贪污者将有畏罪潜逃〔的可能，而又〕不及报告政府究办时，可以强制贪污者到政府，并要求处理，亦不得擅自拘押及处罚。

三、处理原则：

甲、为执行政府法令及行政纪律，村政权人员贪污亦应受到应有的处分，唯目前我边区所有村政权，大多数未经改造，不应不教而诛，故除对罪大恶极者予以严办处，一般的应从宽处理，可不援用惩治贪污条例"贪污五百元以上者处死刑"之规定，而对贪污者，主要为撤销其职务，改造村政权，给群众以民主教育，退回赃物，以改善人民生活。并对贪污者一方面给予自新之路，另一方面又不能使其重新登台，再来压榨群众。

乙、注意农村统战，加强农村团结，故处理此项案件，一定要慎重，要照顾各阶层利益，并根据广大群众的真正要求，及贪污者的实际贪污行为，来决定对贪污者处罚的轻重，以处理后贪污者无话可说，及广大群众心满意足为宜，任何过左过右都易为敌人乘机对我进攻与破坏，会防害农村团结及抗战工作的。

四、处理办法：

甲、根据上列原则，除对罪大恶极者予以严惩外，对一般贪污人员应从宽处理，即撤销其职务并予以适当的处分，且令其在群众大会上承认自己的贪污事实及犯罪行为，向群众道歉，保证自己今后安分守己，不得有报复及破坏抗战的行为，必要时应令其觅寻保人，具结保状。

乙、退回贪污赃物全部或一部，分别交还政府及各该村群众。

丙、必要时得处以六倍以下之罚金或罚粮，在决定罚款或罚粮的数目时，对群众中的习惯公约，如见一罚五、见一罚十等，政府应适当尊重，作为处罚的参考，以照顾群众情绪，基本上应按贪污者对群众压榨的大小，恶霸贪污轻重，个人挥霍及购置田产多少，个人有财产若干，社会舆论如何，群众真正意见怎样，处理后的政治影响，及贪污者今后前途的估计等具体情况来决定处罚数目之多少，至于浪费公物或公粮无论数目多少，是否退回应视实际情形及群众真正意见来决定。

五、退出赃物及处罚款粮的处理：

甲、赃物的处置，原则上是贪污政府〔者〕仍全部归还政府，贪污全村群众者，应全数归还全村群众，以作举办公益、增加生产之用途。

乙、处罚粮款的处置，原则上全数归政府处理，但在群众要求下，可以提出一部或全部拨给该村作举办生产公益之用。

丙、农村对退回赃物及政府拨给处罚物或粮的处置：

（一）提出一部分给本村民兵自卫队，购买枪刀、手榴弹之用。

（二）提出一部分举办生产建设事业，如组织各种合作社、生产小组，及低利借贷、春耕掘井、旱苗种子之用。

（三）提出一分举办全村公益事业，如开办夜学、救济灾民等之用。

（四）如在广大群众中一致要求分用赃物，且劝导无效时，可以提出三分之一至二分之一按原来收敛办法分给群众应用。

（五）以上各项及处置办法，应视各地实际需要来决定，如急需武器自卫者，可以拨一大部分或全部作购买武器之用，如急需作生产建设者，可拨大部分或全部作生产建设之用。

以上各项希各专员、县长、办事处主任，务要切实根据当地具体情形，深入讨论执行为要。

（选自晋冀鲁豫边区冀鲁豫行署《法令汇编》上册，一九四四年版）

晋冀鲁豫边区冀鲁豫行署查禁假鲁钞暂行办法

（一九四三年五月二十六日公布）

第一条 本办法为适应抗战需要，粉碎敌伪以大量假鲁钞（简称假票）破坏我根据地金融制定之。

第二条 凡制造、贩卖或明知为假票而行使者，均以本办法治罪。

第三条 凡制造假票者，处死刑，并得按其情节之轻重没收财产之一部或全部。

第四条 凡贩卖假票或明知其为假票而行使者，依下列之例处断：

一、千元以上者处死刑、无期徒刑或十年以上有期徒刑，得并科三倍至五倍之罚金。

二、五百元以上千元未满者，处五年以下三年以上有期徒刑，得并科三倍至五倍之罚金。

三、百元以上五百元未满者，处三年以下有期徒刑，得并科或易科一倍至三倍之罚金。

四、不满百元者，得斟酌情形进行教育或予以轻微之处罚。

第五条 犯前条之罪自首者，得减轻其刑；因自首而破获制造、贩卖之机关或人犯者，减轻或免除其刑。

第六条 凡知有制造、贩卖或行使假票之机关或人犯向政府或银行及工商管理局告发因而破获者，依下列规定予以奖励：

一、破获制造假票机关或人犯者予以特殊之奖励。

二、查获假票在五百元以上者，予以百分之五至百分之十之奖金。

三、查获假票在百元以上者，予以百分之五之奖金。

第七条 凡查获之假票，不论属于何人，一律没收烧毁。

第八条 本办法如有未尽事宜由本署修正之。

第九条 本办法自颁发之日施行。

（选自晋冀鲁豫边区冀鲁豫行署《法令汇编》，
上册，一九四四年版）

晋冀鲁豫边区冀鲁豫行署关于处理因灾荒买卖人口纠纷的规定

（一九四四年十月十四日施行）

自去年灾荒以来，买卖人口现象非常严重，有将自己女孩卖出做婢、做妾、做童养媳者；有把自己男孩卖出做养子者；有把自己的老婆卖出做妾、做婢或与别人为正式夫妻者；也有的妇女未经自己及其丈夫允许被婆家或娘家卖出者；还有的妇女自愿离开家庭，到非灾区逃荒另找了配偶的。今者灾荒已过，纠纷日多，因之影响我抗日人民间的正常关系与社会秩序的安宁。兹根据当前的实际情形，适当地处理此种纠纷，特作如下规定：

一、凡因灾荒出卖自己的女儿做人之婢妾者，其买卖关系无效，除准卖方随时领回外，并由买主拿出三百斤以下之小米，作为该女之赡养费。为童养媳者准卖主随时领回，如男女双方已到结婚年龄，甘愿结婚者，政府亦不加干涉。

二、凡因灾荒将自己尚未成年出嫁之女儿出卖，已与买主成为正式夫妇关系者，如男女均到法定结婚年龄，在双方同意下得保持其夫妇关系，双方家庭不得妄加干涉。

三、因灾荒丈夫出卖其妻，或其妻商得丈夫同意，自行离家，另与买主成为夫妇关系者，其去留由妇女自择。

四、因灾荒未经妇女本人及其丈夫之同意，被婆家或娘家卖出者，其买卖关系无效。经该女人或其丈夫之要求得恢复其原来之夫妇关系。

五、因灾荒将自己之子女卖出做养子女者，其买卖关系无效，其买时所出之款粮改为借贷关系，由卖主按其原数偿还。

六、妇女以灾荒为借口，而擅自离开家庭另与他人结婚者，准原夫告诉，以妨害婚姻论罪。

七、以买卖人口为业和将已出嫁之女又卖给伪军伪人员当妻妾者，依法从重治罪。

八、夫妇串通或与娘家串通，以放鹰为业，卖出又跑回者，经买方告发除应受刑事处分外，卖方并应赔偿买方之损失。

九、凡现存男女关系，并非正常现象者，任何一方得请政府解决之。

十、以上一、四、五、六、八各项规定，请求人得向被告居住所在地抗日政府起诉，如被告居住敌占区且为我诉讼力量所不及者，像第四项规定是娘家卖出的，应由其娘家酌情赔偿损失（用调解方式），但对其他各项的请求则着重解释或仲裁。

（选自冀南行署《法令汇编》）

太行区战时紧急处理敌探汉奸暂行办法

第一条 为保障战时军民和公私资财之安全，凡战时捕获之敌探汉奸，得依本办法处理之。

第二条 有下列行为之一者，得视为现行犯，无论军民得随时拘捕送区指挥部处理：

一、充当敌探刺探军情者。

二、隐藏向敌通报之秘密电台电话者。

三、打黑枪或以其他武器实行暗杀抗日军民者。

四、投毒药毒害抗日军民者。

五、给敌机或敌人指示目标者。

六、带领敌人搜山或挖掘公私资财者。

七、给敌指认我抗日干部或向敌报告干部群众转移地点及公私资财所在地者。

八、放火焚烧食粮资财及房屋者。

九、杀害抗日军民者。

十、主谋暴动者。

十一、主动或煽动群众维持敌人者。

十二、破坏军事设备及电线者。

第三条 有第二条各款行为之一者，如遇武装拒捕或无法加以捕捉时，无论军民得随时格杀之。

第四条 有第二条各款行为之一者，经捕获后证据确凿者，于情况紧急并与区指挥部失掉联系时，得由县或区委托之干部与村指挥部会议处决之。

第五条 有第二条各款行为之一者，确系投敌胁迫有证明者，在情况不紧急或可能与区指挥部联络时，必须送区指挥部酌情处理。

第六条 有下列情形之一者，须解送县或区指挥部处理，村指挥部不得擅自处理：

一、掉队落伍被我捕获者。

二、有汉奸嫌疑而无确凿证据者。

第七条 敌人所带民伕经捕获后有破坏行为者，须解送县或区指挥部处理，其他在不妨害我秘密安全条件下，由村指挥部教育后释放之。

第八条 本办法所称"紧急情况"系指敌人已进攻到十里以内时的情况，所称"证据确凿"是指有人证物证或自认有汉奸行为之口供者。

第九条 战时县政府应分派重要干部到区，区分派重要干部到基点村，由县政府明令委托会同区或村指挥部负责处理战时捕获之敌探汉奸，但此项处理权之行使，必须经过指挥部正式决定始发生效力，任何个人无决定权。

第十条 凡在紧急情况下处决之敌探汉奸犯须于战争结束后，将犯人姓名、籍贯、证据、口供及处决经过报告区公所转报县政府，备案公布。

第十一条 凡县区村干部或军民有下列情形之一者，以杀人罪反坐：

一、趁机报复杀害好人者。

二、伪造证据陷害好人者。

第十二条 凡县区村干部有下列情形之一者，依情节轻重须受刑事处分或行政处分：

一、有滥杀或误杀情事者。

二、战争已结束依然引用本办法杀人者。

三、对于平时捕获之敌探汉奸犯不依法定程序迅加处理，故意等待于紧急情况时自行处决者。

四、战争结束后不以真实情况报告上级者。

第十三条 在紧急情况下对于汉奸犯之处决得用绳绞或刀杀等刑。

第十四条 凡在本办法颁布前所有晋冀鲁豫边区政府或晋冀鲁豫边区高等法院颁布之法令，有与本办法抵触者，依本办法之规定办理之。

第十五条 本办法经边区临时参议会通过，由晋冀鲁豫边区政府及晋冀鲁豫边区高等法院联合公布之。

（选自涉县县政府翻印件）

晋绥边区修正扰乱金融惩治暂行条例补充办法

（一九四二年二月十五日施行）

一、凡法币以外之其他非本币（无论任何地方银行纸币），在本根据地内，一律禁止周使。凡商民、机关、部队、团体，如有旧存者，限公布后十五日内，向银行按照挂牌价，兑换本币，逾期如仍有周使者，其在一千元以下者，予以没收；一千元以上者，依照"修正扰乱金融惩治暂行条例"第八条规定之处罚处办之。

二、凡未经银行按照管理对外汇兑办法允准，亦未取得证明文件，而私行将非本币输出或输入本根据地者，经查获后，依照下列规定处理：

甲、法币除在十元以内者不究外，五十元以上一千元以下者，一律没收。

乙、法币在一千元以上五千元以下者，除没收外，得并科以三倍以下之罚金。

丙、法币在五千元以上一万元以下者，除没收外，得并科以七倍以下之罚金，并得处以二年以下之徒刑。

丁、法币在一万元以上二万元以下者，除没收外，得并科以二倍以上十倍以下之罚金，并处以二年以上五年以下之有期徒刑。

戊、法币在二万元以上者，除没收外，并处以死刑。

己、所有生金银及银洋以外之其他非本币，均依照法币论处。

庚、所有汇票汇信，均视同现款处理之。

（法币等，均应依黑市变化，重行酌定共数目，约计一千元者，现在应为五万元）。

三、凡民商、机关、团体、部队人员，一切交易，必须完全以本币为计算标准，如有法币之交易与债权债务等关系而发生纠葛者，得一律按银行挂牌价格折付本币；违者以扰乱金融论罪。

四、在征收田赋村款期间，如有奸商乘机以本币在乡村收买银洋者，以贩卖银洋论罪，严予处罚。如有行政干部与征收人员私自接收银洋，代为兑换本币者，不论其理由如何，一律以贪污论。

（选自晋绥边区行政公署《法令辑要》（一））

晋西北没收汉奸财产单行条例

（一九四〇年三月十三日公布）

第一条 凡对于汉奸财产之没收处理，悉依本条例之规定。

第二条 凡适合民国二十七年八月十五日国民政府公布之修正惩治汉奸条例第二条各款及三、四两条规定之一者，其财产得由政府没收其全部或一部。

第三条 没收汉奸之财产，应限其本人所有，不及其亲属。如系同居，得酌留若干为其家属生活费。

第四条 凡属汉奸财产，不论动产不动产，政府均得没收，惟随身日用品，不在没收之列。

第五条 被没收之财产属于动产者，一律集中本署，拨充抗日经费。其有笨重什物，未便集中者，得由所在县县政府呈准本署拍卖，以现款集中。

第六条 被没收之财产，属于不动产者，一律为公有，归所在县县政府管理，租给或分给贫苦人民耕种或居住，其办法如下：

（一）被没收之土地房屋，经政府分配注册后，其耕种及居住权属于受领者及租种者，但不得将分配之土地房屋，典卖于他人或作为抵押品。

（二）被没收之土地房屋，抗战军人家属之贫苦者，有租种、领种及分住之优先权。

（三）被没收之土地房屋，其租种、领种及分住，以人为单位计算，由所在地县政府或区公所规定，召集村民大会表决执行之。

（四）受领土地房屋之人民，县政府应付给证据，并呈报专署或本署备案。

（五）受领土地房屋其原有应纳之国家赋税，受领人仍须照额完纳。租种者，则免除之。

（六）人民受领土地或房屋后，如有刑事处分之宣告者，县政府应撤销其耕种或居住权，并呈报专员公署及本署备案。

第七条 被没收之汉奸财产，加有典当租借关系者，由县政府按照原有关系代替原主清理之，并呈报专员公署及本署备案。

第八条 依本条例没收汉奸财产，应由县政府造具没收财产清册，呈报专员公署及本署备案。

第九条 依本条例没收汉奸财产，须经本署核准后，方得执行，在未核准前，县政府得先行查封。

第十条 依本条例没收查封及处理汉奸财产，均须由县政府公告之。

第十一条 军队及群众团体，得协助政府执行本条例，但无单独执行之权。

第十二条 本条例自公布之日施行。

（选自晋西北行政公署《法令辑要》）

晋西北惩治贪污暂行条例

（一九四一年九月公布）

第一条 凡游击区之各机关、群众团体及办理公营企业或社会公益事务人员，犯本条例之罪者，以本条例处断。

第二条 凡有下列行为之一者，即以贪污论罪：

（一）克扣或截留应行发给或交纳之财物者。

（二）买卖公物，建筑工程经收款及征用民夫、牲畜、财物从中舞弊者。

（三）盗卖、侵占或窃取公有财物者。

（四）偷损或擅提公有财物者。

（五）擅自没收他人财物者。

（六）借势或借端勒索、勒征、强占、强募或向民众摊派财物者。

（七）以公用舟车、马匹、驮兽装运违禁或漏税物品者。

（八）违背法令收募捐税、公债者。

（九）擅挪公款而供私人使用或营利者。

（十）伪造、变造或捏报收支账簿款项者。

（十一）图私人便利而浪费公有财物者。

（十二）于第二款以外，对于主管或监督之事务直接或间接图谋私利者。

第三条　凡第二条所举罪状中之任何一项或一项以上者，以其数目之多少及情节之轻重，依下列之规定惩治之：

（一）贪污数目（或物品之相当价格数目——下同）在一千元以上者，处死刑。

（二）贪污数目在一千元未满、五百元以上者，处五年以上之有期徒刑。

（三）贪污数目在五百元未满、一百元以上者，处五年以下三年以上之有期徒刑。

（四）贪污数目在一百元未满、五十元以上者，处三年以下一年以上有期徒刑。

（五）贪污数目未满五十元者，处一年以下之有期徒刑。

第四条　前两条之未遂罪（即预备谋犯第二条之罪已经证明者），处一年以下有期徒刑，或按其情节轻重罚以苦役或予以其他处分。

第五条　以前第二条各罪犯如有情节特殊者，得提高一、二等或降低一、二等处治。

第六条　犯本条例之罪于发觉前自首者，得减轻或免除其刑。

第七条　犯本条例之罪者，其所得之赃款赃物，均应予以追缴，于缴出后发还该款物之原主或应有者赃款赃物之一部或全部。无法追缴原属品质时，须得以其他品质之款项或物品抵扣补偿。如无任何力量缴纳，得没收其家产补偿之。惟当其全部家产不及应缴纳之价额时，得酌留其直系家属最低之生活必需费。

第八条　诬陷或诬告他人犯本条例之罪者，依刑法之规定从重处断。

第九条　犯本条例之罪者，由司法机关依法审理。

第十条　本条例所未规定者，得依其他法令之规定执行之。

第十一条　本条例自公布之日施行。

（选自晋西北行政公署《法令辑要》）

晋西北禁烟治罪暂行条例

（一九四一年十一月一日公布）

第一条　为肃清烟毒，抵制敌人毒化政策，保卫民众健康，特制定本条例。

第二条　本条例称烟毒者系指鸦片、罂粟及罂粟种子，但供医药及科学使用之鸦片，经专署以上政府证明者，不在此限。

第三条　意图制造鸦片而栽种罂粟者，处死刑，但在敌占区种植者，得酌情处以罚金。

第四条　运输贩卖或意图运输贩卖而持有鸦片者，处二年以上十年以下有期徒刑，得并科五千元以下之罚金；其数量在二百两以上者，处死刑。但持有专署以上政府发给之解运执照者，不在此限。

第五条　运输贩卖或意图运输贩卖而持有罂粟种子者，处三年以上十年以下有期徒刑，得并科五千元以下之罚金。

第六条　意图营利设所以鸦片及烟具供人吸食者，处二年以上十年以下有期徒刑，得并科三千元以下之罚金。

第七条　吸食鸦片者，准予在本条例颁布后一年内服食戒烟药丸戒绝之，在戒烟期内仍吸食鸦片，或逾期仍未戒绝者，处三年以下有期徒刑。但年在二十五岁以上之吸食鸦片者，其戒烟期限得延长至二年，五十岁以上者，得延长至三年。

第八条　帮助他人犯本条例第三条、第四条、第五条、第六条、第七条之罪者，处五年以下有期徒刑。

第九条　犯本条例第三条、第四条、第五条、第六条之未遂犯罚之。

第十条　军政民工作人员办理公营事业及学校教职员犯本条例第四条、第五条、第六条、第八条之罪者，加倍处罚。

第十一条　犯本条例各条之罪，其鸦片、罂粟种子或吸食鸦片之器具均没收之，并解交行署处理。

第十二条　犯本条例各条之罪受六月以上有期徒刑之宣告者，褫夺公权一年以上十年以下；宣告死刑者，褫夺公权终身。

第十三条　本条例所未规定者，依其他法令之规定。

第十四条　本条例自公布之日施行。

附　则

第一条　查获烟犯依章处罚之罚金分配办法如下：

第一款　报告人为民众者，以百分之二十奖励之，如为部队、机关、团体之人员，则以百分之十二奖励之。

第二款　查获人以百分之八奖励之，如无报告人自行查获者，则以百分之三十五奖励之。

第三款　执行人以百分之八奖励之。

第四款　以上案件无罚金者，得依照上列各款之罚金分配比例，以十元至五百元奖励之。

第二条　烟民领服戒烟药丸办法，另订之。

（选自晋西北行政公署《法令辑要》）

晋西北修正扰乱金融惩治暂行条例

（一九四一年十一月一日施行）

第一条　为了巩固根据地，稳定金融，增加本区人民利益，特制定本条例。

第二条　凡在本区域而犯本条例之罪者，不论机关、部队、团体、民商一律依本条例处理。

第三条　西北农民银行所发行之纸币，为本区（根据地内及游击区）唯一合法之本位币，其他货币（包括银洋、现金银及其他非本位货币）除准储蓄保存外，一律禁止在市面行使。

第四条　为便于对外贸易，防止敌伪夺取外汇，对法币采取保护办法。在一定时期以前，暂准周使，但不得贩卖之。停止周使之时期，以命令行之。

第五条　携带银洋、法币出境，须依本区管理对外贸易办法及管理外汇办法之规定履行手续，取得银行之证明文件。

第六条　原有之银洋及其他非本位货币，在准备使用前，必须持向就近之银行（无银行之处委托贸易局，无贸易局之处委托县级以上政权机关负责），依该行挂牌价格兑换为农币使用之。

第七条 凡贩运或意图贩运而持有银洋（银锭、金银条在内）者，依下列规定处理：

（一）五十元未满，处一年以下有期徒刑，或科二倍以下之罚金。

（二）五十元以上三百元未满，处二年以下有期徒刑，得并科五倍以下之罚金。

（三）三百元以上五百元未满，处三年以下有期徒刑，得并科七倍以下之罚金。

（四）五百元以上千元未满，处五年以下有期徒刑，得并科十倍以下之罚金。

（五）千元以上者处死刑。

第八条 大量贩运法币（或与西北农民银行通汇之各行钞票，如晋察冀边钞，陕甘宁边钞，冀南银行及渤海银行钞票）者，依下列规定处理：

（一）五百元以上千元未满者，科以二倍以上五倍以下之罚金。

（二）千元以上三千元未满者，科以三倍以上七倍以下之罚金。

（三）三千元以上，处二年以下有期徒刑，得并科五倍以上十倍以下之罚金（法币等数目应依照其黑市变化，重行酌定，约计原法币一千元者，今应为五万元）。

第九条 贩运或意图贩运银洋、法币往敌占区，或携带银洋、法币到敌占区购货，不履行贸易局及银行之手续者，依前两条之规定加重其刑罚一倍。但法币在五百元以下者，科以四倍以上十倍以下之罚金，银洋在五百元以上法币在八千元以上者，处死刑。

第十条 在根据地内行使银洋或意图行使而持有银洋者，除在五十元以内全数没收外，依下列规定处理：

（一）五十元以上百元未满，处一年以下有期徒刑，或科以二倍以下之罚金。

（二）一百元以上五百元未满，处一年以上二年以下有期徒刑，得并科二倍以上五倍以下之罚金。

（三）五百元以上一千元未满，处二年以上三年以下有期徒刑，得并科三倍以上七倍以下之罚金。

（四）一千元以上处三年以上五年以下有期徒刑，得并科五倍以上十倍以下之罚金。

（五）二千元以上者处死刑。

第十一条　前列七、八、九、十条之未遂犯，依同条之规定处之。

第十二条　在根据地内为保存或到银行兑换而移动银洋者，在五元以下领取具村公所证明，十五元以下区公所证明，十五元以上县政府证明，百元以上专署或行署银行分行或总行证明，无证明者以行使论。干部如有为袒护行使而书具转动证者，以贪污论罪。在游击区内移动者，暂可不取具证明。

第十三条　在根据地内，绝对禁止敌伪货币及其票据之行使与私藏，违者除在五十元以下处二年以下有期徒刑，四倍以下之罚金外，均依第十条之规定加重二倍处罚，其数额在五百元以上者处死刑，如系贩运，依第七条加重二倍处罚，其数额在三百元以上者处死刑。

在游击区禁止敌伪货币及其票据行使与贩运，惟在二月一日以前准其向银行要求出卖或存入，其愿往敌占区购货者，得准予取得贸易局之许可，向银行请发证明文件携带出境；二月一日以后，依前项办法处之。

第十四条　犯本条例之规定治罪者，其所贩运、行使或私藏（系伪币）之货币，全数没收之。

第十五条　因报告而缉获时，除为报告人保守秘密外，并依下列规定奖励之。

（一）报告人如系民商，奖没收款百分之二十四；如系工作人员时，奖百分之十二。

（二）查获人奖百分之八，如无报告人时，查获人奖百分之十五。

（三）执行人奖百分之八。

第十六条　本条例所指罚金及奖金，均系按当时银行挂牌价格折算。

第十七条　故意抬高市价，造谣惑众，扰乱金融者，得按情节轻重予以处罚。

第十八条　本条例之执行限于行署、专署、县政府，其出外查验人员必须携带政府制发之查验证，其他机关、部队与团体有建议协助之义务，无执行权。

第十九条　凡查验人员徇情受贿或私自吞没者，以贪污沦罪，其他军政民无查验证而私行查验甚至受贿吞没者，依诈财论。

第二十条　本条例所未规定者，依其他法令之规定。

第二十一条　本条例公布施行后，前颁发之扰乱金融惩治暂行条例即行失效。

第二十二条　本条例自本年十一月一日施行。

（选自晋绥边区行政公署《法令辑要》）

山东省惩治贪污暂行条例

（一九四〇年十二月三日公布施行）

第一条 本省所属之行政机关、武装部队及公营企业之人员，触犯本条例规定之罪者，依本条例处断之。

群众团体及社会公益团体之人员，触犯本条例之罪者，亦依本条例处断之。

第二条 有下列行为之一者，以贪污论罪：

一、买卖公共用品从中舞弊者；

二、克扣或截留应行发给或交纳财物者；

三、盗窃或侵吞公家财物者；

四、强占、强征或强募财物者；

五、意在图利，贩运违禁或漏税物品者；

六、擅移公款作为私人营利者；

七、违法收募税捐者；

八、伪造或虚报收支账目者；

九、勒索、敲诈、招摇撞骗、收受贿赂者；

十、为私利浪费公用财物者。

第三条 犯第二条各款之罪者，以其数目之多少及发生影响之大小，依下列之规定惩治之：

一、贪污财物在五百元以上者，处死刑或五年以上之有期徒刑；

二、贪污财物在三百元以上五百元以下者，处三年以上五年以下之有期徒刑；

三、贪污财物在一百元以上三百元以下者，处一年以上三年以下之有期徒刑；

四、贪污财物在一百元以下者，处一年以下之有期徒刑或苦役。

第四条 第二条之未遂罪，不得按第三条之规定处罚之。

第五条 触犯本条例规定之罪者，除照第三条各款之规定处罚外，应追缴其财物，视其性质分别发还受害人全部或一部，如无法追缴时，追缴其价。

第六条 触犯本条例之罪于发觉前自首者，除依第五条之规定令其缴出所得财物外，得减轻或免除其刑。

第七条　犯本条例之罪者，由所属机关之主管人员送交审判机关审判之。

第八条　本条例解释修改之权属于山东省临时参议会。

第九条　本条例自山东省临时参议会通过后公布施行之。

（选自《山东省战时法规政令汇编》）

山东省处理汉奸财产条例

（一九四一年四月十八日公布施行）

第一条　本条例系根据国民政府处理逆产条例及山东省临时参议会施政纲领第十一条"严惩甘心卖国汉奸，争取被迫汉奸与号召汉奸自首"之精神制定之。

第二条　在民国二十六年七月七日后，犯惩治汉奸条例第二条各款之罪或其他一切破坏抗战之罪，而罪恶昭著争取无效者，其个人之财产视为汉奸财产，应没收之。

触犯上列各罪反正或自首者，得先予没收。

第三条　前条第一项之规定，应由检察官或公安局向法院提起公诉，法院判决后，经专员区政府以上行政委员会批准后执行之。

第四条　汉奸财产没收之后，应酌留一部为被没收人家属之必要生活费用。

第五条　汉奸财产之查封、扣押及没收等必要之处理，须由主任公署或专员公署会同当地法院、公安局执行之；县政府实行查封、扣押及没收时，须呈报专署核准。

第六条　公司、商店之财产，有一部分为汉奸财产者，该部分应予没收，但不得妨碍其他投资人之正当利益。

第七条　处理汉奸财产之主管官署，因清查汉奸财产，得向银行、钱庄、商店或其他有关之商民住户为相当之调查。

第八条　处理汉奸财产之主管官署，应就所处理之汉奸财产公告之，公告内应记载下列事项：

一、被没收人之姓名、籍贯及其居住所；

二、财产所在地；

三、财产之种类、数额；

四、处理之理由；

五、处理之年月日。

第九条 知其财产将被没收，因而为财产权移转之行为，其行为无效，但承受移转人确不知情并无过失者，不在此限。

故意为被没收人隐匿财产，而为财产权移转之行为，或其他妨害没收之行动者，除其行为当然无效外，并视其情节依法惩处之。

第十条 没收汉奸之财产，专为抗日军费及优待抗属之用。

第十一条 自本条例公布后，对没收汉奸财产之处理，不合本条例之规定者无效。

第十二条 本条例自山东省临时参议会通过后公布施行之。

（选自《山东省战时法规政令汇编》第一辑，第一分册）

山东省战时工作推行委员会
关于罚款募捐及没收代管的决定

（一九四一年五月三十日）

一、为严禁乱罚现象，决定县以上之政权机关始有行政上及司法上之罚款权，但必须依法律规定办理，并须经县以上之行政委员会讨论通过后始得执行，其不依法律手续及行政委员会通过者，任何罚款，均为违法行为。

二、各级政权机关在行政上及司法上之罚款，应随时解缴金库，不得截留自用，并须将罚款案由、数目每半年汇集向上级报告一次，以备查考。

三、为爱护根据地与争取敌占区民众，各级政权机关、群众团体、部队，不论用任何方式，一律不准向敌占区域内商民捐款或募集财物。

四、为慎重处理汉奸及逃亡地主之土地财产，各级政府机关没收大汉奸之土地财产时，须将具体情形事先呈由各战略区之最高政权批准后，始得办理，并报告本会备查。

五、凡代管汉奸或逃亡地主之土地财产，必须经县以上之行政委员会通过，区村政权不得决定代管。

六、各级政仅机关接到本决定后，即通令所属并布告民众严格执行，其有不遵守决定或执行不力者，应给予行政上之处分。

（选自山东省政府《战时法规政令汇编》第二辑）

山东省惩治盗匪暂行条例

（一九四二年九月六日参议会通过，
同年九月十日战工会公布施行）

第一条 为消灭匪患，安定社会秩序，特依据山东省战时施政纲领制定本条例。

第二条 有下列行为之一者为盗匪，处死刑：

一、掳人勒赎者；

二、于盗所强奸妇女者；

三、持有枪械或其他武器，在陆地或水上聚众抢劫者；

四、抢劫或行劫而杀人，或伤人致死，或致笃疾，或伤害二人以上者；

五、勾通或窝藏盗匪，分赃有据者；

六、帮助抢劫勒赎，或窝藏被掳人得赃者；

七、破坏公营事业或军事政治设施，情节重大者；

八、因看守赃物或脱逃而持械伤人者；

九、抢劫囚犯，或持众胁迫脱逃之首谋及教唆者；

十、现役军人或其他工作人员有盗匪行为或依其他方法帮匪者。

第三条 说票者按其情节轻重处死刑、无期徒刑或五年以上有期徒刑。

第四条 有下列情形之一者，处三年以上有期徒刑：

一、犯第二条各款之一，在未发觉前自首者；

二、窝藏匪犯或帮助匪犯脱逃者；

三、窝藏被掳人者。

第五条 有下列情形之一者，处一年以上三年以下有期徒刑：

一、犯罪人之行为，确系情有可原者；

二、从他人为匪未得赃者；

三、掳人勒赎未得赃亦未加害而释放被掳人者；

四、已着手于犯罪行为之实行而不遂，或其行为不能发生犯罪之结果，又无危害或意识转变中止者；

五、藏匿盗匪、纵匪脱逃者。

第六条 民众能自动捕获盗匪，举发盗匪巢穴，或指引盗匪踪迹，因而破获者，得酌予奖励。

第七条 人民遭遇盗匪绑劫时，其家属或其他关系人，必须立即向当地政府报告，不得隐蔽或暗用金钱赎回。

第八条 凡盗匪案件概归政府处理，惟现役军人有触犯本条例各罪之规定时，送由各该军法机关处理。

第九条 依本条例判处之罪行，由该审理盗匪案件机关，具备案由，报告战工会或所属主任公署或直辖专署核准后执行。

第十条 凡盗匪案件除适用本条例外，如有未尽事宜，适用刑法之规定。

第十一条 死刑之执行用枪毙。

第十二条 本条例之制定与修正权，属于山东省临时参议会。

第十三条 本条例施行期间暂为一年。

第十四条 本条例自山东省临时参议会通过后公布施行之。

（选自山东省胶东行署《法令汇编》）

山东省战工会关于制止抢劫寡妇的训令

（一九四三年四月）

查滨海区海陵、临沭、赣榆等处，久有暴徒持械结伙抢劫寡妇或抢劫离婚妇女，抢劫之后或则据为己有，或则价卖自肥，社会上习不为怪，被害人无可告诉，似此灭绝人权，抹煞人格之行为，不仅为亟应改革之恶习，实为人类之耻辱，亦即亟须惩治之极恶行为，惟以习沿已久，积非成是，不设重典，难邀收效。兹经本会第四十二次常委会决定，嗣后准将上述行为之既遂主犯，一律处以死刑，从犯处以十年以下有期徒刑，其未遂主犯处以十五年有期徒刑，从犯处以五年以下有期徒刑，并函请山东省临时参议会讨论通过，记录在案，除分别函知各群众团体加强所属教育协助进行外，合行令仰该署遵照布告通知，并通令所属各县遇有上述案件，即行遵照上开规定审理为要。

（选自一九四六年《山东省现行司法法令》）

山东省战工会关于赌博罪的训令

（一九四三年四月）

查提高劳动，发展生产，铲除奸宄，安定社会，为目前之重要工作，凡属抗战军民均应一体力行,以谋我根据地之繁荣与安宁,乃近查竟有不法之徒,专以引诱良家子弟,招纳匪徒,聚赌为业,影响所及,非为使我生产减低,游民增多,且更招致奸细祸害地方。兹为确保我根据地之繁荣与安宁,特经决定:嗣后对于当场抓获之赌徒,一律处以千元以下的罚金,当场赌博器具与在赌台或兑换筹码处之财物,不问属于犯人与否均予没收,其以赌博或设局为常业者,除按刑法第二百六十七条、第二百六十八条判处徒刑外,并科以五千元以下之罚金,所受徒刑准即另服劳役,至若引惑青年无智设计诓骗,至输巨款者,应以赌博与诈欺并合论罪,除本令所规定者外,其余仍遵照刑法各该条之规定办理,仰该署遵照布告周知,并通令所属各县严密查禁与遵照办理外,并分函各群众团体转饬所属,深入宣传教育群众,以相辅之效为要。

(选自一九四六年《山东省现行司法法令》)

山东省禁毒治罪暂行条例

(一九四三年四月二日公布,同年五月一日施行)

第一条 本条例根据国民政府禁毒治罪条例,参照山东省实际情形制定之。

第二条 本条例所称毒品者系指吗啡、高根、海洛因及其化合物或配合而成之各色毒丸。

第三条 制造或运输毒品者处死刑。

第四条 贩卖或意图贩卖而持有毒品者处死刑或无期徒刑。

第五条 意图营利为他人施打吗啡或设所供人吸用毒品者处死刑或无期徒刑。

第六条 施打吗啡或吸用毒品者处一年以上三年以下有期徒刑,有瘾者限期戒绝,再犯者处死刑,其自行投戒者免除其刑,但以一次为限。

第七条 制造、贩卖或意图贩卖而持有专供施打或吸用毒品之器具者,处七年以下有期徒刑,得并科三千元以下罚金。

第八条 帮助他人犯以前各条之罪者,处五年以上十年以下有期徒刑。

第九条 犯本条例第三条、第四条、第五条之罪而能供出毒品制造所或其主要犯人而破获者,得减轻其刑。

第十条 栽赃诬陷或捏造证据,诬告他人犯本条例各条之罪者,处以各该条之罪。

第十一条　公务员包庇或收受贿赂者，纵容他人犯前条各罪或故纵本条例各条罪犯脱逃者，处死刑或无期徒刑。

第十二条　查获毒品须将原物呈交司法机关，匿报掺假者处死刑或无期徒刑。

第十三条　本条例修正解释之权属于山东省临时参议会。

第十四条　本条例经山东省临时参议会通过，由山东省战时工作推行委员会公布施行之。

第十五条　本条例实行日期由山东省战时工作推行委员会另以命令定之。

（选自渤海区行政公署《战时单行法规》）

山东省战时除奸条例

（一九四三年四月二日公布）

第一条　为加强战时除奸及适应战时紧急情况特制定本条例。

第二条　各级公安机关在战时紧急情况下，与上级失掉联系时，适用本条例。

第三条　下列人犯由县以上公安局负责人请准政府主要负责人处以死刑：

一、敌探及特务分子经证明属实者；

二、战时叛变携械投敌者；

三、向敌报告抗日工作人员致受损失者；

四、向敌报告我储藏之军用品、公粮及重要文件致受损失者；

五、威胁群众投敌之首要分子。

第四条　前条各款之嫌疑分子非经证明属实不得按前条处断。

第五条　凡假借紧急情况不按一定手续处决犯人者，以渎职论罪。

第六条　区公安特派员与区长除对武装特务分子得依本条例处决外，非武装者只准扣留呈解上级处理。

第七条　依本条例处决犯人后，须缮具详细报告书呈报上级，如有处决错误者，由主持人负责。

第八条　本条例经山东省临时参议会通过，由山东省战时工作推行委员会公布施行。

(选自山东省胶东行署《法令汇编》,一九四四年版)

山东省战时除奸纪律

(一九四三年四月二日公布)

为切实保障人权,正确执行锄奸政策,防止不良倾向,特申明纪律如下:

一、处决犯人必须经上级批准,但有特别规定者不在此限。

二、违背政策处决犯人或违背政策释放应处决之犯人者,应受行政上之处分。

三、处决未犯死罪之犯人者,除予以行政处分外,并受刑事处分。

四、不按手续逮捕人犯者,申斥;屡戒不悛者,严重处分。

五、不应逮捕而擅行逮捕者,记过或撤职。

六、假公报私妨害人权者,以诬陷论罪。

七、逮捕犯人非与案情有关物件不得携取,凡携取之物件不得匿不呈报或以多报少,违者以贪污论罪。

八、逮捕犯人因过失致犯人脱逃者,依其情节轻重分别惩处。

九、徇情纵放犯人者予以刑事处分。

(选自一九四四年四月渤海区行政公署《战时单行法规》)

山东省惩治贪污公粮暂行条例

(一九四三年八月一日施行)

第一条　为节约粮食,减轻人民负担,特制定本条例。

第二条　凡本省政权机关、部队、团体及公营事业之人员,有贪污公粮之行为者,悉依本条例处理之,但以直接贪污之人员为限。

第三条　有下列行为之一者为贪污:

一、盗卖或侵吞公粮者。

二、擅行群众募集加征,或以其他不正当方法没收自肥者。

三、伪造或私自涂改粮票者。

四、以粮票交换物品自肥者。

五、查获偷运之粮食，不据实报告者。

六、浮报浮支及伪造账簿单据自肥者。

七、以其他任何方式冒领或克扣公粮自肥者。

第四条 违反第三条各款之一者，依下列之规定惩处之：

一、贪污公粮在五百斤以上者，处死刑、无期徒刑或十年以上有期徒刑。

二、贪污公粮在三百斤以上不满五百斤者，处五年以上十年以下有期徒刑。

三、贪污公粮不满三百斤者，处五年以下有期徒刑，或按其贪污粮食数目二倍处罚。

第五条 贪污公粮除依第四条各款之规定处理外，并追缴其贪污之公粮或依价赔偿之。

第六条 贪污公粮自首者，除追缴其贪污之公粮外，减轻其刑。

第七条 凡违反本条例第三条之规定者，无论系人民告发或经粮食部门与当事机关之察觉，概归司法机关审理之。

第八条 本条例施行前，有贪污粮食行为者，不适用本条例。

第九条 本条例如有未尽事宜，得随时修正之。

第十条 本条例经山东省临时参议会通过，由山东省战时工作推行委员会公布施行。

第十一条 本条例自中华民国三十二年八月一日起，发生效力。

（选自山东省胶东行署《法令汇编》，一九四四年版）

修正山东省惩治贪污暂行条例

（一九四五年三月十日施行）

第一条 凡本省各级行政机关及公营企业所有工作人员，有犯贪污行为者均依本条例处理之。

第二条 有下列行为之一者，以贪污论罪：

一、买卖公共物品从中舞弊者。

二、克扣公家财物自肥者。

三、伪造或虚报收支账目者。

四、擅移公款作为私人营利者。

五、假借公家名义私收捐税或私募资财者。

六、勒索敲诈收受贿赂者。

第三条 犯第二条各款之一者，按其数目之多少及所发生影响之大小，依下列各款之规定惩治之：

一、贪污财物在二千元以上者，处死刑或十年以上之有期徒刑。

二、贪污财物在一千五百元以上不满两千元者，处五年以上之有期徒刑。

三、贪污财物在一千元以上不满一千五百元者，处三年以上十年以下之有期徒刑。

四、贪污财物在五百元以上不满一千元者，处一年以上五年以下之有期徒刑。

五、贪污财物在五百元以下者，处三年以下之有期徒刑或拘役。

第四条 犯多次贪污行为者，审理时将其贪污数目合并论罪，其判决后，再犯贪污行为者，按累犯处理之。

第五条 贪污犯除按第三条各款之规定处罪外，并追还其财物，如实物已不存在，得追交物之所值。

第六条 贪污犯在被发觉前自动坦白，声明悔过，并将所贪污之财物交出者，得免予处罚，在坦白后再犯贪污行为者以累犯论罪。

第七条 本条例由山东省临时参议会修正通过，山东省战时行政委员会公布施行。

第八条 自本条例公布之日起，前山东省战时工作推行委员会民国二十九年十二月二十三日公布之惩治贪污暂行条例即行废止。

（选自一九四六年四月《山东省现行司法法令汇编》）

山东省战时行政委员会山东军区关于特务汉奸之处理办法的联合决定

（一九四五年三月十五日施行）

为明确执行我抗日民主政府与我军之宽大政策，挽救失足分子，兹将一切特务汉奸之处理办法公布如下：

（一）凡在坦白运动中能觉悟认识自己之罪行错误坦白报告而愿改正

者，一律予以宽大处理。

（二）凡在坦白运动中，有下列行为之一者，应依法处理：

1. 凡有罪恶事实，被人发觉，经劝导教育后仍不坦白者。

2. 凡坦白后仍不改正，并继续进行破坏活动者。

3. 死心塌地，执迷不悟，坚决破坏抗战事业及人民利益者。

（三）凡战斗行动间或战斗行动前之紧急情况时或游击区域中有下列行动之一者，得视为直接危害之军事间谍犯，经县以上政府或县以上指挥部批准，得处死刑：

1. 直接勾引敌伪袭击我机关或部队致遭损害者。

2. 带领敌伪搜索或挖掘公私财物致遭损失者。

3. 给敌人指示抗日人员或向敌人指报我部队驻地或公私财物埋藏地致遭损害者。

4. 打黑枪或投毒、暗杀我抗日军政民人员者。

5. 放火焚烧粮食、资财、房屋者。

6. 主谋组织暗中结（配）合敌伪军事行动者。

（四）战斗时之汉奸现行犯，如武装拒捕或随敌伪一同行动而无法逮捕时，任何人均得戕杀之，但事后必须报告上级追认批准，如该汉奸现行犯身上未带武器或带武器而未拒捕不得戕杀。

（五）凡以前省政委会或各行政公署或军区颁布之法令与本决定相抵触者，均依本决定办理之。

（选自一九四六年四月《山东省现行司法法令》）

山东省惩治战争罪犯及汉奸暂行条例

（一九四五年八月公布施行）

第一条 为保障民族战争彻底胜利，巩固世界和平事业，予战争罪犯及汉奸以应有的惩罚，特制定本条例。

第二条 有下列行为之一者，处死刑或十年以上有期徒刑，褫夺公权终身，其财产处理办法另定。

（一）在战争期间自始至终效忠于日本军国主义，罪大恶极，为人民所痛恨者。

（二）日本军部、特务机关、联络部、宪兵队之主官或主谋者。

（三）于日本宣布投降后，组织拒降，坚决抵抗或残杀人民者。

（四）在战争混乱期间乘机烧杀，制造内战者。

（五）伪军、伪警、伪政权组织之主官或主谋，并积极破坏民族解放事业者。

（六）残杀、虐待战争俘虏者。

（七）主谋、主使组织封建会门、迷信团体为敌效劳，积极破坏民族解放事业者。

（八）组织破坏我方之军事、政治、经济、文化及交通设备发生损害者。

（九）组织破坏我方之前线或后方而发生损害，有人为证查实者。

（十）组织叛变投敌或叛变投敌，积极破坏民族解放事业者。

（十一）制造惨案屠杀人民者。

（十二）偷窃国家军政秘密，破坏抗日战争之主谋主使者。

（十三）为敌捕捉壮丁、招募劳工之主谋主使者。

（十四）为敌掠夺军事器材、资财、粮食之主谋主使者。

（十五）通缉在逃之战争罪犯卖国奸贼而就（拒）捕者。

第三条　有下列行为之一者，处一年以上十年以下有期徒刑，褫夺公权期间与刑期同。

（一）前条第三、七、八、九、十各款之从犯。

（二）前条第二、三、四、五、六、七、八、九、十、十一、十二、十三、十四各款之未遂犯。

除前条各款所举以外，通敌或帮助敌人破坏抗战之汉奸。

第四条　包庇、隐匿、纵容第二条所举之罪犯者，处二年以上十年以下之有期徒刑。包庇、隐匿、纵容第三条所举之罪犯者，处三年以下之有期徒刑。

第五条　凡上列各条所举之罪犯，任何人均有报告、检举、逮捕以归案法办之权。

第六条　本条例之解释修正权属于山东省参议会。

第七条　本条例自公布之日施行。

（选自一九四五年八月《战时法令》）

山东省汉奸自首自新暂行条例

(一九四五年八月公布施行)

第一条 本宽大精神予汉奸以最后悔悟自新之路特制定本条例。

第二条 凡《山东省惩治战争罪犯及汉奸暂行条例》第二条所举以外之汉奸,在未经逮捕前,具有痛改前非之决心并有下列条件之一者,向我军政、军法、公安、司法机关及县以上民主政府投案自首者,应减刑或免刑:

一、检举其他战争罪犯或汉奸案件,经判决确定,或查获重要证据确有价值者。

二、揭发报告战争罪犯、汉奸或间谍阴谋等确实可信者。

三、献出敌方机密,确有利于人民解放事业者。

四、携带军械资财来献者。

五、自动交出其敲诈勒索所置之财富者。

六、自动报告其所知之全部敌伪情形,并彻底坦白其罪过者。

第三条 前条所称之汉奸被逮捕后,能自首其未被发觉之余罪,并具有前条各款条件之一者,得减刑。

第四条 自首人在判处罪行后,执行刑期二分之一,确实改悔有据者,得减刑保释之。

第五条 办理案件之机关于核准自首后,依法判决,其判决免刑或执行期满而释放者,应依下列手续办理之:

一、有由自首人之配偶或直系血亲之请求并有二人以上之保证。

二、如在客地离其亲族远隔,应解送其原籍市县政府取保释放。

三、前款所称之自首人,如因特殊情形不能解送原籍时,得由就近之县市政府取二人以上之保证释放之。

第六条 自首人之配偶、直系之血亲及保证人,如发觉自首人有犯法越轨及其他可疑情事,应立即报告当地公安机关或政府,隐匿不报告者,应按情节轻重予以处罚。

第七条 本条例之解释修正权属于山东省政府。

第八条 本条例自公布之日施行。

(选自一九四六年四月《山东省现行司法法令》)

山东省处理汉奸财产暂行办法

（一九四五年八月公布施行）

第一条 本办法根据《山东省惩治战争罪犯及汉奸暂行条例》第二条订定之。

第二条 凡本省惩治战争罪犯及汉奸暂行条例第二条所列罪犯之财产，在判决前应先行全部扣押，判决后其本人所属之财产均没收之，没收后如其父母妻子确不能维持生活者酌予救济。

第三条 凡自首自新之汉奸，除应将其在犯罪期间所掠夺敲诈勒索所得之财物全部没收外，其余财产按罪之轻重没收全部、没收一部或不予没收。

第四条 凡隐匿已判罪并没收财产汉奸之财物者，除将其所匿藏财产全部没收外，并按情节轻重将其本人之财产没收全部或一部。

第五条 凡经判决应行没收财产之汉奸隐匿财物不报告，一经查出，除全部没收外，并按情节轻重增加其罪行。

第六条 凡在战争混乱期间，廉价收买、代管、借营、抵押、霸占汉奸之财产，一律无效。

第七条 凡畏惧潜逃之汉奸，一经逮捕，应加重其罪行，其财产亦应加重没收之。

第八条 凡依靠敌伪势力而行掠夺、勒索、强占、强买之财物，应按照情节轻重没收其全部或一部，没收后应分别情形酌予发还原主。

第九条 本办法之解释修正权属于山东省政府。

第十条 本办法自公布之日施行。

（选自一九四五年八月《战时法令》）

山东军区处理伪军伪警条例

（一九四五年八月二十日公布施行）

（一）凡过去暗助我军抗日，在日军投降签字以前如能自动反正者，即以三大保证办法处理。

（二）凡过去危害抗战利益较大者，如能于日军投降签字以前杀敌反正，均允其将功折罪，予以宽大处理。

（三）凡在本军围困攻击下，来事抵抗，缴枪投诚者，本军予以编遣处理及适当优待。

（四）凡与日军同时投降者一律依俘虏条例处理。

（五）凡拒绝不投降者，即坚决消灭，并以汉奸论罪。

（选自一九四六年四月《山东省现行司法法令》）

山东省政府山东军区关于敌伪资财处理办法

（一九四五年八月二十五日公布）

一、根据朱总司令第七号命令及山东省政府、山东军区颁布之城市工作纲要，对敌伪一切资财首先进行军事管理，然后交由政府分别清查处理之原则订定之。

二、凡为敌伪直接占有或日华合办或附敌有据之资财，均无条件没收。

三、有附敌嫌疑之私人资财，可先查封调查处理，如确系私人财产而无直接附敌行为者，查明后应予发还。

四、在处理资财之前后，如有破坏偷盗隐匿者，一律予以惩治。

五、所没收之资财，均应用在保证财政供给、迅速恢复生产、调剂市场上。

六、凡交通电话设备与其他兵工生产、军事设备、军需仓库等，一律由军事机关直接接收处理之。

七、凡没收之工厂、矿山、电灯、自来水、银行、洋行、仓库、当铺等企业机关与其他没收之布匹、粮食等非军事资财，全部移交当地政府接收处理。

八、政府接收上列各种资财后，应认真清查登记，有关军用公用品暂行保存，其他为人民所必须之物资，可按市价出售，调剂市场。

九、有关军用之资财，如粮食、布匹等，军事机关急需应用者，应由当地最高军政首长批准，到政府领取作价转账，未交以前已经军政首长批准使用者，应开条转账。

十、本办法颁布后，凡军事机关、各级政府，必须严格遵照执行，如有隐匿不报，抗拒不交，本位自肥，以多报少，或私下贪污者，均加以处罚。

十一、军队、政府根据上列办法，接收处理后，应分别详细造具清册，向山东军区及山东省政府分别具报。

十二、没收敌伪资财之决定，属于军队政府合组之敌伪资财处理委员会，其主要负责人由上级指定之。

（选自山东省政府《法令汇编》）

渤海区惩治贪污暂行办法

（一九四三年七月二日通过）

第一条 本区所属之行政机关、武装部队及公营企业之人员，触犯本办法规定者，依本办法处断之。

第二条 有下列行为之一者，以贪污论罪：

一、克扣或截留应行发给或交割之粮食或其他财物者。

二、收支公粮或买卖公物用品，从中舞弊者。

三、窃盗侵吞公粮或其他财物者。

四、违法强征、强募粮食或其他财物者。

五、意在图利，违法偷运粮食，或贩运违禁及漏税物品者。

六、擅移公粮、公款作为私人营利者。

七、违法收募税捐者。

八、勒索敲诈、招摇撞骗、收受贿赂者。

九、伪造或虚报收支账目者。

十、为私利浪费公粮或其他公用财物者。

第三条 犯第二条各款之罪者，依其数目之多少及发生影响之大小，依下列规定惩治之：

一、贪污粮食在五百斤以上或其他财物在二千五百元以上者，处死刑、无期徒刑或五年以上有期徒刑。

二、贪污粮食在三百斤以上不满五百斤或其他财物在一千五百元以上不满两千五百元者，处三年以上五年以下之有期徒刑。

三、贪污粮食在一百斤以上不满三百斤或其他财物在五百元以上不满一千五百元者，处一年以上三年以下之有期徒刑。

四、贪污粮食不满一百斤或其他财物不满五百元者，处一年以下有期徒刑或劳役。

所谓以上以下者，俱连本数或本刑计算。

第四条 第二条之未遂犯，不得按第三条之规定处罚之。

第五条 浪费公粮或公款者,依第三条之规定按实际情况减轻处罚之。

所谓浪费者指不按制度与公务上需要,不应开支而开支,或应少开支而多开支者而言。

第六条 犯本办法规定之罪者,除照第三条之规定处罚外,并追缴原物发还原主全部或一部,无法追交时,追缴其价额。

第七条 犯本办法之罪于发觉前自首者,除依第六条之规定令其交出粮食、财物外,得减轻或免除其刑。

第八条 犯本办法规定之罪者,由所属机关主管人员送交审判机关审判之。

第九条 本办法由渤海区临时参议会公布施行,解释修正权属于渤海区临时参议会。

(选自一九四四年四月渤海区行政公署《战时单行法规》)

渤海区处理敌人扫荡期间窃盗案件暂行办法

(一九四三年七月二日通过)

第一条 为加强备战工作,保障空室清野,维持社会秩序,特制定本办法。

第二条 本办法仅于敌人扫荡之际所发生之盗窃案件适用之。

所谓敌人扫荡之际,指在敌人扫荡中及敌人将来前,或敌人刚退后,秩序已失常态,尚未恢复之时而言。

第三条 在敌人扫荡之际,窃取公私埋藏之粮食或其他财物者,处六月以上五年以下有期徒刑,得并科五百元以上五千元以下之罚金。为公家保存粮食财物,借口扫荡损失实行侵占者,依前项之规定办理。为公家保存粮食财物,应与自己财物为同样注意,其能注意而不注意致损失者,负赔偿之责。

第四条 于敌人扫荡之际,犯窃盗罪而有下列行为之一者,处死刑、无期徒刑或五年以上有期徒刑;

一、发掘公私埋藏之粮食财物致遭损失者。

二、预谋并结伙二人以上者。

三、累犯者。

四、阴谋造谣制造恐怖,乘机盗窃者。

指示敌人公私粮食财物安置之处所,或引导敌人抢掠烧杀及奸淫妇女者,应以惩治汉奸条例办理之。

前条及本条之未遂犯,按各该条之情形减轻处罚之。

第五条　犯本办法之罪于未发觉前自首,并交出所窃之财物者得免除其刑。自首须向区级以上之政府或公安机关为之。区级政府、公安机关接受自首后,应径送审判机关处理。

第六条　民众有捕获现行犯送交政府或发现犯人报告政府因而破获者,政府得酌予奖励,但挟嫌诬陷者,按反坐罪办理。

第七条　本办法所列之犯罪,归县级以上政府审判之,由主任公署核准后执行。

第八条　本办法所未规定者,适用刑法之规定。

第九条　本办法由渤海区临时参议会制定,公布之日施行,解释修正之权属于渤海区临时参议会。

（选自一九四四年四月渤海区行政公署《战时单行法规》）

胶东区惩治窃取空舍清野财物暂行办法

（一九四三年十一月二十五日公布施行）

第一条　为彻底执行空舍清野,反对敌寇"扫荡"抢掠,使空舍清野财物不受损失,特制定本办法。

第二条　公家私人公开或秘密埋藏的一切财物,均为空舍清野财物。

第三条　因敌伪扰乱,未及带走而弃置之财物,或敌伪焚烧抢劫残余之财物,不以遗失物论,拾得人须无条件归还,否则处以三年以下有期徒刑,或一千元以下的罚金。

第四条　全村或数家合伙埋藏之财物,须共同保守秘密,共同拿取,否则致他人财物有损失者,应负赔偿责任。

第五条　窃取空舍清野财物,情节轻微者,依村政暂行条例第七十一条至第七十四条处以五十元以下之罚金,或十天以内之劳役,情节重者,处以三年以下有期徒刑,或五十元以上五百元以下之罚金。

第六条　重犯、挟嫌或结伙三人以上窃取或故意毁坏他人空舍清野财物者,处以六个月以上五年以下有期徒刑,或五十元以上二千元以下之罚金。

第七条　有保管职责或参加掩藏公粮财物知悉秘密之人,窃取空舍清野财物者，处以一年以上七年以下有期徒刑或二百元以上三千元以下之罚金。

第八条 发生敌情，趁火打劫，窃取财物者，处无期徒刑或五年以上有期徒刑，得科或并科五百元以上五千元以下之罚金。

第九条 有下列情形之一者，处死刑、无期徒刑或十年以上有期徒刑：

一、伪装敌伪或捏造敌情，致村民逃避，而趁机窃取财物者。

二、向敌伪告密，致他人遭受损失者，或虽无损失，证明告密属实者。

三、参与敌伪军内，抢掠财物者。

四、意图抢掠财物，或已收受敌〔伪〕抢掠的财物，甘心供敌驱使作各种破坏行为者。

第十条 被敌伪欺骗利诱，或被捕与敌伪共同行动，见财起意而抢掠者，得依第九条酌情减轻处罚之。

第十一条 主使、教唆或帮助他人窃取空舍清野财物者，与窃取者同罪。

第十二条 凡捕获检举窃取空舍清野财物者，得提罚金百分之三十奖励之。

第十三条 受本办法之处罚者，须归还赃物，变卖者按价赔偿，无人认领者没收归公。

第十四条 窝藏、收受、搬运、估买或破坏空舍清野财物者，处以五年以下有期徒刑，得科或并科一千元以下之罚金。

第十五条 犯本办法规定之罪者，除现行犯外，自卫团、群众团体及村政府不得逮捕。

第十六条 犯本办法各罪未遂者，仍按各该条处罚之，但按情节得减轻二分之一至三分之二。

第十七条 犯本办法各罪，应特殊加重或减轻者，由县政府提出具体处理办法，呈请主任公署批准执行。

第十八条 本办法公布施行后，前胶东行政联合办事处公布之《惩治窃取空舍清野财物办法》即行废止。

第十九条 本办法由胶东区临时参议会通过，胶东区行政主任公署公布施行。

（选自山东省胶东行署《法令汇编》，一九四四年版）

苏中行政公署苏中军区司令部联合公布
处理汉奸军事间谍办法

(一九四四年二月八日)

为反对敌人第二期"清乡",保卫抗日军民之生命财产,兹特公布对汉奸现行犯处理办法及危害抗日军民之军事间谍犯处理办法,通令于后:

一、凡战斗行动间或战斗行动前,"清剿"、"清乡"时或游击区域,有下列行为者,系直接危害之军事间谍犯:

(一)直接勾引敌伪袭击我机关、部队者。

(二)带领敌伪扫荡或挖掘公私资财者。

(三)以金钱、女色及其他手段组织内奸破坏以利敌伪者。

(四)利谋组织暴动,配合敌伪军事行动者。

(五)在紧急情况时,造谣惑众或扰乱治安者。

(六)给敌人指认抗日干部与公务人员,或向敌伪指报我部队,群众转移地点及公私财物,致遭损害者。

(七)组织暗杀团体,用各种方法暗杀我抗日军民及干部者。

(八)放火焚烧粮食、资财、房屋者。

(九)勾通敌伪组织、情报机关者。

(十)向敌伪密告抗日军民及干部,致遭杀害者。

二、凡直接危害之军事间谍犯得处以死刑,但须经县级以上机关批准始得执行,区公所无权决定。

三、"清乡"时期及战时之汉奸现行犯,如有武装拒捕情形,或随同敌伪行动而无法逮捕时,无论军民人等均得格杀之,但该汉奸现行犯如未构成武装拒捕者,不得执行格杀。

四、在坦白运动中,凡供认过去任何犯罪行为而觉悟者,不得误行曲解或援引此令之规定擅行处理。

五、本命令如与过去本署法令有抵触时,以后均依本命令办理之。本命令自公布之日起施行。

(选自1944年2月18日《苏中报》)

苏中行政公署
新四军苏中军区政治部
调查叛国汉奸罪行暂行条例

(一九四五年七月公布)

一、凡伪军伪警军官,伪政权、伪特务机关、伪党务机关官员,及在敌军机关服务之华籍官员,均在调查之例。

二、调查目的,为搜集证据,便于在战争期中及战争结束之后,对叛国汉奸分子进行逮捕与准确完成审判。

三、调查项目如次:

(一)姓名、别号、性别、年龄、籍贯、家庭住址及家庭状况。

(二)曾任与现任之伪职名目与官级。

(三)附敌与投敌经过情形。

(四)罪行恶迹:

1. 率领军队叛国投敌情形。
2. 组织伪军伪警情形。
3. 建立伪政权情形。
4. 组织伪化情形。
5. 主持与计划"扫荡"与"清乡"情形。
6. 指挥军队"扫荡"与"清乡"情形。
7. 组织特务机关、主持特务活动情形。
8. 烧杀奸淫、敲诈勒索情形。
9. 残杀陷害抗日分子情形。
10. 组织及主持汉奸团体破坏抗日情形。
11. 甘心附敌,破坏抗日根据地金融,垄断与搜刮物资情形。
12. 勾结与配合敌寇向抗日根据地进攻及设立据点情形。
13. 发表何种反共、反新四军、反人民危害抗日的言论著作。
14. 其他死心塌地效忠敌寇、叛国扰民、破坏抗日、反共、反新四军及反人民等情形。

(五)叛国投敌后所得之财产数量及财产所在地。

四、调查时应根据前条各项,搜集具体材料及人证、物证,对所有材料应注明时间、地点等，不得虚构。

五、由对敌工作部门及政治机关统一计划，分工进行调查，作为经常专门工作之一，按期汇集材料，报告上级机关备查。

六、根据地党政军民机关团体及沦陷区居民，均有根据本条例进行调查之责，并须将调查所得材料，送交主办此项调查之机关部门，其有显著成绩者，由主办之机关部门予以奖励。

七、必要时，得以军队团以上各级政治机关或县以上各级政府将调查所得之叛国汉奸的罪行恶迹，予以公布，或送交其本人，其本人对调查材料认为有不符事实之处，得加以辨正，要求修改。

八、凡犯有前述罪行之一项或数项者，如愿悔罪自新，戴罪图功，得自行将所犯罪行前来坦白陈述，要求根据其功绩之大小，酌量减免所应得之惩处。

九、必要时，对罪大恶极之叛国汉奸，得根据调查材料，由县团以上各级政府部队召集军民代表会议，组织临时法庭，进行缺席预审，宣布罪状，预判罪刑。

十、调查材料应秘密保存，未经批准，不得随便披露宣布。

十一、本条例有未尽事宜，由本署、部修改之。

十二、本条例自公布之日起施行。

（选自一九四五年七月十五日《苏中报》）

苏中区伪政权伪组织人员悔过自新暂行办法

（一九四五年七月公布）

一、凡本行政区所辖范围内各敌占据点之伪政权官吏职员、伪政治机关、特务机关、党务机关人员，及在敌军机关任职（如翻译、特工、情报员等）之华籍人员，均得依照本条例向本行政区所辖区以上各级政府履行悔过自新手续。

二、悔过自新人员须亲自到本行政区所辖区以上各级政府，缮具悔过书，请求县以上机关批准。如有特殊原因，不能亲自前来履行手续，但具有可靠人事保证，可将悔过书送至政府机关，请求审查批准。

三、悔过自新人员，在履行悔过自新手续，经政府核准后，皆须脱离其原有伪职，并不得再任其他伪职。如有特殊原因，无法立即脱离伪职者，允许先行秘密悔过自新，但须接受政府所分配之秘密抗日工作与任务。

四、经审查批准之秘密悔过自新人员，得请求审查批准机关发给秘密抗日人员保证书，并为其绝对保守秘密。

五、凡悔过自新人员，一律不加杀害，不咎既往，并保证其生命财产之安全。

六、悔过自新以后，确能遵守政府法令，有正当职业者，可恢复其公民权。

七、悔过自新者，如有不良嗜好，予以相当时间，逐渐戒除之，已重婚者不加干涉。

八、携带武器及敌伪重要文件前来悔过自新者，或杀伤敌伪官兵重要汉奸分子，或擒获敌伪官兵及重要汉奸分子交与政府者，按照其武器种类及功绩大小，概予以现金重赏及公开表扬。

九、悔过自新后，愿在本行政区任职服务者，按照其知识技能，分配其适当工作与职务，愿自谋其他正当职业者，可酌量情形予以协助。

十、悔过自新后，愿返回乡里者，按照其路程远近，酌发川资，并发给通行证，或予以护送。

十一、秘密悔过自新人员，一经公开悔过自新后，凡与前列各项情形相同者，一律按照前列各项办法处理之。

十二、凡伪组织人员或在敌军机关任职之华籍人员，未向本署所辖各级政府悔过自新者，一律以叛国汉奸论罪，各级政府得随时举行缺席预审，预判罪刑，相机加以逮捕，交付法庭审判，严加惩治，不予宽容。

十三、本条例自公布之日起施行。

十四、本条例有未尽事宜，得由本署修改之。

（选自一九四五年七月十五日《苏中报》）

解放战争时期

华北人民政府解散所有会门道门封建迷信组织的布告

(一九四九年一月四日)

查会门道门不仅为封建迷信组织，且常为反动分子操纵利用，以进行各种反革命活动。在过去抗日战争中及目前解放战争中，都曾发生破坏作用，例如充当敌探、刺探军情、散播谣言、煽惑人心，甚至组织武装暴动，扰乱社会治安，迭经各地公安机关破获有案。若任其存在与发展，则对革命事业与人民利益必将大有损害。本府为保障人民利益、维护社会治安，并挽救一般误入歧途的会员群众给予首要分子以自救自新之路，特规定取缔办法如下：

一、自布告之日起，所有会门道门组织，应即一律解散，不得再有任何活动。

二、所有会门道门的首要分子，应即向当地县市政府所属公安机关进行登记。其曾与匪特勾结或犯罪行为者，如能悔过自新，当予以宽大处理，若抗不登记，继续活动，一经查明，定予严惩。其未与匪特联系，亦未有犯罪行为者，只要履行登记，停止活动，即予免究。

三、所有被胁迫或被诱骗而参加会门道门的一般会员群众，一经脱离组织，停止活动，即一律不予追究。其能揭发匪特奸谋及各种破坏活动者，并酌情予以奖励。

以上办法，旨在保障人民利益，维护社会治安，挽救一般误入歧途之会员群众免遭祸害，并予极少数首要分子以自救自新之机会。希各界人民，共体此旨，本治病救人方针，用说服劝告方法，群众〔策〕群力，贯彻实行。务望慎防破坏分子之制造谣言乘机破坏。并希不滥施斗争，以免别生枝节，予奸特以鼓煽之隙。切切此布。

(选自一九四九年七月《华北人民政府法令汇编》第一集)

华北区禁烟禁毒暂行办法

(一九四九年七月十六日)

第一条 为根绝烟毒流害,保护人民健康,厉行禁烟禁毒,特制定本办法。

第二条 本办法所称烟毒,系指鸦片烟及吗啡、高根、海洛因(料面)、金丹或其他化合质料等毒品。

第三条 严禁种植鸦片烟苗(罂粟)。违者,烟苗铲除,并处罚之。

第四条 禁止私存鸦片烟土及其他毒品。违者,烟毒没收,并处罚之。

在本办法施行前,农民私种鸦片所留存之烟土,应在当地人民政府规定之限期内,悉数交公;政府得视其具体情况,予以一定之救济。逾期不交经检举查获者,依本条前项之规定处理之。

第五条 严禁烟毒之制造、买卖及贩运。违者,烟毒及制造烟毒之机械用具没收,并严行惩办之。

在本办法施行前,从事前项违法营业者,应立即停止该项营业,并向所属地区之公安局或区人民政府报告登记,交出所存烟毒及制造烟毒之机械用具,并具结永远不作此违法营业,政府可予从宽处理,其不自行报告登记,经检举查获者,依前项之规定处理。

第六条 严禁烟毒之吸食及注射。违者,烟毒及吸食注射烟毒之器械用具没收,并分别处罚之。

在本办法施行前,染有烟毒嗜好者,统限于三个月内向当地公安局或区人民政府报告登记,并具结限期戒除;其不依限自行报告登记,或不依限戒除,经检举查获者,依前项之规定处理之。

戒除期限,由当地政府视染有烟毒嗜好者之年龄、身体及嗜烟嗜毒程度,分别确定之。

第七条 严禁烟毒入口。违者,烟毒没收,并严行惩办之。

第八条 禁烟禁毒工作之执行,由各级人民政府领导,并着重宣传教育,动员群众协助办理。公安部门负责检查之。

烟毒较重之县市,得设立戒烟所,办理戒烟事宜。

第九条 凡科学上医药上所需之麻醉毒品之原料,统由华北人民政府卫生部核准配售;其成品之制造、销售,须经省以上卫生机关之检查、化验、批准。

  第十条 本办法如有未尽事宜，得由华北人民政府随时修改之。

  第十一条 本办法自公布之日施行。

（选自《华北人民政府法令汇编》第二集）

华北人民政府关于重大案件量刑标准的通报

对于晋中行署法字第一号请示并附件经研究后认为：

甲，几点说明。

  （一）法律是什么？它是怎样产生的？

  法律是政权的一部分，是当权的阶级用以保护本阶级的利益并统治敌对阶级的工具，所以法律不是什么神秘的东西，它是阶级社会的产物，它不能超阶级而存在。当权的阶级变了，新的当权阶级自然要制定自己所需要的法律。现在我们已经系统化的法条诚然不够，但我们有政策原则、有政府命令可资遵循，只要我们精细地分析案情，灵活地掌握政策原则，自然就会把案件处理得很好。

  （二）什么行为是犯罪的？犯罪应当怎样处罚？

  凡危害新民主主义国家及由国家所制定的法律秩序，或危害个人权益致对社会有严重影响者，即为犯罪。犯罪之处罚，以危害国家社会人民之利益的严重与否，而为科刑之标准。首要的严重的反革命犯，及首要的严重的反施政秩序犯，应处重刑。一般的反革命及反施政秩序犯，可依其危害程度的大小、主动被动而分别处以徒刑，其他犯罪之处罚亦宜视其行为对社会人民危害程度的大小而分别论处，处罚犯罪不以报复、损毁人格及使人身体痛苦为目的，而以教育改造为目的。

  （三）追诉及刑之执行的时间效力。

  犯罪经过一定时间后，国家对此犯罪未为追诉及审理，以后即不得再追诉，是为追诉时效。刑罚自判决确定之日起，经过一定时间未执行，即不再执行，是为刑罚之执行时效。你们对杨立志和刘福聚的犯罪从轻论处，解为"失去时效"是不对的。

  "时效"是司法正常进行时期的规定，现在我们尚无此规定，将来我们规定时效时，其精神实质也与旧法不同。我们应根据犯人犯罪危害国家危害人民的程度大小而确定时效的长短，例如首要战犯仗势横行，当时不能办他，那就不论多久，甚至逃到天涯海角也要追究。杨立志杀人至今不过一年多，且当即捕获了，有何时效可言？汉奸刘福聚仗日寇势力诈财，当时不能办，要到现在才能办，你们以刘犯原判过重，如以罪状只是诈财，判五年就够，那是可以，但与时效无关。

（四）不得援用国民党的法律。

请示中一再援用国民党的刑法，是错误的。《六法全书》是旧统治阶级统治人民、镇压人民的工具，又经蒋匪修改补充更见凶恶，和我们新民主主义司法精神根本不合，人民政府必须把它彻底打碎，禁止援用。因为我们不能一面执行着保护封建地主和官僚资产阶级的法律，一面却梦想着去推翻他们的统治与剥削。我们必须以我们自己的法令和政策，来镇压一切反革命分子与破坏分子。

乙、关于所报典型案件的意见。

（一）魏成龙案：我们认为：1. 该犯"任阎匪之伪闾长及伪民卫军分队长时，曾将我东雷家堡民兵定明路过该村，被该犯指令该村民卫军捆起送交阎伪乡公所杀死。"此种行为我们应明确其为反革命，不同于普通杀人。2. "经我们民主区公所决定将他霸占其叔母之财产全部退出，该犯含恨在心，意图谋杀其叔母，幸经众拉开，用刀刺伤三处，致成重伤。"这种行为是反施政的罪行，也不同于私人报复性的杀人。本案你们认为"该县判处太轻，应即更审，加重科刑。"尚无不合。

（二）杨立志杀人案群众即已"认为血债未偿"，并"对我不满"，人民政府即应予以正确处理。在敌人包庇之下，无恶不作的坏人，我们不能宽恕他们，被告杨立志受过阎匪的军官训练，担任狙击队长、治村连长，并教唆杀人，你们认为原判处刑失轻，主张加重其刑，尚无不合。

（三）周芳枝、李二、杨庚卯因奸杀人案，我们认为：1. 原县判尚属正确。因被告周芳枝与崔根槐因通奸发生冲突而起杀意，杨庚卯、李二乃先后同意，且实施杀人时，周芳枝又抓住被害人崔根槐的睾丸，杀死后又拿出绳子将死尸吊在树上，冀推卸刑事责任，是被告周芳枝宜为杀人主犯。2. 你们以李二为杀人主犯的认定，就所报材料看来，证据尚欠充足。若以李二有主谋杀人嫌（疑），宜再为事实的侦查，提出证据，以便为认定的基础和论罪科刑的依据。

丙、来文最后所提三个问题，请参照本文甲段各节所说解决之，不再重叙。

上面只就我们所见提出，望你们考虑。

特此通报。

（选自《华北人民政府法令汇编》第一集，一九四九年版）

晋察冀边区鸦片缉私暂行办法

（一九四五年十一月二十一日公布）

第一条 为贯彻边区禁烟法令，限制以至肃清敌寇毒化政策之遗毒，特制定本办法。

第二条 凡鸦片一律禁止私买、私卖、私自贩运或制造，违者依禁烟法（民国十八年七月二十五日国民政府公布，二十二年三月十六日修正公布施行）第六条治罪罚办。

第三条 携敌伪强迫种植罂粟所收获之鸦片，或在解放以前所存有之鸦片，其持有人应依该管禁烟督察局所定期限，扫（如）数交局按定价收买。逾期存有鸦片及其代用品者，依禁烟法第七条治罪罚办。

第四条 凡携带鸦片到禁烟督察局售卖者，应在该管村区公所取具鸦片公售携带证，载明姓名、年龄、籍贯、鸦片数量、起讫地点、有效期间、发证机关与负责人姓名等项，无证携带鸦片者，以私自贩卖论。

第五条 凡卫生机关、医院药用鸦片，不得向私人收买，应向该管禁烟督察局按定价购买。禁烟督察局售卖是项鸦片，除在封包上载明购用机关、鸦片数量，盖用印章以别于私烟外，并开给公用鸦片携带证，以便携带。

第六条 禁烟督察局自运或委托其他机关、商店代运鸦片者，应持有鸦片公运证，载明运输机关或委托机关、商店负责人姓名、鸦片数量、起讫地点、有效期间、发证机关、负责人姓名等项。无证运输者，鸦片没收，运输人依本法第二条私自贩运论处。

第七条 鸦片公售携带证，公用鸦片携带证及鸦片公运证，均由禁烟督察局统一印制，由各级局分发使用，一证只准使用一次，不得转让他人，或挖补涂改。违者鸦片没收，并以私自贩运论处。

第八条 各级禁烟督察局及其所属之站卡对于违犯本办法所规定之犯罪者，得施行司法警察之职务，依一定手续，得对嫌疑犯进行检查、搜索，对现行犯并得即行逮捕。

第九条 禁烟督察局对于鸦片毒犯证据确实、情节重大须治罪者，送司法机关依法判处。其情节较轻，仅止没收或罚款者，得自行处理之。没收鸦片及罚款应开给罚没收据,以防弊端。

第十条 部队、机关、团体以及群众性之缉私小组,均得对鸦片烟犯缉私,但须送禁烟督察局或区以上政府处理。

第十一条 查获鸦片烟犯或报告鸦片烟犯因而查获者,不论群众、干部、机关、团体、部队等工作人员(禁烟督察局工作人员及专负缉私任务者除外),按查获鸦片所值提奖百分之三十至五十。

第十二条 缉私或假借缉私,施行讹诈或干涉鸦片者(?),依刑法从重治罪。

第十三条 禁烟机关人员,缉私得力,成绩卓著,得给以奖状、通令嘉奖等名誉奖,并得给以奖金。

第十四条 禁烟机关人员违犯本办法及禁烟法者,加重治罪。

第十五条 本办法所未规定者,依禁烟法之规定。关于罚金金额之规定,以一元折一千元计算。

第十六条 本办法自公布之日施行。

注:禁烟局查获吸食、制造、贩卖烈性毒品吗啡、高根、海洛因及其同类毒性物或其化合质料者,应一律送交当地司法机关处理。

(选自晋察冀边区行政委员会《现行法令汇集》续编)

晋冀鲁豫边区高等法院关于特种案犯运用刑法的指示

(一九四六年六月十二日施行)

近来,某些不法之徒,到处横行,无孔不入地大施其破坏和平民主之能事,各级司法部门处理此种案件苦于没有现成法条可以援引,后经我们研究,此种案犯横行的目的主要是在于破坏和平民主建设事业,尽管他们犯罪手段千变万化,其性质上实与刑法分则中内乱罪之罪质相同,对于此种犯罪一般即应依照刑法分则第一章内乱罪之条文治罪,其原条文为:

第一百条 意图破坏国体,窃据国土,或以非法之方法变更国宪、颠覆政府而着手实行者,处七年以上有期徒刑,首谋者处无期徒刑。

预备或阴谋犯前项之罪者,处六月以上五年以下有期徒刑。

第一百零一条 以暴动犯前条第一项之罪者,处无期徒刑或七年以上有期徒刑,首谋者处死刑或无期徒刑。

预备或阴谋犯前项之罪者,处一年以上七年以下有期徒刑。

第一百零二条 犯一百条第二项或一百零一条第二项之罪而自首者，减轻或免除其刑。

这里我们应该明确认识，各阶级民主联合的政治制度应是我们现在的国体，解放区地方性的联合政府是被公认的合法政府，在全国性联合政府未成立、宪法未颁布前，政协所通过之和平建国纲领也即是我们过渡时间的国宪，不容以任何非法之方法变更或阻挠其实现的。了解了这精神，则对于意图破坏而有组织有计划地以非法之方法着手颠覆解放区各级民主政府（地方性联合政府）及破坏和平建国纲领及有关之一切政策法令者，其为国家民族罪人，应以内乱罪惩治之，是无可怀疑的。

抗战期间我们一向施行的以教育为主、镇压为辅的宽大政策，着重于感化与争取，如确系胁从或盲从分子，悔改有据或其情节为人民所原宥者，应减轻或免除其刑；如确系首谋分子或情节严重为人民所最痛恨者，得处死刑或无期徒刑。这与刑法分则对于内乱罪的科刑精神是一致的，今后仍应依此精神办理。但是值得我们注意的是：此种犯罪其手段是多式多样的，全部刑法所列犯罪，几乎大都被他们采用为犯罪手段，兹依刑法分则概举如下：

一、违背或废弛职务，滥用职权枉法裁判或泄露秘密等（第四章渎职罪）。

二、对公务员施强暴胁迫或公然聚众施强暴胁迫或因而置公务员于死或重伤等（第五章妨害公务罪）。

三、以强暴胁迫、贿赂、诈术、妨害或捣乱选举等（第六条妨害投票罪）。

四、公然聚众施强暴胁迫恐吓会众，妨害合法集会（如破坏群众运动）、煽惑他人犯罪，煽惑军人逃叛（瓦解军队）、冒充公务员滥行职权等（第七章妨害秩序罪）。

五、聚众以强暴胁迫抢劫或纵放依法拘禁之人脱逃等（第八章脱逃罪）。

六、藏匿人犯及湮灭证据等（第九章）。

七、意图使他人负刑事处分而为伪证及诬告等（第十章伪证及诬告罪）。

八、放火决水，妓害救灾，妓害交通，制造、贩运或持有危险物，妓害公共企业，损坏设备及违背成规，制毒、贩毒、下毒、散布传染病菌等（第十一章公共危险罪）。

九、伪造货币者（第十二章）。

十、伪造有价证券等（第十三章）。

十一、伪造度量衡等（第十四章）。

十二、伪造文书、印文及行使等（第十五章）。

十三、破坏烈士陵园及其他公共纪念处所等（第十八章侵害坟墓尸体罪）。

十四、妨害农工商生产（第十九章妨害农工商罪）。

十五、制造或贩运鸦片及开设烟馆供人吸食等（第二十章鸦片罪）。

十六、杀人（第二十一章杀人罪）。

十七、伤害人之身体健康或聚众斗殴或故意以重病传染他人致伤害人之身体或致人于死等（第二十三章伤害罪）。

十八、非法拘禁，强暴胁迫，妨害安全，或不法搜索等（第二十六章妨害自由罪）。

十九、侮辱、诽谤、散布流言谣言等（第二十七章妨害名誉及信用罪）。

二十、妨害秘密（第二十八章）。

二十一、窃盗者（第二十九章）。

二十二、抢夺强盗，及强盗放火，强奸，掳人勒赎，甚至故意杀人等（第三十章抢夺强盗罪）。

二十三、公务上之侵占等（第三十一章侵占罪）。

二十四、诈欺背信等（第三十二章诈欺背信及重利罪）。

二十五、恐吓及掳人勒赎等（第三十三章）。

二十六、收受、搬运、寄藏赃物等（第三十四章）。

二十七、毁坏公私文书、公共建筑及矿坑船舰等（第三十五章毁弃损害罪）。

此种犯罪与一般犯罪不同，主要的在其犯罪之目的与动机，即所谓特别之故意，其动机与目的如果确系有组织有计划地故意颠覆政府、扰乱社会治安、破坏和平民主各种设施者，即可以刑法内乱罪章之条文治罪，否则依刑法一般犯罪法条判处之，如其犯罪方法或结果之行为犯他罪名者（如特务、杀人、打黑枪等）应比较其他条文从重处断。

总之，司法工作者对于每一案件，应加强调查研究工作，求得案情的真相，权衡犯罪轻重，掌握法律的精神与实质，不冤枉一个可以教育争取的人，也不放松一个罪恶严重的坏人，我们应该坚定地站在人民大众的立场，学会在合法斗争中善于运用法律，保卫人民政府，保卫人民利益，也就是说保卫一切和平民主建设事业，才不愧为为人民服务、给人民当勤务员的司法工作者。

关于处理此种案犯及死刑核定，仍应依特种刑事诉讼程序办理。

以上指示希即研究执行，在执行中发生之困难问题，并希随时反映以便研究。

（选自一九四六年冀南行署《法令汇编》）

晋冀鲁豫边区惩治贪污条例

（一九四八年一月十日公布）

第一条 为维护人民利益，根绝贪污，整顿纪律，特制定本条例。

第二条 本边区各级机关、团体、工厂、学校、公私合作社，及其他受政府领导或指导办理公营或公益事业的一切人员，犯本条例各罪的，都按本条例治罪。

第三条 有下列行为之一的为贪污罪：

1. 在土地改革中，侵占或窃取群众斗争果实及依法应行交公之古董、图书等物者；
2. 缴获敌人物质应交公而私行留用者；
3. 凭借政治地位或职权，勒索、强占、敲诈或受贿者；
4. 吞没或盗卖公物、公粮、公产者；
5. 买卖公物从中舞弊者；
6. 浮报、冒领、克扣、截留应发给或解交的财物粮款者；
7. 挪用公有财物供私人营利或享受者；
8. 其他利用职权对公有财物营利舞弊者。

第四条 犯本条例各罪依贪污数目多少，影响大小，照下列规定办理：

1. 贪污数目相当于七千斤小米市价以上的，处死刑、无期徒刑或十年以上十五年以下的有期徒刑；
2. 贪污数目相当于五千斤小米市价以上不满七千斤的，处五年以上十年以下有期徒刑；
3. 贪污数目相当于一千二百斤小米市价以上不满五千斤的，处三年以上五年以下的有期徒刑；
4. 贪污数目相当于七百斤小米市价以上不满一千二百斤的，处半年以上三年以下的有期徒刑、劳役或撤职；

5. 贪污数目相当于百斤小米市价以上不满七百斤的，处三月以上半年以下的劳役或撤职记过；

6. 贪污数目不满一百斤小米市价的，撤职记过；

7. 贪污实物或现款，均以发生贪污行为时当地的小米市价计算。

上列各项处分，得按情节轻重，酌量加重或减轻。

第五条 教唆他人贪污，照正犯治罪；帮助他人贪污，照从犯治罪。

第六条 集体贪污以其负责人为主犯，其余依情节分别照正犯或从犯治罪。

第七条 犯本条例各罪的人，所贪得之财物，其属于公有者，追缴归公；属于群众者，缴还群众；属于私人者，发还受害人；无法追缴的，按贪污数目多少及其家庭情况，没收其财产全部或一部以为抵偿。

第八条 凡在本条例公布以前之贪污行为，于本条例公布后三个月内坦白自首者，除按第七条酌情追缴其贪污财物外，得减免其刑。

第九条 犯本条例各罪的贪污人员，应由发生贪污所在地之县级人民法庭审判，但在土改期间得由犯罪所在地之区村临时人民法庭审理。被告人如对判决不服，准许上诉，经二审判决后，不得再行上诉。

第十条 在土地改革期间，区村临时人民法庭判处死刑，须报请行署区人民法庭批准；判处徒刑，须报请该管县级人民法庭批准，始得执行。违反上项规定擅自执行者，依情节由具有该案批准权之人民法庭议处。

第十一条 军人犯贪污罪，除侵占或窃取群众斗争果实应交人民法庭依本条例处办外，其余由军事法庭依军法处理。

第十二条 任何人均有权揭发报告贪污人员，但栽赃诬陷的，以诬告罪处罚。

第十三条 本条例颁布施行后，所有本府及所属各级政府以前颁行的惩治贪污法令一律作废。

第十四条 本条例如有未尽事宜，得随时修改之。

第十五条 本条例自公布之日施行。

（选自一九四八年一月十一日《人民日报》）

晋冀鲁豫边区破坏土地改革治罪暂行条例

（一九四八年一月十五日晋冀鲁豫边区政府公布）

一、中国土地法大纲业经本府于民国三十六年十二月二十八日接受公布。自本条例公布之日起，任何人如仍有违抗该大纲而犯有本条例所定各罪者，不论任何人一律交由人民法庭依本条例审判之。

二、破坏土地改革治罪法，分为当众批评警告、撤销公职（撤销政府或机关、团体、合作社等职务，开除军籍，开除法团会籍）、定期取消公民权、定期劳役及死刑五种，由各级人民法庭按照真实罪状及具体情况判处之。

三、蓄意破坏土地改革而有下列行为之一者，处死刑：

（一）带头组织反动武装或勾结反动武装，对农民实行倒算，杀害农民，或有其他重大危害农民利益者。

（二）带头组织封建迷信团体或利用封建迷信团体，实行暴动，而有杀害农民或其他重大危害群众利益者。

（三）有意向农民报复而杀害农民或干部者。

（四）重大强占或贪污果实，坚拒不退，反而破坏或杀人灭口者。

（五）带头聚众或以武装干涉农民运动而置人于死，或有重大破坏行为者。

四、前条各种犯罪行为之次要分子或包庇帮助者，处一年以上五年以下的劳役；一般胁从或盲从分子，按情节之轻重，予以一年以下的劳役或其他处罚。

五、反对土地改革，而有下列行为之一者，按情节轻重，处三年以下的劳役或其他处罚：

（一）阴谋破坏土地改革而造谣串通，确实有据者。

（二）阴谋制造农民内部纠纷而挑拨离间，确实有据者。

（三）利用群众制造假斗争者。

（四）以金钱财物或其他不正当利益，贿赂他人包庇者。

（五）经农民大会或农民代表会决议，应退出多占或贱买之果实，口头承认而实际不退者。

六、企图妨碍土地财产公平分配而有下列行为之一者，处二年以下的劳役或其他处罚：

（一）宰杀牲畜者。

（二）砍伐树木者。

（三）破坏农具、水利、建筑物或其他物品者。

（四）偷盗、强占、隐瞒、埋藏、分散、贩卖或私相授受各种应分配之物品者。

七、侵犯农民及其代表的民主权利而有下列行为之一者，处二年以下的劳役或其他处罚：

（一）侵犯农民及其代表在各种会议上对各方各级干部批评或弹劾之自由者。

（二）侵犯农民及其代表在各种相当会议对政府及农民团体中一切干部选举或罢免之自由者。

（三）对农民大会或农民代表会决议，故意违抗或阳奉阴违造成错误罪行者。

（四）有关政府公粮、预算、参军、参战等重要问题的方针和计划，拒绝经农民大会或农民代表会讨论，而独断独行造成错误罪行者。

八、利用职权，对群众果实及应交公之财物有强占窃取之行为者，按一月十日本府公布之惩治贪污暂行条例治罪。

九、对本条例所举各犯罪行为，任何人有权揭发检举。其未经揭发检举而很快坦白自报者，可减免处罚。

十、栽赃诬陷他人犯本条例各罪者，按所举之罪处罚。

十一、犯本条例之罪判处死刑而不服第一审判决者，准予上诉至第三审为止。

十二、犯本条例之罪判处死刑者，非径行署区人民法庭核准不得执行。判处一年以上劳役者，须经县人民法庭批准。

十三、本条例自民国三十七年一月十五日公布生效。

（选自一九四八年一月十七日《人民月报》）

太行行署对战犯处理的指示

（一九四五年十二月十日）

近据各地反映，对战犯（汉奸特务）处理不杀即放了，引起群众若干不满，为此特作如下指示：

（一）我们必须在观念上明确，处理战犯目的在于明确敌我界限，保证群众利益，发动群众，那么在处理战犯时，必须通过群众路线，听取群众反映，而（即）使一个案件我们认为处理十分正确，但未被群众接受，我们认为不算十分胜利。所以对一些不够死刑的战犯，不适当给予法律处分，而单纯宽大释放，是不合理不服气的；如果给予适当处分，给（对）战犯本身固然是个教育，对别人也是个教育，特别是给群众顺一口气，所以我们希〔望〕今后在处理战犯时，不但应该多方听取意见，通过群众，尤其应注意事后之群众反映。

（二）对于不够死刑，但又比较严重之战犯，可以科以十五年以下有期徒刑。在科刑之前经过群众诉苦运动，该犯除分别包赔群众损失，向群众承认错误外，然后政府依据其事敌犯罪情节之轻重，分别处以徒刑。

（三）对于情节不甚严重分子，需要释放者，应通过群众，在群众大会上向群众低头，承认错误，经过群众批准予以释放，避免单纯由政府释放〔的〕脱离群众之方式（但为敌服役之技术人员不必采用此方式，仍采登记后，不□之办法）。

（四）对过去与我有关之战犯亦应功过分明，或释放后对争取有更大意义者，在释放时应通过群众，向群众耐心解释。

（五）对于判处徒刑之战犯，群众不十分痛恨者，可将刑期易科罚金，每日以十元至三十元为折合标准。对于一般战犯之后台，以及虽未直接掳掠压迫人民，但确系利用战争剥削起家者，尤应判刑后易科罚金（但应使其能维持生活）。对于判刑后易科罚金之战犯罚金交足后，恢复其自由，但须明确向群众及其本人宣布在徒刑期间，仅有生活上自由，仍无公权，并通知村公所监督。

（六）对于判处徒刑后，群众十分痛恨之战犯，必须严格执行其刑期。过去干部思想中认为："判了等于不判"的看法需加以纠正，在执行徒刑时，现在全区大多数地区情况稳定，在监狱未正式成立前，即羁押各该县看守所执行；少数环境动荡地区可在该县境比较安全地址（看守所住该地亦行）进行管理教育；如该境整个是游击动荡环境（如获嘉、温县等），可送专署进行管理教育或由专署指定该区较安全之县境代为管理教育，其解送手续，由专署具体规定之。

（七）对于战犯囚粮基本上应责令该犯自供，有些边沿地区看守所缺乏生产基础，囚粮缺乏，应积极从生产上想办法，确实无办法而又羁押人犯过多时，可呈报专署转呈本署，作为明年分配囚粮名额之参考。对于过去已经释放者原则上不加追究，如果罪大恶极或发现新的证据时，群众仍存在着不满，须要重新处理者，亦应通过群众路线（群众检举、联名告发等），然后斟酌情节予以适当处理。

以上意见只作一般的提出，未必完全适应你地情况，希望各地研究讨论并具体执行。

（选自太行行署《一九四六年重要文件汇集》）

太行行署关于处理伪军伪组织人员的原则及执行中应注意事项的指示

（一九四六年四月八日）

奉边府指示：由于日寇投降，和平局面的初步实现，新解放区有不少伪军伪组织人员急待处理，为适应需要，在处理原则上，暂作决定如下：

一、首要分子及危害群众利益罪大恶极者，应从严治罪，及酌量没收其财产全部或一部，并褫夺其公权。

二、一般人员对群众无重大危害者，应以下述规定从宽处理：

1. 家在新解放区者，一般应不治罪及不褫夺其公权。但个别人员，为群众所愤恨，或犯有他罪，经群众追诉者，仍应治罪，并酌情予以夺权处分。

2. 家在老解放区者，一般应在一定时期内褫夺其公权，罪恶比较重大者，并得酌量治罪。但部分人员，参加伪军伪组织系为生活所迫，或有不得已情形，或对抗日工作有贡献，为群众原宥者，得免于治罪或夺权处分。

三、凡被褫夺公权之伪军伪组织人员，改悔有据，经群众同意者，得恢复其公权。

四、夺权与复权均应经县以上有司法权之机关批准，否则不生效力，在执行以上决定中，应注意下列几点：

1. 要贯彻群众路线。政府的任何裁判想在广大群众中真正发生效力，必须贯彻群众路线，否则广大群众认为应处罚的我们不处罚，广大群众认为该原谅的，我们予以处罚，则裁判必定脱离群众，得不到教育犯人，及教育群众的作用。所谓群众路线，当然也不是群众说啥是啥，不问政策法令，听其自流，或作群众的尾巴，是说我们要以积极负责的态度，掌握政策法令，通过群众来处理问题。伪军伪组织人员中，实际情况异常复杂，我们在处理时，不能机械主观，应依靠群众，掌握政策。上述原则，按照具体对象作适当处理。

2. 要遵照法定手续，我们处理伪军伪组织人员，应遵照法令上规定的手续。如判处死刑，必须经行署核准始能执行；没收财产须经专署；夺权与复权须经县以上有司法权之机关，不能乱行决定。至于群众反奸控诉运动，有时令伪军伪组织人员出款出东西，或系对群众财产损失的赔偿，或系对群众精神损失的抚慰，其性质均系民法上之损害赔偿，不是群众对他们的处罚。个别地区把它当作群众对于受斗争对象的处罚，是不对的，因而认为处理伪军伪组织人员，如按照法定手续，即妨害群运，也是不对的。我们不能把处理问题的群众路线，与把问题交给群众，自己站在一方面不闻不问，听其自流，混同起来，二者是有严格区分的。

3. 处理具体问题时，要向群众作详细的解释。在处理具体问题时，如伪军伪组织人员系为生活所迫，或确有其他不得已的情形（如为敌伪抓捕逼迫等情），或对抗日工作有贡献时（如两面派，或曾经帮助掩护抗日工作人员等），在处理时要向群众作详细的解释，酌量功罪，予以处理。其功多罪少，经群众原宥者，政府亦可从宽免予处分。不应简单从事，不问参加伪军伪组织系出于自愿或胁迫，不问对我抗日工作有无贡献，一样看待。我们应按具体情况，有功有罪及罪恶大小、情节轻重，予以不同之处理。不能一概而论。

以上各点，仰即研究执行，如本指示与关于群众运动当中特殊问题处理办法之规定有抵触之处，应以此为准，并希将执行中所发现的问题，及时反映本署为要。

（选自太行行署《一九四六年重要文件汇集》）

太岳区惩治滥用浪费民力暂行条例

（一九四八年六月十五日）

第一条 为了爱惜民力，培养民力，长期支持人民革命战争，减轻人民负担，特制定本条例。

第二条 除边沿区、游击区另有规定外，在本区境内，应严格取缔听差、送信、看井、看钟及站岗放哨等杂项勤务。

第三条 区村除依法执行上级命令外，无直接征调、动用民力权。

第四条 凡违法滥用民力，有下列情事之一者，由县级以上政府分别予以应得之处罚：

（一）违犯太岳区人民服勤试行办法草案及用勤制度，而私自强抓硬要民力者，得就地逮捕，军籍人员送军分区、军区，地方工作人员送县级以上政府，酌情处以二年以下之有期徒刑。

（二）动用民力搞生产者，除没收其所运或劳作物资，并按当地市价，补偿群众工资脚费损失外，应查明事实责任，处主犯以一年以下之有期徒刑，或易科一万元至十万元之罚金。

（三）召开各种会议或各级机关、团体、公营企业、工厂等之迁移，非法使用民力者，除按当地市价补偿群众脚价工资外，应查明事实责任，予主要负责人以批评、警告、通报各地及其他行政纪律之处分，部队及医院之迁移，须根据太岳区人民服勤试行办法草案之各项规定执行。

（四）借口"动员"而非法动用民力者，亦适用本条例第三项之处分。

第五条 严格禁止浪费民力，如有下列情事之一者，应分别情节大小，予以批评、警告、记过、撤职查办等行政纪律之处分。

（一）用勤人员，对所运物资不作精确计算，虚报多要浪费民力者。

（二）拨勤人员，不认真审查，精确计算，造成浪费民力者。

（三）带勤人员，因组织领导不力，致遭不应有之损失者。

（四）因情况变化，不及时通知拨勤机关，造成浪费民力者。

（五）对任务打折扣，或私自更替人畜力而影响任务完成，造成浪费民力者。

第六条 取缔勤务积弊，如有下列情事之一者，分别予以适当之处分：

（一）凡因拨派不公，假公济私，徇情包庇者，除被包庇者酌情补勤外，包庇者分别情节轻重，应受行政纪律之处分。

（二）凡在服勤期间，逃避勤务或逃跑者，对主谋煽动分子，分别情节轻重，处以二年以下之有期徒刑。一般附和者，予以批评、教育外，应令其重归前线服勤，但不得扣除其勤工。

（三）凡因逃避勤务而隐瞒年龄或集体捏报，隐匿劳力、畜力、车辆、船只者，适用本条第一项之处分。

第七条 工人、商人出勤取得证明后，任何人不得借故阻拦、扣留或重派勤务。

第八条 凡不定期结算，公布勤账者，应受批评、警告、记过之处分。

第九条 遇有滥用、浪费、包庇、隐瞒、逃避勤务等非法情事者，无论受损害人或其他任何人,均有向各级政府控诉之权利。

第十条 本条例自七月份起暂行,如有未尽事宜,由太岳行署随时修正之。

(选自一九四八年六月十五日太岳行署
《太岳区战勤工作奖惩办法》)

山东省政府关于争取逃亡地主和失节附敌分子的决定

(一九四五年九月二日)

在我军节节解放城市,最后胜利即将到来之际,对争取解放区之逃亡地主和失节附敌分子有如下之决定:

一、凡过去自解放区逃至敌占区之地主,在敌区潜居,而现在迁回解放区遵守民主政府法令,改过自新者,均予以法律保护,如因清理债务或减租确实生活困难且无破坏民主法令及群众团体行为者,政府应以宽大精神设法照顾。

二、凡逃亡地主到敌区后,帮助敌人破坏抗战,除罪大恶极者外,现在迁回解放区,依民主政府法令办理手续时,本宽大精神处理之。

三、凡过去抗日人员或民兵因被俘、投降、投敌而附敌者,除罪大恶极者外,在该敌伪组织未被消灭以前,脱离敌伪,依法自新者予宽大处理。如能推动敌伪投降或协助城镇收复工作确有贡献者,可将功折罪,不咎既往。

四、凡逃亡敌区潜居之地主,于其潜居地区解放后仍向未解放区逃跑者,概不予以法律保护。

五、凡逃亡地主附敌有据者,或变节失足者,于附敌工作地区解放后,潜伏原地或仍向来解放区逃跑。并进行破坏活动,应依惩治汉奸条例从严处置。仰我各级政府执行,并广为宣传为要。

(选自山东省政府《法令汇编》)

山东省胶东区行政公署司法处
关于"褫夺公权"的几个问题

(一九四七年四月二十九日山东省胶东区行政公署司法处公布)

一、"褫夺公权"的认识：公权是民主社会里在政治上法律上一律平等的原则下人民对国家所具有的民主权利，例如选举权、罢免权、诉讼权、教育权、公务工作权等，故公权的范围是极广泛的。但我们对于犯罪者宣告褫夺的"公权"，应该是指人民所公认最荣誉或最重要的资格而言，也就是应该指明那几种权利不准行使，不然在执行上因认识上的不一致，易发生某些偏差（例如有的被"褫夺公权"后误认为其公民资格已全被取消，连生活上的一切权利都受到限制，这是极不正确的）。对犯罪者应予褫夺"公权"的范围，我现行民主法令虽无明文规定，但一般的解释上，不外下列的几种：

1. 选举权与被选举权。
2. 罢免权。
3. 创制权与复决权。
4. 公职候选人的资格。
5. 为公务人员的资格。
6. 学校教员的资格。
7. 其他人民所公认最荣誉的资格。

二、宣告"褫夺公权"的运用问题

1. 褫夺公权本属"徒刑"之一种，通常应该是随着"主刑"（如死刑、徒刑、罚金等）同时宣告的，但按今天民主生活里的实际需要，在某种特殊情况下有单独宣告褫夺公权之必要时，亦可专科褫夺公权，但在判徒刑或罚金的情况下，应斟酌犯罪的性质及实际上是否有褫夺公权的必要而定，例如对奸特恶霸等政治犯，一般的应该是宣告夺权的，如普通刑事犯，估计到如准其行使公权，尚不至危害群众利益者，一般的可不必宣告夺权。

2. 其次，宣告"褫夺公权"时，就实际需要，亦可单独褫夺其某一部分的权（利）。例如，对军属犯，褫夺其优待权；对贪污犯，褫夺其为公务员的权利……之类。

3. 褫夺公权的期限问题，过去多与徒刑期相同或少于徒刑期，总之宣告的期限一般的都是失之过长。今后的标准：如系单独宣告褫夺公权者，一般的不超过二年，判处徒刑而宣告夺权者，一般不超过五年。

4. 褫夺公权开始执行期间，单独宣告褫夺公权者，应自判决确定时起开始计算；判处徒刑宣告褫夺公权者，应自徒刑执行完毕时开始计算；经假释者，应于假释期满时开始计算。

5. 徒刑执行期内（经假释者，余刑期内）认为是当然不能行使公权期间。

6. 褫夺公权未满期前，表现好者，得由村政府请求县府批准复权，并应召集宣告复权大会。

7. 褫夺公权须经司法机关之宣告，群众为保卫公共利益，对于坏分子，认为有限制其公权行使之必要者，得呈请县府单独宣告褫夺公权。

（选自一九四七年四月山东省胶东行政公署
《现行民刑审级制度及诉讼程序简化办法》）

淮海区惩治盗匪暂行条例

第一条 凡有下列行为之一者，处死刑：

一、掳人勒赎者。

二、意图诈财而留恐吓信，致人受损害者。

三、意图扰害公安而制造、收藏或携带爆炸物品者。

四、聚众掠夺机关之武器、弹药、钱粮及其他军需品者。

五、煽惑人心、扰害公安而起暴动者。

六、溃兵游勇结伙抢劫，或扰害公安者。

七、聚众持械、保护走私并开枪拒捕者。

八、聚众抢劫而执持枪械者。

九、持械劫囚者。

十、囚人聚众以强暴胁迫脱逃之首魁及教唆者。

十一、行劫而故意杀人，或伤人致死，或致笃疾，或伤害二人以上者。

十二、于盗所强奸妇女者。

十三、放火烧毁他人所有物，当（有）下列〔情形〕之一者：

1. 在村镇及其他人烟稠密处所之建筑物。
2. 储藏弹药或军需品之仓库、工场及其他建筑物。

3. 多众执业或止宿之兵营、学校、病院、监狱及其他建筑物。[①]

4. 现在多数集合之场所，及其他建筑物。

第二条 有下列情形之一者，得减处七年以上有期徒刑。

一、犯前条第一款之罪，未得赃、未加害而释回被虏人者。

二、犯前条各款之罪，因意外障碍而未遂者。

三、犯罪的情形确有可原者。

第三条 犯第一条之罪而自新者，得免除其刑（自新手续另订之）。

第四条 犯罪未被发觉而自首者，得减轻或免除其刑。

第五条 在侦查审判中自白而有改悔表现者，得减轻其刑。

第六条 兼理司法之县政府，依本条例判处死刑之案件，应附具全卷，报由淮海区法院复核批准执行。

第七条 凡在戒严区域内，犯第一条各款之罪者，依戒严条例办理之（戒严条例另订之）。

第八条 除本条例规定外，刑法及其他特别法仍适用之。

第九条 本条例经淮海区参议会通过，交由行政公署公布施行。其修正手续亦同。

第十条 本条例自公布日起施行。

（选自淮海区专员公署《淮海区单行法规（草案）》）

修正淮海区惩治贪污暂行条例

第一条 本地区所属机关部队及公营企业之人员触犯本条例规定之罪者，悉依本条例处断之。

第二条 有下列行为之一者，以贪污论罪：

一、克扣或截留应行发给或交纳之财物者。

二、买卖公用品从中舞弊者。

三、盗窃或侵吞公家财物者。

四、强占、强征、强募财物者。

五、意在图利，贩运违禁或漏税物品者。

六、挪移公款，作为私人营利者。

---

① 原文如此，疑有讹误。——编者注

七、违法收募税捐者。

八、伪造或虚报收支账目者。

九、勒索敲诈，招摇撞骗，收受贿赂者。

十、为私利浪费公用财物者。

第三条 犯前条各款之罪者，以其数目多少及发生影响之大小，依下列规定惩处之。

一、贪污财物在抗币一千元（抗币一元合法币五十元）以上者，处死刑或七年以上之有期徒刑。

二、贪污财物在抗币一千元以下五百元以上者，处十年以下五年以上之有期徒刑。

三、贪污财物在抗币五百元以下三百元以上者，处五年以下一年以上之有期徒刑。

四、贪污财物在抗币三百元以下者，处三年以下之有期徒刑。

第四条 贪污之未遂犯减处之。

第五条 犯本条例之罪，除依第三条处断外，应追赔贪污所得之财物或相等代价。

第六条 犯本条例之罪于发觉前自首，并缴出所贪污之财物或代价者，得减免其刑。

第七条 在侦查审判中自白者，得减轻其刑。

第八条 本条例未规定者依照刑法之规定。

第九条 本条例公布后，前颁淮海区惩治贪污条例废止之。

第十条 本条例施行前，审理未结之贪污案件，自施行之日起依本条例处断之。

第十一条 本条例经淮海区参议会通过，交由行政公署公布施行。其修正手续亦同。

第十二条 本条例自公布日起施行。

（选自《淮海区单行法规（草案）》）

苏皖边区惩治叛国罪犯(汉奸)暂行条例

(一九四五年十二月二十九日公布实施)

第一章 总则

第一条 为发扬民族正气，整饬国家纲纪，彻底肃清敌伪残余势力，完成抗战事业，奠定建国基石，对于叛国罪犯亟应严加惩治，特制定本条例。

第二条 凡投敌、通敌、助敌及进行一切有利于敌人之行为，而危害国家民族利益者，为叛国罪犯。

第三条 前条罪犯，得按其罪恶轻重，分别首要、胁从，予以处理。

第二章 惩罚

第四条 有下列行为之一者，处死刑、无期徒刑或五年以上有期徒刑：

一、为首组织武装，协助敌寇抗拒我抗日军队者。

二、为敌伪执役，主持屠杀我人民者。

三、充任伪军警、伪政权、伪组织之主官，并积极破坏民族解放事业者。

四、为敌捕捉壮丁、招募军队及劳工而造成民族巨大损失之主谋主动者。

五、勾引抗日军民拖枪逃跑或组织叛乱者。

六、组织破坏我方之军事、政治、经济、文化、交通设备及有国防价值之建筑物，发生重大损害者。

七、主谋主使组织各种团体，积极为敌效劳，破坏民族解放事业者。

八、偷窃或泄漏我方军政秘密，破坏抗日战争之主谋主使者。

九、为首掠夺军用资材，供给敌人者。

十、在战争混乱期间，为首乘机抢劫烧杀而扰乱社会治安者。

十一、向敌伪告密，破坏我抗日地下组织者。

十二、利用敌伪势力，主持囤积居奇，操纵市场，致陷民众生活于困难者。

十三、自动以枪械弹药等大量粮草财物资敌者。

十四、于日本宣布投降后，组织拒降，坚决抵抗或残杀人民者。

十五、利用敌伪势力强奸妇女者。

十六、残杀或严重虐待我方或盟方被俘人员者。

十七、已自新而重新投敌者。

十八、与敌伪勾结，伪造抗币票券，扰乱金融者。

第五条 前条各款之从犯、预备犯及未遂犯，处一年以上十年以下有期徒刑。

第六条 包庇、隐匿或纵容第四条之罪犯者，得处三年以上十年以下有期徒刑。

第七条 包庇、隐匿或纵容第五条之罪犯者，处三年以下有期徒刑。

第八条 被胁从而犯第四条之罪者，得减轻或免除其刑。

第九条 因犯本章各罪所得或供犯罪所用之物，不问属于犯人与否，均没收之。

第十条 犯本章各罪，得褫夺公权。

第三章 自新

第十一条 犯本条例之罪，在未经检发前，具有痛改前非之决心，向我公安机关投案自首者，准予自新，但犯罪情节重大，须有下列条件之一者，得免其刑：

一、检举其他叛国罪犯，经判决确实，或贡献重要证据确有价值者。

二、揭发叛国罪犯或间谍之阴谋策划，确实有据者。

三、献出敌方机密，确有利于人民解放事业者。

四、携带军械资财来献者。

五、自动交出敲诈勒索所置之财富者。

六、前列各款以外之自首，事实确有利于人民解放事业者。

第十二条 在日本投降前已自新，并发有证件者，得减轻或免除其刑。

第十三条 自新人犯对其所犯罪行，未坦白彻底者，其隐瞒部分，仍得以第二章规定酌情处断。

第十四条 判处徒刑之叛国罪犯，在刑期执行二分之一以上，确实改悔有据者，得假释之。

第四章 搜索与逮捕

第十五条 叛国罪犯之搜索与逮捕，由公安或司法机关执行之。

第十六条 乡镇政府机关非受上级命令，不得对于叛国罪犯进行搜索与逮捕，但有逃亡之虞者，不在此限。

第十七条 叛国罪犯逃亡或隐匿者，得通缉之。

第十八条 现行犯及被通缉者，不问何人得进行逮捕之。

第五章 审判

第十九条 凡审理叛国罪犯，由各级惩治叛国罪犯委员会组织特别法庭审理之。

各级委员会向同级政府负责。

第二十条 惩治叛国罪犯委员会由行政、司法、公安、参议会、群众团体各推代表组成，其组织章则另订之。

第二十一条 审理叛国罪犯，必要时，得由惩治叛国罪犯委员会组织人民法庭，举行公审。

第二十二条 审理叛国罪犯，由下列规定管辖之：

一、团级以上之伪军官、佐、属，或伪县级以上之伪行政官员及其他同级伪组织之罪犯，由本边区或授权所在地行政区特别法庭审判之。

二、营级以下之伪军官、佐、属，或伪区级以下之行政官员、吏役、警士，及其他同级伪组织之罪犯，由县特别法庭审理之。

第二十三条 特别法庭或人民法庭，依本条例判决死刑、无期徒刑或十年以上有期徒刑之案件，被告得于判决送达后五日内，提起申诉。

被告对于前项所处之罪刑，逾期不申诉者，行政区以下之特别法庭或人民法庭须呈请复判。申请复判之呈请，均以一次为限。

第二十四条 各级特别法庭或人民法庭所为死刑之判决，须递呈边区政府或经边区政府授权之专员公署核准后，方准执行。

前项授权之规定，以边区政府命令定之。

第二十五条 犯本条例之罪，于审讯中自白者得减轻处刑。

第二十六条 人民对于叛国罪犯，均得告发或秘密检举，经审讯确实者，酌予奖励。如虚构事实，挟嫌诬告，应依刑法诬告罪论处。

第二十七条 被害人及群众团体得依民事诉讼程序，对于叛国罪犯可进行清算，要求赔偿损失。

前项之民事诉讼，必要时，得移转司法机关办理。

第六章 财产之处置

第二十八条 犯本条例之罪，得判决没收财产之全部或一部，但在调查及审讯期中，得先行全部查封。前项没收之财产，须酌留其家属生活费。

第二十九条　凡叛国罪犯掠夺人民之财物与人民所订之收买、代管、租借、抵押之财物，其契约一律无效，并酌情予以没收，发还原受害人。

第三十条　自新者在犯罪期间，其本人私有财物，应按其犯罪情节轻重，没收一部或免予没收。

第三十一条　没收之汉奸财产，作为救济抗属、灾民、难民、失业工人及贫苦人民之用。

第三十二条　凡属自动投诚，及在叛国期间尚秘密帮助抗战工作确有证据者，其私有财产不得没收。

第三十三条　凡叛国罪犯之财产，除酌留生活外，如自己或家属有隐匿不报者，一经查出，应将其所隐匿部分全部没收，并得按其情节减留其生活费。

第三十四条　凡明知叛国罪犯之财产而侵占隐匿者，除将其所隐匿之财产追缴外，并处以侵占公物罪。受叛国罪犯之委托，代为隐匿者亦同。

第三十五条　凡逃匿之叛国罪犯，得预为没收其财产之全部。没收之财产，由各级惩治叛国罪犯委员会提交各该同级政府处置之。

第七章　附则

第三十六条　刑法刑诉法之规定，与本条例不相抵触者，适用之。

第三十七条　原各行政公署、各专员公署所公布之有关惩治汉奸之单行法令宣告作废，今后惩治汉奸，概依本条例之规定。

第三十八条　本条例如有未尽事宜，得由苏皖边区政府命令修改之。

第三十九条　本条例由苏皖边区政府公布施行。

(选自一九四五年十二月三十日《新华日报》)

苏皖边区危害解放区紧急治罪暂行条例

(一九四六年六月公布施行)

第一条　为保卫解放区，镇压反动派特务暴动之破坏与捣乱，特制定本条例。

第二条　凡手持武器、爆炸物、毒药或放火危害前方战斗或后方治安者，处死刑。

第三条　凡手持武器、爆炸物、毒药或放火危害本边区党政军民生命者，处死刑。

第四条 对于二、三两条之罪犯，本边区各机关、团体或人民均得随时随地予以逮捕，但必须立时转送就近政府或军队，依法处理。

第五条 对于二、三两条之罪犯，在情况紧急时，所在地之县区政府得立时予以处置，但有错杀时，主持人应负杀人责任。

第六条 前条所称紧急情况，系指随时可能发生战事的边沿地带或已经宣布戒严区域，对于案犯之解送、羁押已不能依照通常司法手续办理而言。

第七条 县区政府对罪犯之紧急处置，应立时呈报上级政府并转报边区政府审核备案。

第八条 非系前条紧急时，对犯本条例之罪者，仍依照通常手续办理。

第九条 本条例由苏皖边区临时参议会通过，边区政府公布施行，其修正手续亦同。

（选自一九四六年六月十四日《新华日报》华中版）

苏皖边区第一行政区惩治汉奸施行条例

（一九四六年三月公布）

第一条 本行政区处于长期对敌伪反"清乡"、反"清剿"、反"扫荡"残酷斗争之前哨，军民损失，至为惨重。为贯彻苏皖边区政府颁布之惩治叛国罪犯（汉奸）暂行条例第一条精神，经呈准苏皖边区政府，特制定本条例。

第二条 凡投敌、通敌、助敌及进行一切有利于敌人之行为而危害国家民族利益者，为叛国罪犯。

第三条 有下列行为之一者，处死刑、无期徒刑或五年以上有期徒刑。

一、组织武装，协助敌寇，抗拒我抗日军队者。

二、为敌执役，主持或实施屠杀我人民者。

三、充任伪军警、伪政权、伪组织之人员，并积极破坏我民族解放事业者。

四、为敌伪捕捉壮丁，招募军队及劳工而造成民族损失者。

五、组织叛变或拖枪逃跑者。

六、组织破坏我方之军事、政治、经济、文化、交通设备，或有国防价值之建筑物，发生重大损害者。

七、组织各种团体，积极为敌效劳，破坏民族解放事业者。

八、偷窃或泄漏我方军政秘密，破坏抗日战争者。

九、掠夺军用资财，供给敌人者。

十、协助敌伪放火抢劫，掳人勒赎，危害人民者。

十一、向敌伪告密，破坏我抗日地下组织或捕捉我抗日工作人员，发生损害者。

十二、利用敌伪势力，主持囤积居奇，操纵市场，致陷民众生活于困难者。

十三、以枪械弹药或粮草财物供给敌人，罪大恶极者。

十四、日本宣布投降后，组织拒降，坚决抵抗或残杀人民者。

十五、利用敌伪势力，强占或强奸妇女者。

十六、残杀或严重虐待我方或盟方被俘人员者。

十七、已自新而重新投敌者。

十八、与敌伪勾结，伪造抗币票券，扰乱金融者。

犯本条两款以上之罪，须合并处有期徒刑者，不得超过二十年。

犯本条之罪，其情节轻微，显可原谅者，得减处一年以上五年以下有期徒刑。

第四条 前条各款之从犯、预备犯及未遂犯，处一年以上十年以下有期徒刑。

第五条 包庇、隐匿或纵容第三条之罪犯者，处七年以下一年以上有期徒刑。

第六条 包庇、隐匿或纵容第四条之罪犯者，处三年以下有期徒刑。

第七条 负责看管第三条、第四条罪犯之人员，有故意纵逃行为者，处死刑。

第八条 因犯本章之罪，所得或供犯罪所用之物，不问属于犯人与否，均没收之。

第九条 犯本条例之罪，得褫夺公权一年以上十年以下，处无期徒刑或死刑者，褫夺公权终身。

第十条 犯本条例之罪，在未经检发前，具有痛改前非之决心，向我公安机关投案自首者，得准予自新，但犯罪情节重大，须有下列条件之一，得减免其刑。

一、检举其他叛国罪犯，经判决确定，或贡献重要证据，确有价值者。

二、揭发叛国罪犯或间谍之阴谋策划，确实有据者。

三、献出敌方机密，确有利于人民解放事业者。

四、携带军械资财来献者。

五、自动交出敲诈勒索所置之财富者。

六、前列各款以外之自首，确有利于人民解放事业者。

第十一条 凡犯罪情节轻微，得根据当地群众公意，处以六个月以下之监管、拘禁、苦役，并得将其财产之一部抵偿群众损失，或公开向人民赔罪、悔过自新，及褫夺公权一年以下。

第十二条 在日本投降前已自新，确有证明者，得减免其刑。

第十三条 自新人犯自新后，又犯罪者，除新犯之罪惩处外，得将原罪合并处罚。

第十四条 自新人犯对其所犯罪行未坦白彻底者，以未自新论。

第十五条 叛国罪犯逃亡或隐匿者，得通缉之。

第十六条 叛国罪犯之搜索与逮捕，由公安或司法机关执行之，但有逃亡之虞者，区乡政府亦得进行逮捕。

第十七条 叛国罪犯持枪拒捕者，得当场格毙，拒抗者得拘束其身体。

第十八条 审理叛国罪犯，由各级惩治叛国罪犯委员会组织特别法庭审理之，各级委员会向同级政府负责。

第十九条 惩治叛国罪犯委员会，由行政、司法、公安、参议会、群众团体各推代表组成，其组织章程另订之。

第二十条 审理叛国罪犯，必要时，得由惩治叛国罪犯委员会组织人民法庭，举行公审。

第二十一条 各级特别法庭或人民法庭审理叛国罪犯，依本条例所为死刑、无期徒刑及一年以上有期徒刑之判决，须经本行政区法院或授权所在地县政府之核准，方得执行。

第二十二条 各级特别法庭或人民法庭，依本条例第十一条所为之判决，得直接执行，事后须呈报上级政府备查，如上级政府认为有不当处，得发交当地人民重审或提审。

第二十三条 人民对于叛国罪，均得告发和秘密检举，经审讯确实者酌予奖励。

第二十四条 被害人及群众团体，对于叛国罪犯可进行清算，要求赔偿损失。

前项之清算及赔偿，必要时得移送政府办理。

第二十五条 已判决或自新之叛国罪犯，其处置显失公平，经人民控诉者，得发交人民公审，重为判决。

第二十六条　执行徒刑之叛国罪犯在执行期中，确实改悔有据，无期徒刑执行已满十年，有期徒刑执行已满二分之一，得假释之。

第二十七条　犯本条例之罪，得判决没收其财产全部或一部，但在调查及审讯期中，得先行全部查封，前项没收之财产须酌留其家属生活费。

第二十八条　凡叛国罪犯掠夺人民之财物，应予没收，经审查确实为其原物者，得径予发还被害人。

第二十九条　凡叛国罪犯利用敌伪势力，与人民所订之收买、代管、租借、抵押一切动产、不动产之一切契约，一律无效。各级政府得视其实际情节，分别交由被害人领赎。

第三十条　自新者在犯罪期间，其本人私有财产，应按其犯罪情节轻重，没收一部或免予没收。

第三十一条　凡属自动反正及在叛国期间，尚秘密帮助抗战工作确有证据者，其投敌前之私有财产不得没收。

第三十二条　凡叛国罪犯之财产除酌留生活外，如自己或家属有隐匿不报者，一经查出，应将其所隐匿之部分全部没收，并得按其情节减留生活费用。

第三十三条　凡明知叛国罪犯之财产而侵占隐匿者，除将其所隐匿之财产追缴外，并处以侵占公物罪，受叛国罪犯之委托代为隐匿者亦同。

第三十四条　人民对于叛国罪犯所隐匿之财产，得检举之，并予提成奖励。

第三十五条　为叛国罪犯隐匿财产之人，在未经揭发前，自动交出者，免除其刑。

第三十六条　凡逃匿之叛国罪犯，得预为没收其财产全部。没收之财产，由各级惩治叛国罪犯委员会提交各该同级政府处置之。

第三十七条　没收叛国罪犯之财产，作为当地救灾、优抗及从事生产之用。前项逆产得由区级政府会同当地群众团体，当众公平处分之，并呈报本署备查。

第三十八条　本条例自公布日起施行。

（选自一九四六年三月十七日《江海导报》）

苏皖边区第一行政区破坏解放区革命秩序治罪办法

(一九四七年一月)

第一条 为保卫解放区人民利益，巩固革命秩序，防止反动破坏，特订定本办法。

第二条 有下列情形之一者，处死刑或无期徒刑，并得没收其财产之全部或一部。

一、破坏地方民主政府、人民武装或群众团体者。

二、推行反动政令，组织反动政权或反动武装者。

三、在解放区公开或秘密组织反动团体，阴谋策动破坏者。

四、主动参加反动军政团体，积极破坏解放区，危害人民利益者。

五、煽惑或胁迫群众组织暴动者。

六、胁诱解放区工作人员叛变自首者。

七、组织烧杀或暗害，危及解放区人民及军政人员生命财产与健康者。

八、抢掠或毁坏公款、公粮、公共物资及公共建设者。

九、主动为反动武装带路或指认，目的在危害解放区者。

十、潜伏或混入解放区刺探军情政情，或有计划泄露军政秘密者。

十一、私藏军火，目的在策应反动者。

十二、有计划制造或散播谣言，煽乱社会秩序者。

十三、扰乱金融者。

十四、倚仗反动势力，破坏土地改革及人民既得合法权益者。

第三条 有下列情形之一者，处十年以下有期徒刑。

一、第二条所列各款之胁从者。

二、帮助第二条各款之犯人逃脱者。

三、掩护反动分子密不报告者。

四、其他有便利反动分子活动之行为者。

第四条 重犯或曾经附敌附逆及判处徒刑，而又犯以上两条各款之一者处死刑，并得没收其财产之全部或一部。

第五条 犯第二条、第三条、第四条各款及时觉悟自动出首，或在破获后彻底坦白因而破获全案或防止更大破坏事件发生者，得酌予减刑或免刑。

第六条 本办法所指案犯，任何机关、部队或团体成员均有逮捕权，拒捕者得当场格杀。案件之执行，依据情况变化，得临时授权县区政府处理之。

第七条 凡挟仇报复或处理失当，应根据其当时之动机及产生之影响，追究杀人罪责。

（选自一九四七年一月四日《江海导报》三五六号）

苏北区奖励节约惩治贪污暂行条例

（一九四九年九月一日颁布，同年十一月十四日修正第七条第六项全文）

第一章 总则

第一条 为厉行生产节约，养成各级公务人员之廉洁朴素作风，杜绝贪污，整饬纪律，特订定本条例。

第二条 苏北地区节约之奖励，贪污之惩治，概依本条例办理。

第二章 奖励节约

第三条 奖励节约，按下列规定予以奖励：

1. 军工、西药、电料、被服、交通、印刷等部门，使用器材注意节约并有显著成绩者，除予表扬外，并给予相当之物质奖励。

2. 各部门仓库保管物资，不受损失，不致糜烂，有显著成绩者，除予表扬外，并给予相当之物质奖励。

3. 注意一般公物节约，且有显著成绩，为群众公认者，得通报或登报表扬，如能起带头作用推动全体节约者，得给予个人节约模范称号，并给予相当物质奖励。

4. 整个机关能节约粮食缴公，并尽量节省各项开支，有显著成绩者，予以通报或登报表扬，如果能起带头作用，推动其他机关节约者，得给予集体节约模范之称号，并酌给予相当的物质奖励。

5. 公营企业节约原料，减少消耗，有利生产者，得予开会登报表扬，成绩优异者，得给予模范之称号。

第四条 凡节约物品，不愿领取奖金者，应予表扬。

第五条 以上规定之物质奖励及精神表扬，均应经民主评议，呈报上级机关审查公布。

第三章 惩治贪污

第六条 凡利用职权贪污受贿，盗卖吞没，浮报冒领，克扣截留，或挪用公粮、公款、物资或盗用战争缴获物资等一切舞弊行为，概以贪污论罪。

第七条 贪污行为经检查属实者，除勒令赔偿外，依下列各款治罪：

1. 贪污杂粮一百斤以下，或同等价值之物资及现金者，予以批评、警告或记过处分。

2. 贪污杂粮一百斤以上五百斤以下，或同等价值之物资及现金者，予以降级使用或撤职处分。

3. 贪污杂粮五百斤以上两千斤以下，或同等价值之物资及现金者，处一年以上三年以下有期徒刑。

4. 贪污杂粮二千斤以上四千斤以下，或同等价值之物资及现金者，处三年以上五年以下有期徒刑。

5. 贪污杂粮四千斤以上五千斤以下，或同等价值之物资及现金者，处五年以上七年以下有期徒刑。

6. 贪污杂粮五千斤以上，或同等价值之物资及现金者，处死刑或十年以上有期徒刑。

第八条 严重破坏经济制度，或任意浪费公款公物，或因职务上疏忽，致使公款公物遭受损失者，得按情节之轻重，分别予以批评、警告、撤职处分。

第九条 教唆贪污者，以主犯治罪；帮助贪污者，以从犯论罪；集体贪污者，以其行政负责人为主犯，其余得按情节轻重，分别治罪。

第十条 贪污行为除依上开规定治罪外，须追缴其贪污所得，补偿群众或政府损失。

第四章 执行

第十一条 本条例第三章执行权，属于各级司法机关，被告不服得上诉于原审判机关之上级司法机关，二审判决后，即为确定，不得再行上诉。

第十二条 判处徒刑得易服强制劳役，其办法另订之。

第十三条 依本条例判处死刑者，须经苏北行政公署核准后，始得执行。

第十四条 批评、警告、记过、撤职，均系行政处分，须呈报上一级之领导机关核准后，始得执行。

第十五条 本条例公布后三个月内坦白反省，并决心改正者，除酌情追缴贪污财物外，得减免其处分，坦白后又重犯者，应从重处刑。

第十六条 依本条例治罪之贪污人犯，在徒刑执行期间，得视其觉悟程度、进步表现，经专署以上政府之批准，减免其刑。

第五章 附则

第十七条 本条例由苏北行政公署公布施行，如有未尽事宜得随时修正之。

苏北区禁烟禁毒暂行办法

第一条 为根绝烟毒流害，保护人民健康，厉行禁烟禁毒，特制定本办法。

第二条 本办法所称烟毒，系指鸦片、吗啡、海洛因及其他各种化合物配成之毒品。

第三条 严禁种植鸦片烟苗（罂粟），违者烟苗铲除并处罚之。

第四条 禁止私存鸦片烟土、吗啡、海洛因及其他毒品，违者烟毒品没收并处罚之。

在本办法施行前，村民私种所留存之烟土，应在一个月以内向当地政府进行登记封存，由政府根据其具体情况酌予给价收购，如逾期不交，经检举查获者，依前项之规定处理之。

第五条 严禁烟毒之制造、买卖及贩运，违者烟毒品及制造烟毒之器械用具没收，并严行惩罚之。

在本办法施行前，从事前项违法营业者，应立即停止该项营业，并向当地政府或公安机关报告登记，交出所有烟毒及制造烟毒之器械用具并具结永远不再作此种违法营业，政府可予从宽处理。其不自行报告登记，经检举查出者，依前项规定处理之。

第六条 严禁烟毒之吸食及注射，违者烟毒及吸食注射烟毒之器械用具没收，并分别处罚之。

在本办法施行前，染有烟毒嗜好者，统限于三个月内向当地区政府或公安机关报告登记，并具结限期戒除（戒除期限，由当地政府视染烟毒嗜好者之年龄、身体及嗜烟嗜毒程度分别确定之）。其不依限自行报告登记或不依限戒除，经检举查获者，依前项之规定处理之。

第七条 严禁烟毒入口，违者烟毒没收，并严行惩办之。

第八条 禁烟禁毒工作之执行，由各级政府领导，并着重宣传教育，动员群众协助办理，公安机关负责检查，其烟毒较重之县市，得设立戒烟所，办理戒烟事宜。

第九条 在科学上，医药上所须之麻醉药品之原料及其成品之制造销售，均由分区以上之卫生机关化验核准配售。

第十条 本办法如有未尽事宜，由苏北行政公署修正之。

第十一条 本办法自公布之日施行。

苏中区惩治战争罪犯及汉奸暂行条例

（一九四五年九月二十五日公布施行）

第一条 为整饬民族纲纪，保障民族解放战争的彻底胜利，予战争罪犯及汉奸以应有的惩罚，特订定本条例。

第二条 有下列各项行为之一者，处死刑、无期徒刑或十年以上有期徒刑，褫夺公权终身。

一、在战争期间，自始至终效忠于日本军国主义，罪大恶极，为人民所痛恨者。

二、日军军部、特务机关、联络部、宪兵队之主官或主谋者。

三、于日本宣布投降后，组织拒降，坚决抵抗或残杀人民者。

四、残杀虐待战争俘虏者。

五、伪军警、伪政权、伪组织之主官或主谋，并积极破坏民族解放事业者。

六、组织叛变投降敌人者。

七、主谋主使破坏我方之军事、政治、经济及文化建设事业，因而发生损害者。

八、组织各种社团为敌效劳，积极破坏民族解放事业者。

九、偷窃国家军政秘密，供给敌人，破坏抗日战争之主谋主使者。

十、为敌掠夺资财粮食，捕捉壮丁之主谋主使者。

十一、制造惨案，屠杀人民者。

十二、倚恃敌伪，在解放区或敌占区蹂躏人民，绑架烧杀，罪大恶极，为人民所痛恨者。

第三条 有下列行为之一者，处一年以上十年以下有期徒刑，褫夺公权期间与刑期同。

一、第二条所列各项之从犯或未遂犯。

二、包庇、隐匿、纵容第二条所举之罪犯者。

三、除第二条各项所举以外之通敌或帮助敌人破坏抗战之汉奸罪犯。

第四条 凡第二条所列罪犯之财产全部没收之；第三条所举罪犯之财产，除应将其犯罪期间所掠夺敲诈之财物全部没收外，其余财产，按犯罪之轻重，没收其一部或不予没收。上列罪犯之财产没收后，如其父母妻子确不能维持生活者，酌予救济。其掠夺、敲诈、强占人民之财物，应分别情形酌予发还原主。

第五条 凡上列各条所举之罪犯，由各级（苏中区、分区、县）政府、参议会、军政机关、群众团体，各推派代表一人至三人，并聘请地方有威望人士二人至四人，共同组织各级惩治战争罪犯及汉奸委员会处理审判之，以各级政府行政首长为主任委员，其内部组织由各级惩治战争罪犯及汉奸委员会自订之。

第六条 凡本区所属人民团体或人民，对一切战争罪犯及汉奸，均有搜集其犯罪事实及证据向各级军政机关或惩治战争罪犯及汉奸委员会检举控诉之权。

第七条 罪大恶极之汉奸罪犯，为多数人民所痛恨者，得由各级惩治战争罪犯及汉奸委员会，于其犯罪地点召开群众公审大会，组织人民法庭公审之。准许人民有组织地出席检举控诉，并推派代表参加陪审。

第八条 各级惩治战争罪犯及汉奸委员会判处死刑之案件，必须呈请上级政府核准后，方得执行。判处徒刑之案件亦须呈核。

第九条 凡依本条例所处判之案件，无上诉权。但上级政府或惩治战争罪犯及汉奸委员会认为有提审必要者，得命令解送上级审判或复审。

第十条 凡本条例如与新四军政治部所颁条例有抵触者，适用军政治部之条例，如与本区其他条例有抵触者，适用本条例。

第十一条 本条例由苏中行政公署公布，自公布之日起施行之。

第十二条 本条例之修正权及解释权属苏中行政委员会。

（选自一九四五年九月二十四日《苏中报》）

苏中区汉奸自首自新暂行条例

（一九四五年九月二十五日公布施行）

第一条 本宽大精神，予汉奸以最后悔悟自新之路，特制定本条例。

第二条 凡《苏中区惩治战争罪犯及汉奸暂行条例》第二条所举犯罪情节较轻者，及第三条之汉奸罪犯诚心悔悟并具有下列情形之一者，得酌减其刑或缓刑，或免除其刑。

一、当我军开始进攻时能自动缴械投降，并献出其全部军用物资者。

二、不积极执行上级抵抗我军命令，便利我军进攻而投降就俘者。

三、献出敌方机密情报，确有利于民族解放事业者。

四、在未经发觉逮捕前，即自动向我军我政府投案自首，并能检举其他汉奸罪犯，报告隐藏之敌伪武器及资财者。

五、自动报告其所知之全部敌伪情形，并彻底坦白其罪过者。

第三条 判处徒刑之汉奸罪犯，已执行刑期二分之一，确系改悔有据者，得减刑或保释之。

第四条 凡自首自新之汉奸财产应按实际情形没收一部或不予没收。

第五条 本条例由行政公署公布，并自公布之日起施行之。

第六条 本条例之解释修正权属于苏中行政委员会。

（选自一九四五年九月二十七日《苏中报》）

东北解放区惩治贪污暂行条例

（一九四七年五月六日东北行政委员会颁布）

第一条 为发扬公务人员廉洁奉公、肃清贪污腐化之行为，特制定本条例。

第二条 凡东北解放区各级政府、部队及所有公共事业部门之工作人员有关贪污惩治事项，均依本条例执行之。

第三条 凡有下列行为之一者均以贪污论：

一、克扣或截留应行发给或解交之财物粮秣供私人谋利或侵吞者。

二、盗卖或窃取公有财物者。

三、经管公有财产或买卖公物粮秣私受贿赂、索取回扣、徇私舞弊者。

四、借端勒索敲诈人民财物者。

五、借用征收募捐等名义向人民征募财物粮秣自饱私囊者。

六、伪造账目，以少报多，或擅自挪用公有财物粮秣供私人谋利者。

七、利用职权违法受贿及图谋不正利益者。

第四条 凡有第三条列举各项之一者，以其贪污数目多少、情节轻重，依下列规定惩治之：

一、贪污之值在六十万元以上者，处死刑、无期徒刑或十年以上有期徒刑。

二、贪污之值在四十万元以上、六十万元以下者，处无期徒刑或五年以上十年以下有期徒刑。

三、贪污之值在二十万元以上、四十万元以下者，处三年以上五年以下有期徒刑。

四、贪污之值在十万元以上、二十万元以下者，处一年以上三年以下有期徒刑。

五、贪污之值在一万元以上十万元以下者，处一年以下有期徒刑。

六、贪污之值在一万元以下者，处三个月以下之徒刑。

第五条 贪污之值以本条例公布时之物价折合实物，以东北票三十元合高粱米一斤为标准计算之。

第六条 凡犯第三条列举各项罪行者，除按第四条规定判处外，其贪污之财物属于公有者，全部追缴归公；属于对人民敲诈勒索者，追还原主；属于贿赂性质者，全部没收归公；如无法追缴没收者，应以犯罪者之财产或折合劳役抵偿之。

第七条 犯第三条列举罪行之同谋或包庇者，得按其情节轻重分别惩治之。

第八条 对犯第三条列举各项罪行者，于其行为未被发觉前自首坦白并告发其同谋者，得酌予减刑或免除其惩治。

第九条 凡举发他人贪污有据、经证明确实者，得根据案情轻重，予以适当之奖励，但诬告或蓄意株连陷害他人者，得以反坐论罪。

第十条 本条例之解释与修改权属于东北行政委员会。

第十一条 本条例自公布之日起实行。

（选自《东北行政导报》第一卷第四期）

东北解放区交通肇事犯罪处罚暂行条例

(一九四八年十一月一日东北行政委员会颁布)

第一条　车辆驾驶人，因过失发生交通肇事致人于死者，处三年以下一年以上之有期徒刑。

第二条　车辆驾驶人，因过失发生交通肇事伤害人者，处六个月以下有期徒刑、拘役或三十万元以下罚金；致重伤者，处一年以下六个月以上之有期徒刑。

第三条　于执行职务之公安人员或司法人员行侦讯审判本条例之案件时，证人、鉴定人、通译于案情有重要关系事项，故为虚伪陈述者，按情节轻重分别处六个月以下之有期徒刑或拘役。

第四条　本条例所规定之过失犯罪故意逃避者，应加重本刑二分之一。

第五条　本条例自公布之日起施行。

(选自《东北行政导报》第二卷第六期)

辽西区行署关于没收财产问题之决定

(一九四六年二月十日)

第一条　凡经县级以上政府判决没收财产者，其没收办法悉依本决定执行。

第二条　没收对动产不动产均得为之，土地及其定着物为不动产，不动产以外之物，均为动产。

第三条　没收财产之范围，以被告本人应继份或其自置产为限，家属共同财产或其他共有人应得份，不得没收。

第四条　对于动产之没收，只限被告之本人自己所有之财物，其他同居家属个人之用具物品，不得没收。

第五条　被告配偶因婚姻或继承所得之财物，无论动产或不动产均不得没收，但其配偶参与犯罪，为共同正犯或为从犯时，不在此限。

第六条　科以没收之处分者，非经裁判确定后，不得执行没收，但为保全执行，在裁判未确定前，得对被告财产进行查封。

第七条　没收执行机关，属于县级以上政府或法院，必要时可与区公所取得联系，组织没收执行委员会，共同负责办理，由县派员领导之。

第八条　没收财产中，原有契约、贷借、典押等，执行机关应负责清理之，不得侵〔害〕第三人之权利。

第九条　没收之财产，一律缴回国库，不得私擅留用，对于工作必须留用之财物，须呈由专署以上政府批准进行之，不经批准擅自留用者，以盗取公物及侵占公物论处。

第十条　查封及没收财产，应造具财产调查清册，注明债权债务及其他物权，设定各种关系，呈由专署以上政府审核备查。

第十一条　财产没收后，应由负责执行机关拟具财产处理方案，呈由专署以上政府核准施行。

第十二条　关于没收财产之权利有疑义时，应于一定期间为公告，促关系人声报权利，于该期间经过而无声报者，始得执行。如有声报者，应待调查后处理之。

第十三条　没收过当或执行错误者，得不待权利人之请求，由县级负责更正之。对于过当部分，如一时调查不清，应留置调查，不得即时处理。

第十四条　前条留置调查，应迅速处理，以防侵害第三人之权利。

第十五条　本决定自令文到达之日即发生效力。

（选自辽西区行署《法令辑要》）

辽吉区禁烟禁毒条例

（一九四六年八月二十五日公布）

第一条　为彻底肃清烟毒，保持国民之健康，特制订本条例。

第二条　本区内一律禁种鸦片与禁造各种烈性毒品，违者概处以极刑。前项所称之烈性毒品，系指海洛因、吗啡等烈性麻醉制剂而言。

第三条　凡在本区内贩运与供给人民食用鸦片与烈性毒品者，除没收其所有违禁物品外，并按下列各款处罚之：

一、贩运鸦片在一百两以下者，处三年以上五年以下有期徒刑。

二、贩运鸦片在五百两以下者，处五年以上十年以下有期徒刑。

三、贩运鸦片在五百两以上者，处无期徒刑或极刑。

四、设灯供人食用鸦片者，无论其资本大小，一律处三年以上有期徒刑，或处以三万元以上之罚金。

五、贩运与供营（应）烈性毒品者，不论其资本数量大小，一律处以无期徒刑或极刑。

六、犯有前项一、二各款之一，经释放后而又重犯者，一律处以无期徒刑或极刑。

七、犯前项第四款之罪状，经释放后而又重犯者，处六年以上有期徒刑或处以六万元以上之罚金。经重犯释放后又重犯者为累犯，处十年以上有期徒刑或极刑。

第四条 凡本区内食用鸦片者，概称为烟民，统限于中华民国三十五年十一月底以前向所在县旗政府进行登记，缮具请求书，按第六条之规定，说明本人现在之年龄，食用与逐月减少之分量，并取具二人为证明人，经县禁烟局批准后发给登记证。

第五条 食用烈性毒品者，概称为毒民，一切毒民，统限在本年十一月底以前戒绝。其因一时不能戒绝者，得改食鸦片，按第四条及第六条之规定为之。

依前项之规定，如在本年十一月三十日以后仍食用烈性毒品者，一律处以无期徒刑或极刑。

第六条 凡烟民在二十岁以内者，不论吸食程度如何，均须于登记后一个月内戒除之。三十岁以下者，限三个月内戒除。四十五岁以下者，限六个月内戒除。六十岁以下者，限十个月内戒除。

凡在限期内仍不能戒除者，即实行拘役戒除，并科以五千元以上之罚金，戒除后仍继续食用者，处以无期徒刑或极刑。

第七条 烟民在戒烟期间所需之鸦片，由县禁烟局按规定价格与数量供给，烟民凭登记证每月向禁烟局领取之。

第八条 烟民在戒烟期间，只准食用禁烟局所发给之定量鸦片，不得另购私烟；否则，一经查获，除贩卖者按本条例第三条各款处罚外，并处购买者五千元以上之罚金。

第九条 凡烟民、毒民逾限不向县政府登记者，一经查出，除勒令戒除外，并科以三千元至一万元罚金。

第十条 凡烟民、毒民不向所在地禁烟局登记，或期满仍然继续吸食者，不论军民均有权检举或捉拿，送交所在地禁烟局或政府法办。

第十一条 不论任何部门查获私烟统限五天内送交禁烟局，禁烟局得按市价百分之二十作为奖金发给之，如查获部门距离禁烟局较远，且交通不便，准交各该县区公所代收，转交县禁烟局，按规定发给奖金，不得私自扣留充作供给烟民之用。

第十二条 凡军政公务人员犯本条例各条款之一者，均加倍处罚之。

第十三条 凡没收之鸦片、烈性毒品及其工具，连同证件一律转交禁烟总局，其因禁烟所为之罚金，概不作政府财政收入，完全划归地方举办公益事业，由各县组织之禁烟委员会保管分配之。

第十四条 本条例自公布之日施行，如有未尽事宜，得由各地禁烟委员会建议，由本署随时以命令修改之。

(选自一九四七年一月辽吉区行政公署《法令辑要》第一辑)

辽吉区查获鸦片毒品暂行办法

(一九四六年八月二十五日公布)

第一条 本办法为贯彻辽吉区禁烟禁毒政策，肃清境内之烟毒制定之。

第二条 凡查获鸦片毒品（吗啡、白面、高根、海洛因以及制成的毒品药丸等），悉依本办法之规定处理。

第三条 无论部队、机关、团体或个人，皆有协助政府查获吸食或贩卖烟毒（以下简称烟毒）之责，但查获烟毒时，须将烟毒与人犯随时转送辽吉区禁烟总局或县禁烟局处理。一切非禁烟机关，概不得私自处罚人犯，或没收毒品。未设禁烟局之县市，查获烟毒，须随时送交当地政府或距离较近之禁烟机关处理，不得私自扣留，充作供给烟民之用。

第四条 禁烟局受理烟毒案件后，除将烟毒品没收外，其人犯须于二十四小时以内转交司法机关讯办。

第五条 凡查获烟毒者，概按下列规定予以奖励：

一、亲自查获烟毒案件送交禁烟局或当地政府者，给予奖金之全部。

二、事前闻悉或目睹，随时向禁烟局或当地政府密报（书面口头均可）因而缉获者，给予密报人奖金三分之一，其余三分之二分给协同办案之在事出力人员。

三、奖金额：按禁烟局收买价格百分之二十给奖。

第六条 前条所列之奖金经禁烟局批准后，领奖人可随时向禁烟局或当地政府领取。

第七条 无论部队、机关、团体或个人，如将查获之烟毒原包顶替或从中偷换其一部分者，除扣发其奖金外，人送司法机关依法惩办。

第八条　查获贩运吸食烟毒人犯，除将人犯移交司法机关办理外，其烟毒及烟具全部没收之。

第九条　凡司法机关受理之贩卖或吸食烟毒案件，应于判决后，将烟毒及烟具全数移送禁烟局处理。

第十条　因施行查缉职务而侵占他人与烟毒无关之财物者，依诈欺论罪。

第十一条　本办法自公布之日施行，如有未尽事宜，由辽吉区行政公署随时以命令修改之。

（选自一九四七年一月辽吉区行政公署《法令辑要》第一辑）

辽北省惩治关于婚姻与奸害罪暂行条例（草案）

第一条　为保护婚姻自由，禁止买卖婚姻及保护女权，特订定此条例。

一、婚姻罪

第二条　订婚之男女双方或其亲属，以交付或收受金钱及其他财物，作为娶亲之报酬者，各处六月以下有期徒刑、拘役或罚金（但纯系纪念品交换不在此限）。

媒介人图利较大或促成买卖婚姻者，处拘役或罚金。在本条例未到达前不罚。

第三条　强迫妇女结婚，或劫夺妇女迫其结婚、同居者，科处二年以下有期徒刑。

第四条　有配偶而重婚或同时与二人以上结婚者，科处一年以下有期徒刑或罚金。

重婚者，政府与人民团体有检举权，对方有告诉权。

第五条　用诈术骗婚、拐婚者，科处二年以下有期徒刑。

二、奸害罪

第六条　与性机能未成熟之人性交，使之身体受伤害者，科处五年以下有期徒刑，犯此罪有强奸行为者，科处八年以下有期徒刑。

第七条　施行强暴、胁迫、恐吓、药剂、催眠术或其他办法，使对方不能抗拒的情形下，而奸淫之者，科处五年以下有期徒刑。

第八条 如二人以上犯前条之罪而共同轮奸者，科处七年以下有期徒刑。

第九条 犯三、五、六、七、八条之罪，招致被害人自杀者，或被害人身体遭受严重伤害者，科处无期徒刑，或八年以上有期徒刑。

第十条 对于在经济上、职务上立于从属地位之妇女，强迫使之发生性的关系者，科处三年以下有期徒刑。

第十一条 对于妇女乘其心神丧失，或其他相类似的情形，而奸淫之者，科处五年以下有期徒刑。

第十二条 意图营利，引诱或容留妇女与他人奸淫者，科处二年以下有期徒刑、拘役或罚金。

第十三条 直系血亲发生和奸者，科处八年以下有期徒刑。

第十四条 前各条之未遂犯，得按各本条减轻处理。

第十五条 本条例经东北政委会批准后施行。

（选自《司法工作参考材料》）

辽北省惩治窃盗犯暂行办法（草案）

第一条 为安定和增进新民主主义社会秩序，特制定此惩治窃盗暂行办法。

第二条 凡窃盗公私财产者，以本法处罚。但有下列情形之一者，不适用本办法。

一、因窃盗而致伤害人命或其他重大损失者。

二、窃盗秘密文件及军火者。

三、同居共财相窃取者。

第三条 由于贫困及失业，为了满足个人或其家属最低生活需要为目的，而初次窃取他人之财物，价值微末者，处二月以下之拘役。

第四条 合于前条情形，连续犯或累犯窃盗罪者，处六月以下有期徒刑。

第五条 出身恶劣，以小偷为常业，或窃盗较重之财物者，处六月以上一年以下有期徒刑，累犯者按原刑加重二分之一。

第六条 三人以上合伙窃取他人之财物者：

一、合于第三条之情形，其主谋者处六月以上一年以下有期徒刑，其余共犯，处六月以下有期徒刑。

二、合于第五条之情形，其主谋者处一年以上二年以下有期徒刑，其余共犯，处六月以上一年半以下有期徒刑。

三、其价值较重者，按原刑加重二分之一处断。

第七条 窃取明知是被害人生存上必要之财物者，处六月以上二年以下有期徒刑。

第八条 于车站、码头、火车、旅店中犯前三、四、五、六、七各条之罪者，按本刑加重二分之一处断。

第九条 窃盗国家机关、公共仓库、贮藏处所车辆或其他设备等之财物者，处三年以下有期徒刑或拘役。

第十条 施用技术方法而犯前数条之罪者，酌量情形加重其刑。

第十一条 乘火灾、水灾或其他不幸事件发生时而窃盗财物者，参照前数条处五年以下有期徒刑。

第十二条 对于国家或公共仓库及其他贮藏处所，有自由出入之特权或保护人，无论用任何方法，初次或连续数次，或与他人合谋自其中窃取财物者，按情节轻重，处五年以下有期徒刑。

第十三条 故买、收受及寄藏赃物，或为其中介人者，处一年以下有期徒刑或罚金。

第十四条 骗取财物，与本办法有类似情形者，按窃盗论罪。

第十五条 前各条之未遂犯，得按各本（该）条减轻处理。

第十六条 本办法经东北政委会批准后施行。

（选自《司法工作参考资料》）

辽北省惩治土匪罪犯暂行办法（草案）

第一条 为惩治土匪罪犯，安定新民主主义社会秩序，特制定此暂行办法。

第二条 普通不持枪械，初次抢夺他人财物，价值微末者，科处三个月以上一年以下有期徒刑。

第三条 前条之连续犯或累犯抢夺罪者，科处一年以上三年以下之有期徒刑。

第四条 前条之罪犯，合伙三人以上而进行抢夺者，主谋及首领科处八年以下五年以上之有期徒刑，其余科处五年以下一年以上之有期徒刑。

第五条　持枪械以强暴胁迫而抢劫他人财物，系初犯者，科处三年以上六年以下有期徒刑。

第六条　带枪抢劫连续犯，或累犯强盗罪者，科处五年以上十年以下之有期徒刑，情况严重的处死刑。

第七条　合伙三人以上，携带枪械，以强暴胁迫方法抢劫财物者，主谋及首领科处十五年以下八年以上之有期徒刑，情况严重者处死刑，其余处八年以下五年以上之有期徒刑。

第八条　乘水灾、火灾或其他不幸事故而抢夺他人之财物者，科处一年以上五年以下有期徒刑，而持枪械抢劫者，科处极刑或十年以上有期徒刑。

第九条　在车站、码头、旅馆等公共场所，持枪械抢劫财物者，科处十年以上有期徒刑或死刑。

第十条　与民主政府、人民军队有敌对行动者，抢劫军用物品及军火者，首领及主谋者科处极刑，一般犯科处五年以上有期徒刑。

第十一条　与地主勾结，专以破坏土改，杀害政府工作人员，残害农民者，首领与主谋者处以极刑，一般犯科处五年以上十年以下有期徒刑。

第十二条　抢夺国家公共仓库之财物者，科处一年以上五年以下有期徒刑，而持枪械抢劫者，科处极刑或十年以上有期徒刑。

第十三条　抢劫时放火强奸者，处以极刑。

第十四条　全东北解放前犯二、三、四、五、六、八、九等条罪群众不特别痛恨，向民主政府改过自新者，一律免罪。

第十五条　全东北解放前犯七条、十条之惯匪，向政府坦白，能真正改过自新者，首领及主谋者酌予减刑，褫夺公权，其余免罪；停止抢劫但未向政府坦白者，各科处八年以下之有期徒刑。

第十六条　匪首率部向政府投降缴枪者，得从宽处理。

第十七条　全东北解放前之胡匪分子在解放后重犯者，不管坦白与否，前罪后罪合并论处。

第十八条　各条未遂犯，减轻处理。

第十九条　窝匪或包庇盗匪者，以胡匪科处，解放前之罪犯，按十四、十五条办理，被迫窝匪者另论。

第二十条　本办法经东北政委会批准后施行。

（选自《司法工作参考材料》）

内蒙古自治政府为清剿流窜叛匪与昭告蒋匪溃兵特务自新的布告

(一九四八年十二月十日)

我解放大军秋季攻势胜利展开以来,在东北全歼蒋匪四十余万,解放锦州、长春、沈阳、承德,解放了全东北。行见大军南进入关,平津华北之光复,指日可待。南线我军于收复济南、郑州、开封、徐州之后,正以雷霆万钧之势,进逼敌巢南京,声威所及,南京、上海、汉口等地大为震动,蒋匪即将灭亡,现已十分明显。在我内蒙东自呼伦贝尔西至伊克昭盟广大地区内,除归绥孤城与察北少数据点尚为傅匪占据外,内蒙自治区亦即将获得全部解放,革命必胜之理,业已昭然若揭。过去我内蒙地区少数蒙奸恶霸与警察特务分子,以及一些不明大义分子,背叛民族利益,甘愿做蒋介石、傅作义匪帮走狗,作残害蒙古人民的罪行,也有少数人不了解政府政策,受反革命分子欺骗利用,受叛匪胁迫,或则参加为匪,或则逃亡在外。现蒋介石、傅作义匪帮灭亡在即,上述分子如再不觉悟,仍依附敌人为匪作恶,已注定是死路一条。

我政府兹为巩固境内治安,保护人民生产,对于境内溃散之蒋傅匪军,散兵游勇,敌方人员,流窜叛匪,以及逃亡分子,特再郑重昭告我政府之宽大政策及处理办法于下:

一、凡各地溃散之蒋傅匪军官兵、突击队、谍报队、保警队、宪兵、警察、国民党员、三青团员及参加一切敌人组织的分子,自布告之日起,立即向该所在地努图克(区)以上政府进行登记,其所携带之武器证件均须一律呈缴,政府均予以宽大处理,设有企图隐匿或仍图谋不轨者,一经查出,必加严惩不贷。

二、凡叛匪匪首能自动率部投诚,缴出枪支,安心为民者,政府一本宽大政策,除对为首者减轻其罪过外,对胁从为匪分子一概不咎既往。其愿回乡生产者,由政府分给其房屋牲畜,安置生产。

三、凡叛匪自动投诚,缴出枪支,或劝说其同伙投降,或格杀匪首来归者,政府除对其过去罪恶予以宽大外,并酌情予以奖励。

四、凡敌探特务分子,如交出其电台、武器、证件、材料、组织秘密或带领捕获敌探特务者,准予将功折罪,不加逮捕。其他潜伏敌特,如停止破坏活动,向政府自首登记交出证件或材料者,亦予从宽处理,否则一经查获，当严惩不贷。

五、凡因误信坏分子的欺骗，或受匪的裹胁逃亡在外，现欲还乡者，勿得再是犹疑。其还乡者应立即向所在地努图克（区）、苏木（佐）政府登记，由政府予以安置，安分为良，从事生产。

六、各地政府、公安机关、公安队、民兵自卫队、各群众团体，应加强剿匪除奸，组织岗哨，盘查坏人。遇有流窜散匪应不待上级命令立即派队进剿扑灭，各盟旗县政府遇邻境发现窜匪，应不待请求立即越境助剿，各地发现匪情应互相通报，遇有形迹可疑之过往行人，应注意盘查，勿使坏人脱漏。凡剿匪、盘查坏人、通报匪情有功者，均由政府予以奖励。

七、各地人民对溃散之蒋傅匪官兵、突击队、谍报队、保警队、宪兵、警察、国民党员、三青团员与敌方之一切人员，以及境内流窜之蒙汉散匪，无论其家人亲友或素不相识者，均应向其解释我民主政府宽大政策，劝其向当地政府自首投诚，设有窝藏隐匿不报或与匪通者，一经查出决予惩处。

以上各节旨在肃清散匪，加强除奸，巩固地方治安，特布告周知，仰即遵行为要，切切此布！

(选自《内蒙古自治政府法令汇编》第一集)

内蒙古自治政府关于登记内蒙古自治区域内反动党派人员的布告

(一九四九年三月三十日)

东北、华北均告解放后，我内蒙古地区亦日见扩大与巩固，但残余的国民党、三青团及特务等反动组织及人员，仍有秘密潜伏或进行阴谋破坏活动。本府为爱恤人民，维护人民民主权利，对此种反共、反人民、反民主的反动组织，不允许在我解放区继续存在与活动，故特规定以下办法：

一、凡中国国民党、三民主义青年团、中国青年党、民主社会党及一切反动党派团体组织、中国国民党党员通讯局（原名国民党中央党部调查统计局）、伪中央政府国防部第二厅、伪中央政府国防部保密局（原名军委会调查统计局）及各该所属系统的区、站、组等残害人民的反动特务组织，宣布一律解散封闭，没收其公产档案，严禁其进行任何活动。

二、上列各种反动党派团体和特务机关的每个人员，自本布告张贴日起，限一个半月内，持本人二寸免冠相片，向旗县市公安机关进行报告登记，交出全部证件、证章、组织名册、档案文卷、武器、枪支、弹药、电台密码以及机关各项公产公物等等。

三、凡依令报告，真实登记，彻底悔过者，给以宽大。自动缴出武器电台及重要文件档案或真实报告反动秘密组织及潜伏分子，协助人民政府破获敌人有功者，据情给以奖励。凡逾期不来登记，企图隐匿抗拒或有破坏登记行为，或在登记时隐匿与破坏武器、电台及重要证件、文件者，一经查获依法严惩。

四、凡履行登记手续后仍进行反革命活动，或进行假登记，企图蒙混者，不论其首要胁从，均予法律制裁。

五、各地政府对上述反动党派特务等人员除积极督促〔其〕向政府公安机关报告登记外，应动员群众起来检举告发，如协助政府破获敌人有功者，给以奖励，包庇隐藏不报告，同罪同罚。

以上各项仰各切实遵照执行！

此布！

(选自《内蒙古自治政府法令汇编》第一集)

绥远省戒吸毒品暂行办法

(一九四九年八月二十日)

第一条 为具体执行华北区禁烟禁毒暂行办法第六条之规定，特制定本办法。

第二条 严禁毒品（鸦片、料面等）之吸食。违者，毒品及吸食毒品之用具等悉数没收，并分别处罚之。

第三条 在本办法执行前，染有毒品嗜好者，统限于三个月以内，向当地公安机关或区人民政府履行自报登记，如有不依限报告登记经检举查获属实者，依第二条之规定处理之。报告登记之手续由县制定之。

第四条 凡染有毒品嗜好者，分别以下列办法戒除之：

一、染有毒品嗜好并已犯有窃盗、撞骗、拐取等影响社会治安之行为查有实据者，政府得于发觉后给以拘留、押管，实行强制戒除，并在烟瘾大致解除后，经过相当时期的劳动改造，证明其确实悔悟，始予释放。

二、品格较端正，无影响社会治安行为，年龄在四十岁以下，嗜好过深，非经强制不能解除之壮青年烟民，在其家人自愿供给食宿的条件下，政府亦得给以拘留、押管,实行强制戒除。

三、非一、二两项情况之一般烟民,统限于报告登记后,具结限期戒除。其不依限戒除经检举查获者,除依第二条之规定处理外,仍得酌情展期戒除,必要时得执行强制戒除。

戒除期限,由当地政府视染有嗜好者之年龄、身体及嗜好程度分别确定之,但一般最高以半年为原则。

四、经强制戒除后而又重犯之烟民,除依第二条之规定处理外,得执行较长期的再次强制戒除。

第五条 强制戒除工作,由政府专设之戒烟所负责执行,戒烟所之组织,视烟民多寡,工作繁简,由县具体规定,经省批准执行。经费开支,除开办费、工作人员伙食费、公杂费等均由地方款核支报销外,其余均由烟民自备解决,部分无力自备之赤贫烟民戒烟期间之伙食供给,可由地方款暂行支垫一部,并即由以后劳动收入中扣除之。

第六条 鼓励、扶植民间举办各种戒烟组织,其在人力物力上有困难者,政府酌予协助解决。在戒烟事业上卓有成效者,酌予奖励,具体办法由县具体规定。

第七条 奖励一切戒除毒品特效药物之发明与制造,并在销售上给以尽可能的便利与协助。

第八条 凡未经自报登记而吸食毒品之现行案犯,一般人民有权检举报告,干部、民兵有权拘捕交案,但不得擅行处理。

第九条 本办法如有未尽事宜,得由本府随时修改之。

第十条 本办法自县府公布之日起施行。

(选自《绥远省人民政府法令汇编》第二集)

附　录

陕甘宁边区违警罚暂行条例

(一九四二年二月二十三日公布)

第一章　总则

第一条 本条例为维护陕甘宁边区抗日民主革命秩序,保障社会人民安宁,特根据国民政府违警罚法及边区实际情况制定之。

第二条　凡违警者依本条例办理之。

第三条　凡违警涉及刑事部分者，移送司法机关办理。

第四条　凡违警而为下列各款情形之一者不罚：

（一）年未满十三岁者；

（二）心神丧失者；

（三）因救护自己或他人紧急危难出于不得已之行为者；

（四）凡为人力或天然力所迫无力抗拒者。

前项第一款、第二款之违警者，应告之其父兄或抚养人、监护人责令自行管束。

第五条　因违警处罚后六个月内，在同一管辖地方再犯者，加本罚四分之一处罚，三犯以上者，加本罚二分之一处罚。前第四条第一项第一款、第二款之违警者，于告知其父兄抚养人或监护人后，六个月以内在同一管辖地方再犯者，处其父兄、抚养人或监护人以应得之罚。

第六条　违警行为同时涉及本条例所列二款以上者分别处罚。

第七条　二人以上共同实施违警行为者，皆为正犯，各科其刑。

帮助正犯者为从犯，得减本罚四分之一处罚。

第八条　唆使他人实施违警行为者，为造意犯，准正犯论。

唆使造意犯者，准造意犯论。

第九条　唆使或帮助从犯者，准从犯论。

第十条　违警之罚则为主罚及从罚，主罚、从罚得并科之。

主罚之种类如下：

（一）拘留——十五日以下七日以上。

（二）罚金——十五个工资以下一个工资以上。

（三）训诫——以言词为之。

从罚之种类如下：

（一）没收。

（二）停止营业。

（三）勒令歇业。

前项第二款罚金所指工资，以发生违警时当地最低工资计算。此办法对违警罪之任何身份者均适用。

第十一条　前条所列各款罚则依下列所定执行之：

（一）拘留，于公安机关留置之，在拘留期内得指定场所令其从事劳作。

（二）罚金，于判定后五日以内完纳，若逾期不完纳或无力完纳者，每一人工资易拘留一日，其不满一个工资者以一日计算。

（三）没收，对于违警所用之物或因违警所得之物分别没收之，但没收物如属于违警人以外之权利人者返还原主。

（四）停止营业，其期间十日以下。

（五）勒令歇业，于累犯同一违警行为者适用之。

第十二条　因违警行为致损失或减失物品者，除依法处罚外并得酌令赔偿。

第十三条　违警者于未发觉前向公安机关自首者，得减本罚四分之一或二分之一处罚，或以训诫行之，但本条例有规定者不在此限。

向被害人自首经公安机关审讯者亦同。

第十四条　审查违警者之素行心术及其他情节，得酌量加重或减轻本罚四分之一或二分之一处分。

第十五条　依第六条之规定处罚者，拘役不得过三十日，罚金不得过三十个工之工资。

第十六条　因罚则之加减，拘役不满一日，罚金不满一个工资者，得免除之。

主罚免除者，不免除没收。

第十七条　本条例所称以下以上者，俱连本数计算。

第十八条　受拘留之处置于拘留期间过半后，确有悔悟实据者得释放之。

第十九条　违警之现行犯，巡警人员得不持传票径行传案，但违警者实有事务在身，确知其姓名、住址、无逃亡之虞者，不在此限。

第二十条　因违警之嫌疑，经公安机关传讯者，自传票到达之日起，须于三日以内到案，若逾期不到，得径行判定处罚。

第二十一条　违警之起诉、告诉、告发，自违警行为完毕之日起以六个月为限，逾期不得起诉、告诉或告发。依本条例处罚者，自判定之日起满六个月后尚未执行者免除之。

第二十二条　时间以二十四小时为一日，以三十日为一月。

时间之初日不计时刻，以日计，最终之日阅全一日。

第二十三条　拘留或劳役者之释放，于期满之次日午前行之。

第二章　违警罚之类别

第二十四条　妨害安宁之违警行为，有下列各款之一者，处十五日以下之拘留或十五元以下之罚金。

（一）散布谣言，煽动人心，其情节较轻者；

（二）无故在群众中施放炮仗者；

（三）未经政府及军事机关允许制造或贩卖火药者；

（四）不听劝告，暴露有妨碍防空所规定之目标者；

（五）在人烟稠密之处及会场公务机关近旁燃放烟火者；

（六）发现火药及一切能炸裂之物，不报告公安机关者；

（七）当水火及一切灾变之际，经公务机关令其防护救助，抗不遵行者；

（八）疏纵疯人、狂犬或一切危险之兽类奔突道路或入人家第宅及其他建筑物者。

第二十五条 妨害秩序之下列各款违警行为有第一款至第四款之一者，处十五日以下之拘留或十五个工资以下之罚金；有第五款至第八款之一者，处十日以下之拘留或十个工资以下之罚金；有第九款至第二十款之一者，处以五日以下之拘留或五个工资以下之罚金。

（一）无故乱放警号者；

（二）未经政府许可私自测绘军事要隘或摄取影片尚无其他不轨企图者；

（三）违背法令法规经营工商业者；

（四）旅店确知投宿人将有刑法上重大犯罪之举动或确知投宿人已有刑法上重大犯罪行为不秘密报告公安机关者；

（五）婚姻、出生、死亡、迁移及其他人口增减不依法令，法规报告公安机关者；

（六）建筑物之建筑修缮不依法令规定者；

（七）旅店及其他供人住宿之处所，不将投宿者之姓名、年龄、籍贯、住址、职业及来往地方登记者；

（八）死出非命或发现来历不明之尸体，未经报告公安机关勘验，私行埋葬或移置他处者；

（九）房屋及一切建筑物势将倾圮，由公安机关督促修理或拆毁而延宕不遵行者；

（十）无故砍伐公树、毁坏路旁植木或机关设置之布告牌者；

（十一）无故损坏古物或风景培护物经禁止不听者；

（十二）无故毁损公堂、庙宇及一切公众营造物情节尚轻者；

（十三）在学校、博物馆、图书馆及一切展览会场聚众喧哗，口角纷争，不听禁止者；

（十四）不遵守一切会场规则，无故扰乱会场者；

（十五）于禁止出入处所擅行小便者；

（十六）潜伏无人住居之屋宇或窑房者；

（十七）深夜无故喧哗吵闹者；

（十八）借端滋扰铺户及其他营业所者；

（十九）经政府评定价格之物加价贩卖者；

（二十）茶馆、酒肆及其他游戏场所之主任或经理对于公安机关所定时限外，尚听他人逗留者。

旅店及其他供人寄宿之处所，六个月以内在同一管辖地方违背前项第七款至三次以上者，得勒令歇业。违犯第十九款，其加价所得之金额没收之。

六个月以内在同一管辖地方违犯第十八、十九款二次以上者，得令停业，三次以上者，得酌量情形勒令歇业。

第二十六条 妨害公务之违警行为有下列各款之一者，处五日以下之拘留或劳役或五个工资以下之罚金：

（一）无故损坏公务机关或公务员张贴之布告文件者；

（二）无故逗留公务机关及其他办公处所喧哗不听禁止者。

第二十七条 妨害交通之下列各款违警行为有第一款至第三款之一者，处十日以下之拘留或劳役或十个工资以下之罚金，有第四款至第十一款之一者，处以五日以下之拘留或五个工资以下之罚金：

（一）无故损坏电线、电杆，妨碍传递，其情节较轻者；

（二）无故损坏邮务专用物件，或妨碍邮件递送，其情节较轻者；

（三）各种车辆不依规章登记标号，或违章设置者；

（四）于公众聚集之处或弯曲小道，任意驰骤车马或争道竞行不听阻止者；

（五）于私有地界当交通之处，掘挖沟井，坑穴或建筑墙围等不听阻止者；

（六）未经政府允许于路旁开设店棚者；

（七）于道路横列车马或堆积木石、薪炭及其他物品妨碍行人者；

（八）损坏道路桥梁之题志及指引注意之标识等类者；

（九）无故损毁或熄灭路灯者；

（十）在市场街路任意将冰雪、尘芥、瓦砾、秽物等类抛弃堆积阻碍通行者；

（十一）于示令禁止通行之处擅自通行者。

第二十八条 妨害风化之违警行为有下列各款之一者，处以十日以下之拘留或十个工资以下之罚金；

（一）游荡轻薄，行为不检者；

（二）僧道巫婆及江湖流丐强索人民钱物者；

（三）公开演唱有伤抗战民主精神之戏曲者；

（四）于道路或公共处所为类似赌博之行为者。

第二十九条 妨害卫生之违警行为有下列各款之一者，处以五日以下之拘留或十个工资以下之罚金：

（一）未经政府允许售卖有毒质之药剂者；

（二）于人烟稠密之处晒晾或熬煎一切发生臭气之物品不听禁止者；

（三）以符咒邪术医治疾病者；

（四）投掷污秽于供人所饮之净水或井水者；

（五）图谋不正之利益，搀杂有碍卫生之物质于饮食物内，经公安机关警告仍行售卖者；

（六）混卖不真药品或深夜逢人危急拒绝卖药者；

（七）经公安机关指令应加覆盖之饮食物不加覆盖陈列售卖者；

（八）于道路市场或公共处所任意倾倒秽物或便溺者；

（九）受市政督促不洒扫街道者；

（十）于人烟稠密之处或路旁不入厕所随意便溺者。

六个月以内于同一管辖地方犯前项第一款、第五款、第六款二次以上者，应令停业。三次以上者勒令歇业。

第三十条 妨害他人身体财产之违警行为有下列各款之一者，处以十五日以下之拘留或十五个工资以下之罚金：

（一）加暴行于人或以秽亵物污人身体未至伤害者；

（二）以不正之目的施催眠术者；

（三）无故解放或驱散他人所有牛马猪羊及其他一切动物者；

（四）强买强卖物品书类迹近要挟者；

（五）无故损坏他人店铺招牌及一切合理告白者；

（六）践踏他人田园之农产物或牵入牛马者；

（七）采折他人树木、花卉或菜果者。

第三章　诬告、伪证、湮灭证据等之违警罚

第三十一条　诬告他人违警或伪为见证陷人处罚者，处十日以下之拘留或十个工资以下之罚金。

前项之违犯于该案未判决前自首者，免除其罚。

第三十二条　因曲庇违警之人而有下列各款情形之一者，照前条之规定处罚：

（一）故意湮灭其违警之证据或捏造伪证者；

（二）藏匿违警之人或使其脱逃者。

前项第一款之违警于该案未判决前自首者免除其罚金，第二款之违犯于该案未判决前自首者得减其罚。

第四章　附则

第三十三条　违警行为在本条例施行后者适用之。

第三十四条　本条例自边区政府公布日施行。

（选自《抗日根据地政策条例汇集——陕甘宁之部》
下册，一九四二年版）

晋冀鲁豫边区违警处罚暂行办法

第一条　为安定社会秩序，处罚违警行为，特制定本办法。

第二条　违警行为之处罚如下：

一、劳役：一日以上二月以下。

二、罚金；一元以上一百五十元以下。

　　赌博罚金十元以上五百元以下。

三、训诫。

第三条　有下列行为之一者，处二月以下五日以上之劳役，或一百五十元以下三十元以上之罚金。

一、对战时空室清野动员及备战工作消极违抗者。

二、对于战时勤务（引路、送信、运输、岗哨等）违避逃跑者。

三、战时不听指挥部指挥而暴露目标者。

四、当面侮辱或恶意污蔑政权干部致影响政府威信者。

五、借端滋扰公营事业或其他机关团体者。

六、故意侮辱、虐待、哄视荣誉军人抗属或孤寡者。

七、对军政人员购物，故意抬高市价者。

八、毁坏抗战阵亡将士纪念塔、纪念牌（碑）及其坟墓者。

九、拾得武器及军用物品隐匿不报者。

十、战时明知路径而不告知军政人员者。

十一、窝藏明知为嫌疑人犯而不报告政府者。

十二、积极或消极抵抗清查户口者。

十三、戒严时期行路携带涂改或伪造之通行证者。

十四、戒严时期行路不带通行证而不服检查者。

十五、当水火及一切灾荒之际，经政府令其防护救，助抗不遵行者。

十六、毁损明暗沟渠水井或经政府督促而不行浚治者。

十七、打架斗殴扰乱社会秩序者。

第四条 赌博者得科以十元以上五百元以下之罚金，情节更严重者，送县究办。

第五条 有下列行为之一者，处一月以下劳役或一百元以下之罚金或训诫：

一、当敌搜山时大声叫喊或空袭时不迅速隐蔽而暴露目标者。

二、亲见奸徒破坏军用电线、投放毒品、测绘地图而不报告者。

三、发现尸体不报告政府而私行埋葬或移置他地者。

四、无论平时或战时拾得非空室清野物品而不报告政府者（拾得空室清野物品而占有者另以侵占论罪）。

五、传播谣言经劝诫不改者。

六、采折他人之树木或菜果者。

七、偷取他人之食粮、田禾、菜果而情节较微者。

八、牵司牲畜践踏他人之田禾者。

九、纵放羊群入地上山而损坏树苗或林木者（以失主损失不大为限）。

十、在他人地内私掘土块或搬运垒地石块者。

十一、故意毁坏他人物品者。

十二、售卖伪造药品者。

十三、售卖有害卫生之物品或饭食者。

十四、醉酒滋事者。

十五、演唱政府禁止之戏曲或淫词滥语者。

十六、调戏侮辱妇女或当众有伪制（猥亵）行为者。

十七、不依政府放足限期而令二十五岁女子缠足或不放足之家长或无家长而不肯放足之本人。

十八、诬告他人违警或伪证人者，或收买强迫他人写保状者。

第六条 违警行为有下列情形之一者不处罚：

一、未满十三岁者。

二、神经病者。

以上两项须通知其抚养人或监护人自行管束。

三、因保护自己或他人紧急危难出于不得已者。

四、因人力或天然力所迫无力抗拒致违警者。

五、违警未遂者。

第七条 违警行为于未发觉前自首者，得减轻其处罚或易以训诫。

第八条 累犯加倍处罚之。

第九条 因违警行为致损毁或消失物品者，除依法处罚外，并得酌量赔偿受害人。

第十条 违警犯人民均得告发，村公所有拘传权，传到即行送案，拘留时不得超过二十四小时，区公所以上政府有处罚权。

第十一条 劳役于判定后，由区公所通知乡公所登记存册，于下列情形时服役。

一、轮支以外之个人支差。

二、有关人民共同需要之公役。

三、政府兴办之公役。

四、优抗需要之劳役。

第十二条 罚金由区公所制定违警罚金三联单，一联（收据）付给受罚人，一联（报查）于月终连同罚款汇交县府，一联（存根）存区备查。

第十三条 训诫注意采用说服或当众承认错误等方式，不许以近似侮辱之方式（如游街、戴高帽、吊打等）行之。

第十四条 本办法自公布之日施行。

（选自晋冀鲁豫边区冀鲁豫行署《法令汇编》上册，一九四四年版）

陕甘宁边区抗战时期戒严条例(草案)

(一九三九年)

第一条 本条例为适应抗战，巩固后方，防止汉奸敌探之活动，维持边区之治安而制定之。

第二条 遇必要施行戒严时，得由边区政府委员会命令边区保安司令员依本条例之规定宣布戒严。

第三条 戒严地域分为两种：

（一）警戒地域，指战争时受战事影响应警戒之地域。

（二）接战地域，指作战时攻守之地域。

警戒地域或接战地域于必要时，得区画布告之。

第四条 边区保安司令员于宣布戒严之后，应将戒严之情况及一切处置，随时迅速呈报战区司令长官及边区政府。

第五条 接近作战地域内犯下列各项者，军事裁判机关得自行审判，或交法院审判之：

（一）偷盗军情，泄漏军事秘密者。

（二）进行破坏抗战之活动者。

（三）煽动部队哗变者。

（四）企图颠覆抗日政权者。

（五）破坏有关军事运输、国防要道者。

（六）阴谋破坏者。

（七）捣乱地方治安者。

第六条 宣告戒严时，保安司令员有执行下列事项之权：

（一）得停止破坏抗战之集会、结社及取缔破坏抗战之新闻、杂志、图画、告白、标语等。

（二）得拆阅邮信电报，如认为于抗战及军事有妨碍者，得扣留或没收之。

（三）得检查出入境内之车辆、驮载、旅客等。

（四）寄居于接战地域内者，必要时得检查其居住房舍，或令其退出。

（五）因作战不得已时，得征用或破坏人民之不动产，但应酌量补偿之。

第七条 在戒严区域内民间之食粮物品可供军用者，得施行调查登记，必要时得禁止运出，或加以征收，但应给予相当价额。

第八条 戒严之情况终止时，应即宣告解严，自解严之日起一律回复原状。

第九条 本条例自公布之日施行。

（选自《抗日根据地政策条例汇集——陕甘宁之部》
下册，一九四二年版）

晋察冀边区戒严检查办法

（一九四二年十一月四日边区行政委员会公布）

第一条 为镇压敌探汉奸，严密社会统治，坚持抗日根据地，除军区司令部、军分区司令部得依国民政府颁布之戒严法，随时进行军事戒严外，遇有第二条、第三条所列之情形，第四条、第五条所列之机关，得依本办法宣告临时戒严或施行检查。

第二条 得宣告临时戒严之情况列下：

一、敌蚕食扫荡前，大批派遣特务侦查刺探我方军情时。

二、为保守军事秘密配合某一战役、战斗需要戒严时。

三、发觉或侦知暴动叛乱时。

第三条 得颁布检查令之情况列下：

一、政府通缉有案之人犯，已发现其隐藏处所时。

二、清查户口时。

三、发现敌探汉奸或特务分子活动时。

第四条 得依第二条宣告临时戒严之机关，为县政府以上之政府机关；得依第三条颁布检查令之机关，为区公所上之政府机关。

第五条 接合地区之戒严与检查，依下列之规定办理：

一、区与区接合地区之检查，由县政府为之。

二、县与县接合地区之检查与临时戒严，由专员公署以上之政府为之。

三、专区与专区接合地区之检查与临时戒严，由接合地区之县政府会同为之。

第六条 戒严地区之划分不得超过四十个行政村，非接合地区由某一县所宣告之戒严，其戒严地区并不得超过其所辖县境以外。

第七条　检查地区之划分，不得超过五个行政村；非接合地区，由某一县或某一区公所施行之检查，其检查地区，并不得超过该管或所属县境以外。

第八条　临时戒严之时间不得超过二十四小时。

检查时间不得超过十二小时。

第九条　宣告临时戒严时，须会同当地驻军之团部或区队部、地方武装部、公安局组织临时戒严指挥部，以指挥所属执行戒严事宜。实行检查，亦须会同当地驻军、地方武装及公安机关组织检查委员会，以指挥所属执行检查事宜。

第十条　宣告戒严后，须将戒严之时间、地点、事由及一切处置，报告于该管直属上级，转报边区行政委员会备案。

第十一条　戒严期内所有一切人民均须停止行动，服从指挥，其有紧急或特殊事由必须通行者，亦须向执行机关声明理由，经许可并发给特许证后，始得通行。

第十二条　戒严时，执行戒严人员，对人对物均得检查与搜索，惟遇有嫌疑犯，隐藏于某机关或某团体而实行检查时，须会同该机关或该团体之负责人为之，该机关或该团体之负责人，亦不得拒绝。

依检查命令所为之检查，于检查或搜索完毕后，须立即放行，不得依第十一条之规定，停止交通。

第十三条　执行戒严及执行检查人员，对于有嫌疑之人犯，得予拘留，对于违禁物及可疑之物，得予扣留，惟须立送临时戒严指挥部及检查委员会考察。前项人犯与物品，经临时戒严指挥部及检查委员会考察后，如认为无犯罪情形时，须立即释放与发还，如认为有犯罪情形时，须于二十四小时内送交检察机关侦察起诉。

第十四条　依本办法执行检查与搜索时，遇有拒绝检查与搜索者，得予以强制。

第十五条　戒严时，执行戒严人员，对于人民应解释戒严之意义。

第十六条　戒严时，遇有敌情，须通知群众并指定方向，掩护退却。

第十七条　第八条所列之时间届满或虽尚未届满，但得以戒严后，施行检查之情况消灭，须立即解严及解除检查，以恢复原状。

第十八条　本办法如有未尽事宜，得随时由边区行政委员会修改之。

第十九条　本办法自公布之日施行。

（选自晋察冀边区行政委员会《现行法令汇集》
上册，一九四五年版）

淮海分区戒严条例

（一九四五年八月）

第一条 为适应新解放区环境，实施军事管制，维持社会秩序，确保集体安全起见，特制定本条例。

第二条 本分区抗日部队进入敌伪侵占之城乡、市镇及要塞后，应即由该管军政机关规定区域，依本条例施行戒严，并宣告之。

第三条 宣告戒严之军政机关□□将戒严□□情形及一切处置，迅速呈报上级查核。

第四条 戒严区域内，军政机关有执行下列事项之权：

一、设置俘房及日本居留民收容所，实施军事管制。

二、登记并逮捕战争罪犯及卖国奸贼。

三、控制一切机关、仓库、工厂、矿坑、学校、兵营及要塞，严禁自由出入。

四、控制一切船舶、火车、汽车、水陆码头，必要时得停止其交通，并得遮断主要道路及航线。

五、控制一切邮政、电话、电报、无线电机关，实施严格检查，必要时得扣留或没收之。

六、控制一切盐坨、银行及其仓库，派兵驻守，严行保护。

七、严防反动破坏分子及残留敌探汉奸进行活动，如有发现，应予严厉制裁。

八、通告居民不得藏匿未经办理自新手续之敌伪分子及其武器、物资，如有发现，应予严惩。

九、指挥居民中原有之秘密抗日武装组织，并点验其人数及武器。

十、对于一切建筑物、船舶、车辆及情形可疑之住宅，得施行检查。

十一、必要时，得停止居民之集会结社。

十二、管制粮食、煤炭，严禁奸商囤积操纵。

第五条 在戒严期间，有下列情形之一者，均以汉奸论罪：

一、制造谣言，煽动民心，破坏社会秩序者。

二、诱惑军队人员，破坏军事建设、军需及交通者。

三、服务敌方或以物资资敌者。

四、隐匿敌方人员及敌物资不报者。

五、进行秘密组织与秘密活动者。

第六条 宣告戒严之军政机关,对于叛国汉奸之罪犯,应送交淮海分区人民法庭审判,对于其他罪犯,仍应送交所在地司法机关审判。

罪犯于捕获后,查有实据,而无法送交人民法庭或司法机关审判时,得由宣告戒严之军政机关团长或县长以上进行审理,依法紧急处置,并呈报上级备案。

第七条 戒严期间紧急判处徒刑案件,解严后,虽逾上诉期间,仍得上诉。

第八条 戒严期间紧急判处死刑案件,经发觉违法时,除主管官应负刑事责任外,其家属并得请求冤狱赔偿。

第九条 无论何人,严禁在外招摇,借端敛财,其有挟嫌报复,陷人于罪者,应依法惩处。

第十条 戒严之情况终止时,应即宣告解严,自解严之日起,一切回复原状。

第十一条 本条例由淮海军分区司令部、淮海分区专员公署制定颁布施行。

第十二条 本条例之施行日期,以命令定之。

第 五 编

诉 讼 法 规

第二次国内革命战争时期

废止肉刑问题

(一九二九年十二月)

一、肉刑的来源和废止它的理由

封建阶级为了维持它的封建的剥削,不得不用最残酷的刑罚做工具,以镇压被剥削者的反抗和叛乱,这是肉刑所以为封建时代的产物的理由。经济的发展,进步到资本主义制度,它便需要提出自由主义,以发展工农士兵群众的个性,增强他们的劳动能力和打仗能力,以造成资本主义发展之条件。因此,凡资产阶级的国家,一般的废止肉刑,在军队中亦早就没有什么打人的情事了。至于经济发展到社会主义的诞生,阶级斗争的激进,工农阶级有推翻统治阶级的权力和依于这个权力的剥削,便要发动自己阶级的广大群众的力量,才能取得斗争的胜利。苏维埃政权,是最进步的政权,它的下面,不应有一切封建制度的残余存在。因此,苏联不但红军中老早没有肉刑,在一般法律上,亦通过严禁肉刑的使用。红军第四军产生于封建制度尚未肃清的中国,它的主要成分,又多是从封建军阀军队里头转变过来的,一般封建的制度思想和习惯,依然很浓厚的存在于一般官长士兵之中,由是打人的习惯和非打不怕的习惯,还是与封建军阀军队里头的习惯一样。虽然老早就提出了官长不打士兵的口号和规定士兵会有申诉他们的痛苦的权利,但简直没有什么效力,其结果造成官兵间的悬隔,低落了士兵以至官长情绪,逃跑的数目日多,军中充满了怨恨空气,甚至发生自杀的事件,这是与红军的斗争任务完全背驰的现象,如不赶快纠正,危险不可胜言。

二、纠正的方法

1. 坚决地废止肉刑。
2. 举行废止肉刑运动。这个运动,要从官兵两方面工作,使"废止肉刑，方才利于斗争"的意义，普及于官兵群众之中。这样才能使官长方面，不但不至因废止肉刑觉得兵带不住了，而且了解废止肉刑之后，将要更利于管理与训练。士兵方面，不但不至因废止肉刑更顽皮了，而且因废止肉刑，增加了斗争的情绪，撤去了官兵的隔阂，将要自觉地接受管理训练和一般纪律。

三、肉刑废止之后，因为历史的习惯的原因，发生一些临时不良现象是会有的，这应该加紧我们的责任，努力于说服精神和自觉遵守纪律精神的提倡，去克服这个违反斗争任务的最恶劣的封建制度。决不能借口有些不良现象，便掩护了它的封建制度打人习惯。凡那些借口临时不良现象，反对废止肉刑，或对废止肉刑怠工的，客观上便是妨碍革命斗争的发展，也就是帮助了统治阶级。

四、红军废止肉刑的法律程序是：1. 修改红军惩罚条例；2. 由最高军政机关会衔发布废止肉刑的通令，并颁布新的红军惩罚条例；3. 通令发布后，一方面由军政机关召集官长会议，详细说明废止肉刑的理由，使全体官长拥护这个通令的重大改革，良好地努力地在部队中执行起来；4. 一面由士兵会召集士兵代表会议，除拥护这个改革，以后要自觉的遵守纪律外，并要森严群众的纪律制裁，以达到肉刑废止后的良好的收获。

（选自《中国共产党红军第四军第九次代表大会决议案》，

一九二九年十二月）

中华苏维埃共和国中央执行委员会训令
第六号
——处理反革命案件和建立司法机关的暂行程序

（一九三一年十二月十三日中央执行委员会非常会议通过）

自从革命战争三次胜利，临时中央政府成立，苏维埃政权已经得到了更进一步的巩固，在这个时候，苏区中有一件急于要做的事，就是建立革命秩序，保障群众的权利。

过去，当揭破反革命的组织 AB 团、社会民主党、改组派及一切反革命派别的时候，各地各级苏维埃政府很坚决的逮捕审讯，处置了许多反革命分子，给这些反革命以致命的打击，使苏维埃政权得到巩固，这种工作的主要方面，是完全正确的。

但是大家要知道，在过去的肃反工作中不是没有错误的，临时中央政府严重的告诉各地各级苏维埃政府，各地过去的肃反工作，有许多地方是做得不对的。例如听到某个或某几个反革命分子的口供，没有充分的证据，未经过侦查的工作就进行捉人；审问的时候采用肉刑，苦打成招的事，时常发现；处置犯人的时候，不分阶级成分，不分首要和附和，以致应当轻办的却把他重办了（如不释放附和的工农分子）。这些错误在苏区好些地方好些时候都发现了，这些错误中间，有一部分是反革命分子隐藏在苏维埃政权内阴谋活动做出来的。自从做出了这些错误之后，使得好些地方的工农群众对于苏维埃政府的肃反工作发生怀疑，革命群众的权利在苏维埃政府下不能得到完全的保障，苏维埃下面未能建设很好的革命秩序，同时对于苏区反革命组织和活动也未能做彻底的肃清，这都是非常之不对的。

临时中央政府现在告诉各级苏维埃政府，要坚决的迅速的建立革命秩序，使革命群众的生命权利和一切法律上应得的权利，得到完全的保障，同时对于反革命的组织和活动，要给他以彻底的消灭，特规定暂行程序如下：

一、一切反革命的案件都归国家政治保卫局去侦查、逮捕和预审，国家政治保卫局预审之后，以原告人资格向国家司法机关（法院或裁判部）提起诉讼，由国家司法机关审讯和判决。

二、一切反革命案件审讯（除国家政治保卫局得预审外）和判决（从宣告无罪到宣告死刑）之权都属于国家司法机关。县一级国家司法机关，无判决死刑之权，但有特别情形，得省司法机关特别许可者不在此例。中央区及附近的省司法机关作死刑判决后，被告人在四十天内得向中央司法机关提出上诉。

三、在设有国家政治保卫局机关的地方（即国家政治保卫局省分局、县分局或政治保卫局特派员），当地苏维埃政府若发现了反革命的材料，须报告当地的国家政治保卫局机关，不得擅行逮捕或审讯。

四、在县和区两级尚只设立肃反委员会，未设立国家政治保卫分局或特派员，而建立政权又已有了六个月的历史的地方，此等地方的苏维埃政府若发现了反革命的材料，必须得到国家政治保卫地方的局省分局（设在省苏维埃所在地）的同意后，方可逮捕，仅仅有特别情形时（例如反革命派已经在组织暴动，或该区与省苏的中间被白色区域间断，或在赤白交界地方易于逃跑，或敌人进攻情形紧急），不及报告或无法报告政治保卫局省分局，又都得到了充分的证据时候，才准许县区政府及其肃反委员会有决定逮捕之权。

五、在新发展区域，即在革命政府的建立尚未满六个月的地方，当地革命群众与豪绅地主、富农、资本家的斗争正在十分紧张的时候，县肃反机关及特别指定的区肃反机关（国家政治保卫分局的特派员或肃反委员会）在取得县或区执行委员会的同意之后，有决定逮捕审讯反革命分子之权，审讯后应移交于同级政府的司法机关作最后之审讯，审讯完毕，拟具判决书，报告省司法机关作最后之判决。但豪绅地主、富农、资本家罪恶昭著，经当地工农群众要求处决者，当地政府得迅速执行处决之，无须得省政府许可。

六、在暴动初起，革命政权机关尚未建立的时候，当地革命群众有直接逮捕和处决豪绅地主及一切反革命分子的权力，但革命政府一经建立，即照第五条规定办理。

七、不论在新旧区域，对于处置反革命团体（AB团、社会民主党、改组派等）的分子，一定要分别阶级成分，分别首要与附和，即对于豪绅地主、富农、资本家出身的反革命分子以及首要分子应该严厉处置（如宣告死刑等），对于从工农贫民劳动群众出身而加入反革命组织的分子，以及附和的分子，应该从宽处置（如自新释放等）。

八、在审讯方法上，为彻底肃清反革命组织及正确的判决反革命案件，必须坚决废除肉刑，而采用搜集确实证据及各种有效方法。

九、各级地方司法机关在未设立法院之前，得在省县区三级政府设立裁判部，为临时司法机关，除依据前列各项原则处置反革命案件外，并解决一切刑事和民事的案件。

各级苏维埃政府接到本训令之后，应严格的遵守执行，如果违背本训令所规定的原则，须受到严厉的制裁。

（选自《红色中华》一九三一年十二月二十八日第三期）

中华苏维埃共和国国家政治保卫局组织纲要

（一九三二年一月二十七日）

一、国家政治保卫局在苏维埃境内依照中华苏维埃共和国宪法之规定，在临时中央政府人民委员会管辖之下执行侦查、压制和消灭政治上经济上一切反革命的组织活动及侦探盗匪等任务。

二、国家政治保卫局与方才暴动的或红军新占领的区域的肃反委员会的任务、组织和工作范围均不相同。肃反委员会的任务，在以革命的工农群众的威力,于暴动时和方暴动后将一切公开的反革命分子与其活动逮捕和检举到肃反委员会中来处理。肃反委员会是暴动群众选出的在暴动的指挥机关——工农革命委员会的领导之下工作。肃反委员会可有自己的武装队伍,担任受命拘捕、看管和处决一切反革命罪犯的任务。肃反委员会的存在期间,依当地苏维埃政权建立的时间与巩固的限度而定。

三、国家政治保卫局的任务,在以其集权的系统的组织与革命群众的信赖和帮助,经常的系统的执行抵抗、检举和消灭一切公开的尤其是秘密的暗藏的反革命的组织和行动,以保卫和巩固苏维埃政权。目前苏维埃运动正在向前发展的新的苏区,一般的都要经过肃反委员会的工作阶段,在肃反委员会存在的地方,国家政治保卫局应与其发生系统上的管辖关系,且要逐渐转变其成为政治保卫局的下级组织。

四、国家政治保卫局的组织原则是完全集权的,代（其）本身在委员会的管辖之下工作。国家政治保卫局长即为委员会的主席,并得列席人民委员会,有发言权。国家政治保卫局委员任免处分权,属于苏维埃中央执行委员会及其主席团,委员中应参加最高法院的检查员一人。

五、国家政治保卫局在各省苏维埃政府与中央军委会中有它的代表机关,指挥国家政治保卫局在地方机关与红军中的工作。省、县两级设分局,亦由委员会管理。分局长即为委员会主席。在红军中,中央军委会或其他苏区军委会及军团或军（或师）以下则设特派员。国家政治保卫局及上级分局亦得在某种机关中直接派定特派员。分局长、委员及特派员的任免处分权,统属于国家政治保卫局。最下级特派员的任免处分,省及军委会分局有权处理,但最后的批准〔权〕属于国家政治保卫局。

六、国家政治保卫局的上下级关系,除特别障碍以外,是一贯的垂直系统。下级对上级的命令须绝对服从。各分局、各特派员在政治上是受当地各该级政府或红军中军事政治负责者指导的,各分局长并得列席于省苏、县苏的主席团会议,但工作的关系上绝对隶属于国家政治保卫局,地方政府及红军指挥机关无权改变或停止国家政治保卫局的命令,如有抗议只能提到人民委员会解决。

七、国家政治保卫局给权与（予）地方及红军中分局,侦查与处理一切反革命案件,但最后的决定权属于国家政治保卫局。只有在国家政治保卫局特许的范围内者,各分局才能自己解决。特派员则只有在上级给与（予）的任务范围内执行一切工作,除外（非）临时紧急处置,如反革命分子或其组织已定有暴动,特派员可取得当地政府或红军的帮助,实行拘捕人犯,破获组织，然后再报告上级核准。

八、国家政治保卫局及其各分局和特派员是代表政权侦查、接受与处理一切反革命案件的。当地群众及政府机关、共产党部及共产青年团部、各革命团体、红军均负有向其供给和报告各种消息的责任，在需要时，地方政府及红军应给以武装力量的帮助，且须临时听其指挥。地方政府、红军指挥机关与政治保卫局分局及特派员在工作上只能发生横的关系，只有在必要时，分局和特派员得以其一部分材料通知其同级政府和红军指挥机关，且须在国家政治保卫局规定的范围以内。对红军指挥机关则关系较密切，以便红军能时时注意到将不良分子淘汰出去，使反革命的活动无以生根。

九、一般的对于反革命犯人及其嫌疑犯的拘捕审问权属于政治保卫局。政府其他机关、共产党部、共产青年团部及一切革命团体均不得自行拘捕审讯，尤其不得自行处决。除外（非）紧急情形，如发现反革命分子或其组织已定有暴动或逃跑时，得由其他机关乃至群众自动地将其拘送保卫局，但也只限于拘捕为止。当保卫局得有反革命充分证据，须拘捕暗藏在政府机关、红军与各革命团体中的负责人〔的〕时候，保卫局只能于执行拘捕前通知该机关之最负责者，预备替代人员。该机关最负责者即使不同意也不得阻挠其行动，只能向上级抗议。假使保卫局依据证据认为该机关已无可接受预告的人，则须于执行前通知其上级机关的负责人。

十、一般的对于惩罚反革命犯的判决和执行权属于司法机关，政治保卫局则处于检察的原告地位，惟在国内战争及苏维埃运动向外发展时期，在人民委员会许多（可）的范围内，国家政治保卫局有权依据法律判决和执行对于某种反革命犯人的惩罚。

十一、工农民主政权对于反革命犯的惩罚原则是依据阶级路线来规定的。凡属剥削阶级的地主、豪绅、旧官吏、资本家、老板、富农犯了积极反革命的罪状，须给以严厉的惩罚；一般的工人、红军战斗员、雇农、贫农、中农与独立劳动者只要不是坚决投降于反革命的领袖分子，而为反革命胁迫欺骗去加入或附和反革命行动或组织的，在原则上应一律给以自新的出路，其办法从公开劝告、警告、禁闭、开除军籍一直到拘捕与剥夺一时期的公民权。惩罚异己阶级的反革命分子最严厉的是死刑，次要的应监禁、罚作苦工或驱逐出苏区境外。工农中被反革命胁迫欺骗而自首的一律免罪，被发觉或检举后的自新分子亦应从轻处分，拘捕者应释放。异己阶级中的自首分子应分别首从，且须规定审查时期。在审查期内不得自由移动，自新分子仍应给以较其应得的为轻的处罚。

十二、国家政治保卫局的工作原则应分侦查与执行（审查检查所得的材料与复查均在内）两个工作系统。从（彼）此分开，不相隶属。在侦查部下应有极精密极复杂的工作网，执行部下应有自己的武装组织。

十三、国家政治保卫局一切行动已（依）法律的裁制，在临时中央政府最高法院未成立前由人民委员会直接处理。

十四、在其他苏区未与中央苏区打通以前，国家政治保卫局得将其管辖该苏区政治保卫局的全权委托该苏区政府执行委员会主席团直接代理。在中央苏区内，有时因客观故障，地方分局与国家政治保卫局暂时隔断时，亦运用此规定的原则。

中央执行委员会　主席　毛泽东
副主席　项　英
张国焘
（选自《肃反令文汇集》）

中华苏维埃共和国中央执行委员会命令
第三号
（一九三二年二月一日）

为保障红军中战斗员、指挥员及工作人员的权利，维持红军铁的纪律，本执行委员会特颁布《中华苏维埃共和国军事裁判所暂行组织条例》，兹公布该条例，从一九三二年五月十五日起开始发生效力。中央革命军事委员会接到本命令之后，即转各级红军部队及地方武装指挥部，按照该项条例的规定组织军事裁判所，以管理红军中一切刑事裁判，此令。

中央执行委员会　主　席　毛泽东
副主席　项　英
张国焘
（选自《苏维埃中国》第二集，一九三五年版）

中华苏维埃共和国军事裁判所暂行组织条例

（一九三二年二月一日中华苏维埃共和国中央执行委员会公布）

第一章　总则

第一条　凡在红军游击队、独立师、独立团、赤色警卫连等武装队伍服军役的，无论是军人或其他工作人员，倘犯了刑法、军事刑法及其他法律，都由军事裁判所审理之，但犯普通纪律而未涉及犯法行为者不在此限。

第二条　在作战地带居民的违法行为，无论其犯军事刑法或其他法律，都由军事裁判所审理之，敌军的侦探、内奸等如在作战地带，也由军事裁判所审理之。

第三条　红军各级裁判所，都须遵照本条例的规定组织之。

第二章　军事裁判所的组织系统

第四条　军事裁判所分为以下四种：一、初级军事裁判所；二、阵地初级军事裁判所；三、高级军事裁判所；四、最高军事裁判会议。

第五条　初级军事裁判所设在红军的军部、师部及军区指挥部和独立师部内，阵地初级军事裁判所则设在作战阵地的最高级的指挥部内。

第六条　高级军事裁判所设在中央革命军事委员会内。

第七条　高级军事裁判会议，设在最高法院内。

第八条　初级军事裁判所及阵地军事裁判所都隶属于高级军事裁判所，高级裁判所则隶属于最高法院。

（附注一）最高法院未成立以前，对于最高军事裁判会议所应解决的案件，由临时中央政府临时组织法庭解决之。

（附注二）未与中央苏区打成一片的苏区，得在该苏区的最高军事委员会内设立高级军事裁判所，并有最后决定案件之权。

第三章　军事裁判所的工作人员

第九条　初级军事裁判所是由裁判所长一人、裁判员二人组织裁判委员会。高级军事裁判所是由裁判所长一人、副裁判所长一人、裁判员三人组成裁判委员会，以指导一切裁判事宜。最高军事裁判会议由最高法院指定若干人组织之，但必须有中央革命军事委员会的代表参加。

第十条 初级军事裁判所的所长和裁判员，由士兵代表大会推举出来，经高级军事裁判所核准；高级军事裁判所的所长和裁判员由中央革命军事委员会提出名单，经最高法院核准。

第十一条 各级军队的指挥员，不得委任军事裁判所的所长和裁判员。

第十二条 初级军事裁判所审判时的法庭由三人组织之，以裁判员为主席，其余二人为陪审员。高级军事裁判所所审理的初审案件须用陪审员，但终审的案件则不用陪审员，而是由裁判所所长和裁判员所组织。

第十三条 陪审员由士兵选举出来，每星期改换一次，陪审员在陪审期间可解放士兵的职务，陪审期间终了，仍归原队工作。

第十四条 各级军事裁判所得任用书记及其他工作人员。

（附注一）倘案件不多，军事裁判所的人员可以减少，初级军事裁判所可以仅设所长一人，高级军事裁判所可以仅设所长一人、裁判员一人。

（附注二）审判不关重要的简单案件，可以由审判员一人审理之。

第四章 各级军事裁判所的裁判及其裁判手续

第十五条 初级军事裁判所审理军长以下的犯罪的指挥员、战斗员及在军队里服务的一切工作人员的案件，但为初审机关。

第十六条 地方武装的军事裁判所审理全省地方武装的军事案件。

第十七条 阵地初级军事裁判所则审理在作战地带的一切案件，但仍为初审机关。

第十八条 高级军事裁判所是审判经过初级军事裁判所判决而上诉的案件之终审机关，同时是审理军长以上的指挥员、革命军事委员会的直属部队及其他工作人员的案件之初审机关。

第十九条 最高军事裁判会议是审理经过高级军事裁判所判决而上诉的案件之终审机关，同时是审判军团指挥员以上的重要军事工作人员的审判机关。

第二十条 除最高军事裁判会议外，其余各级军事裁判所判决的案件被告人在判决书上所规定的上诉期内，都有上诉权，上诉的期限规定为七十二小时至一个月，其上诉期由当时审判该案件的法庭决定之。

第二十一条 凡判决死刑的案件，虽被告人不提起上诉，审理该案件的裁判所须将案卷送给上级裁判所去批准。

（附注一）在紧急作战的情形中，可先执行而后抄录全部案件送给上级军事裁判所去追认。

第二十二条　审判案件须用公开的形式，准许士兵及军队的工作人员旁听，但是有军事秘密的案件，可采用秘密审判的形式，但宣布判决时仍须公开。

第二十三条　审判的时候，不一定在军事裁判所的所在地审判，可到军队所在地及犯法者的工作地点去审判。

第五章　军事检查所的组织及任务

第二十四条　在初高两级的军事裁判所的所在地，设立初级军事检查所及高级军事检查所。

第二十五条　初级军事检查所设所长一人，副所长一人，检查员若干人。高级军事检查所设所长一人，副所长二人，检查员若干人，以外可用书记、文书等技术工作人员。

（附注一）军事检查所的工作人员看军队情形可随时增减。

第二十六条　各级指挥员、政治委员若发现军队中有犯法行为的证据，可以将犯人实行逮捕，送给相当军事检查所去检查。

第二十七条　军事检查所是检查和预审军犯的机关，一切案件，除已明白无须再检查的简单案件外，都先交该级军事检查所去检查过；军事检查所的案件检查完了，做出结论之后，再将案件送交军事审（裁）判所去审判。

第二十八条　军事检查所是代表国家对于军事犯的原告机关，它可以检查军队中及与军事有关系的一切犯法案件，并可以向法庭提出公诉，开庭审判时可以代表国家出庭告发。

第二十九条　当检查案件的时候，凡与该案件有关系的任何人，检查员有传来审问之权。

第三十条　传审的时候，可用传票、拘票、检查票三种。

（附注一）军事裁判所只能用传票、拘票二种。

（附注二）军事裁判所所在地的军部或师部及其他军事机关，须指定部队为军事检查所调用。

第六章　经费

第三十一条　军事裁判所及军事检查所的经费，按照预算由各该级的军事机关发给。

第七章　附则

第三十二条　本条例由中央执行委员会以命令公布之。

第三十三条　本条例，中央执行委员会有随时修改或停止之权。

第三十四条　本条例自公布之日起发生效力。

中央执行委员会主席　毛泽东

副主席　项　英

张国焘

（选自《苏维埃中国》第二集，一九三五年版）

中华苏维埃共和国司法人民委员部对裁判机关工作的指示（节录）

（一九三三年五月三十日）

为要纠正裁判部及军事裁判所过去的错误和缺点，健全各级裁判部和军事裁判所的组织和工作，应坚决彻底地执行以下各项的工作：

一、加紧对反革命的镇压，在肃反工作上采取积极的进攻路线，对于反革命及反动的豪绅、地主、富农、资本家、商人不能放松一点，应给他们以严厉的打击！坚决地执行中央执行委员会第二十一号训令，各级裁判机关应定出具体的执行办法。对于罪恶昭著，事实确凿，群众要求处以死刑的阶级异己分子，应速即执行死刑，然后报告上级裁判部备案；尤其是边区，对于处置反革命案件，特别要抓紧，要迅速地解决。对于包庇反革命的分子，应与反革命者同样地治罪。

二、坚决地执行明确的阶级路线，阶级成分，反革命的首要与附和，要分得很清楚；豪绅、地主、富农、资产阶级之反革命犯，应处以重刑，贫苦工农应该从轻；反革命的首领应处以重刑，反革命的附和犯应该从轻。解决案件时，应注意阶级成分及犯罪者的犯法行为对于苏维埃政权的危害性之程度来决定处罪之轻重。

三、解决任何案件，要注意多数群众对于该案件的意见。在审判案件之先，必须广泛地贴出审判日程，使群众知道某日审判某某案件，吸引广大群众来参加旁听审判，既审之后，应多贴布告，多印判决书，以宣布案件的经过，使群众明了该案件的内容。除有秘密性的某种案件之外，坚决地不许再有在房间秘密审判，或随便写一个判决书送上级去批准的不规则情形。裁判部应时常派代表到各种群众会议上去做报告，引起群众对于裁判部工作的注意。多组织巡回法庭到出事地点去审判，以教育群众。

四、健全各级裁判机关的组织和工作，必须注意以下几项：

1. 必须依照司法人民委员部第八号命令将各级裁判部的工作人员充实起来，应增加的工作人员，从速到下级及群众中去提拔。

2. 区一级裁判部不许再由别部兼任，坚决不许再有派裁判部的工作人员长时期在外面做一般的工作，将裁判部的工作完全放弃的事情。

3. 不得上级的同意不许将裁判部的工作人员调换，对新提拔的工作人员，多注意他们的训练，实行强迫教育。此外，轮流调下级的工作人员到上级来接受实际训练，以养成技术较高的专门人才。

4. 建立巡视制度，上级裁判部必须随时派指导员到下级巡视和指导工作。

5. 建立工作报告制度，除部分的省对中央已实行报告制度外，区对县，县对省也必须按时地做工作报告，使上级明了下级的工作情形。

6. 多用活的指示，少用书面的指示，上级对下级的指示要具体，尤其要合乎实际情形。

7. 建立和健全各级裁判部的裁判委员会，没有建立的应立即建立起来，已建立的地方应健全起来，裁判委员会必须按时地召集会议。

8. 建立各级裁判部的部务会议，每星期必须召集裁判部全体工作人员会议一次，检阅本星期内每个工作人员所做的工作，并计划下星期每个工作人员的工作。

9. 建立上下级的系统组织，下级绝对服从上级的命令和指示，接到上级的命令和指示之后，一定要召集裁判委员会及全体工作人员会议来讨论具体的执行办法，按照上级的指示彻底地去执行。

10. 按照司法委员部第九号命令，即速将劳动法庭建立和健全起来。

五、不许裁判部再有自己违反苏维埃法令的不规则现象发生，坚决执行中央执行委员会第六及第十二号训令、裁判部暂行组织和裁判条例及军事裁判所暂行组织条例的规定，绝对的废止肉刑，区一级的裁判部不经上一级裁判部的特许，绝对不许随便杀人。倘再有这种事情发生，以故意违反苏维埃的最高法令论罪。同时，不许再有忽视上级命令，置之不理的现象发生。

六、在审判工作及司法行政上应注意以下各项：

1. 每个案件先经过裁判委员会的讨论，讨论一个判决的原则，给审判该案件的负责人以判决该案件的标准，使判决上不致发生错误。

2. 担任审判某案件的裁判员，在审判之前，对于某案件的材料，必须作详细的研究，将应发问的问题写出来，有条理地向被告和见证人发问题。

3. 同案的犯人，在审判时应隔离开来，免得互相利用口供以掩盖自己的犯罪行为。

4. 审判记录应将当时在法庭上原被告及见证人所讲的话记录下来，不许再有审判时不做记录，到退庭后抄写预审机关的记录，或由自己的臆想来造记录的现象。

5. 在判决书上对于被告人犯法行为的经过，犯法时间和地点及人证、物证等应详细的有系统的叙述出来，不许用笼统的，似是而非的话来作判决书。各人的犯罪事实不一样，判决书也应按照各人的犯罪事实来叙述，不许各个判决书用一律的笼统话来写。判决案件应拿住他最主要的事实，不要将不重要的写了一大篇，将最重要的事实遗漏不提。即〔使〕有时对某案件的检查结果，找不到犯罪的事实，也要经过法庭宣告无罪，并须写成判决书。

6. 对于每个案件的材料，要尽量去搜集，不得再有事实还未明了，又不经过预审，就拿到法庭来马虎判决的情形发生。

7. 裁判部有独立解决案件之权，不是每个案件都要经过政府主席团，只有特别重要的案件，可以经过主席团来讨论。

8. 解决案件要迅速，除特别情形外，一般的案件，自案件进到裁判机关之日起，最多两星期内应当判决。在看守所里不准再有大批的犯人（一百以上）关起来，甚或有经过半年不审判的事情。

9. 判决监禁，最多不能超过十年，十年以上应处以死刑；强迫劳动（苦工）不能超过一年，以后不准再判决永久监禁或长期苦工的事情；判决剥夺选举权是对于本有选举权的人，富农本无选举权，从什么地方剥夺选举权，这样的判决是错误的。而且剥夺选举权应以年计算。

10. 裁判机关与预审机关必须发生密切的关系，以互相商量来解决案件。不应再发生裁判部成为预审机关的附属机关的不规则现象，不要忘了裁判部本身的独立作用。

11. 每个案件必须有个案卷，将该案件所有的材料都集在案卷内，编成号数，并将每个案卷的号数及犯人的姓名用符号登记下来，以便检查。

12. 犯人由下级送到上级或由这个司法机关送到另一个司法机关，必须按照司法人民委员部第十号命令第三项的规定，将全部案卷及该案件的物证和犯人身上拿下来的东西，一并转送过去，使接受该案件的机关便于进行审理。

13. 没收犯人的东西，必须根据司法人民委员部第十号命令之规定，一定要在该案件判决之后，依照判决书上的规定去执行没收，以免发生随便没收犯人东西的错误。

14. 绝对不许可工作人员将犯人算给政府的伙食费拿来当伙食尾子分，如再发生这种情形，将严厉地治罪。更不许向犯罪的贫苦工农算伙食费，若再有这种事情发生，同样的要治罪。

七、看守所与劳动感化院的工作：看守所与劳动感化的工作人员，应经常研究看守的技术，加紧工作人员的训练，提高他们的文化和政治水平，使他们懂得自己的任务。犯人的进出，必须要有很好地登记，没有裁判部的条子不能放人。看守人员必须日夜分班看守，以免发生意外。如有外人与犯人会面，必须得裁判部的许可。送来给犯人的东西，及犯人写出去的信，必须经过严格的检查。注意卫生，应按时地给犯人洗澡、洗面、放空气等等。每天早晚须点名两次，在点名的时候，要向他们作简单的讲话。同案的犯人应该分开禁闭，不准关在一房间里，免得他们商量口供。注意犯人的行动，加紧秘密的侦查工作。

对于劳动感化院的工作，特别要注意生产与感化。生产和发行方面，与国民经济部共同组织"劳动感化院企业管理委员会"，来管理和监督生产与发行的事宜，有计划地进行生产和发行。应将工场与犯人居住的地方分开，以便于管理和教育。感化方面，充实文化工作人员，要有计划地来教育犯人，经常的上识字课、政治课等等。将俱乐部、列宁室、图书馆健全起来，利用犯人工作以外的时间，经过这些文化机关来感化他们。感化犯人的工作，是劳动感化院的主要部分，应当要特别注意。

中华苏维埃共和国中央执行委员会命令

执字第四号

（一九三二年六月九日）

《裁判部的暂行组织和裁判条例》是法院未成立前组织临时司法机关和处理诉讼事宜的暂行条例，该条例在江西、福建两省及瑞金直属县，于一九三二年六月十五日起发生效力，其他未与中央苏区打成一片的苏区，从文

到之日起发生效力,各省及直属县的裁判部,接到本命令及该条例之后,应即遵照执行。此令

各省及直属县裁判部

中央执行委员会　主席　毛泽东
副主席　项　英
张国焘

(选自一九三二年九月二十日《红色中华》)

中华苏维埃共和国裁判部暂行组织及裁判条例

(一九三二年六月九日中华苏维埃共和国中央执行委员会公布)

第一章　总则

第一条 裁判部为法院未设立前的临时司法机构,暂时执行司法机构的一切职权,审理刑事、民事案件的诉讼事宜。

第二条 除现役军人及军事机关的工作人员外,一切民事、刑事案件的诉讼事宜,都归裁判部审理。

第三条 中华苏维埃共和国境内的各级裁判部的组织及审理案件的程序,须完全遵照本暂行条例的规定。

第二章　裁判部的组织系统

第四条 城市、区、县、省各级政府内部须设立裁判部和裁判科,唯乡苏维埃内则不设立。

(附注:小的城市苏维埃可不设立裁判科,由县裁判部直接审理该城市的一切案件。)

第五条 下级裁判部直接隶属于上级裁判部,上级裁判部有委任和撤销下级裁判部长及工作人员之权,同时裁判部应受同级政府主席团的指导。

第六条 裁判部在审判方面受临时最高法庭的节制,在司法行政上则受中央司法人民委员部的指导,司法人民委员部有委任和撤销裁判部长及工作人员之权。

(附注:未与中央苏区打成一片的苏区省执行委员会,得行使临时最高法庭和中央司法人民委员部的职权,以解决司法上的一切问题。)

第七条　区裁判部设部长一人，书记一人；县裁判部设部长一人，裁判员一人，书记一人；省裁判部设部长一人，副部长兼裁判员二人（其中一人专管刑事案件，另一人专管民事案件）及书记一人，由部长和副部长组织裁判委员会。

（附注：一、县裁判部也可以组织裁判委员会，可由裁判部长裁判员及市民警所长等而组成。）

（附注：二、有必要时得上级政府的许可，可以用别的技术工作人员。）

第八条　裁判部有随时调用赤卫队、警卫排、民警担任司法范围内各种工作之权。

第九条　没有选举权的人（未满十六岁的人也包括在内），不得担任裁判部的工作，即书记也要有选举权者才能担任。

第十条　在各级裁判部下可设立看守所，以监禁未审判的犯人，或判决短期监禁的犯人。县省两级裁判部，除设立看守所外，还须设立劳动感化院，以备监闭判决长期监禁的犯人。

第三章　法庭之组织及其审判之手续

第十一条　各级裁判部得组织刑事法庭和民事法庭以审理刑事和民事的案件。

第十二条　各级裁判部可以组织巡回法庭，到出事地点去审判比较有重要意义的案件，以吸收广大的群众来参加旁听。

第十三条　法庭须由工人组织而成，裁判部长或裁判员为主审，其余二人为陪审员。

（附注：简单而不重要的案件，可由裁判部长或裁判员一人审理之。）

第十四条　陪审员由职工会、雇农工会、贫农团及其他群众团体选举出来，每审判一次得掉换二人。

（附注一：无选举权者（未满十六岁的人也包括在内）不得当选为陪审员。）

（附注二：陪审员在陪审期间，得暂时解放他的本身工作，并须保留他原有的中等工资，陪审完了之后，仍回去做他的原有工作。）

第十五条　主审与陪审员在决定判决书时，以多数的意见为标准，倘若争执不决时，应当以主审的意见来决定判决书的内容。如陪审员之某一人有特别意见，而坚决保留自己的意见时，可以用信封封起，报到上级裁判部去，作为上级裁判部对于该案件的参考。

第十六条　审判案件必须公开，倘有秘密关系时，可用秘密审判的方式，但宣布判决之时，仍须作公开。

第十七条　审判案件时，必须有书记一人或二人担任记录。

第十八条　每次开庭，审问完了一个案件之后，法庭须退庭商议判决书，待判决书宣布之后，才能审判第二个案件，绝对不许审问完了之后，经过几天才宣布判决书。

第十九条　与被告人有家属和亲戚关系或私人关系的人，不得参加审判该被告人的案件（陪审主审都一样）。

第二十条　判决书的前面须写明审判的时间，主审、陪审及参加审判人的姓名，次写被告人的履历及罪状，再次则写所定之罪，最后须写明被告人的上诉期间。如判决监禁，须从逮捕那天算起。每个判决书须由主审和陪审盖印或签名负责。

第二十一条　每个判决书的原文，须抄写一份给被告人。

第二十二条　每个案件的材料和证据，须编成一起，归为一个案卷，编成号码次序，保存在裁判部内，不准遗失。

第二十三条　开庭审判时，除检察员出庭做原告人外，与群众团体有关系的案件，该群众团体也可派代表出庭做原告人。

第二十四条　被告人为本身的利益，可派代表出庭辩护，但须得法庭的许可。

第二十五条　各级裁判部所判决的案件，在裁判书上所规定的上诉期间内，被告人有上诉权。上诉的期限规定为二个星期，由审理该案件的法庭看该案件的内容而决定上诉的日期。

（附注：上诉的日期，是被告人把上诉书送到审理该案件的裁判部的日子而计算起，并不是上诉书送到上级裁判部的日子而计算起。）

第二十六条　凡判决死刑的案件，虽被告人不提起上诉，审理该案件的裁判部，也应把判决书及该案件的全部案卷送给上级裁判部去批准。

第二十七条　在判决书上所规定的上诉期已满或上级裁判部已经批准，该案件的判决书才能执行。

第二十八条　裁判部可用传票、拘票、搜查票三种。

第四章　各级裁判部的权限

第二十九条　裁判部有宣布被告人警告、罚款、没收财产、强迫劳动、监禁、枪决之权。

第三十条　区裁判部审理一般不重要的案件，其判决处罚强迫劳动或监禁的期限，不得超过半年。

第三十一条　县裁判部是区裁判部所解决的案件的终审机构，同时又是审判有全县意义的案件的初审机关，有判决死刑之权，但没有执行死刑之权，县裁判部判决死刑的判决书，得省裁判部的批准之后才能执行。

（附注：与省政府隔断的县苏裁判部，不得省裁判部的批准，可以执行。）

第三十二条　省裁判部为县裁判部所判决的案件之终审机关，同时又是审判有全省意义的案件之初审机关，有判决死刑之权，但须送临时最高法庭去批准而后执行。

（附注：未与中央苏区打成一片的省，省裁判部有最后处决案件之权。）

第五章　检察员的工作和任务

第三十三条　省裁判部得设正副检察员各一人，县裁判部则设检察员一人，区裁判部则不设立检察员。

第三十四条　检察员管理案件的预审事宜。凡送到裁判部的案件，除简单明了，无须经过预审的案件之外，一切案件，必须经过检察员去预审过。并且凡是一切犯罪行为，检察员有检查之权。

第三十五条　经过预审手续之后，检察员认为有犯罪的事实和证据，做出结论后，再转交法庭去审判。

第三十六条　发觉有犯罪的行为，如必须预先逮捕，然后才能进行检查的案件，检察员有先逮捕犯罪的人之权。

第三十七条　当检查案件时，凡与该案件有关系的人，检察员有随时传来审问之权。

第三十八条　检察员当检查案件时，无论问被告人和见证人，必须写成预审记录，由被审问者（被告人和见证人）及检察员签字盖章，作为该案件的证据。

第三十九条　检察员是代表国家的原告人，开庭审案时，可以代表国家出庭告发。

（附注：检察员制度未建立以前，可由裁判员中抽出一人，担任预审的工作，代执行检察员的职务，但进行预审的裁判员，法庭审判该案件时，他不得为法庭的主审和陪审。但关于反革命的案件，国家保卫局可以派代表，代表国家为原告人。）

第六章　附则

第四十条　中央执行委员会有随时修改和停止本条例之权,本条例以中央执行委员会命令公布之。

第四十一条　本条例在江西、福建两省及瑞金直属县自公布之日起发生效力[①]。但未与中央苏区打成一片的苏区自文到之日起发生效力。

中央执行委员会　主　席　毛泽东
副主席　项　英
张国焘

（选自一九三二年九月二十日《红色中华》）

中华苏维埃共和国临时中央政府执行委员会训令
第十二号
——为更改执字第六号训令第二项之规定
（一九三二年六月九日）

一九三二年三月二十三日中央执行委员会颁布的第六号训令,其第二项上有"县一级司法机关无判决死刑之权"的规定。但当目前发展革命战争的时期,在事实上县裁判部不判决死刑,省裁判部在工作上要发生许多困难,很难按照这个规定去执行。因此,本执行委员会决定改为县一级裁判部有判决死刑之权,但没有执行死刑之权。判决死刑后,必须得省裁判部的批准后才能执行。倘若有些县与省的中间被白色区所隔断,则县一级裁判部才有判决死刑和执行死刑之权。

（选自一九三二年六月十六日《红色中华》,第二十三期）

中华苏维埃共和国劳动感化院暂行章程
（一九三二年八月十日）

第一条　劳动感化院是裁判部下的一个附属机关,其目的是看守、教育

---

① 依据中华苏维埃共和国中央执行委员会执字第四号命令,本条例于一九三二年六月十五日生效。——编者

及感化违犯苏维埃法令的一切犯人，使这些犯人在监禁期满之后，不再违犯苏维埃的法令。

第二条　县苏裁判部以上才有劳动感化院之设立，该项机关仅隶属于各该级的裁判部，没有上下级的系统组织。

第三条　劳动感化院设院长一人，副院长一人，科长若干人。由院长、副院长及各科科长组成管理委员会，以院长为该委员会的主任。管理委员会负劳动感化院的全责，随时要向裁判部做工作报告。（附注：副院长可兼科长。）

第四条　劳动感化院设立总务、劳动管理、文化等科，每科设科长一人。

第五条　总务科是管理劳动感化院的一切财产、器具、经费，生产品的出卖，原料的购置及制造劳动感化院的预算决算等事宜。

（附注：预算决算先经过管理委员会通过后，须经各该级裁判部批准。）

第六条　劳动管理科是进行建设及管理各种工场，监督和指导犯人的工作等事宜。

第七条　文化科是组织和管理犯人的教育事宜，如识字班、政治课、俱乐部、列宁室、图书馆、墙报编辑、游艺晚会、音乐、弈棋、编辑剧本等事宜。

（附注：各种文化工作，取材应以感化犯人为前提。）

第八条　劳动感化院可以开设店铺，出卖劳动感化院的一切生产品，并可兼卖别项商品，以增加劳动感化院的收入。

第九条　劳动感化院应极力提高生产以达到经济充裕，不但不要政府津贴，而且要成为国家收入之一项。

第十条　每日的工作时间规定为八小时，上午自八时至十二时，下午一时至五时为工作时间，其余为教育和休息时间。

第十一条　须按照各犯人的专长而分配其工作，每个犯人每天在工作时间内必〔须〕工作。

第十二条　裁判部或临时最高法庭送犯人到劳动感化院时，必须把判决书抄录一份，随犯人送去，使劳动感化院可以根据该项判决书去执行。劳动感化院必须把这些判决书编成号码秩序，好好的保存起来，以备司法机关的检查。

第十三条　犯人进劳动感化院时，必须填写登记表。每天早晨起床及夜晚睡觉时，必须各点名一次。犯人的每个房间门口，须挂一块犯人名牌。

第十四条　劳动感化院得另定工场管理细则及作息时间表，送各本级裁判部去批准施行。

第十五条　本章程由司法人民委员部以命令公布之。司法人民委员部有随时修改和废止之权。

第十六条　本章程自公布之日起发生效力。

（选自一九三二年九月二十日《红色中华》，第三十四期）

中华苏维埃共和国临时中央政府司法人民委员部命令

第九号

——为组织劳动法庭的问题

（一九三三年四月十二日）

过去，各级裁判部对于工人利益的保障是忽视了，对于资本家违犯劳动法令及集体合同、劳动合同等的案件，简直置之不问，由工人及工会自己去解决，这是完全不注意工人的利益，使工人不能真正享受劳动法上所规定的一切利益。为要纠正过去忽视工人利益的错误，要很迅速的解决资本家违犯劳动法及已颁布或未颁布的各种关于劳动问题的法令与集体合同和劳动合同等案件，使工人得到劳动法令的实际利益，特决定组织劳动法庭，其办法如下：

一、各城市在裁判科之下，必须指定专人组织劳动法庭，以专门解决关于劳动问题的案件。倘若有的城市没有设立裁判科，裁判科的工作由县苏裁判部兼办的，也由县苏裁判部指定专人担负劳动法庭的工作。县以上的裁判部则不组织劳动法庭。劳动法庭的组织与别种法庭相同。

二、各区苏的裁判部，也须组织劳动法庭，以处理劳动问题的案件，但不用专人负责，由区苏裁判部原有工作人员兼任，但必须分出一部时间来作劳动法庭的工作。

三、组织劳动法庭的市苏裁判科或县苏裁判部的工作人员，除本部第八号命令所规定的人员外，得增加一人至二人。

四、劳动法庭是专门解决资本家、工头、老板破坏劳动法及集体合同和劳动合同等案件，对于这种案件，裁判机关自接收之日起，在七十二小时（三天）内必须开庭审判。

五、在法庭判决后,双方有不服时,可以提起上诉。如资本家方面不服而提起上诉,虽然上级裁判部还未复审,在上诉期间原判仍须执行。如工人不服而上诉时,须经过上级裁判部复审之后,才能执行。

六、担任劳动法庭工作的裁判员,应由职工会选举出来,经过各该级裁判部加以委任,并须填写裁判部工作人员的履历表,报告各该上级裁判部去备案。

七、各城市劳动法庭的裁判员,必须在四月二十五日以前,要督促职工会将裁判员选举出来。各区的劳动法庭,在这个期间内也应有充分的准备。各地的劳动法庭,要在"五一"节前开庭审判。

八、福建、江西两省苏及瑞金直隶县苏裁判部在"五一"节前,必须将各地劳动法庭成立的情形报告本部。

以上各项,各级裁判部必须切实执行,不得迟误。

(选自一九三三年四月二十日《红色中华》,第七十一期)

中华苏维埃共和国临时中央政府司法人民委员部命令

第十号

——关于没收犯人的财产和物件的手续

(一九三三年四月十六日)

查过去各级裁判部,对于没收犯人的财产和物件,非常随便,甚至把不应没收的也没收了,有的裁判部有乱没收犯人的东西,或没收来的东西不归公,就为私人所取用的事情。甚至于把人一扣留,不管他应不应该没收,就把他所有的东西没收了,常有案件检查的结果,东西是不应没收的,但是早把东西弄散了。审判之后,根据事实,应把东西退还,而已无东西可退还,这是司法机关所不容许的不规则现象。现将没收犯人的财产和物件的手续规定于下:

一、凡扣留犯人,均须将犯人身上搜查清楚,倘搜出金银或物件(如金戒指、大洋、毫子、纸币及其他用物等),应该在犯人当面用纸写成记录,逐一的写明,在该记录上须搜查人、参加人及犯人签字,将该记录置在案卷内为该案的材料,金钱和物件须封好保存,将案卷号数写在上面以便检查,不得随便将没收的东西拿散,必须完全听候法庭判决处置。

二、如为反革命犯或某种刑事案件(如盗卖公产,浪费贪污等),须将犯人家中的财产没收者，不要在扣留犯人时立即没收，应将该犯人的房屋财产封锁起来，待法庭将该案件判决后，如法庭已判决没收他的财产时，再进行没收。没收时须组织委员会，将财产登记，写成记录，并根据法庭的判决书，将财产交给某机关或发给群众。

三、如犯人在未判决前由下级司法机关送到上级司法机关，或由别的政府机关送到司法机关去审问，应将所没收的金钱物件等，随着犯人转送过去，不得将东西扣留下来。法庭在审判案件时，应注意案件的财产和物件，在判决书上要明白写出没收或交还其本人，如判决没收，必须写明如何处置，送某机关或发给当地群众。

四、倘根据判决书将财产物件交还其本人时，须取得他本人的收据，以免发生舞弊或纠纷。

五、犯人的财产或物件是否应当没收，法庭有判决处置之全权。

以后各级裁判部对于没收犯人的财产和物件，必须切实遵照本命令所规定的手续去进行。

中华苏维埃共和国临时中央政府人民委员会命令
第五号

（一九三四年二月九日）

在国内战争的重要关头，为了迅速镇压反革命的活动，人民委员会特给予国家政治保卫局及其分局在下列条件下有直接拘捕处决反革命之特权。

一、在边区的地方保卫局，在战线上的红军保卫局，为着压迫敌人的侦探、边区法西斯蒂分子、反动的豪绅地主阴谋叛变分子，有权对于这些反革命分子不经过法庭采取直接处置，但于处置后必须呈报国家政治保卫局备案审核。

二、在刀匪活动尚未肃清之区域内，国家政治保卫局及其地方分局、红军分局在进行工作中所获之刀匪首领及地主富农出身而坚决反革命的刀匪，得不经过法庭采取直接处置，但于处置后必须呈报国家政治保卫局备案审核。

三、在重大的紧急的反革命案件上，国家政治保卫局及其地方分局、红军分局、军区分局，有权采取紧急处置，于采取紧急处置后，如与地方政府及其他机关军政首长发生争议时，其处置当否之决定属于人民委员会。

主席　张闻天（洛甫）

（选自《肃反令文集》）

中华苏维埃共和国中央执行委员会命令
中字第五号

（一九三四年四月八日）

兹制定中华苏维埃共和国的司法程序，公布之。此令

主　席　毛泽东

副主席　项　英

张国焘

（选自一九三四年《红色中华》）

中华苏维埃共和国司法程序

（一九三四年四月八日中华苏维埃共和国中央执行委员会公布）

在国内战争环境，苏维埃法庭、政治保卫局、肃反委员会等机关，应采取坚决迅速正确的办法，去镇压反革命，保障革命民众的利益，巩固苏维埃政权，因此特制定下列的司法程序。

（一）区保卫局特派员，区裁判部、区肃反委员会（新苏区革命委员会之下的）、民警局、劳动法庭，均有捉拿反革命及其他应该捉拿的犯人之权，过去关于区不得上级同意不能捉人的规定，应废止之。并且规定：当紧急时候，乡苏维埃与市区苏维埃，乡革命委员会与市区革命委员会，只要得到当地革命民众的拥护，均有捉拿反革命分子及其他重要犯人之权，捉拿后分别送交区级肃反裁判机关。

（二）区裁判部、区肃反委员会，有审讯和判决当地一切犯人（反革命分子及其他）之权。

新区边区，在敌人进攻地方，在反革命特别活动地方，在某种工作的紧急动员时期（例如查田运动，扩大红军，突击运动等等），区裁判部、区肃

反委员会只要得到了当地革命民众的拥护，对于反革命及豪绅地主之犯罪者，有一级审判之后，直接执行死刑之权。但执行后，须报告上级处置。

（三）省县两级裁判部、肃反委员会、高初两级裁判所、均有捉拿、审讯、判决与执行判决（包括死刑）一切犯人之权。

（四）一切关于反革命案件，各级国家政治保卫局，均有预审之权，预审后，交法庭处置。

但在边区的地方保卫局，在战线上的红军保卫局，对于敌人的侦探、法西斯蒂分子、刀匪、团匪及反革命的豪绅地主，有权采取直接处置，不必经过裁判部。在严重的紧急的反革命案件上，国家政治保卫局及其地方分局、红军分局、军区分局，有权采取紧急处置，紧急处置后如与地方政府军政首长，或其他机关发生争论时，决定其处置当否之权属于人民委员会，在与中央苏区不相连的苏区，属于省苏主席团。

（五）废止上级批准制度，实行上诉制度，犯人不服判决者，准许声明上诉，并规定声明上诉之期最多为七天，从判决书送到被告人之日算起（被告人不识字的，须对他口头说明）。

但在新区、边区，在敌人进攻地方，在其他紧急情况时，对反革命案件及豪绅地主犯罪者，得剥夺他们上诉权。

（六）规定苏维埃法庭为两级审判制，即限于初审、终审两级。如区为初审机关，则县为终审机关，县为初审机关，则省为终审机关，省为初审机关，则最高法院为终审机关；初级军事裁判所为初审机关，则高级军事裁判所为终审机关，高级军事裁判所为初审机关，则最高法院为终审机关。最高法院在审判程序上，为最后的审判机关。任何案件经过两审之后，不能再上诉。但是检查员认为该案件经过两审后，尚有不同意见时，还可以向司法机关抗议，再行审判一次。

（七）除本例规定各机关外，其他机关没有逮捕、审判、处罚各种犯人之权，只在紧急情况时不在此例。

（八）中央执行委员会一九三一年十二月十六日所颁布的第六号训令，一九三二年六月九日颁布的《裁判部暂行组织及裁判条例》，一九三二年二月一日所颁布的《军事裁判所暂行条例》上所规定的司法程序均废止之。

（选自一九三四年《红色中华》）

中华苏维埃共和国中央执行委员会关于肃反委员会决议

(一九三三年四月十五日)

近来，考查许多正式政权已经建立了一年以上的乡区，甚至在很老的区，既有裁判部与国家政治保卫局，同时又有肃反委员会。这样机关重复，事权分割，殊属违犯组织原则，影响工作进行，加以肃反委员会过去没有明文规定属何机关指挥，以致许多地方肃反各自行政，无所统属，发展（生）许多严重现象。中央执行委员会为建立肃反机关，使在国内战争环境内能够有力的执行肃反任务，特为决议如下：

一、凡属新发展苏区与当地临时政权，县区〔常〕务委员会之下组织肃反委员会，为临时肃反机关，它的任务是镇压和裁判当地豪绅、地主、富农、资本家及一切反动派的反革命活动与企图，肃清当地反革命势力，以巩固临时政权。它的职权是兼有司法机关和政治保卫局的责任。

二、县区肃反委员会在组织上隶属于当地革命委员会，而受它的指导与监督，在肃反工作上，应受上级国家政治保卫局的指导，但如该地临时政权还未与省、县政治保卫局取得联系时，其肃反工作去（应）受附近红军部队军级以上的保卫局之指导，该地尚无红军或红军已离开该地时，则完全受县、区革命委员会之指挥。

三、县肃反委员会在县革命委员会领导之下，有直接逮捕、审讯、判决反革命及一般罪犯并对于这些罪犯执行其判决（从处决到释放）之权。区、市肃委须经县肃委之批准，才能执行处决，但对于当地豪绅、地主、富农、资本家之罪恶彰著，经工农群众要求处决者，以及在紧急环境不容许远呈报者，区、市肃委可以先执行处决，后报告县肃委备案。

四、凡属已经建立正式政权（苏维埃）的县、区，不论腹地、边地，必须成立裁判部和国家政治保卫局（区为特派员），执行肃反工作，并处理一般民刑案件，肃反委员会即取消。

根据以上决议，现有各老苏区中的县、区肃反委员会应即取消，将其工作分配归并于裁判部和保卫局。现有各新区域的肃反委员会，亦均须照此决议执行其职权上、组织上、工作上的应有的改变。

主　席　毛泽东
副主席　项　英
张国焘

(选自《肃反令文集》)

国家政治保卫局特派员工作条例

(一九三四年四月三十日)

一、特派员是国家政治保卫局系统内的一个活动单位，属于国家政治保卫局的，受国家政治保卫局的指挥，属于省或县及军团、军或军区分局的，受省或县或军团、军或军区分局指挥。

二、特派员的任务是广泛而严密的，组织政治上坚定的忠实于苏维埃的积极分子，在工作网内成为国家政治保卫局的耳目；同时公开的以便接收广大革命群众或团体对于反革命及违反苏维埃法令分子的告密，发动群众参加肃反斗争。

三、特派员的工作权限在于侦察以及拘捕反革命或其他应该捉拿之人犯，并审讯自己所拘捕的人犯（但只限于审讯，无判决人犯之权），审讯后须送到其上级保卫局或直接提出判决之意见，交同级裁判机关判决。

四、特派员的工作范围，属于一区或一乡，一师或一团，或学校、企业及其他机关等，由其上级保卫局规定之。

五、特派员对于自己所属工作范围的警卫责任应积极负责。

六、特派员在工作范围内，应受同级党、政府、红军部队政委领导，并在党、政府、红军部队或〔其〕他机关同意之下，可以列席其会议。

七、特派员如发觉反革命活动或反革命分子，应立即镇压并破获拘捕之，必要时可向当地政府或武装部队负责人要求武装协助执行。

八、特派员在原则上只向上级保卫局作经常工作报告，但在同级党委员会须要讨论或检查肃反工作时，特派员应负责对于自己所属工作范围内一般肃反问题（如反革命活动情形，群众肃反斗争等）向该委员会作口头报告，但是限于向同级党委员会，同时也只限于一般的；关于工作网的组织及秘密部分，除向上级保卫局经常报告外，绝对不能向任何人作报告。

九、特派员与其他特派员之间，为了工作之需要，得发生横的关系。

十、特派员的主要工作：

1. 抓着每一个反革命的阴谋活动的具体事实，提高对于反革命阶级仇恨，经过群众组织，发动群众参加肃反斗争；

2. 组织与建立广泛的工作网，作为自己工作的耳目；

3. 侦查已经有人供认的嫌疑分子，并负责考察、监视或于证实时捕捉之；

  4. 侦查反动派及一切反动分子活动情形；

  5. 侦查可疑的人，可疑的事；

  6. 检举混入党、政府、红军部队或其他机关之一切坏分子，并得向其所属机关或部队的首长提出意见，予以洗刷。

  十一、特派员经常应每十天向上级作报告一次，遇特殊问题时应随时报告。

  十二、特派员的权限及工作范围，已具体决定于上（以前本局所公布的特派员工作条例自本条例发布日起作废），各特派员须切实遵照执行，如有违犯，当按其轻重，予以处罚。

（选自《肃反令文汇集》）

肃反委员会暂行组织条例

（一九三六年一月二十八日）

  第一条 中国苏维埃区域是中国人民进行抗日民族革命战争的总后方，是中国人民求得彻底解放的策源地，日本帝国主义及其走狗卖国贼汉奸们（包括国民党军阀豪绅地主买办资产阶级）必然要用其全力"进攻"、"捣乱"，企图消灭中国苏维埃，以遂其独占中国的统治野心，对于中国苏维埃的发展，更是日本帝国主义和卖国贼汉奸们要拼命来"阻止"、"破坏"的，因此就决定了新区，边区肃反工作的特别重要意义。

  第二条 由地方暴动或红军新占领的新区和边区的反动统治阶级只是被我们打坍了。它还可以在原有的基础上进行反攻，企图恢复它原有的"天下"，所以新区和边区的肃反工作应该是群众用自己的革命暴力继续彻底摧毁被打坍的反动统治阶级原有的基础，以保障在这些地区新建的革命政权。因此，在新区及边区的肃反领导机关，应更是权力广泛的肃反委员会的形式。

  第三条 肃反委员会是新区和边区的临时革命政权即革命委员会的一部分，它的任务是领导与团结新区和边区的群众同被打坍的反动统治阶级进行公开的、秘密的斗争，以保障临时革命政权的巩固和发展。

  第四条 肃反委员会隶属于同级革命委员会，受国家政治保卫局之领导与指挥进行工作。

第五条 肃反委员（会）之下应分设侦察、执行两组，在肃反委员会的主任指挥之下，进行侦察、执行等事宜。

其组织如下：

一、肃反委员会由党委员会书记、革委主席及群众团体选派代表三人（工会一人，农民委员会一人，其他学生会一人），共五人组织之，设负专责的主任一人（其他委员可不脱离原有职务），但须呈报上级肃反委员会或国家政治保卫局批准加委。

二、侦察组设组长一人，组员五人至十人，负责进行所属区域内一切反革命阴谋活动之侦察检查事宜。

三、执行组设组长一人，组员三人至五人，并须分设预审员二人，负责进行预审和执行一切反革命案犯事宜。

四、此外，在肃委主任之下设秘书一人和管理事务工作的一人至二人，负责进行肃反委员会范围内一切文件保管起草及杂务事宜。

第六条 省县两级肃反委员会同样适用第五条的组织规定，区一级可将各组人员减少到一人或二人，秘书一人兼管事务工作。

第七条 肃反委员会之下可组织一区队至一个中队的政治保卫队，如尚无保卫队时，可请求当地革命委员会区域内之游击队或当地之赤少队。

第八条 区一级肃反委员会无判决死刑之权，如须处死刑之案犯，须经县肃委之批准，但在紧急情形之下得处死刑，须报告上级备案检查。

第九条 本条例经苏维埃中央政府批准，公布之日起发生效力，修改之权属于国家政治保卫局。

（西北政治保卫局印发件）

国家政治保卫局工农红军总政治部
中央革命军事委员会训令

会字第一号

（二月九日）

国家政治保卫局在红军巩固的保证上是起了它极大的作用，在红军中的特派员是保卫局在红军中活动的一个基本单位，它所担负着的任务是极其重大〔的〕。过去在（有）许多下级军政负责同志甚至部分的中级负责同志不了解特派员工作的重要性，以致对特派员的轻视而走上组织关系的混乱状态，如不但不采纳特派员的意见，甚至轻视特派员的职责，把特派员分配做杂务工作。过去如六一团不经过保卫局组织上的允许，擅自调动特派员工作，这是在组织上破坏保卫局建制的错误。为纠正上述不良现象，更加强保卫局在红军中的工作，真正使保卫局活动的基本单位——特派员能够尽其应有的作用，根据中央政府颁布的国家政治保卫局组织纲要，正确的作下列的规定：

一、必须保持保卫局的独立性，保持保卫局一贯的垂直系统。

二、特派员在政治上受各该部红军军事政治负责者之指导，组织系统及工作关系上绝对隶属于保卫局。

三、根据以上两项，军政首长必须予特派员以帮助，正确的采纳特派员意见。

四、特派员在红军单位里的群众中有权专门进行关于肃反问题的报告和鼓动。

五、各部红军军政首长应该尊重特派员权限，并尊重保卫局的组织系统。

六、保卫分局及特派员行使职权时，如逮捕、拘留乃至审讯、制裁等问题，同级军政首长应完全尊重分局及特派员的意见。如不同意只能向上级陈述，而不能妨碍分局长及特派员行使〔职〕权。分局长及特派员也应依照规定〔行使〕自己职权。

这一训令须由各级首长在军人大会或列宁室会〔议〕中负责传达。此令

中央革命军事委员会　主　席　朱　德
　　　　　　　　　　副主席　周恩来
　　　　　　　　　　　　　　王稼蔷
工农红军总政治部　主　任　王稼蔷
　　　　　　　　　副主任　贺　昌
国家政治保卫局　局　长　邓　发

（选自《肃反令文集》）

革命法庭条例（草案）

一、革命法庭为苏维埃政府司法机关，管理一切诉讼公诉事宜之审判与

判决。县级革命法庭对案件之判决，必须经过省级批准始能执行。

二、省革命法庭庭长任免之权归省苏维埃政府执行委员会，县级革命法庭庭长由县苏执行委员会任免，但必须经过省革命法庭批准。

三、革命法庭的组织由三人到五人之委员会组成，庭长即为委员会主席，保卫局局长为当然委员，所有委员会委员之人选须经过苏〔维埃〕执行委员之批准。

四、革命法庭委员会负责讨论和处理一切案件，庭长须负责向当（同）级苏维埃政府常委会报告工作，县级应将一切案件处理情形按期报告省革命法庭。

五、对每个案件的处理必须经过委员会之讨论，然后开庭审判，审判时之主审由庭长担任。

六、法庭开庭公审，庭长、秘书（记录员）及陪审两人至三人出庭（陪审由革命团体选派代表参加）。

七、在开庭公审案件之前一日，应将公审案件挂牌通知群众，并通知各革命团体。

八、公审某一案件时，先由主审宣布案情，或由国家原告人（保卫局代表）提起公诉，再开始审讯。在未判决之先，主审应向群众征求对该案之意见，然后退庭三分钟，由主审、陪审讨论后当庭提出判决书，终结审判。

九、已经判决之案件，犯案当事人如系劳动分子，应给予相当时期的上诉期间，过了上诉期间方执行法庭判决，对一切剥削分子无上诉期。

十、革命法庭设秘书一人、审讯员二人、法警、申诉登记处、待审处、劳动感化院、巡视员等：

（一）秘书：负责管理卷宗、记录、布告及来往文件。

（二）审讯员：秉承庭长意旨负责预审民刑案件，整理供词，提出意见，无处理之权。

（三）法警：担任公审时之看管、押解及待审处之警戒。

（四）申诉登记处：管理民刑事诉讼登记，接收状纸。

（五）待审处：负责管理招呼民刑事未判决案件之被告人。

（六）劳动感化院：设院长一人、管理员二人、看守队一排，一切行政事宜直属于革命法庭：

（1）院长：接收案犯，遵照法庭判决执行，管理全院一切事务，无对外办理任何事务之权；

（2）管理员：负责管理一切案犯参加劳动生产及卫生教育事宜；
（3）看守队：负责看押案犯与担任警戒；
（4）巡视员：负责巡视和帮助各县革命法庭工作。

附：革命法庭组织系统表（见下页）

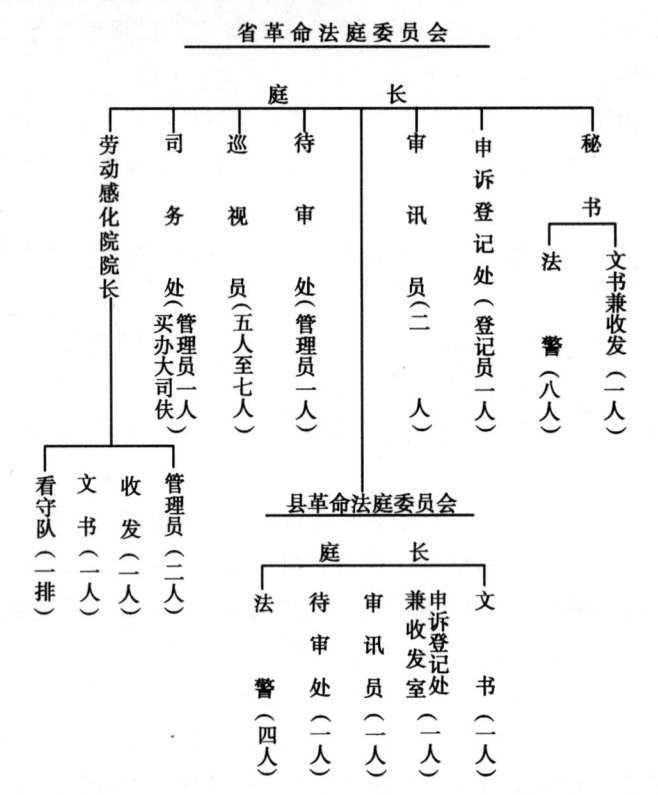

省革命法庭委员会

庭　长

- 劳动感化院院长
  - 管理员（二人）
  - 收发（一人）
  - 文书（一人）
  - 看守队（一排）
- 司务处（买办大司伕）
- 巡视员（五人至七人）
- 待审处（管理员一人）
- 审讯员（二人）
- 申诉登记处（登记员一人）
- 秘书
  - 文书兼收发（一人）
  - 法警（八人）

县革命法庭委员会

庭　长

- 法警（四人）
- 待审处（一人）
- 审讯员（一人）
- 申诉登记处兼收发室（一人）
- 文书（一人）

革命法庭的工作大纲

一、总则

革命法庭是苏维埃人民共和国的司法机关，在目前民族革命高潮中，为了要巩固抗日的土地革命的根据地，必须以一切力量来保证对日本帝国主义及卖国贼军阀作战的胜利，保证苏维埃政权的巩固，严厉镇压一切卖国贼汉奸反革命的活动，同时要在民族统一战线中用司法的权力来保障工人、雇工、贫农、中农和一切劳动群众的切身利益。

二、革命法庭的职权

革命法庭是苏维埃人民共和国行使如下司法权限的机关：

1. 公审或判决一切违反民族革命利益、投降帝国主义的汉奸卖国贼之权；
2. 接受国家原告人（政治保卫局）起诉的一切政治上、经济上、军事上反革命案件公审判决之权；
3. 处理一切苏区境内关于劳动法令、土地法令，商业条例之各种纠纷，保护工农群众利益之权；
4. 处置苏区境内一切民刑诉讼案件之权。

三、革命法庭的组织及工作

甲、组织系统（见下表）

乙、审判制度

（一）预审

1. 一切案件必须经过预审，政治案件（卖国汉奸、反革命）由委员会负责预审，政治保卫局代表为当然委员之一；
2. 一切民事案件由预审科负责预审一次以上；
3. 预审一切案件禁止用肉刑；
4. 刑事案件之预审由检察处做原告人；
5. 预审关于商业条例、劳动法令、土地法令的纠纷时，工农穷人可以请托检查处代为辩护，如雇主老板违反劳动法令时，由检察处提起公诉。

（二）公审与判决

1. 法庭开庭公审前三日，必须将公审案件挂牌通告；
2. 法庭开庭公审时，庭长为主审；
3. 公审时容许一切苏维埃公民旁听；
4. 公审时采取由群众团体代表陪审制度，陪审员最低限度五人，必要时可以尽量扩大其人数；
5. 公审程序：先由主审宣布开审案件（如政治与刑事案件），由国家原告人（保卫局与检察处）提出控词，后由主审宣布开始审讯，由经过原被告发表供词后，主审首先征求陪审意见，旁听群众在此时间可以发表对该案之意见，辩护可于此提出辩护，此后退庭五分钟，由主审、陪审讨论判决，后即由主审当庭宣告最后判决，终结审判。

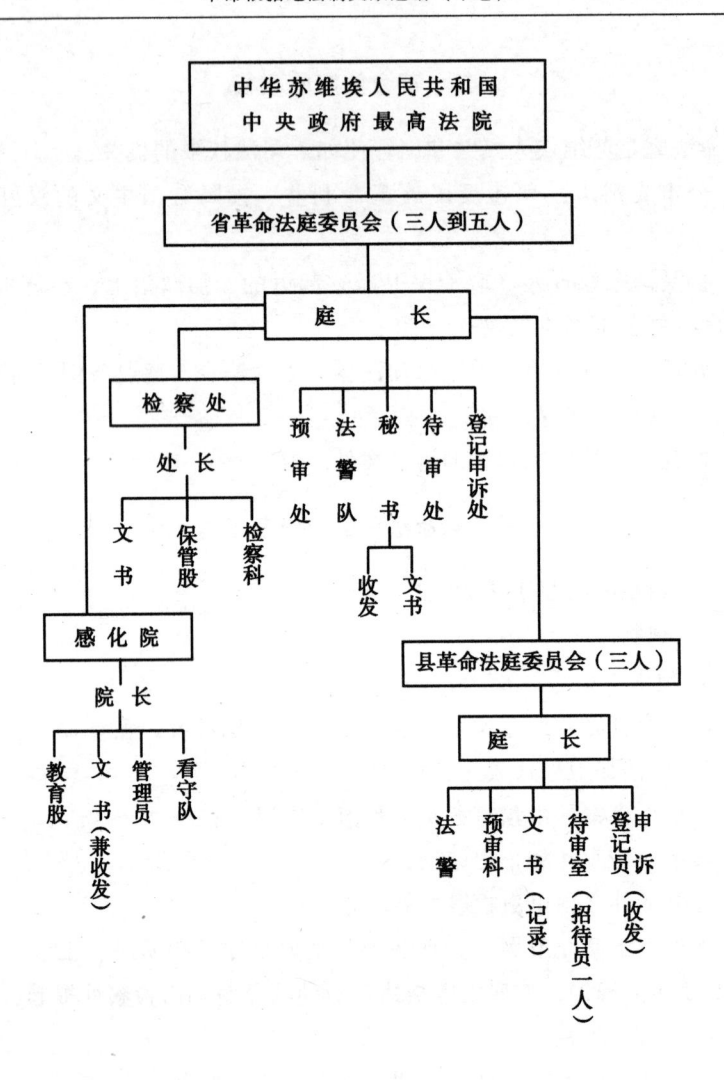

```
                    ┌─────────────────────────┐
                    │   中华苏维埃人民共和国    │
                    │   中央政府最高法院       │
                    └────────────┬────────────┘
                                 │
                    ┌────────────┴────────────┐
                    │ 省革命法庭委员会（三人到五人）│
                    └────────────┬────────────┘
                                 │
                    ┌────────────┴────────────┐
                    │        庭      长        │
                    └─────────────────────────┘
```

（图：省、县革命法庭组织系统）

（三）上诉手续

1. 汉奸卖国贼与一切反革命头子，根本无上诉权；

2. 一切苏维埃公民经过法庭判决不服者，有向上级司法机关（法庭）上诉之权，但上诉期间不能超过七日；

3. 遵守苏维埃法令的商人、工厂老板、富农，对法庭判决不服者，可以容许上诉，但其提起上诉期间，不能超过三日；

4. 在上诉期间，不提起上诉者，无上诉权；

5. 上诉的判决与以上同。

附则：县级革命法庭所判决之案件，如系国家原告人提出者，必须经过省级批准后，方能执行。

丙、诉讼（告状）手续

（一）苏维埃公民及每种群众团体得代表其会员向法庭起诉告状；

（二）遵守苏维埃法令的商人、工厂老板、富农有权向法庭打官司告状；

（三）一切民事诉讼案件应向法庭申诉登记处投告状纸登记；

（四）登记之后，由庭长审查，批准之后（不批准之案件不在此内），挂牌公布预审公审日期；

（五）凡经法庭庭长批准之案件，刑事案件被告由法警传案，民事案件〔婚姻、债务、遗产、争执人（穷人的）〕由书面通知被告人。

丁、检察处工作

（一）检察处工作有两个中心：

1. 保障苏维埃各种法令的执行和工农群众的利益，代表苏维埃政府实行检察；

2. 对一切刑事案件的侦察，及代表国家向法庭提起公诉。

（二）执行逮捕刑事犯，必须得到庭长批准。

（三）逮捕后之刑事案犯交待审处看押，并将所搜之材料送交预审科。

（四）提出对刑事犯的控词。

（注）此大纲只提到工作上的问题，细则当另定之。

闽西苏维埃政府布告

第十二号

——裁判条例

（一九三〇年五月）

我们闽西暴动胜利到现在已经是一年了，在这一年当中经常与反动军队奋斗，关于人民诉讼之裁判，尚未定出标准。闽西第一次工农兵代表大会对于这个问题，已有详细讨论与考虑，大会站在无产阶级利益观点上，规定裁判条例四章，兹公布于下：

第一章 裁判机关权力及执行手续

一、以乡政府为初审机关，区政府为复审机关，经县政府判决后，即为完结，但重要案件，得提到闽西政府审判。

二、判处死刑人犯须报告县政府，经县政府批准后，始得执行。如因特别情形，不能待县政府批准，而须执行枪决者，事后要报告县政府请求追认，但暴动时期地方，不在此限。

三、反革命及其他重要的罪犯，必要时得召集群众大会审判之。

四、没收财产须经县政府批准。

五、各级裁判机关，于每案件审讯终结后，应将当事人口供证据，实以理（？）按裁判条例做成判词，一面报告上级，一面公布，当事人在法定期间内无异议提出上诉，即照案执行，其上诉时期，定为三日至七日。

六、未经审讯之前，拿获人犯，赤卫队、少先队等不得施行肉刑。

第二章　人民诉讼条例

七、人民诉讼，须经过审判程序，不得越级陈诉。

八、当事人不服原审判决，得在法定期间内提出上诉，终审判决后，即为终决。

九、当事人认为各级审判机关有违法行为，或查出受贿证据时，得提出控告于上级审判机关。

十、人民诉讼，口头书面均可，废除旧时形式及收费的劣习。

第三章　惩办罪犯方法

十一、惩办罪犯方法八种：

①枪毙

②没收财产

③罚款

④驱逐出境

⑤监禁

⑥剥夺选举权及被选举权

⑦示众

⑧罚做苦工

十二、废止杀头、破肚及肉刑等刑罚。[①]

---

① 此处略有删节。——编者

十三、禁止烧屋。①

十四、刑罚只罪犯人本身,不得连累其家属。

第四章 附则

十五、本条例有不妥善之处,得由代表大会修改之。

十六、关于人民争执事项的裁判条例,由本政府裁判委员会制定公布之。

十七、本条例适用于苏维埃区域内,其在暴动时期地方,不在此限。

十八、本条例自公布之日起发生效力。

鄂豫皖区苏维埃政府革命军事法庭暂行条例

(一九三一年九月一日)

一、为要使红军成为无产阶级铁的组织,必须在共产党的领导之下进行阶级政治教育训练,加强其纪律。革命军事法庭的设置,便是保证红军中政治、军风、纪律之得到和铁一样巩固的地步。

二、革命军事法庭是革命武装组织之军事执法机关,关于破坏红军(凡属所有的革命武装)纪律与违背军事行政之事件,概得接受处理。

三、革命军事法庭对于军队中之政治案犯,在经过军事委员会主席或政治委员与政治部主任之许可时,得接受处理。但在初审以后,对于违背军事纪律之罪犯定谳后,应将其转解政治保卫局或通知保卫局前来会审处理之。最低限度革命军事法庭对于政治犯之处理情形,必应通知其就近或与本案有关之其他政治保卫局。政治保卫局在审理某种有关事件之案件时,革命军事法庭在得到政治保卫局之许可时,得参加会审。

四、政治保卫局在处理某种有关军事组织之案件时,革命军事法庭在得到政治保卫局之许可时,得参加会审。

五、革命军事法庭为委员集权制,以五人至十三人组织之,庭长之权限高于委员会。

六、革命军事法庭对于案犯之最后定谳及执法,必须经过其直属之上级军事委员会主席或直属上级军事长官与政治委员之批准。

---

① 此处略有删节。——编者

七、革命军事法庭对于军事案犯之执法，经过其直属上级之审问，得向外布告。

八、革命军事法庭对于地方有关之案件，须咨转或解送地方革命法庭或公共（共同）会审处理之，而〔无〕最后处决权限。

九、革命军事法庭与地方革命法庭及政治保卫局，均须发生亲密的工作上应有之正确关系。

十、凡经过革命军事法庭审谳开除军籍之案犯，同时即由苏维埃政府褫夺其公民权。

十一、革命军事法庭与同级政治〔保卫局〕应发生极亲密的横的关系，而同受政治委员之领导与指挥。

十二、红军中师以上，地方各县军区指挥部及军委分会之下，均应建立革命军事法庭。

十三、各级革命军事法庭经过其直属上级（军委会主席或其他直属上级军事长官与政治委员）得发生工作上报告指导等关系。

十四、本条例由最高革命法庭主席和革命军事委员会主席共同审定后，呈苏维埃政府公布后即开始施行。

鄂豫皖区苏政府

鄂豫皖区苏维埃政府革命法庭的组织与政治保卫局的关系及其区别

（一九三一年十月四日）

一、革命法庭与政治保卫局之关系

1. 各级裁判委员会和各级革命法庭若遇有一切政治派别的罪犯，均交保卫局审讯，在保卫局未审以前，各级革命法庭和各级裁判委员会绝对不审。

2. 保卫局若有案子与革命法庭有关系，革命法庭得保卫局许可后，可派人参加审讯。

3. 无论谁人察觉那个地方有政治派别的活动，可密报保卫局，但须防止泄露消息（决不能大声叫喊，随口乱说）。

4. 保卫局通常案犯证据考查清楚后，须交革命法庭公开判决。法庭审问该案犯，如遇该案犯坚决不承认案情的时候，可转送保卫局复审，或者由保卫局派一人担负公诉员出席法庭当面证明。

二、怎样建立革命法庭的组织及其工作

1. 各县革命法庭委员会很快地建立起来，法庭内经常要二、三人工作。
2. 革命法庭审判委员会的委员可扩大为二十五人至二十九人，由各地群众选举之。选举方法是要斗争情绪最好的工厂和乡村选出，每工厂和乡村选举一人或几人，不脱离生产，有事临时招（召）集。
3. 法庭审判案子要通知当地各团体和群众参观。
4. 审判委员会的主席把（由）法庭一人充当，判决的案子须得法庭主席同意签名才有效。
5. 审判委员会的委员若有不好的分子，可由群众大会改选或由革命法庭取消其职权。
6. 申诉登记处要有个登记员（能写字的人），按照申诉登记的条例来登记。
7. 国家公诉处要研究要〔对〕破坏苏维埃政权法令之案件提起公诉，当法庭审问被告人的时候，国家公诉员要来证明案犯之罪恶。
8. 被告人不服判决时，可叫他到上级法庭去申诉。
9. 各地送来法庭审讯的案犯，除证据特别难于考查之外，最迟不过十六天就要判决。
10. 判决案子之时，可征求群众意见，若判决办法与群众意见不同，可交上级处理。
11. 看守员要找较好工农分子充当（不要富农），但要告诉他们看守的方法和技术。
12. 犯人家属来看犯人，要经法庭负责人许可。当犯人同犯人家属谈话时，要限钟点，要派人在旁边监视。
13. 法庭审问案犯，绝对不用刑，若有动刑的案子，可送保卫局审讯。
14. 监狱处和禁闭室房屋要坚固，要清洁，要注意卫生，犯人若发生传染病要分开居住。

三、各区乡裁判委员会的建立和工作

1. 区乡苏维埃都须建立裁判委员会，因为乡村发生纠纷，负责同志随便处理，不能按照苏维埃的法令来裁判，一切纠纷形成无政府的状态。

2. 裁判委员会的主席可由同级苏维埃委员一人担负，其余委员由常委会通过或由群众选举。

3. 有重大案件，不能过两天，要送县革命法庭处理。

4. 乡裁判委员会由区裁判委员会指挥，区裁判委员会受县革命法庭指挥，但重大案件乡裁判委员会可直接送到县法庭。

5. 区、乡裁判委员会没有用刑之权，区裁判委员会之权只能判决三日苦工或警告之案件，其余案犯可立交上级处理。

6. 各级裁判委员会，必须征求群众意见；裁判案子之经过，每一月或半月向上级报告一次。若遇特别事件可临时报告。

四、怎样整理案犯

1. 提来发（罚）款的案犯一律集中于保卫局，革命法庭和各级裁判委员会不得扣留。

2. 法庭之看守所要找一个较安全的地方建设，恐发生意外之事变。

3. 要制定案犯登记表，登记案犯情节（由上级制定分发）。

4. 法庭所看之案犯，要分轻重划开看守。

5. 对于犯人要加紧政治工作，尤其是轻的案犯（如设读报班，识字处，同时讲解苏维埃通知、通令等）。

6. 一切犯人要叫他们做工，重的案子可在监狱内做工（如打草鞋、编筐等），轻的案子可帮助当地群众生产，但要有人照（看）着不要让他跑了。

7. 犯人做工亦实行八小时工作制。

8. 犯人打的草鞋和编的筐可送当地经济公社出卖，除本外赚的钱，可作改良犯人生活之用。

9. 犯人才送来时周身要检查，如洋火、绳子、小刀等物绝对不准犯人带进监狱内去。

10. 犯人身带的钱财，可一律拿来交给一个负责同志管理，释放时再如数交给他，绝不准私用一文。

11. 放犯人时，要量其身体的长短大小，要检查身上是否有特殊的记号。

12. 释放犯人要报告当地苏府法庭审讯犯人之经过和处分，并请当地苏府时刻监督该犯人之行动和言论。

13. 释放犯人要叫他打手印。

鄂豫皖区苏维埃政府革命法庭

福建省苏维埃政府训令(节录)
裁字第二号

——关于处理犯人的问题

(一九三二年八月二十七日)

各级裁判部自成立以来,上级曾发下许多通令、命令、通知等件,各级裁判部自应遵照执行,不得违犯。近查各县区裁判部审问犯人多用肉刑……这不但没有执行上级的命令,而且损坏了苏维埃法庭的威信。因为苏维埃的法庭不比国民党军阀的法庭,可以用种种刑来审问犯人,苦打成供。我们苏维埃的法庭,是要废除一切肉刑,用口才上的技术工夫来审问犯人,并且要到各方面去搜查材料,证实犯人的犯罪行为,使犯人无法抵赖,然后按罪轻重,依法裁判、绝对不许行使肉刑,所以裁判部暂行组织条例和裁判部长联席会决议案,都有废除肉刑的规定。以后各级裁判部务必切实遵行,并且要把判决的犯人呈报上级批准后才可执行。又本部第一号训令所有一切犯人自送到裁判部之日起,最多不能超过半个月就要解决,如有超过半个月者,该犯的伙食费,上级决不开支。此项规定,各级裁判部没有切实做到,殊属不对,为此训令前来。嗣后仰各县区裁判部,务必遵照上级发下的命令、训令、通令、通知等去进行工作,切实执行,不得故违,一体遵照。此令

福建省苏维埃政府命令
裁字第三号

(一九三二年九月八日)

接人民委员会今年九月五日第二十二号命令,该命令曾说:"各地政府裁判部判决监禁在两年以内的贫苦群众,只要不是主要的反革命犯,均须一律编成苦工队。即豪绅地主等阶级异己分子,无特别反动事实,已判决监禁一年半以内者,亦可编为苦工队。政府对于苦工队,须派有力的负责人,以严密的组织和监视,立即率领至前方担任运输工作……"本政府为执行该项命令,特决定具体办法如下:

一、各县各区已判决两年以下的贫苦群众及已判决一年半以下的豪绅地主〔等〕阶级异己分子,编为苦工队,指定负责人送来政府,以便转送

前方。

二、未判决的犯人，在一星期的期限内，必须全部判决，按照第一项的原则，陆续送来本政府转送前方。

各级政府接到本命令之后，立即督促裁判部按照本命令所指示的切实执行。此令

福建省苏维埃政府训令（节录）
——关于犯人的材料及坚决废止肉刑的问题
（一九三二年九月九日）

过去各级政府及地方武装送给本政府裁判部的犯人，很多没有案卷和材料，只有一个名单，或者只是简单的写："反动土豪"、"反动富农"、"侦探"、"土匪"等等极简单的名词，致使裁判部审判犯人时发生许多困难，而且容易弄错误，以致对于苏维埃政府的信仰发生不好影响。以后各级政府倘若送犯人来本政府，必须将该犯人的犯罪经过及与该案件有关系的材料一并送来。接本训令之外（后），如各级政府再象从前那样把人送来而没有一点材料，本政府将不收受，当即日送还原处，希各级政府及地方武装注意！

中央执行委员会颁发第六号训令，严格的废止肉刑，历时已逾半载。但是各级政府对该项训令之执行非常不够，而且公开违反该项训令的地方很多……如此违反苏维埃法令的行为，不但有碍苏维埃的威信，并且是公开的破坏苏维埃的法令，给敌人以很好的宣传材料，不啻间接地帮助了反革命！本政府为坚决地彻底地执行苏维埃的法令，提高苏维埃在群众中的威信，各级政府应绝对地执行苏维埃的法令，废止一切肉刑，使中央执行委员会第六号训令百分之百的去实现！以后各级政府及地方武装如再有用肉刑的事情，当以违反苏维埃法令治罪！此令

西北政治保卫局暂行组织纲要

（一九三六年七月十五日）

一、政治保卫局是苏维埃政权与一切反革命斗争的权力机关，在共产党领导之下，保卫苏维埃政权，保卫民众利益，进行公开的或秘密的同一切军

事、政治、经济〔的〕反革命斗争，执行侦察、检查、镇压以致消灭一切反革命组织活动及土匪等任务的。

二、政治保卫局的组织原则，是局长单一集权制，局长对本局内外一切行政设施均须负完全责任，各级分局长任免之权，均属于上级政治保卫局。

三、政治保卫局是垂直的独立的组织系统，下级绝对服从与执行上级命令，如遇交通阻碍等特别障碍时，得由上级保卫局委托当地最高之苏维埃政府主席团直接指挥之。

四、各级政治保卫局设三人至五人的委员会，负责检查工作路线之执行与确定工作方针及处理重要案件之原则。但日常行政设施，委员会不得干涉之。

五、凡建立苏维埃政权已经稳固的地区，即设立政治保卫局以代替该地之肃反委员会。政治保卫局是国家原告机关。苏区内地之政治保卫局平时只有侦察、检查、逮捕、审讯一切军事、政治、经济反革命犯及向裁判机关控告与提出判决意见之权，但最后判决之权属于政府之裁判部。

六、在边区地方保卫局及战线上的红军保卫局，为着严厉镇压敌人侦探、法西斯蒂分子及豪绅地主反动阴谋叛变的分子，有权不经过法庭采取直接的紧急的处置。但处置后必须报告国家政治保卫局备案查核。

七、各县分局局长须参加同级政府主席团会议，并须将肃反工作之公开材料，向主席作报告，主席团得讨论与检查一般的肃反工作。

八、政治保卫局须与同级党部、政府、红军机关发生横的关系，保卫局得要求同级党与政府给以人员与武器之帮助，地方党与政府可给予保卫局以工作任务。保卫局须接受同级党与政府之指示，但不能停止其上级命令之执行，如有争执时，须提到上级党部、政府、保卫局解决之。党、团、政府及各革命团体，有随时供给保卫局材料之义务，保卫局亦应随时将发现之不良分子告知其所属机关，以便洗刷之。

九、凡一切反革命拘捕、预审、公诉之权，均属政治保卫局，其他机关不得拘捕或审问，但在紧急情况之下得拘捕送保卫局处理。

十、国家政治保卫局为中华苏维埃人民共和国国家组织之一重要部分，受人民委员会之直接指挥，为各级政治保卫局之最高机关。在局长指挥之下，设侦察部、执行部，经过局长领导下级所属侦察部、执行部的工作，两部互相发生双重之工作关系，但彼此分开不相隶属。另设红军工作部，经过局长指挥红军部队保卫局工作。白区工作部经过局长指挥白区、边区及白军中的工作。

十一、凡属边区地方之省县或特区均设分局，红军之军团、方面军均设分局，各分局按工作范围设侦察、执行两部或科（详细组织与分工职责，另有编制表说明）。

十二、凡地方保卫局所管辖范围下的区，红军部队之师、团两级，地方武装之独立团营或游击支队，均设特派员，代表政治保卫局进行工作（特派员之任务与工作，另有条例说明）。

十三、凡地方保卫局所管辖范围下之乡、企业、机关、卫生机关、学校、工厂及红军部队及每个支队单位，均设政治保卫员（政治保卫员工作与任务，另有条例说明）。

十四、本条例经中央政府人民委员会批准公布执行。

川陕省革命法庭条例（草案）

一、革命法庭的目的：

（1）镇压各种反革命的阴谋活动，包括：军事上政治上和经济上的一切破坏的行为；

（2）保障苏维埃宪法和一切法令的执行，反对任何破坏法令的行为；

（3）接受和处理苏维埃区域人民群众团体和政府机关的一切申诉事件（包括：人民与人民间，个别人民与群众团体间，人民与苏维埃间，群众团体和苏维埃间等）。

二、除中华苏维埃中央政府颁布〔的〕一切法令、西北革命军事委员会颁布的一切军事法令外，川陕省颁布法令之权，属于川陕省苏维埃大会和省苏维埃执行委员会。只有中华苏维埃中央政府川陕省苏维埃大会和省苏维埃执行委员会有赦免罪行之权。

三、省苏维埃革命法庭为一省最高级法庭，县革命法庭直属于省革命法庭，区以下设裁判委员会，直属县革命法庭指挥。裁判要得到原告和被告双方同意，判决才能发生效力，如任何一方面不同意，都可向县革命法庭提出控告，县革命法庭的裁判须得到省革命法庭的批准，才能成为定案。县苏或群众团体不同意县革命法庭的判决，不能随意更改，应一方面执行，一方面向省革命法庭提出控告。省革命法庭的判决要得到全国最高革命法庭和省苏的批准；如判决有不正确时，可要求复审。

四、镇压反革命条例，苏维埃大会委托执行委员会详细规定，反革命的犯罪应包括下列各点；

（1）组织和举行反革命的暴动，企图推翻苏维埃政权；

（2）组织反革命的团体，包括：政党和其他反对政权的组织；

（3）没有公民权的剥削分子组织小团体；

（4）用各种方法（口头、文字、图画、歌曲、传布反动的印刷品和文件书籍、张贴反动标语……）宣传和共产主义不相容的主义，捏造谣言，进行各种反革命的煽动，破坏苏维埃政权；

（5）担任反动统治的奸细，破坏赤区交通和政权的秩序，破坏公粮仓，撕毁标语布告，窝藏地主、豪绅反动分子等。

（6）没有公民权的地主、富农私藏武器，扰乱赤区；

（7）组织军事阴谋破坏红军的军事行动，将红军军事消息供给敌人，当敌人侦探与敌方通信，将苏区各项重要文件送与敌人；

（8）进行经济上的破坏阴谋，破坏银行信用，拒绝行使工农银行所出钞洋纸票，破坏税务和合作社以及破坏苏区外来的必需品的贸易；

（9）剥削分子抵抗苏维埃法令的执行（如不肯分土地，不肯执行劳动法令等等）。

革命法庭按照犯罪轻重，阶级成分，分别首要胁从，分别处以劳役、监禁和死刑，帮助政治保卫局、苏维埃机关和群团体对反革命分子的一切紧急处置步骤。革命法庭为奖励各种反革命案犯自首，剥削分子得由法庭根据实际情况酌量减轻，劳动民众来自首，特别减等处刑或竟至免罪。取消一切帝国主义在华的领事裁判权和法律上的特权，居住苏维埃区域的外国人同样依照本条例处理。

五、省苏维埃大会委托执行委员会起草一切处置违反苏维埃法令的犯罪的细则，包括：妨害苏维埃执行宪法、土地法令、劳动法令、抚恤伤亡条例、红军优待条例和各种法令条例以及侵犯劳动民众的一切权利和自由。在处理此类案件时，要依照他们的文化程度和阶级成分分别处理，先劝告解释，最后才提出法律上处理的步骤。

六、劳动民众的团体或个人为保障苏维埃政权给予他的权利和自由起见，他们有权向革命法庭提出一切对苏维埃委员营私舞弊等行为的申诉，同时反对假公报私的行为。如发现剥削分子捏辞诬告，以反革命论罪。如有劳动民众诬告，可分别轻重依法处理。

七、革命法庭的各级组织：

（1）省革命法庭由省苏维埃大会选举五个委员组织起来，五人中推举一个人担任主席，劳动民众团体可选派代表四人参加革命法庭的审判委员会，由革命法庭的五人委员并在事务忙时可参加审判副委员会帮同审问（？），但最后判决权，属之于总的审判委员会。

（2）县革命法庭以三人组织，由县苏维埃大会选出，经省革命法庭的批准。

（3）区级裁判委员会由区苏维埃大会选出三人至五人组织之。

八、公诉处和申诉登记处的组织：

（1）省或县的公诉处由省革命法庭或县革命法庭指定专人组织，代表政府机关以原告人资格对一切反革命案件和违反苏维埃法令的案件提出公诉。

（2）省或县的公诉处，也可以接受劳动民众和团体的委托，对某一案件提出公诉。

（3）由法庭指定专人负责研究公诉案情，提出意见，交审判委员会，他本身没有裁判之权。

省级和县级革命法庭依照事务的繁简，组织申诉登记处，对劳动民众在苏维埃区域有公民权的人完全免费，并且反对乡下讼棍代写禀帖敲诈钱财的办法，民众可直接到申诉处申诉。剥削分子有三个公民以上的担保也可来提出申诉。登记处有拒绝接收登记之权，被拒绝的人有向法庭控告之权。

九、省级到县级的革命法庭，按照需要组织执法机关（如监狱），反对旧式监牢虐待犯人的办法，特别是对于犯罪的劳动者，要有系统地进行教育，使他能很快脱离犯罪的事情，纠正一切拷打恶习。各级判死刑的最后权属之于省革命法庭。

十、省苏维埃大会委托执委会起草省革命法庭申诉登记处、公诉处、审判委员会、执法机关……各机关的组织条例和工作细则，以便利工作的发展。

十一、革命法庭为拥护工农劳动民众的利益，并动员群众力量反对反革命，建立革命法庭和工农民众的密切关系，一切苏区公民有到革命法庭旁听的权利，一切剥削分子没有旁听权。

十二、工农劳动民众以自己的志愿，经过革命法庭的许可，可以委托一个或几个辩护人，为自己辩护，必须是劳动者有公民权的人才有资格当辩护人，一切剥削分子没有担负辩护人的资格。

十三、本条例自公布之日起施行。

抗日战争时期

陕甘宁边区高等法院组织条例

(一九三九年四月四日公布)

第一章 总则

第一条 本条例根据国民政府公布之法院组织法制定之。

第二条 边区高等法院受中央最高法院之管辖，边区参议会之监督，边区政府之领导。

第三条 边区高等法院独立行使其司法职权。

第二章 组织

第四条 高等法院设院长一人，由边区参议会选举，由边区政府呈请国民政府加委。

第五条 高等法院院长之职权如下：

（一）管理边区之司法行政事宜；
（二）监督及指挥本院一切诉讼案件之进行；
（三）审核地方法院案件之处理；
（四）没收及稽核赃物罚金；
（五）对司法人员违法之惩戒；
（六）司法教育事项；
（七）犯人处理事项；
（八）管理其他有关司法事宜。

第六条 高等法院管辖之事件如下：

（一）关于重要之刑事第一审诉讼案件；
（二）关于不服地方法院第一审判决而上诉之案件；

（三）关于不服地方法院之裁定而抗告之案件；

（四）关于非讼事件。

第七条　高等法院设置下列各部门：

（一）检察处；

（二）民事法庭；

（三）刑事法庭；

（四）书记室；

（五）看守所；

（六）总务科。

第八条　高等法院设秘书一人，承院长命令，处理司法行政之技术事宜。

第九条　高等法院之司法人员，由院长呈请边区政府任命之。

第十条　高等法院得设立巡回法庭，其组织及工作另定之。

第十一条　高等法院设立劳动感化院，其组织及工作另定之。

第三章　检察处

第十二条　高等法院检察处，设检察长及检察员，独立行使其检察职权。

第十三条　检察长之职权如下：

（一）执行检察任务；

（二）指挥并监督检察员之工作；

（三）处理检察员之一切事务；

（四）分配并督促检察案件之进行；

（五）决定案件之裁定或公诉。

第十四条　检察员之职权如下：

（一）关于案件之侦查；

（二）关于案件之裁定；

（三）关于证据之搜集；

（四）提起公诉，撰拟公诉书；

（五）协助担当自诉；

（六）为诉讼当事人，或公益代表人；

（七）监督判决之执行；

（八）在执行职务时，如有必要，得咨请当地军警帮助。

第四章 法庭

第十五条 高等法院民事法庭及刑事法庭，各设厅长及推事，独立行使其审判职权。

第十六条 庭长之职权如下：

（一）执行审判事务；

（二）指挥并监督本庭推事之工作；

（三）分配并督促审判案件之进行；

（四）公审案件之决定；

（五）强制执行之决定；

（六）审判之撤销或判决。

第十七条 推事之职权如下：

（一）关于案件之审判事项；

（二）关于案件之调查事项；

（三）关于证人之传讯及证物之检查事项；

（四）关于案件之批答事项；

（五）关于案件之判决及撰拟判决书。

第五章 书记室

第十八条 高等法院书记室设书记长及书记员，服从法院院长之领导，执行其职务。

第十九条 书记员于法院开庭审判时执行职务者，服从审判员之指挥。

第二十条 书记员随从检察处或法庭执行职务者，应服从检察长或庭长之指挥。

第二十一条 书记室在书记长指挥监督下，执行之职务如下：

（一）司法工作人员任免之登记；

（二）案件之收发、登记、分配与保管；

（三）撰拟缮写文稿；

（四）编制报告及统计；

（五）掌理记录；

（六）典守印信；

（七）保管证物；

（八）管理图书。

第六章　看守所

第二十二条　高等法院看守所设所长及看守员，服从法院院长之领导，执行其职务。

第二十三条　高等法院看守所设武装警卫队。

第二十四条　看守所在所长指挥监督之下执行之职务如下：

（一）人犯之收押、检查、点验及看管；

（二）登记及保管人犯之财物；

（三）计划及实施人犯之教育；

（四）组织及分配人犯之工作或劳动；

（五）考查人犯之活动；

（六）登记人犯之出入。

第二十五条　被处徒刑或拘役之人犯羁押于看守所者，准用监狱法之规定。

第二十六条　看守所规则另定之。

第七章　总务科

第二十七条　高等法院总务科设科长及科员，服从法院院长之领导，执行其职务。

第二十八条　总务科在科长指挥监督下执行之职务如下：

（一）会计事项；

（二）庶务事项；

（三）生产事项；

（四）其他不属于各部门之事项。

第八章　附则

第二十九条　本条例修改之权属于边区参议会，解释之权属于边区政府。

第三十条　本条例经过边区参议会通过后，由边区政府颁布施行。

（选自《抗日根据地政策条例汇集——陕甘宁之部》

上册，一九四二年版）

陕甘宁边区高等法院对各县司法工作的指示(节录)

(一九四一年五月十日)

第一 关于各县司法组织的问题

边区的司法制度是采取三级三审制,第一级初审是地方法院,第二级复审是高等法院,第三级终审是边府审判委员会。现在边区还没有建立地方法院,管理第一级初审的就是各县的裁判员。

各县司法的组织,最低限度要有裁判员主持审判事务,检察员负责调查、检验,书记员负责记录抄写,看守员负责管教犯人,通信员(法警)负责传递拘捕,分别执行司法工作的任务。

各县的司法干部,对于司法工作都有一定的职责,故不应任意调动,或随便分派出去做其他的工作,以致妨碍到司法工作的进行。因为司法干部在行政上和工作上都直接受高等法院的领导管辖。

各县裁判员的审判是独立的,但为着加强对于各县裁判员工作的领导,在各县成立裁判委员会,裁判员所处理的案件,都应经过裁委会的讨论。但对比较重大的案件的判决有不同意〔见〕的时候,可由裁委会将不同的意见直接报告高等法院作最后的决定。

边区的司法工作要深入群众,要在群众中建立司法工作的基础。在此次的选举运动中,应在各乡选出人民仲裁员和人民检察员,组织人民法庭,经过人民法庭,调解乡村民众的一切纠纷。一方面可以减少诉讼的案件,另一方面可以保障边区革命的秩序。

第二 关于建立革命秩序的问题

毛主席说过,"边区的革命秩序还做得不够。"我们需要建立革命的秩序,首先就以法律保障人民的权利。

我们在边区必要做到真正尊重人民的权利,边区就不会再有对群众打骂威胁、任意拘捕捆绑、滥用刑讯以及随便砍伐树木,侵占土地房屋、敲诈勒索的事件发生。这样才能够真正地建立革命的秩序。至于破坏革命秩序、违犯法律行为的罪犯,必须要拘捕处罚的,这完全是属于司法的职权范围,我们也应该有明确的规定:

(一)人民非有政府命令无私擅逮捕任何罪犯之权。

(二)团体、学校或机关(司法、治安机关除外)得自行处理本团体、学校或机关违反纪律规则之事件，但不得有逾越违警法或刑法以上之处理；如有触犯法律的现行犯可送交当地司法机关。

（三）乡长、区长在特殊的情形得下命令逮捕一切刑事犯。但必须于逮捕后二十四小时以内将犯人连同有关的证据材料解送司法机关，不得自行判决处罚。

（四）县裁判员或检察员得下命令逮捕一切刑事犯，负责审判，但判决死刑的案件，非经呈报高等法院批准，不得擅自执行。

（五）县保安科逮捕犯人，必须得县长的同意批准。

（六）军队逮捕非军人时，必须先行通知当地政府会同执行。

第三 关于案件处理的问题

边区司法工作的目的，一方面是防止人民与政府的利益受到侵害，另一方面是教育争取已经违犯法律行为的罪犯。因此在司法机关从受理案件一直到判决，一切必（都）要便利于诉讼当事人，即判决以后，亦当尽一切的可能帮助犯人的转变。

侦查案件，由检察员负责。案件经过检察员侦查结果，如认为罪案成立，即向裁判员提起公诉；如认为罪案不能成立，即将案件裁定撤销。

审讯案件由裁判员负责，主要的是采取解释说服及探问方式，绝对地禁止使用刑讯，诱骗谩骂亦不许可。倘审讯没有得到具体的口供，则搜集各种切实的证明。既无口供，又无证据，也不能够提出充分犯罪的理由，无论如何重大的案件，亦不能凭空定案。

案件经过侦查审讯，得到了相当的结果，由裁判员根据法律向裁判委员会提出对于案件处理的意见，经裁委会讨论判决，再交裁判员宣判。

各县判处死刑的犯人，在平时必要（须）先行呈高等法院，得到高等法院的批准，始准宣判执行。但在战争环境的特殊情形之下，可由当地最高负责的人员批准即可执行。

边区判刑，采取宽大的政策。对于罪犯凡能够争取的，应尽一切的可能争取。……因此，在边区非至不得已，绝不应随便轻〔易〕判死刑，但因政治条件或群众关系必要（须）判处死刑的时候，我们亦绝对不许宽纵姑息。

第四 关于犯人的问题

最好在各县裁判员的领导管辖之下，另设立一个看守所或监狱。

为着加强犯人的管理，在看守员的监视检查之下，可以将犯人分别组织起来，由犯人自己管理自己，互相帮助，互相保证，互相检讨，互相批评，纠正日常思想意识和行动表现错误的倾向，注意改善生活和待遇，不准对犯人施以打骂，提高犯人的情绪，并减少其肉体与精神上的痛苦，使犯人能够自觉地守法，免至发生悲观失望或盲动冒险的行为。高等法院采取这些新的方法管理犯人颇有效力，各县也可以照着去做。

教育犯人是争取犯人的先决条件，没有教育就不能够争取，故对于犯人的教育是非常重要的。

在边区要实现自足自给的经济政策，提高生产是重要工作的一部分，善于组织和使用犯人的劳动力参加生产，对于提高生产有很大的帮助。

（选自《抗日根据地政策条例汇集——陕甘宁之部》
下册，一九四二年版）

陕甘宁边区政府审判委员会组织条例

（一九四二年八月）

第一条 本会依边区实际情况，根据保障人权财权条例第十八条人民有按级上诉权之规定而组织之。

第二条 本会设委员五人，推定一人为委员长，一人为副委员长。设秘书长一人，承委员长、副委员长之命，掌理关于本会诉讼文件之草拟并保管印信事宜。设秘书一人，书记官一人至二人。

第三条 委员长、副委员长由边区政府主席、副主席兼任，其余委员由政务会议通过委任，书记官由委员长委任之。

第四条 委员长、副委员长之任期与政府主席、副主席之任期同。其余委员任期三年，期满以前条之规定改聘，但得连聘连任。

第五条 本会之职权如下：

1. 受理不服高等法院第一审及第二审判决之刑事上诉案件，及受理不服高等法院第二审判决之民事上诉案件；
2. 受理行政诉讼案件；
3. 婚姻案件；
4. 死刑复核案件；
5. 法令解释。

第六条 本会定每月开会一次，必要时，得临时召集之。

第七条　依第五条各款规定，须经委员会讨论通过；但刑事案件徒刑在五年以下，民事案件诉讼标的物，其契约成立于三十年一月以前，价格在法币二千元以下者；三十年一月以后成立契约，价格在边币一万元以下者，得由委员长、副委员长负责处理。

第八条　委员长因故不能办理案件时，由副委员长负责处理。

第九条　委员长、副委员长负责处理之案件，开会时应向全体委员报告。

第十条　本条例于法院组织法颁布后失其效力。

第十一条　本条例经政务会议通过，咨请边区参议会备案，边区政府颁布施行之。

（选自一九四二年八月二十五日《解放日报》）

陕甘宁边区调整军政民关系维护革命秩序暂行办法

（一九四三年一月十五日公布）

一、地方党政人民应尊重抗日军人权利，军队个别违反纪律的军队人员，得由地方治安机关扭送军事机关处理，其他地方党政人民不得逮捕或轻侮打骂，只能问清其本人所属机关，报告上级处理之。

二、军队应尊重地方党政人员，除现行犯外，如发生地方党政人员有违反法令行为时，军队不得直接逮捕或轻侮打骂，只能问其所属机关及职责，报告上级处理之。

三、尊重人民权利，绝对禁止非法捕人、罚款、打人、骂人行为。

四、在有地方公安机关的地区，处理地方违警事件及维持革命秩序的责任，一般由地方公安机关担负之。

五、地方驻军对于地方治安警卫部队，一般不干涉其日常工作和行政，不干涉其行使职权，但是在作战指挥上，警卫部队应受驻军统一指挥。

六、在战争戒严时期，〔对〕军事侦探犯，军队有直接逮捕处理之权。但该项人犯如系地方党政人员，须随时通知该党政机关负责人协同处理之。

七、地方警卫治安部队，对于一般士兵违犯地方治安及军风纪行为，有约束之权。

八、一般军民诉讼问题，按照边区政府及留守处所颁布的《军民诉讼暂行条例》办理。

（选自一九四三年二月十四日《解放日报》）

陕甘宁边区军民诉讼暂行条例

（一九四三年一月十五日公布）

边区过去军民诉讼管辖，因无明文规定，致发生不少纠纷。为了使今后在执法中实现军民关系的改进，特规定以下条例，以便共同遵守。

第一条 边区军民诉讼管辖之区分，悉依本条例办理之。

第二条 军民双方诉讼属于民事范围，婚姻、土地、财产、债务、嗣续等之案件，无论原被告属于何方，概归司法机关处理。

第三条 军人犯普通刑法之罪，应归司法机关处理。

第四条 军人违犯政令军纪，如嫖、赌、吃鸦片等，地方治安机关得扭送军事机关处理。

第五条 普通民人违犯军法，如勾引军人逃跑叛变及刺探军情等，在战时由军法机关处理，在平时由司法机关或锄奸机关处理。

第六条 军人及民人之现行犯，如叛变、抢劫、殴伤人等，军政机关均得按情节轻重及当时环境予以扣留或逮捕，但须于二十四小时内将人犯连同所携带之物品分别送交应受理之机关。

第七条 军人与民人同案共犯之事件，属于军法者，概归军法机关处理，属于普通刑法者，概归司法机关处理。

第八条 治安机关对非现行犯之军人，不得逮捕及解除武装，军队对非现行犯之民人，亦不得逮捕。

第九条 司法机关处理军人违犯普通刑法案件时，应通知直接主管机关或上级机关派员参加审判。军法机关处理民人违犯军法案件时，亦应通知司法机关派员参加审判。

第十条 军民诉讼遇有重大案件，或必要时，将由边区最高行政机关及最高军事机关会商组织临时军民诉讼委员会，无论该案已未经第一审判决，均得由会提审。判决后，呈最高行政机关及最高军事机关会核，即为终审。军民诉讼委员会之组织，司法机关二人，军法机关一人，以资深者为主任委员。

军民诉讼委员会关于军民诉讼程序，适用军事诉讼程序。

第十一条 军民诉讼案件之处理，司法机关传讯之原告或被告系属军人时，应通知其主管机关或上级机关。

军法机关处理军民诉讼案件，其传讯之原告或被告系属民人时，应通知当地政府后，送向民人之住所地为之。

第十二条 司法机关关于军民诉讼案件之诉讼程序，适用通常民刑事件之诉讼程序。军法机关关于军民诉讼事件之诉讼程序，适用军事审判程序。

第十三条 本条例经陕甘宁边区政府公布执行之。

(选自一九四三年二月十四日《解放日报》)

陕甘宁边区高等法院分庭组织条例草案

(一九四三年三月公布)

第一条 为便利诉讼人民上诉起见，得于边区政府所辖各分区内之专员公署所在地，设置高等法院分庭，代表高等法院受理不服各该分区所辖地方法院或县司法处第一审判决上诉之民刑案件，为第二审判决，但延安分区得不设高等分庭。

第二条 前条应设置之高等分庭，得设置于专员公署。

第三条 高等分庭之管辖区域，与各该专员公署所辖之行政区域同。

第四条 高等分庭设庭长一人，推事一人，书记员一人或二人，视事之繁简定之。

第五条 高等分庭庭长、推事，由高等法院呈请边区政府任命。

第六条 高等分庭庭长，综理庭内行政事务及审判事宜。

第七条 高等分庭拟判刑事三年以上徒刑案件，应将所拟判词连同原卷呈送高等法院复核。高等法院对前项复核案件，应为下列指示：

一、事实点尚须调查者，为更行调查之指示；

二、法律点有错误或量刑失当者，为纠正之指示；

三、事实无讹，科刑适当，与法无违者，为如拟宣判之指示。

第八条 除前条外，高等法院如发现各分庭民刑判案有重大错误时，得为纠正之指示，或令该分庭复审。

第九条 高等分庭应将受理判处民刑案件已结未结件数及案件处理内容，按月填表呈高等法院查核，表由高等法院制定颁发。

第十条 高等分庭处理民刑诉讼案件之程序，除本条例所规定外，悉依边区民刑诉讼条例之规定。

第十一条 高等分庭对外一切行政文件,由庭长名义行之,裁判书由推事副署,概用分庭钤记。

第十二条 高等分庭关于行政处理问题及诉讼程序问题、法律适用问题,有须质疑者,呈送高等法院核示之。

第十三条 不服高等分庭判决之案依法得上诉者,由分庭将案卷及判决书呈送高等法院加以复核。如原卷有错误,应由高等法院予以纠正;如无错误,应由该院对当事人予以解释。经纠正或解释后,如当事人仍不服,即呈送审判委员会核办。

第十四条 高等分庭得设法警一人或二人,由专员公署警卫队拨用。应羁押之人犯,羁押于高等分庭所在地之地方法院或政府之看守所。

第十五条 本条例由边区政府公布施行。

(选自《陕甘宁边区政策条例汇集》续编,一九四四年版)

陕甘宁边区县司法处组织条例草案

(一九四三年三月公布)

第一条 陕甘宁边区所辖各县,除设地方法院者外,概由各县司法处受理辖内第一审民刑诉讼案件。

第二条 县之司法区域同其行政区域。

第三条 县司法处设处长一人,审判员一人,书记员一人。

第四条 县司法处处长由县长兼任,审判员协助处长办理审判事务。如诉讼简单之县份得由处长兼任审判员。

第五条 县司法处处长、审判员,由高等法院呈请边区政府任命。

第六条 县司法处得设法警二人,由县警卫队拨用。

第七条 审判员在处长监督下,进行审判事宜。对于司法文件,由处长名义行之,但裁决书由审判员副署,盖用县印。

第八条 司法处受理民刑案件,如系下列各案,经过侦讯调查后,须将案情提交县政府委员会或县政务会议讨论,再行判决。

一、民事案件诉讼标的物其价格在边币一万元以上者,婚姻、继承、土地案件与政策有关,或与风俗习惯影响甚巨者;

二、刑事案件中之案情重要者;

三、军民关系案件之情节重大者。

第九条 司法处办理民刑案件之程序，悉依边区民刑诉讼条例之规定。

第十条 县司法处关于行政处理问题、诉讼程序问题、适用法律问题，有须质疑者，呈由该管高等法院分庭核示，如分庭仍有疑问者，转请高等法院核示。

第十一条 不服县司法处第一审判决上诉之案件，以高等法院为第二审，各分区设有高等法院分庭者，以该管分庭为第二审。

第十二条 司法处关于应羁押之人犯，羁押于各该县之看守所，对于人犯之教育、工作、生活各项事宜，审判员承处长之命，得随时到所视查之。

第十三条 刑事判决之短期人犯，得在所内执行，长期人犯送监执行。

第十四条 民事案件需用执达员者，由法警办理之。

第十五条 本条例由边区政府公布施行。

（选自《陕甘宁边区政策条例汇集》续编，一九四四年版）

晋察冀边区陪审制暂行办法

（一九四〇年五月十五日公布）

第一条 本办法根据边区政民联席会决议规定之。

第二条 普通民刑及特种刑事案件无秘密必要者，应通知陪审组列席陪审。

第三条 陪审组就下列各团体互推陪审员三人组织之：

一、工人抗日救国会；

二、农民抗日救国会；

三、青年抗日救国会；

四、妇女抗日救国会；

五、人民武装抗日自卫队；

六、文化界救国会；

七、抗敌后援会；

八、牺盟会；

九、其他群众团体。

第四条 陪审员于审案件有下列情事之一者，应自行回避，不得执行职务。

甲、民事

一、陪审员或其配偶、前配偶或未婚配偶为诉讼事件当事人者；

二、陪审员为该诉讼事件当事人七亲等内之血亲或五亲等内之姻亲或曾有此亲属关系者；

三、陪审员或其配偶、前配偶或未婚配偶或该诉讼事件，与当时有共同权利人、共同义务人或偿还义务人之关系者；

四、陪审员现为或曾为诉讼事件当事人之法定代理人或家长家属者；

五、陪审员于诉讼事件现为或曾为当事人之诉讼代理人或辅佐人者；

六、陪审员于诉讼事件曾为证人或鉴定人者；

七、陪审员曾参与该诉讼事件之前审裁判或公断者。

乙、刑事及特种刑事

一、陪审员为被害人者；

二、陪审员现为或曾为被告或被害人之配偶、七亲等内之血亲、五亲等内之姻亲或家长家属者；

三、陪审员与被告或被害人订有婚姻者；

四、陪审员现为或曾为被告或被害人之法定代理人者；

五、陪审员曾为被告人之代理人辩护辅佐、或曾为自诉人附带民事诉讼当事人之代理人、辅佐人者；

六、陪审员曾为证人或鉴定人者；

七、陪审员曾执行本案之检察官或司法警察官之职务者；

八、陪审员曾参与前审之裁判者。

第五条 当事人遇陪审员有前条情形而不自行回避者，得声请陪审员回避。

第六条 审判官或军法官如认为陪审员有应自行回避之原因者，应依职权令其回避。

第七条 陪审时应于审判期前三日通知陪审组届时列席陪审，但届时不列席者视为抛弃权利，审判官或军法官径行审判之。

第八条 前项通知应以通知书为之，通知书表式另行规定之。

第九条 陪审组收到通知书后，应出具回证。

第十条 刑事及特种刑事案件，在侦查期间不适用本办法。

第十一条 陪审员对于所陪审之案件，在事实上及法律上得陈述意见。

第十二条 陪审员在审判时发问，得经审判官或军法官之许可。

第十三条 陪审员对其陪审案件及案件之决定，应保守秘密者不得泄露。

第十四条 陪审员于言词辩论终结后三日内得提供意见，以便审判人员正确判决案件之采择。

第十五条 审判官或军法官对于陪审员提出之意见未能采纳时，得向陪审员提出解释。

第十六条 陪审员应于讯问笔录内签名盖章。

第十七条 本办法如有未尽事宜，得依需要由边委会修补之。

第十八条 本办法自公布日施行。

（选自《抗日根据地政策条例汇集——晋察冀之部》）

晋察冀边区公安局暂行条例

（一九四一年四月十日）

第一条 公安局是边区抗日民主政权维持社会治安的主管机关，是政府的组成部分。各级公安局，应在各级政府领导下进行工作。

第二条 公安局的任务，是在保卫抗日根据地，保卫抗日民主政权，保障人民权利，保障各抗日党派合法权利之下，镇压敌探汉奸，制止非法行为，维持边区抗日民主的社会秩序。

第三条 公安局的组织如下：

一、边区设边区公安局，直隶于边区行政委员会，指挥与管理全边区各级公安局。

二、冀中设冀中分局，直隶于冀中行署。冀北设冀北分局，直隶于冀北办事处。并秉承边区公安局之方针，指挥与管理各该区各级公安局。

三、专区设公安督察员，直隶于边区公安局或其分局，并受专员公署之领导，督察该专区所属各县治安工作。

四、县设县公安局，直隶于县政府，并秉承边区公安局或其分局之方针，管理全县治安工作。

五、区设正副治安员，直隶于区公所，并秉承县公安局之方针，办理全区治安工作。

六、村设治安员，直隶于村公所，并秉承上级公安局之方针，办理全村治安工作。

第四条 公安局的工作如下：

一、侦探破获通谋敌人破坏边区军事、政治、经济、文化、交通设施，危害边区党政军民机关团体工作人员及人民的敌探汉奸。

二、肃清一切破坏抗战、破坏团结、破坏边区、破坏政权、破坏人民权利的奸细。

三、稽查户口，办理民商迁移、居住、出行的手续；检查邮电交通，盘诘来往敌占区的商贩，防止汉奸盗匪混入活动。

四、揭破敌伪阴谋，教育广大民众开展锄奸运动。

五、办理汉奸自首。

第五条 公安局的权限如下：

一、公安局依据法定手续，对于确有证据的特种刑事犯（敌探、汉奸、盗匪）有逮捕权，对于扰乱社会治安，破坏边区的非法分子，有检举拘留之权。

二、公安局无处理犯人之权，特种刑事犯应于检查完毕送交军法机关处理（普通刑事犯由司法机关处理）。

三、公安局对于特种刑事犯，不论其为机关团体〔人员〕或普通人民，得行使检察机关之职务，实行检举检查，并向军法机关起诉。

四、公安局对于军法机关关于特种刑事犯的判决，认为不合时，得上诉于上级政府。

五、特种刑事犯涉及武装部队人员时，公安局不得直接逮捕，应通知部队的主管机关处理之。

第六条 公安局除向上级公安局报告工作外，并应报告同级政府。

第七条 本条例有不适宜时，由边区行政委员会修改。

第八条 本条例自公布之日施行。

（选自《抗日根据地政策条例汇集——晋察冀之部》）

晋察冀边区法院组织条例

（一九四三年一月二十日晋察冀边区第一届参议会通过，
同年二月四日晋察冀边区行政委员会公布）

第一章 总则

第一条 本条例根据中华民国法院组织法之基本精神适应边区具体环境

制定之。

  第二条 本边区民刑诉讼及其他司法事务之处理，除本条例别有规定外，适用国民政府关于法院通用之一切法令。

  第三条 边区法院分地方法院及高等法院。

  第四条 高等法院受最高法院之管辖，受边区行政委员会之领导，在与最高法院不能联系时，人民不服高等法院所为之判决，得申诉于边区行政委员会。

第二章 地方法院

  第五条 县或市设地方法院，但视环境之需要，得合数县市设一地方法院，不设地方法院及无地方法院管辖之县，暂设县司法处。

  第六条 地方法院管辖之事件如下：

  一、民事刑事第一审诉讼案件，但法律另有规定者不在此限。

  二、非讼事件。

  县司法处之管辖事件与地方法院同。

  第七条 地方法院设推事若干人、书记官长一人及书记官若干人，其审判案件以推事一人独任行之。

  县司法处设审判官一人或二人及书记官若干人。

  第八条 地方法院设院长一人，由推事兼任，综理全院行政事务。

  县司法处之行政事物由县长兼理之。

  第九条 地方法院及县司法处得设看守所及监狱，其组织规程另定之。

第三章 高等法院

  第十条 边区设高等法院，并得于行署管辖地区，设高等法院分院。

  第十一条 高等法院之管辖事件如下：

  一、关于不服地方法院或县司法处第一审判决而上诉之案件。

  二、关于不服地方法院或县司法处裁定而抗告之案件。

  三、复核县司法处所处理而未经上诉，或撤回上诉，或上诉不合未经第二审实体上审判之刑事案件。

  第十二条 高等法院设院长一人，由边区参议会选举，报请国民政府任命之，其职权如下：

  一、综理全边区司法行政及全院行政事务。

  二、监督指挥全院一切诉讼案件之进行。

高等法院院长任期二年得连选连任。

第十三条 高等法院设下列各部门：

一、司法行政科：设科长一人，科员若干人，掌管各级司法人员之铨叙教育，司法经费，司法收入，及看守所监狱事宜。

二、民事刑事法庭：设推事若干人，审理民事刑事诉讼案件。

三、书记室：设书记官长一人，书记官若干人，掌管记录、编案、印信、文牍、统计、收发及保管证物诸事宜。

四、看守所：掌管犯人之监管教育事宜。

前项之法庭、看守所，得分设于本院管辖范围内之各行政督察专员区。

第十四条 高等法院分院之管辖事件与高等法院同。

高等法院分院之内部设置，准用前条之规定。

第十五条 高等法院及其分院之审判案件，以推事三人合议行之，但于不得已之情形下，得以推事一人独任之。

第十六条 高等法院及其分院，得设感化机关，其组织规程另定之。

第四章 检察官之配置

第十七条 各级法院各设首席检察官一人，检察官若干人，并得以各该管辖地区之地方行政长官兼任首席检察官。

县司法处设检察官一人，由县长兼理之。

第十八条 检察官之职权如下：

一、实施侦查，提起公诉，协助自诉，实行公诉，担当自诉及指挥刑事裁判之执行。

二、其他法令所定职务之执行。

第十九条 检察官服从首席检查官之指挥，各级法院之首级检察官，得亲自处理所属检察官之事务，并得将其转移于其他所属检察官处理之。

第五章 检验员、执达员、庭丁及司法警察

第二十条 高等法院及其分院，得设检验员、执达员及庭丁各若干人。

地方法院及县司法处得设检验员一人、执达员及庭丁各若干人。

第二十一条 各级法院及县司法处，均得调用其同级政府之警卫员，执行司法警察职务，其调度办法另定之。

第六章 司法行政之监督

第二十二条 司法行政之监督依下列之规定：

一、高等法院院长，监督各级法院与其分院及县司法处。

二、高等法院分院院长，监督该分院与所属下级法院及县司法处。

三、地方法院院长，监督该法院。

四、高等法院首席检察官监督全边区之检察官。

五、高等法院分院首席检察官监督该区域内之检察官。

六、地方法院首席检察官监督该法院之检察官。

第二十三条 依前条规定有监督权者，对于被监督之人员，得为下列处分：

一、关于职务上之事项，得发布命令使之注意。

二、有废弛职务，侵越权限或行止不检者，加以警告，其情节重大者得依法惩戒。

第二十四条 本章各条之规定，不影响于审判权之独立行使。

第七章 附则

第二十五条 本条例自公布之日施行。

（选自晋察冀边区行政委员会《现行法令汇集》上册，一九四五年版）

晋察冀边区行政委员会关于改变公安机构及其工作范围之决定

（一九四三年二月十二日）

（一）为加强锄奸工作与厉行简政政策，特决定专区以下公安组织编制如附表，希即转令遵照改编。自三月一日起实行，并报会备案。

（二）专署、县公安科的工作范围、工作关系等规定如下：

甲、各署、县公安科为各该级政府之组成部分，科长出席署务、县务会议，报告讨论锄奸工作，关于有关秘密的侦察工作与侦察技术等可不作报告，在北岳区公安局总的治安工作方针下，进行工作。

乙、各署、县公安科之任务，是在专员、县长及上级公安局领导之下，办理该署县范围内侦察据点工作、预审、调查、情报、社会管理、干部训练、群众锄奸等事宜，各该公安科长为同级司法机关之特种刑事检察官，担任侦察起诉。

丙、各级政府之决定，如与上级公安局科之决定相抵触时，应执行上级公安局科之决定，同时报告上级解决。

丁、关于锄奸政策方针，全面性的治安法令，由专署、县府以专员、县长行文。关于公安部门侦查敌之秘密工作方面，公安科长可以科长名义直接对上下行文。

戊、科内一般办公经费，均归各该级政府统一开支；特费开支由科长掌握，专员、县长审核，特费开支数额照前不变。

己、区治安员或派出所为区公所组成部分，治安员及派出所长与区公所之关系，与署、县公安科与专署县政府关系同。

（三）各级公安机构如上改变后，在工作中必须注意下列各点：

甲、各级政府必须加强对锄奸工作之领导，经常加以讨论与检查，各专员、县长、区长及公安干部须加强对敌伪奸特之调查研究与锄奸政策之熟悉掌握，克服过去忽视锄奸工作，将这一工作认为只是公安部门的事而政府不加过问或很少过问的现象。

乙、某些地区政府干部与公安干部不团结、闹本位的现象必须彻底肃清，应教育干部了解，这次机构之改变，是为了统一与集中对敌斗争的力量，加强锄奸工作，今后任何"闹磨擦"、互不尊重的现象，都会削弱对敌斗争的力量，给敌寇汉奸活动以可乘之机，故于新编制实行后；政府与公安干部必须更进一步的团结。

丙、各专员、县长对于公安科之领导，必须顾及其工作特殊性，在不违反各该级政府及上级公安局锄奸方针下，应给以更大的机动执行权，不应与其他各科同等看待。

（选自晋察冀边区行政委员会《现行法令汇集》上册，一九四五年版）

晋察冀边区行政委员会关于边区司法机关改制之决定

（一九四三年二月十二日）

一、本边区司法机关除依据边区法院组织条例第十条，第五条之规定设立高等法院及县司法处外，并依照同条例第十三条第二项之规定，将各区司法处取消，另由高等法院在各行政督察专员区设立法庭，名晋察冀边区高等法院第几法庭。各专署原有之看守所，亦同样改组为晋察冀边区高等法院第几看守所。

二、未设司法处各县之民刑案件，由专员公署指定邻县司法处管辖，指定后报本会备查。

三、高等法院各法庭，对于该管区内之二审案件，由驻庭推事独任行之。但巡回推事莅庭时，得开合议庭。

四、高等法院、高等法院各法庭及县司法处印信，由本会刊发。

高等法院推事、高等法院书记官长、司法行政科长、各县司法处审判官及边区自新学艺所所长，由本会委用，书记官、管狱员、看守所长及边区自新学艺所干事、分队长，由高等法院委任之。各专员县长佐对司法干部之配备及各级法院之措施有意见时，报请本会处理之。

五、高等法院各法庭及各县司法处，对于普通民刑案件因进行审判所为之文件，加盖法庭及县司法处印信，但对于司法行政事项，仍以专员及县长佐名义加盖专署关防及县政府印信行之。

六、各专员对普通刑事案件，兼任高等法院在各专区所设法庭之检察官；各县长、〔县〕佐对普通刑事案件，兼任县司法处之检察官，检察官均不另加委，但须加强检察工作。

七、高等法院各法庭驻庭推事及县司法处审判官，仍须代替专员及县长、〔县〕佐审理特种刑事案件。

八、对司法工作如有报告请示事项，依下列规定办理：

（一）县司法处应报送复判之刑事案件，报由高等法院在该管专区内所设之法庭复判。

（二）县政府所为之特刑判决，除贪污案件外，仍报送专署代核，专员所为之特刑判决，仍报本会复核。

（三）司法行政事项报由高等法院核办，但涉及特种刑事者仍报由本会核办。

九、高等法院在各专区所设之法庭及各县司法处之经费、收发、缮印文件事宜，及日常生活，仍照各区司法处、各县司法科与署、县关系之旧例办理。

十、各区司法处及县政府、县佐公署接到本决定后统于三月一日起，依照本决定实行改制。各县司法处在未奉到印信前，对于普通民刑案件因进行审判所为之文件，暂准借用所在县之县政府印，但须于右旁注明"借用"字样。

（选自晋察冀边区行政委员会《现行法令汇集》上册，一九四五年版）

晋察冀边区行政委员会关于处理监押犯之决定

(一九四三年四月十五日)

目前各县监押犯人日渐增加，不但不适于战斗环境，且有碍国民生产，又根据目前北岳区人民生活水准，特别在与一般灾民生活相形对比之下，现在囚粮数目实嫌过多。为了减少监所监押犯人，节省开支，借社会群众力量促进犯人向上之心，发挥犯人力量增加生产计，兹决定：

一、下列两种人犯，在未判决前，得斟酌情形，准予保外听候传讯，以免有误农时：

甲、犯刑法第六十一条所列各罪之嫌疑者；

乙、犯刑法第六十一条以外刑之嫌疑而无逃跑或湮灭证据之虞者。

二、判处徒刑之人犯，除案情轻微且系纯由贫困所迫而初次行窃之窃盗犯，得于判决后即时回村执行，以劳役代替徒刑外，其余一律在监执行，不准未经判决，即予开释。但在执行期间，表现良好，以及无重复其犯罪行为之虞者，无论执行日期之长短，均准由村公所或其亲属保回耕作，保回期限每次以三个月为限。但出于自动，甘心事敌之汉奸，不在此限。

三、病犯无论已决未决，均尽可能的准保回家疗养。

四、回村执行徒刑之窃盗犯及保回耕作之人犯，均无公权。保回耕作之人犯，亦须服劳役。回村执行徒刑之人犯，每月劳役不得过十日，保回耕作之人犯，每月劳役不得过五日。服劳役之事项如下：

甲、属于公家建筑、修滩、开渠等事项。

乙、为抗属及贫苦而缺乏劳动力之人民代耕（除应服者外）。

偷懒怠工劳动效率低者，上列服劳役期限得延长之。但除规定劳役外，最多不得过三日。

五、回村执行徒刑之窃盗犯，其服劳役日期与不服劳役日期均以一日折抵一日，与在监执行同，惟区公所应定期召集至区予以教育。保回耕作之人犯，期满时区公所应予以鉴定，其安心劳动无何种不良行为者准一日折抵徒刑一日，必要时并得呈请县司法处延长其假期，但不安心劳动或另有何种不良行为者不得折抵，亦不延长其假期。

六、回村执行徒刑之窃盗犯及保外参加生产之人犯，如因探亲或经营其他事业而离其本村时，须向村治安员请假。

七、不准保回耕作之人犯，应依本会法字第一一二号令从事作业。

八、回村执行、保回耕作、保回养病之各种人犯，一律不发给囚粮、柴菜金，其服各种劳役时亦不给酬，惟替私人服劳役时，愿供给其饭食者听。在监所羁押之人犯以雇送为原则。

（选自晋察冀边区行政委员会《现行法令汇集》下册，一九四五年版）

晋察冀边区行政委员会关于执行改进司法制度的决定应注意事项的命令

（一九四四年五月二十九日）

为转变司法作风，本会特发布《关于改进司法制度的决定》以为今后改进司法工作之依据。这一决定的基本精神，在于：

（一）打破旧的司法工作的一套，使我们的司法工作真正是为群众服务的。进行工作要深入群众去作切实的调查研究，实事求是，肃清主观主义的作风和"明公"、"清官"自命的态度。

（二）照顾本边区人民生活习惯等实际情况，把司法工作中的某些问题，以现实的办法，求得解决。

（三）由工作实践中，以创造与建立适合于新民主主义政治的人民大众法庭。

正确的工作制度和方式方法，对工作的进行是有着统一步调、提高效能的宏效的。各署县庭处对这一决定应加以深切注意，深入讨论执行。关于执行中应注意的事项，兹再分别指示于下：

1. 在决定的甲项中，其主要含义为贯彻一元化与肃清过去对审判上上下级间互不过问的错误观点，即上级审对下级审所进行之案件，虽明知不当亦不过问，致使广大群众因讼而虚糜金钱，浪费时日，但问题不一定得到适当的解决，其中贫苦者更不愿打官司，影响抗战团结甚大。因此，领导一元化与建立巡回巡视制度，正可以及时解决民间纠纷，增强政府威信与工作效率。

2. 陕甘宁边区马锡五同志说："三个农民佬顶一个地方官"，因此我们的司法工作应经常进行调查研究，健全陪审，搜集材料，但审判后反映如何，作用如何，则审判上检查会议之建立，即所以找出经验，避免重复缺点，因此司法工作人员对会议上提出之意见，要虚心接受，对工作要积极勇于负责，凡一切推诿的现象都要防止与纠正。

3. 诉讼费用在边区形式上似已不存在，但无故缠讼影响对方生产，也不能不责令赔偿，此项赔偿不但在巩固区应注意妥善执行，即游击区在我巡回巡视中亦应注意及之。

总之，各级司法工作干部应深刻体会这一决定的基本精神，对广大群众提出之问题，在解决上要适当、及时，不致荒废时日，妨害生产，在工作上要争取主动，扫除过去等待被动及不告不理之严重脱离群众倾向。

附关于改进司法制度的决定一份。

此令

（选自晋察冀边区行政委员会《现行法令汇集》下册，一九四五年版）

晋察冀边区行政委员会关于改进司法制度的决定

（一九四四年五月三十一日）

为了使司法工作进一步为群众服务，建立与加强司法干部的群众观点，彻底打破"民不举，官不究"，"明公断案"等统制思想，树立司法工作的调查研究、实事求是的大众化的民主作风，本会特作如下之决定。

甲、审判方式与领导关系

一、高等法院及其法庭建立不定期的巡视巡回与就审制度，各县司法处建立巡回就审制度与协助区村调处与调解。

二、巡回就审应采取以下的方式方法：

1. 深入调查研究

详询当地各级政权及团体干部，了解实际情况；

访问附近群众，了解舆论趋向；

找人与当事人谈话，并亲自征询当事人，了解其心情与主张；

找到案件有关各方共同研究。

2. 审讯以座谈会方式行之，诉讼手续力求简便。

3. 坚持原则，坚决执行政府政策法令，照顾群众生活习惯，维护群众利益。

三、高等法院及其法庭对县司法处所受理之案件，在诉讼进行中发现其处理有失当者，应不待其判决，即时提出意见，予以纠正。

上诉案件，上一审发现判决在原则上失当者，应提出具体意见发回重审，但在下列情形下，应为补正性质之裁判或指复。

1. 仅系引律错误者；
2. 刑事案件量刑失轻失重者；
3. 民事案件赔偿或多或少者。

本项规定，复核、复判案件也准用之。

四、民事及普通刑事之重大案件，在宣示判决前，须征得行政首长之同意。

乙、建立审判上的检查会议

五、在案件审判进行中，除随时征询各部门、各团体意见及邀请本案有关各方陪审外，并建立审判上的检查制度，会议检讨在该时期中对各种案件处理之得失，并着重审判上对政策之掌握及贯彻情形，如发生偏向，须找出今后纠正办法。

六、检查会议由专员、县长（专员、县长不能主持时，可由推事、审判官主持）负责召集有关各方负责人、推事、审判官、民政科长、公安科长，在一定时间举行之（每三个月或半年一次）。由法庭或司法处负责准备，每次会议召集之前，须将检讨事项通知有关各方、各庭处，推事、审判官须在会议上提出报告（事先须经庭处讨论），以供出席人参考。

丙、监外执行

七、犯人离监所回村执行时，司法机关必须通知区村公所，区村公所应经常注意犯人之行动。为了达到上项管教目的，区村干部得随时与之个别进行谈话，如涉及犯罪，得送回原判机关处理。

八、游击区之案犯判处徒刑者，得视具体情况，因地制宜，作如下之处理：

1. 送巩固区县份监所或本会感化机关执行。
2. 易科罚金，并限定其住所，予以监外执行。
3. 回村执行，指定专人负责管教，并责服抗勤或为抗属代耕。但甘心事敌之汉奸犯不得适用本条2、3两款之规定。

九、在外执行期间，重行犯罪者，应处以所犯之罪，合并前科之刑在监执行。

十、司法机关对监外及回村执行之人犯，应定期检查分区集训，进行鉴定。

受集训之人犯，须取得住在村公所对该犯在执行期间的表现的简短说明书。

丁、诉讼费的负担及上诉第三审之诉讼标的计算

十一、诉讼费用，由败诉人负担，但败诉人因生活困难，确无力负担诉讼费用而有证明者，得免负胜诉人之诉讼费用。

十二、诉讼费用限于下列各种：

1. 当事人之食宿费。
2. 证人之食宿费。
3. 有缮状生县份之缮状费。

食宿费以每日小米二斤计算，一日能往返者不计。

十三、诉讼当事人之一造家中富有，故意缠讼，陷他人生活困难者，除令负诉讼费用外，并得依当地工资按月判令赔偿损失。

十四、因财产权争执而涉讼，其诉讼标的物折价未逾五百斤小米者，不得上诉第三审。

戊、附则

十五、其他法令与本决定不抵触者，仍适用之。

（选自晋察冀边区行政委员会《现行法令汇集》下册，一九四五年版）

晋察冀边区行政委员会关于特种刑事案件审理程序之决定

（边委会第四十六次委员会议通过）

审理特种刑事案件，应依照下列规定办理，其他法令、条例、办法不抵触部分仍适用之。

一、特种刑事被告，除管辖特种刑事案件机关直接拘捕者外，其他机关、团体或个人依法令逮捕后，应于二十四小时内连同被告口供、证物及所带物品一并解送或转送县公安局侦查，但在途期间不在此期限以内。

盗换隐没前列证物及物品者，以侵占或贪污论罪。如系鸦片或毒品被公务员盗换隐没者，应按禁烟治罪暂行条例第十三条第二项、禁毒治罪暂行条例第十四条第二项处以死刑。

二、羁押被告侦查中不准逾二月，审判中不准逾一月，但特殊情形侦查中得于期限未满三日前报请同级军法审判机关核准展限两月；审判中得自动展限一月，但均以一次为限。

军法审判机关拘捕被告后，有详经侦查之必要时，得于五日内连同卷，证及被告所带物品一并交由公安局先行侦查。

前项期限已满，仍未起诉或裁判者，应即开释、保释、责付或限定其住址，停止羁押。

三、第一项被逮捕之被告如拘留逾限时，被告或被告之亲友得立催解案或报请公安局提案。

第二项被羁押之被告如羁押逾限时，被告或被告之亲友得立催停止羁押，或径向羁押机关之直接上级报请转令停止羁押。

故意逾限拘留或羁押被告者，受刑事制裁或行政处分。

四、案件经县政府判决者，应连同被告声辩书送专署暂代本会复核，专署如不能或难于复核者，则转送本会复核，专署应将每月复核案件于月终列表汇报本会。

五、本决定自四月十五日起施行，并得随时修正撤销，或停止适用之。

□□县未结特刑案件羁押被告报告表

中华民国　年　月　日

县长　（印）　造送

案由	羁押被告姓名	羁押日期	备考	案由	羁押被告姓名	羁押日期	备考

（自由延长）

（选自晋察冀边区行政委员会《现行法令汇编》上册，一九四五年版）

晋冀鲁豫边区高等法院组织条例

（一九四一年十月十五日公布施行）

第一章　总则

第一条　本条例根据国民政府公布之法院组织法及敌后特殊情形制定之。

第二条 晋冀鲁豫边区高等法院（以下简称本院）受国民政府最高法院之管辖，晋冀鲁豫边区临时参议会之监督，及晋冀鲁豫边区政府（以下简称边区政府）之领导。

第三条 本院独立行使其司法职权。

第二章 职权及组织

第四条 本院设院长一人，由晋冀鲁豫边区临时参议会选举之。

第五条 本院院长之职权如下：

一、管理边区司法行政事项。

二、监督及指挥本院一切诉讼案件之进行。

三、审核地方法院及县司法机关案件之处理。

四、没收及稽核赃物、罚金。

五、对司法人员违法之惩戒。

六、对司法人员培养及教育事项。

七、犯人处理事项。

八、对于边区政府及晋冀鲁豫边区临时参议会报告事项。

九、管理其他有关司法事项。

第六条 本院管辖之事项如下：

一、关于司法行政事项。

二、关于重要之刑事第一审诉讼案件。

三、关于不服地方法院第一审判决而上诉之案件。

四、关于不服地方法院之裁定而抗告之案件。

五、关于非讼事案件。

第七条 本院设置下列各部门：

一、司法行政处；

二、检察处；

三、民事法庭；

四、刑事法庭；

五、书记室；

六、看守所。

第八条 本院设秘书长一人，承院长之命佐理第五条所规定之职务。

第九条 本院得设巡回法庭，其组织及工作另定之。

第十条 本院得设劳动感化院，其组织及工作另定之。

第十一条　本院司法人员由院长呈请边区政府任免之。

第三章　司法行政处

第十二条　司法行政处下设一、二、三科，处设处长一人，承院长之命管理全处事务，各科各设科长一人，科员若干人，承主官之命管理各科事务。

第十三条　司法行政处管理之事务如下：

一、关于边区各级司法人员之铨叙事项。

二、关于边区各级司法人员教育训练事项。

三、关于边区各级司法机关之司法收入及司法经费事项。

四、关于边区各级法院之看守所、劳动感化院事项。

第四章　检察处

第十四条　本院检察处设检察长一人及检察员若干人，由院长呈请边区政府任命之，独立行使其检察职权。

第十五条　检察长之职权如下：

一、执行检察任务。

二、指挥并监督检察员之工作。

三、处理检察员一切事务。

四、分配并监督检察案件之进行。

五、决定案件之裁定或公诉。

六、指定检察员莅庭陈述对于案件处理之意见。

七、对高等法院判决如有不同意见，有权向边区政府提出控告，边区政府接受其控告可组织特别法庭或交还高等法院复审。

第十六条　检察员之职权如下：

一、关于案件之侦查。

二、关于案件之裁定。

三、关于证据之搜集。

四、提起公诉，撰拟公诉书。

五、协助或担当自诉。

六、为诉讼当事人或公益代理人。

七、监督判决之执行。

八、在执行职务时，如有必要得请当地驻军或公安队协助。

第五章 法庭

第十七条 本院民事庭及刑事庭各设庭长一人及推事若干人，独立行使其审判职权。

第十八条 庭长之职权如下：

一、执行审判事务。

二、指挥并监督法庭推事之工作。

三、分配并监督审判案件之进行。

四、公审案件之决定。

五、强制执行之决定。

六、审判之撤销或判决。

第十九条 推事之职权如下：

一、关于案件审判事项。

二、关于案件之调查事项。

三、关于证人之传讯及证物之检查事项。

四、关于案件批答事项。

五、关于案件之判决及撰拟判决书。

第六章 书记室

第二十条 本院书记室设书记长一人，主任书记及书记员若干人，服从院长之领导，执行其职务。

第二十一条 书记员于法院开庭审判时执行职务者，服从庭长及推事之指挥。

第二十二条 书记员随从检察处或法庭执行职务时，应服从检察长或庭长之指挥。

第二十三条 书记室在书记长指挥监督下执行职务如下：

一、本院之庶务、会计、生产事项。

二、案件收发、登记、分配及保管。

三、撰拟及缮写文件。

四、编制报告及统计。

五、掌管记录。

六、整理卷宗。

七、典守印信。

八、保管证物。

九、管理图书。

第七章　看守所

第二十四条　本院看守所设所长及看守员，服从本院领导，执行其职务。

第二十五条　本院看守所设武装卫队。

第二十六条　看守所在所长指挥监督下执行职务如下：

一、犯人之收押、检查、点验及看管。

二、登记及保管犯人之财物。

三、计划及实施犯人之教育。

四、组织及分配犯人之工作劳动。

五、考查犯人之活动。

六、登记犯人之出入。

第二十七条　被处徒刑或拘役之犯人，羁押于看守所者，准用监狱法之规定。

第二十八条　看守所规则另定之。

第八章　附则

第二十九条　本院经费之编制及司法人员之待遇，另定之。

第三十条　本条例修正权属于边区临时参议会，解释权属于边区政府。

第三十一条　本条例经边区临时参议会通过后，由边区政府公布施行。

晋冀鲁豫边区政府
晋冀鲁豫边区高等法院
关于执行决定之审级制度的命令

（一九四二年五月二十一日）

太岳行署、太行各专署县府：

自边府及高等法院正式成立之后，关于全区审级制度，虽有明文确定，但因只是确定其原则，并未使原则更加具体化，所以形成审级上的长期凌乱。在下级不知如何是好，或者敷衍塞责，一切诿之上级（个别地区，其至连判一两个月徒刑案件，亦呈送法院核判），或者孤行独断，一切均不呈报，或者剥夺诉讼人上诉权利，使错误判决无法纠正，或者借口情况紧急而任意滥杀人犯。而在上级则整日埋头于文牍之中，或系吹毛求疵，或则"准予照判执行"例行一套，繁忙于日常司法事务，忽略对政策上之指导掌握。如此情况欲求加强司法工作，实际上必流于形式主义的呐喊。

为了纠正这种审级上的凌乱现象，为了适合目前扫荡加多的情况，特决定具体办法于下，仰即切实执行：

（一）确定审级制度的原则。A、适合"便民"原则，提倡上诉权，使群众有冤苦的，不服判决的，有上诉权利。B、适合"简政"原则，减免不必要的手续。

（二）确定民事为三级三审，刑事为三级二审（刑事有特殊情事，如素有功劳的干部被处死刑时，得提起非常上诉救济之，但基本上仍是三级二审）。

（三）太行区县政府为一级（一审），专署为一级（二审），高等法院为一级（一审、二审或三审）。兼县之专署，对所兼县所辖县，均为第二审。直属县（辽县）为第一审，高等法院为第二审。

（四）一审机关对刑事案件一年未满之徒刑，千元未满之罚金，过上诉期间，被告不提起上诉者，判决即作为确定，不送二审机关复核复判。

罚金之计算系指专科、并科罚金而言，易科罚金之数不算在罚金内。

（五）一审机关对刑事案件一年以上十年以下之徒刑及死刑，千元以上之罚金，过上诉期间，被告不提起上诉者，判决须送专署（二审机关）复核复判，然后判决作为确定。

（六）二审机关（专署）受理刑事案件一年以上十年以下之徒刑及死刑、千元以上罚金之上诉，二审判决后为终审，不送高等法院复核复判，但提起非常上诉者例外（见第二条）。

（七）无论平时或战时二审机关的专员对所受理（包括复核复判上诉）刑事案件有最后决定权，但须经专署司法科长、公安督察处长与专员集体讨论（指七年以上徒刑及死刑），并于执行后连同卷宗记录（讨论会的）呈送高等法院备案。如有判错杀错等情，由专员负主要责任。

（八）在战争情况下及有非常必要时，一审机关（县政府）对呈送复核复判之刑事案件，得先行执行，或不待核判到达即行执行，但执行须经承审员、公安局长与县长集体讨论（指死刑），并于执行后连同卷宗记录（讨论会纪录）呈送专署转高等法院备案（呈送时专署得签注意见或附复核复判)。如有错误情事,由县长负主要责任。

(九) 上诉期间,特刑为五日,普刑为十日,民事为二十日,以当事人收到判决书之日起算。

(十) 各级对本令有疑难问题,请示高等法院解释答复之。

(十一) 太岳区审级制度由太岳行署参考本令,根据该区具体情况酌定之,并呈报高等法院备案。

(十二) 前联办司法处及本府或高等法院过去所颁布之与本令有抵触之一切规定,一概作废。

晋冀鲁豫边区公安总局晋冀鲁豫边区高等法院关于公安司法部门工作关系的联合指示

(一九四二年七月三十日)

兹为求得司法、公安两系统配合之密切,工作之提高起见,特决定双方应行注意之点于下:

(一) 凡经公安系统侦查起诉之案,在侦察阶段,应广为搜罗证据,证据充足,然后起诉解送。同时在起诉之时,应连同一切物证,人证等证件,一并附送。个别地区证据不足,即行起诉,或仅一纸达案公文,即行解送,致使司法部门无法了解,因而不免有处置失当之虞。

(二) 公安机关移交案犯时,不仅提起公诉,并须提出处刑具体意见(死刑或有期徒刑几年),司法部门负责同志如觉不妥,应与公安部门交换意见,如双方意见不能一致,司法部门可呈请行政负责同志作最后决定。

(三) 在工作上双方应取得密切联系,交换工作经验,警惕孤立主义的有害作风。

(四) 凡公安部门布置之眼线、内线人员,经司法部门扣押后,如有公安督察长或公安局长之书面证明,得径行释放,宣告无罪。但公安部门如有徇私、包庇,故将犯罪人员指为布置之内线人员者,督察长、局长负责。

以上各点,仰即在工作中注意执行为要。

晋冀鲁豫边区高等法院关于执行死刑合议制度变通办法的决定

(一九四二年八月十日)

太行各专署、各县府:

查法行字第一〇四号命令(确定审级制度)及第一一二号命令(扩大专署及县之司法职权)均曾规定,无论平时或战时,决定死刑案件时,须经专员、司法科长、公安督察处长,或县长、承审员、公安局长之合议,始得执行。复查各级政权,专员、县长与公安机关、司法部门战时多不一同行动,平时亦有时因下乡、检查等关系,难能举行合议,似此情形,三人合议制度颇有加以变通补充办法之必要,兹将具体决定如下:

(一)战时经公安机关侦讯完毕(或由其他机关、团体或公民捕获而有确实证据者),专员、县长批准后即可执行。

(二)平时经司法机关侦讯完毕,如公安机关负责人员因故不能出席参加合议时,经专员、县长之批准,即可执行。

(三)但如合议制度有可能举行时,仍应尽量遵照前令指示,举行合议决定之。

以上变通办法,仰遵照为要。

晋冀鲁豫边区民事诉讼上诉须知

(一九四二年九月十日颁布)

第一条 本须知根据民事诉讼法第三编及敌后特殊情形订定之。

第二条 民事诉讼本区暂定为三级三审制度,审级如下:

一、县政府为一级一审机关。

二、专员公署为二级二审机关。

三、高等法院为三级三审机关。但对边区直属县兼行二审机关职权。

第三条 对于民事诉讼须依审级进行,未经第一审判决之案件,不得上诉于第二审机关,未经第二审判之案件,亦不得上诉于第三审机关。

第四条 对于第一审之终局判决,得上诉于管辖之第二审机关,对于第二审之终局判决,得上诉于第三审机关。

第五条　当事人于第一审或第二审判决宣示或送达后,得舍弃上诉权。

第六条　提起上诉应于第一审或第二审判决送达后二十日内为之,但因战争关系,未能进行上诉者,其受战争波及之时间,不在二十日计算之内。

第七条　对于第一审终局判决提起上诉,应以上诉状表明下列各款事项提出于原第一审机关。

一、当事人及法定代理人。

二、对于第一审判决不服之程度,及如何废弃或变更之声明。

三、新事实及证据。

第八条　对于第二审终局判决提起上诉者,应以上诉状提出于原第二审机关为之,上诉状内应表明上诉理由,并填具关于上诉理由之必要证据。

第九条　对于第一、二审判决之上诉不经原审机关径行送呈上级审判机关者,视为不合法。如系邮寄者,受理机关批交原审机关,转令当事人补正一切手续;如系面呈者,得退回上诉人,令提出于原审机关。

第十条　提起上诉如逾上诉期间,原第一、二审机关得以裁定驳回之。

第十一条　上诉有其他不合法之情形而可以补正者,原第一、二审机关得通知上诉人定期补正。如不于定期内补正者,可认为系意图延滞诉讼,原第一、二审机关得就原判决宣告假执行。

第十二条　上诉人提起上诉状时,须依被上诉人数目,抄具上诉状缮本,一并呈交原审机关。原审机关分别将缮本送达被上诉人并呈送管辖机关,其上诉状有不合法情形须要补正者,一并令上诉人补正之。

第十三条　凡上诉人只具上诉状,未附缮本者,原审机关得令补正之。

第十四条　被上诉人收到原审机关送达之上诉人上诉状缮本后,得就其上诉理由、事实提出答辩状,送递原审机关转呈管辖机关。

第十五条　上诉人于终局判决前得将上诉撤回,但被上诉人已为附带上诉者,应得其同意,撤回上诉者,丧失其上诉权。

第十六条　对于第三审之判决不得上诉,但认为援用法律错误,或发现诉讼新材料时,得声请再审。

第十七条　第三审一般为法律审,第三审法院以第二审判决确定之事实为基础,如诉讼当事人认为二审机关认定之事实有错误时,得向二审机关请求再审。

第十八条　第三审之判决得不经言词辩论(即传讯)为之,但法院认为必要时不在此限。

第十九条　本须知如有未尽事宜,得随时由边区政府修正之。

(选自晋冀鲁豫边区政府《法令汇编》下册,一九四三年版)

晋冀鲁豫边区政府晋冀鲁豫边区高等法院关于对根据地人民、敌占区民夫等抢劫盗毁食粮田禾处理办法的通令

(一九四二年十月十九日)

今年的反"扫荡"与反"扫荡"战争,粮食的争夺,将构成为战争的主要内容,兹为保护根据地食粮起见,特决定如下:

(一)对根据地人民抢劫盗毁食粮田禾,不论已经埋藏,或尚未埋藏,甚至尚未收割之食粮、田禾准援用《晋冀鲁豫边区惩治盗毁空室清野财物办法》及法字一二三号命令颁布之《盗毁空室清野补充办法》论刑定罪。但贫苦灾民确为饥寒所迫,由于政府之救济不力而发生之偶然抢掠粮食行为者,应从轻议处或教育说服。如有破坏分子从中挑动利用确有证据者,得分别具体情形按惩治汉奸特务破坏分子或按惩治盗毁空室清野财物论罪。

(二)敌占区民夫,为敌驱使抢劫盗毁食粮田禾,其正在抢劫盗毁行为实施中者,准援用法行字一四七号对于现行犯之处理办法处理。其已被捕者,县或区级政府须进行教育(时间长短依当时具体情况决定),揭破敌寇阴谋,宣传二年胜利,并应进行组织工作,发动民夫揭破其中最坏分子,依其具体行为,援用《惩治汉奸条例》或《惩治盗毁空室清野财物办法》及《补充办法》论罪。对一般民夫,采取追回原物,教育释放,劝其不受敌人欺骗利用,以逃跑方法反对敌寇,并告其在敌占区宣传根据地实况,不得轻于援用《惩治盗毁空室清野财物办法》之规定而一概论罪。因一般民夫系在敌人压迫强制下,来根据地进行破坏工作的。

伪警察、伪自卫团、伪杂务人员,不持枪者,依一般民夫办法办理,其中特别坏者,可以汉奸及特务分子论罪,一般持枪者以伪军论。

(三)对于被俘之敌伪军(伪警察、伪自卫团,凡持枪者以伪军论),非有抗拒及暴动脱逃情事,一律不得杀害,其重要分子妥送当地军事机关处理。

(四)伪宪兵、伪新民会、伪宣抚班人员,不论持枪与否,一般应以特务分子论,其中较好者,可以教育争取。

(五)伪警察持枪者以伪军论,其不持枪者,一般注意争取教育,其中最坏分子,人民最痛恨者,可以汉奸论罪。

晋冀鲁豫边区高等法院关于执行核案新决定的命令

(一九四三年一月二十日)

兹为适应"简政"原则，加强专署级核案责任，提高干部能力起见，对于法行字一〇四号核案部分，特重新修正决定如下：

（一）凡一审机关（县级）平时判处死刑之刑事案件，均须送专署复核复判。凡一审机关战时先行执行之刑事案件，亦均须于事后送专署核查备案，不得以任何借口，不送专署核查。

（二）二审机关（专署）对于一审机关送核或备案之特种刑事案件处死刑者（如汉奸、特务、盗匪、烟毒等案），如认为事实无误，同时有国民政府特种法规及边区单行法令足资援用科刑者，可径由专署批驳、核准或修正，无须再将全案案卷转呈本院核查。

惟二审机关，须于每月月终，将全月审核死刑，逐案详为填具死刑审核登记表，连同各该案判决正本，一并呈报本院备案。

（三）二审机关（专署）对于一审机关送核之刑事案件，有下列情形之一者，仍须将全案卷宗等文件，立即呈送本院核查复判，在一般情况下，不得先斩后报。其情形如下：

甲、普通刑事之处死刑者（如杀人犯罪等）；

乙、干部处死刑者（不论特刑或普刑）；

丙、对于处死刑之案件事实或援用法条，认为有疑难者；

丁、二审机关与一审机关对认定事实及其他有争执者。

（四）一审机关（县级）认为二审机关核案情形有不当者，得再行提出意见或补充材料，连同卷宗等物再送二审机关，转呈本院作最后决定。

（五）凡法行字第一〇四号决定，除核案部分由本令略有修正外，其余各部分，如审级之规定，上诉制度，会议制度，专员县长负责制度，平时战时专员县长司法权力问题等，仍行照常适用，不得因本令之修正，遂行凌乱。

（六）各专署对本令有疑难问题时，可请示本院解释之。

晋冀鲁豫边区政府晋冀鲁豫边区高等法院关于司法工作在扶植群众运动中及适应战争环境的几点指示

第一、目前边区各地群众运动，正在澎湃发展，兹为配合群众运动的发展，巩固群众运动的成果，以发动群众起见，特作如下指示：

（一）各级司法干部，首先在思想上须正确认识司法工作是整个抗日民主政权构成部分之一，更必须认识今日政权工作"一元化"的意义及必要。因此，有些干部认识上存在之"三权鼎立"的残余潜在意识，强调垂直系统的工作作风，以及要求"多独立些"而轻视行政领导的畸形现象，必须根本廓清。若不廓清这些思想和认识，政权工作一元化，便不能很好的做到，会直接间接妨碍发动群众和对敌斗争工作。

（二）在另一方面，有些行政领导干部，亦必须克服"司法干部是特殊的"，或轻视司法干部的认识与偏向。在领导上，专员县长对司法部门领导，要保持经常多多接触，其领导关系，一如对民政财政部门一样，不得偏视，并要负责帮助，关心司法工作，学习和生活，一切政务会议要让司法部门同志出席，任何一个时期的中心工作，要使司法部门知道。政府与司法部门，要尽可能地住在一村或附近（敌情紧张地区需建立后方机关者例外），最远最好不超过十里之外。过去个别地区双方距离有达三、四十里的，以致客观上使司法部门与各方联系十分不便，工作上陷于孤立进行的现象，必须努力纠正并克服。

（三）在工作上，凡是经过群众斗争的案件（如减租减息，反贪污等）到政府解决时，司法干部应很好倾听群众团体及各方面的意见，了解真实情况，依法作正确之判决。必要时组织群众团体陪审制度，典型案件甚至可进行公审，反对单纯引用法条，不了解真实情况，不能依法作合理判决脱离群众的举动。在案件未宣判前，凡经过群众斗争的案件，司法干部必须与专员或县长商酌解决办法，专员或县长在会议时有最后决定权。

（四）对已判决之案件，刻下群众大会有要求更改判决者，政府应斟酌受理。凡能进行复审者，尽量复审解决；如认为不能复审解决者，向有关各方善意解释，依法行字第一〇四号命令规定之审级制度，依级上诉。二审机关（专署级）接得上诉后，根据具体情况，必要时上诉期限虽过仍应受理，如实属无理好讼者,则过期不理。受理者除应依法传讯当事人,调查事实外,并应郑重考虑县级政府及群众团体所提意见,慎重作适当解决。

第二、目前边区形势的另一特点,即为扫荡与反扫荡战争的频繁,边沿地区敌人夺袭的增多,兹特将目前司法工作在这方面应行注意之点,再指示于下:

(一)区村职权应酌予扩大,一般民事案件,尽量由区村调解,调解不成立,再向县诉讼,现已决定区长有处理违警罚法之权。

(二)看守所羁押人犯,应力求减少,在平时打下战时基础,临时分散大批自新人,或带着大批案犯转移,都不是很好办法。

1. 首先在羁押时应慎重考虑,除了在裁判确定前有逃亡或湮没证据之可能者,应予羁押外,一切无原则的羁押人犯(如某地因被告质问或态度不好即羁押人,某地因不给看守所送柴羁押人等)应予纠正。抗粮抗款户的羁押,不必一律集中在县,尽可能地羁押于区。一切刑事案件,在侦查中的关系人(非主犯)尽可能令讨保候讯,不必一一羁押,这样可以减少大批押犯。

2. 在确定裁判时,应依照本院法行字第九十三号指示,多科罚金,少判徒刑,较轻微的汉奸,亦得并科罚金,即使判徒刑的案件亦应斟酌犯人财力,明文规定易科办法,俾其交纳罚金,减少羁押人数。过去个别地区,以为多科罚金、少判徒刑是单纯的经济观点,今日必须从敌后根据地扫荡频繁上,对此原则作新的认识。

3. 在徒刑执行中的自新人,应尽量调到各机关、团体服役(但汉奸嫌疑犯不能轻易用于机关内服役),以减少羁押人犯,并节省各该机关、团体杂务人员。惟调外服役者,往往易于逃亡,应在服役前责令讨保,保证该犯不逃亡,不犯法,尤须经常注意教育,提高其政治觉悟。

4. 不能调外服役在徒刑执行中的自新人,应在平时即令缴纳保状,具保人担保其在战时遣散中不再犯法,并担保其在战争结束后,仍来受刑,如此则情势紧张时,即可执行"战时假释"办法,将自新人遣散,以求轻便。但须注意,战争结束后,须立即通知假释之自新人,返回继续受教育与参加劳役。如战时假释,战后不理,会使群众不满,影响政府威信。

5. 在徒刑执行中,而又不能调外服役之外籍自新人,或敌占区自新人,平时亦应尽量令其交纳保状,情况紧急时,尽可能分散于本地自新人家中,该犯粮食菜金由本地自新人暂垫,政府担保战后归还,其办法与上项同。

以上办法,如能确定执行,则战时看守所所带之案犯,可以减少至最低限度，不致重复某地看守所被敌全部俘房之惨痛教训。

（三）各地没收之赃物，须及时清理，作为经常的备战工作，个别地区战时带着大批赃物转移，或临时埋藏，极易于致损失，应作为经验教训之一，而立即纠正。

（四）各地司法干部，多因工作繁忙，生活极不规律，今后为应付残酷战争，对于本机关（县及专署）早操、爬山、跑步、射击、掷手榴弹等军事锻炼，必须参加。

（五）战争到来之后，各级行政负责人对于司法干部之使用，某些同志须打破司法干部特殊化的传统认识，一般的情况下，只留承审员或科长一人，随机关转移，处理战时案件。其余司法干部，则分散区村使之帮助战争工作，其使用一如对民财等系统干部使用一样。即使这些干部，对于战争的锻炼还差，能力经验贫乏，亦不应使其在战争中客观上成为"逃难"，而应与其他较强干部一起工作，俾其能深入群众，了解问题，锻炼自己，而对机关本身，亦可收轻便之利。

以上两大问题的指示，各级于接得本文后必须立刻深刻讨论，讨论指示中所指示各节，何者能在当地适用，何者不能适用，何者尚须补充等等，并望将讨论结果，报告法院为要。

（选自一九四二年九月十五日晋冀鲁豫边区
政府《边区政报》第十二期）

晋冀鲁豫边区太岳区暂行司法制度

（一九四四年三月一日公布施行）

第一章　法庭

第一条　抗日民主政府法庭组织：

一、县政府组织第一审法庭，县长兼庭长，司法科长为主审，科员或书记一人为帮审。

二、专员公署组织第二审法庭，专员兼庭长，司法科长（或副科长）为主审，科员一人为帮审。

三、行署组织第三审法庭，在正副主任领导下，司法处长（或秘书）为庭长，科长一人为主审，科员一人为帮审。

第二条　县政府、专署、行署均得临时组织公审法庭，公审有关群众性之重大案件。公审法庭之组织：

一、庭长一人（各级政府行政首长担任）。

二、主审一人（司法部门负责干部担任）。

三、公诉一人（由公安机关负责干部担任。民事案件不设）。

四、人民代表一、二人（由参议员或群众团体代表中推选）。

第三条　专署、行署必要时得临时组织流动法庭，实行就审。流动法庭之组织：

一、第二审流动法庭之组织：经专员委任司法科长（或副科长）为庭长，科员一人为主审，对专员直接负责。

二、第三审流动法庭之组织：经正副主任委任司法处长（秘书或科长一人）担任庭长，科长或科员一人为主审，对正副主任直接负责。

第四条　县政府司法科长、科员可以下乡就审，调解案件，下判必须经县长批准。

第五条　除法令别有规定外，其他任何机关、团体、部队在本区内不得组织法庭。

第六条　第一审法庭之职权：

一、有受理一切初审案件之任务，但下列之案件例外：

1. 区长级以上之抗日干部犯罪，应受刑事处罚者，第一审法庭没有处理权，只可调查、扣押，送交专署处理。

2. 区助理员级抗日干部犯罪，应受刑事处罚者，有处理权，但非经专署批准不许执行。

3. 抗日军人犯罪，应受刑事处罚者，第一审法庭只可调查、扣押，送交军事机关处理。

4. 参议员犯罪，应受刑事处罚者，除现行犯外，不许逮捕、扣押、审问、处罚，第一审法庭只可调查材料，送交行署转请临参会太岳办事处研究处理。现行犯一经逮捕，应即呈报行署，不许擅自处罚。

二、对于判处死刑案犯，有紧急处决权（紧急情况指：敌人扫荡、奔袭或暴动、哗变等突然事变而言），除特殊委托外，平时非经专署批准，不准执行。

三、对于自己判决之案件，在未上诉前，有再审权。

四、对于区村处罚调解之案件，有纠正权。

五、经专署特殊委托之县，对证据确凿之汉奸、土匪、小偷，经行政会议决定后，在平时亦可先杀后报，但县长（兼庭长）负主要责任。

第七条 第二审法庭之职权：

一、有受理不服第一审判决上诉案件之任务，认为事实不明者，可以发回第一审再审。

二、不论平时战时，对于死刑案犯有处决权，对各县紧急处决之犯人有备案权，对各县呈请之就地正法、判处死刑、死刑保留有批准权。

三、对于第一审受理案件认为不妥当者，有提审权，对于第一审判决之案件认为不妥当者，有纠正权。

四、区助理员级抗日干部犯罪，应受刑事处罚者，有批准权。

五、区长级以上干部犯罪，应受刑事处罚者，有受理权，但非经行署批准，不得执行。

六、专署本身及直属机关、学校区长级以下干部（区长级干部不在内）犯罪，该受处罚者，有处理权。

七、对于证据确凿之汉奸、土匪、小偷的先杀后报权，可以委托比较遥远并能掌握政策之县。

八、对于自己判决之案件，认为不妥当者，有再审权。

九、县与县之间因案件管辖发生争执，有指定权。

第八条 第三审法庭之职权：

一、有受理不服第二审法庭判决再上诉案件之任务，如认为事实不明者，得发回第二审法庭再审。

二、对于第一、二两审法庭判决之案件，认为不妥当者，有纠正权。对于第二审法庭受理案件，认为不妥当者，有提审权。

三、区长级抗日干部犯罪，应受刑事处罚者，有批准权。

四、县长级以上抗日干部犯罪，应受刑事处罚者，有处理权，应报边区政府及高等法院备案。

五、行署本身及直属机关、学校一切工作人员之犯法，该受刑事处罚者，有受理权。

六、第三审法庭判决之案件，不准上诉，但自己认为不妥当时，有再审权。

第九条 公审法庭之职权：公审法庭对于群众要求，有答复解决的任务。不能决定之问题，不要肯定答复，应研究成熟决定后答复。其答复在政策法令上如果没有原则上之错误时，上级法庭应尊重其决定，不必多所变动。但发现重大错误，应即时纠正。各级行政首长（即庭长）应负完全责任。

第十条 流动法庭之职权：

一、专署流动法庭之职权：

1. 有代表专署处理上诉案件之权，但下判应同县长讨论决定。如认为问题重大，难于决定时，可以带回专署，同专员研究，用专署第二审名义正式下判。人民不服专署流动法庭判决，可以上诉第三审法庭。

2. 对各县未判决之案件，可以帮助第一审解决，不准代替。

3. 专署流动法庭判决之案件，应汇报专员，对专员直接负责，专员不同意时，即得另判更正。

4. 专署流动法庭下判，可以借用县印。

二、行署流动法庭之职权：

1. 有代表行署受理再上诉案件之权，但下判应同专员讨论决定。如认为问题重大，不能决定者，可带回行署，同正副主任研究后，用行署第三审法庭名义正式下判。人民不服行署流动法庭判决，可以请求行署第三审法庭再审。

2. 有代表专署受理在县上诉案件之权，但下判应同县长共同讨论决定。人民不服此项判决时，可以再上诉于行署第三审法庭。

3. 有代表专署受理第一审法庭在县判处死刑案件之复判权，但须事后通知专署备查。

4. 对于第一、二两审受理案件，可以帮助解决，不准代替。

5. 行署流动法庭，不论受理上诉复判或再上诉案件，均应向正副主任汇报，对正副主任直接负责。如正副主任不同意时，即得另判更正。

6. 行署流动法庭下判，可以借用专署或县政府关防。

第二章 起诉

第十一条 承认公诉、群众起诉、自诉均为合法的起诉方式。各级法庭在自己的职权范围内，应按起诉方式之不同，予以适当受理，受理后应即进行登记。

第十二条 公诉方式：

一、公安机关向法庭起诉案件。

1. 关于除奸案件及破坏根据地的重大政治性案件，均应经过公安机关侦查起诉。不经公安机关起诉，法庭可以拒绝受理。

2. 法庭对于公安机关的起诉，有受理任务，不得拒绝。但对于起诉材料不够具体，可以送还公安机关补充侦查一次。

3. 公安机关起诉时，应用起诉书。除严守秘密之文件外，并应将犯人及有关案件之一切材料（如口供、证物等等）送法庭处理。

4. 公安机关对于除奸案件的处理，可以提出具体意见，但不能强求法庭采取。

5. 法庭处理除奸案件，应与公安机关交换意见，公安机关对法庭处理如有意见，可即向法庭提出。法庭认为所提意见正确时，应即再审另判。

6. 公安机关对于法庭的判决仍有意见，可于五日内向同级法庭请求送上级法庭复判。

7. 法庭对于公安机关要求送复判之案件，应将一切卷判材料呈送上级法庭复判，由上级法庭决定。

8. 第三审法庭判决，公安机关不能上诉。

二、一般机关、团体、部队向法庭起诉之案件：

1. 法庭对于一般机关、团体、部队起诉之案件，有受理任务，但无具体事实和材料，法庭可以拒绝受理，让其搜集材料去。

2. 法庭处理此种案件，对起诉机关、团体、部队不负责任，但案件如果关涉起诉机关本身者，法庭判决后，应将处理情形通知起诉机关。起诉机关对判决如有意见，可于七日内向法庭提出请求复判，或上诉于上级法庭。上诉者应通知原审法庭，让原审法庭给上级法庭送卷宗材料。

三、司法干部自行起诉之案件：

1. 司法干部对于违反法令政策之事件；认为有处理必要时，有起诉权，但应尽量地启发群众告诉。

2. 司法干部自行起诉之案件，对各级法庭直接负责，法庭对起诉者不负责任。

3. 人民不服法庭此项判决时，仍有上诉权。如系第三审法庭判决，可以请求再审一次。

第十三条 群众起诉方式：

一、群众请愿：

1. 对于群众请愿，各级政府首长应负答复责任。属于司法问题者，交法庭处理。

2. 关于司法问题，经群众请愿，即以群众起诉论，法庭只有受理任务，无拒绝权利。

3. 法庭对于群众起诉问题，应对群众全体负责，判决后，用公布方式将处理情形向群众公布。

4. 群众对法庭判决有意见时，应于七日内向法庭提出，法庭庭长应负责答复，或予再审，另判公布。

5. 群众对再审仍有意见，即以上诉论，法庭应将卷判及所有意见、材料呈报上级法庭处理。

二、群众团体代为起诉之案件：

1. 群众团体代表群众利益，将群众问题介绍到法庭，法庭只有受理任务，无拒绝权利。

2. 法庭对于此种案件，不但对群众负责任，而且应对群众团体负责。判决后，除给双方关系人送判外，并应给群众团体送判决一份参考。

3. 群众团体对法庭判决有意见时，可于七日内提出。法庭有答复责任，认为有再审必要者，应即再审。

4. 群众团体对于再审判决仍有意见，有代表人民上诉权。上诉时应通知原审法庭。

第十四条　自诉的方式：

一、面诉：即人民亲自到法庭告诉。

1. 法庭对面诉人负责，只要告诉的有道理，即应受理，并立即确定审判日期。用传票传案解决。审判日期之确定，从受理之日起，县不得过十天，专署不得过二十天，行署不得过三十天。

2. 认为告诉的没有道理，法庭可以劝其不告回去。但人民一定要告，只得受理，法庭没有拒绝受理之权。

3. 第一审法庭认为应回区村调解者，可以介绍到区村去调解。但经区村调解不了，法庭应即受理，不准三番五次形成推延现象。

二、状诉：人不到案，只用状纸向法庭告诉。

1. 法庭对于状诉有答复责任，可用批示方式答复，不负受理责任。

2. 认为告诉有道理，批示时通知其于一定日期到案面诉，然后予以受理。不到案者，即不认为起诉。

3. 认为告诉无道理者，批示时指出无道理之点，劝其休告。但一定要告者，仍须亲自到案面诉。

4. 状诉一经本人或委托人到案，即以面诉论，法庭即认为受理。

三、代诉：本人虽不到案，委托别人到案代理起诉者，与本人到案面诉同。但代理起诉与代表群众起诉应当分开。代理是私人关系，代理个人；代表则是群众团体代表广大群众，卫护群众利益。

第十五条 隐名密报，不认为起诉方式，法庭无受理任务，亦无答复责任。但认为情节真实者，可以进行调查，查明处理。

第十六条 法庭有使用传票、拘票、押票、释票之权。

第十七条 传票使用法：

一、传票是法庭召集原被告到案审问的通知文件，一切案件都可使用。

二、原告有传唤被告的责任，法庭的传票可以交付原告去传被告。若原告不愿意直接去传，可以转交村公所代为传唤。

三、原告到案时，应将传票交还法庭。若传票没有送达，由原告自行负责，另行去传。

四、传票通知后，到审判日期，被告到案原告无故不到，可等待一天，原告仍然不到者，认为原告放弃告诉，可以停止审判。

五、传票通知后，到审判日期，原告到案，被告无故不到，亦可等待一天，仍不到者，二次再传。再传不到者，认为被告放弃出庭辩论权。民事案件，可以缺席判决，刑事案件可用拘票逮捕。

六、原被告都传到之后，应即进行审问，至迟不得过一天，以免原被告久候。

第十八条 拘票使用法：

一、拘票是法庭逮捕犯法人的文件。

二、下列犯人可逮捕：

1. 汉奸、特务、土匪嫌疑。
2. 犯罪之事实重大，有逃跑可能者。
3. 有犯罪事实，住敌占区、游击区，估计传不到案者。
4. 有犯罪事实，传不到案者。

三、拘票必要时，可以捆绑犯人强迫送案，但不许任意拷打残杀。

四、用拘票逮捕犯人时，可以作必要的检查，搜索犯罪证据，但不许任意捣毁家具，窃取财物。

第十九条 押票和释票的使用法：

一、押票是法庭往看守所扣押犯人的文件。看守所没有法庭押票，不准押人。

二、下列犯人可以扣押：

1. 汉奸、特务、土匪嫌疑。
2. 犯罪之事实重大，有逃跑危险者。
3. 犯罪事实相当重，找不下保人者。

三、情节轻微，有家口，有房地，能讨保之嫌疑人，没有逃跑危险者，可以令其讨保在外候审。

四、扣押案犯，至迟要于二日内审问一次，不准押着不理。在外讨保候审者亦同。

五、释票是法庭从看守所开释犯人的文件，看守所没有法庭释票，不准放释犯人（战时别有规定者例外）。

第二十条　对起诉错误者之处理态度：

一、不属司法案件，应归别部门解决之问题，法庭应介绍到别部门去，不得置之不理。

二、不属本级法庭受理之案件，应归上级或下级法庭者，介绍到上级或下级法庭去，不得置之不理。

第三章　调查研究

第二十一条　调查研究是法庭搜集材料、了解具体案情的必要方法，有下列几种：

一、审问原被告；

二、传证人证明；

三、勘查实际情形；

四、审查证物、赃物；

五、征求群众和群众团体反映意见，并动员他们搜集材料；

六、讨论、分析、研究。

第二十二条　怎样审问原被告：

一、审问工作是主审和帮审的任务（共同审问或单独审问）。

二、审问的方式有：

1. 自由讲述——法庭人员应用启发的方式略致询问，让原被告尽量地发挥其自己意见，保证人民在法庭上辩论自由。

2. 追询实情——对隐瞒实情，虚伪讲述之人，可以用此种方式。但被审问人如果坚决不说，法庭可以根据其他材料决定，反对唯口供主义。

3. 双方或多方辩论——双方或多方争执的问题，应用此种方式审问，才能了解问题的实质和矛盾的多方面性。

三、人民在法庭有自由辩论权，审问人员不许任意限制。一般案件之处理，都应经过一次审问。一次审问明白者，亦不必三番五次只管问。

四、人民在法庭上，不论贫富、男女，一律平等，没有等级。

五、法庭应尊重人民人格，绝对禁止跪拜、打骂以及非刑拷打、强迫供述的方法。

六、审问人员应用诚恳动员的方式，教人民自行讲述，反对威胁、利诱、欺骗等不正派的官僚方法。

七、如系群众问题，群众可以派代表出庭辩论。

八、审问人员应将审问情形作成笔录：

1. 审问笔录应由主审或帮审亲自写作。

2. 写笔录之时间，在审问时或审问后都行。

3. 审问笔录不拘形式，问答式、记要点式都行。

4. 笔录应将下列事项记明：

（1）每个被审问人的姓名、性别、年龄、籍贯、住址、职业、家庭状况、学历、经历；

（2）问题发生的时间、地点、原因以及发展的过程；

（3）被审问人的意见；

（4）其他需要记明的材料；

（5）审问的日期。

5. 笔录内容一定要真实，不准虚伪、捏造和夸大或缩小其事。

6. 笔录写成之后，应立即给被审问人诵读一次或让其看过。承认笔录，盖捺指印，方为有效。如被审问人拒绝盖指印，应说明理由。

7. 审问人员亦应在笔录上签名负责。

第二十三条　法庭于必要时，可以传证人证明。无必要时，反对滥传人证。证人到庭可用审问方式审问，如能证明者，法庭应令具结，保证其证明是实，不致虚伪。

第二十四条　勘查实际情形，法庭对于某些事件发生的地点环境，以及一切具体现状，需要亲自勘查，才能了解实情（勘查亦可委托其他干部代理）。

第二十五条　法庭对于案内的赃物、证物、尸体等，都应详细的经过审查。虽细小之物品，如针如线或片纸只字，有时都能研究出问题。必要时，可请专门科学人材检验。

第二十六条　法庭应重视群众反映，采纳群众意见。

一、对于重大疑难案件，法庭人员应到群众中广泛征求群众和群众团体意见，并动员他们搜集材料，以达彻底了解案情。

二、群众团体对于群众案件向法庭提出意见，法庭应郑重考虑。必要时，可共同研究讨论。

三、群众对于案件向法庭提供意见，法庭亦应郑重考虑。

第二十七条　法庭对于案情材料搜集齐全后，应进行讨论研究。

一、不论任何案件都应经过法庭讨论决定，由庭长、主审、帮审参加，最后决定权属于庭长。

二、处死刑案件经法庭讨论决定后，并应经各级政府之行政会议通过。需要紧急处决之死刑案犯，可以召集临时会议，由各级行政负责首长召集司法科长、公安局长讨论决定。最后决定权属于行政首长。

第二十八条　在调查研究的过程中，一般民事案件，以及某些刑事案件，法庭认为可以和解者，亦即进行调解。民事案件的解决以和解为最好方式。

一、调解的两个原则：

1. 反对无原则的调解——在不违反政策法令的原则下调解，才不至于解决错误。无原则的调解，是和事老的态度。

2. 反对无条件的调解——和解时，一定要有适当的条件，没有条件的调解，也是和事老的态度。必须有适当的条件，才能保证解决适当。

二、和解必须取得原被告双方同意，有一方不同意调解，亦不能成立和解。强迫和解，实际等于裁判。

三、和解成立后，和解双方应书立和解合同，即算有效。最好请求法庭备案，并加盖关防。

四、和解的效力。和解成立后，有决定意义，双方都应遵守和解决定，不得反悔。如双方都同意变更，可以自行撤销，另成立和解。否则，任何一方不能变更和解。

五、原被告自行和解之案件，可以请求法庭撤销告诉。

第二十九条　起诉以后，未判决确定以前，双方或多方争执之财物，法庭有暂时处理权，可以指定任何一方保管、使用或处理，等正式判决确实以后，照判执行。

第四章　案件处理

第三十条　法庭对于案件的实际情形了解之后，除和解者外，应即讨论决定处理办法。

第三十一条　处理刑事案件，应着重于处罚教育运用之适当，不但教育犯罪本人，同时亦教育一切公民，达到保卫抗日社会秩序之目的。对犯罪人之处罚，应按下列具体情况决定：

一、犯罪目的；

二、犯罪行为（俗称罪状）；

三、破坏公益的程度（包括国家、民族、群众公共的利益）；

四、犯罪的次数；

五、群众的反映；

六、犯罪本人的条件（性别、年龄、成分、职业、政治文化水平、嗜好、神经病等）；

七、犯罪后的态度（如自首、自白、不坦白等）。

第三十二条 处罚教育之种类和顺序：

一、生命处罚（对罪大恶极、不堪争取教育，需要铲除者之处罚杀之，亦为教育别人）。

1. 就地正法——只限于罪恶昭彰、住敌占区或敌据点之死心塌地汉奸及为群众所痛恨之土匪、不能逮捕送案者，经县长呈请专员批准，可以就地正法。不经过法庭审问，人人得而诛之。若该犯以后改悔学好，县长可以宣布撤销。

2. 判处死刑——即一般经过法庭审问，判处死刑之罪。

二、财产处罚（对经济观念不正确，为发洋财犯罪者之处罚）。

1. 没收财产——一部或全部。一部只限于土地、存粮、存款。

2. 罚粮——一石至五百石。

3. 罚款——一元至五万元。

三、身体处罚（需要比较长期教育者之处罚。无此目的者，不必判徒刑）。

1. 徒刑——一月至三年。

2. 劳役——一日至二年。

四、褫夺公权教育：（在政治上破坏根据地者之处罚）。

1. 无期褫夺公权——可以减免复权（减免复权办法另定）。

2. 有期褫夺公权——一年至十年（亦可减免，其办法另定）。

五、针对教育（灵活地运用到各种犯人之处罚）。

1. 处罚保留。

（1）死刑保留：保留期间一年至五年，对死罪、无期徒刑但可以争取者之处罚。

（2）身体处罚保留：保留期间半年至三年。

2. 损害赔偿。

（1）物质赔偿（赔东西、赔款等）。

（2）精神赔偿（慰问、道歉等）。

3. 承认错误（向群众自行宣布）。

4. 讨保（别人保证）。

5. 具结（自己保证）。

6. 和解（有和解必要，有原则，有条件，能够和解者。）

7. 其他对症下药的教育办法（以不违反政策法令，又尽人情为条件。否则禁止）。

第三十三条 处罚教育之善于应用：

一、灵活地运用各种刑罚法令（不拘泥法条，不抹煞法令）。

二、适合犯人的客观需要（该杀者杀，该罚者罚，该放者放）。

三、适合群众和环境的需要（适合群众需要，不迁就落后意识，要分清地区，要认清时间，随着客观环境变化而变化）。

四、各种处罚之使用。

1. 各种处罚可以同时使用，或先后并用。

2. 不能并用之处罚，例如死刑与徒刑不能同时并用，亦不能先后并用。各种死刑亦不能并用。

3. 不能单独使用之处罚，例如死刑保留单独使用，有时会形成没有处罚的现象，可与其他处罚教育、徒刑、罚款、讨保、具结等并用。其次，如单纯的使用褫夺公权终身，也不很好。

第三十四条 处理民事案件，着重于正确地解决人民间之一切矛盾与纠纷，使符合于进步政策法令之精神与广大群众之要求。因此，首先要分清：

一、双方的阶级关系，问题的矛盾所在。

二、谁的要求合政策法令，谁的要求不合政策法令。

三、谁的要求对抗日有利，能增加根据地生产，谁的要求不是。

第三十五条 解决民事问题的办法如下：

一、要符合事实，而且能够实现。

二、要多方面的照顾，不要顾此失彼（但这种照顾，一定是站在进步的一方面，照顾另一方面，不是没有立场的照顾）。

1. 照顾了这个阶级，还得照顾那个阶级（一面要减租，一面要交租等）。

2. 照顾了这个政策上的原则，还得照顾那个政策上的原则（一定要保护妇女利益，不准丈夫虐待；一面要照顾基本群众利益，不让他们大批地失掉老婆等）。

3. 照顾了今天，也要照顾明天（今天法庭不准离婚，并要保证明天夫妻和好等）。

4. 照顾个人，也要照顾全体（群众要求退租，改善生活；地主退得过火，又要影响统战等）。

三、要具体明确，不要笼统含糊。

四、要细密周详，不要粗枝大叶。

五、最好能使双方都满意法庭的解决办法。

第三十六条 处理案件办法，经讨论决定后，立即作成判决书。判决书之格式如下：

一、法庭名称（机关与法庭之名称）。

二、受裁判人（记原被告之性别、年龄、住址，不写成分）。

三、判决（处理的具体办法）。

四、判决根据（解决的实际理由及根据）。

五、判决日期（用中华民国年、月、日，不要写西历）。

六、法庭人员签名盖章（用县长兼庭长、主审、帮审之名义）。

七、附注意见（如准上诉或不准上诉等意见）。

八、盖用关防。

第三十七条 判决书之要求：

一、内容要符合事实，不要虚伪夸张。

二、文字要简明通俗，语句适当，不要多说废话，刺激别人，并要少用法律术语、典故和谁也不懂的形容词之类。

三、要缮写清楚，禁用自己创造下的怪字（如国字写成囗字）。

第三十八条 判决书应缮写清楚，校对真确，给原被告每人发一份（判处死刑案犯不发），不要宣判仪式。若原被告在场，法庭应将判决内容和法令政策的精神，进行解释教育，因为法庭对人民有宣传政策法令的责任和义务。

第三十九条 关于群众斗争案件，人数过多，无法下判者，可改用公布代判。

第四十条 法庭为教育广大群众或答复广大群众的要求，可以采取公审。

一、为教育群众之公审：

1. 刑事案件之公审，着重动员犯人自动地向群众说明他过去的错误和现在觉悟的经过。不承认的罪犯，不必公审，否则给群众一种模糊的影响。

2. 民事案件之公审，应以典型案件为限，着重新法令政策之宣传。无意义之案件，不必公审。

3. 以上两种公审方式，可以设置法庭，但不要死板的用审问方式，而应采用教育群众方式。

二、关于群众斗争案件，除用公布方式代判外，必要时可以采取公审方式，征求群众意见，答复群众要求，解决群众问题。这种公审方式可采取一般群众大会方式，不用法庭设备。

第五章　复判与上诉

第四十一条　为贯彻保障人权精神，对死刑案犯实行复判制度。

第一审法庭判处死刑之案犯，除特殊规定外，均应送第二审法庭复判，未经第二审判庭批准者，不得执行。送复判之手续如下：

一、征求死刑人之辩护意见，并将其意见作成笔录。

二、将案内一切材料订成卷宗。

三、将判决书照抄一份。

以上笔录、卷宗、抄判三种，为送复判之必要文件。否则，专署得拒绝接受。

第四十二条　第二审法庭复判时，应掌握之要点：

一、其罪是否真确；

二、其罪是否该杀；

三、注意个别地区环境与个别人的特殊条件；

四、不必要在小的地方吹毛求疵，贻误大体；

五、不要粗枝大叶审查，冤枉不该杀之人。

第四十三条　第二审法庭对于复判案件认为适当者，有批准权；认为处理欠当者，有改判权；认为处理错误或事实不明者，有发回再审权。批准与改判之案件，可用复判确定书，连同原卷发还第一审法庭执行。发回再审之案件，应用指令具体指明其错误与疑问之处，连同原卷发回第一审法庭再审另判。复判案件之决定，不需要专署行政会议决定。

第四十四条　第一审法庭对于第二审法庭复判有意见时，可以向第二审法庭正式提出，请求重新考虑，不准私自变更或拒绝执行。

一、对于第二审法庭批准处死刑之案犯，认为杀之过当，可以说明理由，提出具体意见，请求改判。

二、对于第二审法庭改判之案件，认为和实际情形不符或改判欠当者，可以说明理由，提出具体意见，请求恢复原刑或另予变更。

三、对于第二审法庭发回再审之案件有意见时，亦可补呈理由，请求另行复判，但不要坚持错误，固执成见。

第四十五条 第二审法庭对于各县所提意见（关于复判案件之意见），应详细考虑，认为正确时，应另行复判；认为意见不正确者，可用命令驳回。

第四十六条 第一审法庭对于第二审法庭二次驳回之案件，应当执行，有错由专署负责。但认为确系第二审法庭错误时，可以呈请第二审法庭提审。专署有提审任务。

第四十七条 第一审法庭在紧急情况下（或经专署特殊委托之县）处决之死刑案犯，事后应将卷宗、抄判补送第二审法庭备案。第二审法庭认为处理适当者，应准备案；认为处理欠当者，一面批评，一面备案；认为处理错误者，不准备案。三次不准备案者，县长应受刑事或行政处分。但对第二审法庭不准备案有意见时，可以补充理由，正式提出，请求另予备案。二次仍不准备案者，不得再提意见。

第四十八条 除死刑案犯一律享受复判权外，其他任何案件，人民都有自由上诉权。

一、上诉日期：一律定为七日，从判决送到之日起算。因特殊情况耽误者，可以延长。

二、上诉手续：

1. 应通知原判法庭停止执行。
2. 应亲自到上级法庭去上诉。

其他一切手续与第二章之起诉同。

第四十九条 原判法庭接到人民不服判决之上诉通知（书面口头都行）后，应即将卷宗和意见送交上级法庭去处理。

第五十条 上级法庭接到下级法庭卷宗和判决后，应听候上诉人到案上诉。逾一月不到案上诉者，应以放弃上诉论，将原卷发还原审法庭照判执行。

第五十一条 人民不服下级法庭判决，向上级法庭告诉，上级法庭应即按照第二章起诉之一切规定受理之。

第五十二条 上级法庭认为事实不明、需要调查者，可以提出具体意见，让原审法庭代为调查，或发还原审法庭再审。发还再审以一次为限，不准三番五次发回。

第五十三条 上级法庭对于下级法庭之判决认为适当者，可以维持原判；认为欠当者，可以部分变更原判；认为错误者，可以全部撤销原判，另行判决。不论维持、变更、撤销，都应以判决书为之。判决后，并应将判决书抄一份送原审法庭参考。

第五十四条 原审法庭对于上级法庭如有意见，可以向上级法庭正式提出。

第六章 执行

第五十五条 判决确定之案件，才能开始执行；未经确定之案件，不准执行。所谓判决确定指：

一、就地正法、判处死刑之案件，经专署批准；

二、紧急处理之案件，经行政会议或县长、司法科长、公安局长讨论决定；

三、处罚保留案件，经法庭重新讨论，决定执行；

四、其他案件（不论民刑事），过上诉期间，而不上诉者；

五、第二审法庭判决之死刑案件，经行政会议决定，需要紧急处决者，经专员批准；

六、第三审法庭判决之死刑案件，经行政会议决定，需要紧急处决者，经正副主任批准。其他一切案件，经正副主任批准，即为确定。

第五十六条 刑事案件确定后，应归各级法庭自行执行，但必要时可以委托下级法庭执行，下级法庭亦可委托区公所执行（将具体执行办法，填具执行书，发交委托机关）。

第五十七条 各种处罚教育之执行办法。

一、就地正法之执行——经专署批准后，县府应给地方武装、区村政权秘密布置，人人得而就地抓杀。对于死心塌地之大汉奸，必要时，可以悬赏抓杀。但误杀好人者，应负过失杀人罪责。

二、判处死刑案犯之执行：

1. 除战时或紧急情况可以用绳绞、刀杀外，平时一律用枪毙，不准使用过于残酷之方法。

2. 不论何时杀人，不要集中，一般的每次不可超过五个人（同一案犯在五人以上者例外）。

3. 执行死刑案犯最好绑到犯罪所在地执行，以便教育当地群众（大案可以专门召集群众大会）。

4. 执行后，应通知其家属领尸；无人领尸者，亦应设法掩埋。

5. 执行后，应贴布告，宣布罪状，罪状要符合事实（不宣布阶级成分）。

三、没收财产：

1. 除死心塌地汉奸全家逃亡者，没收其全家全部财产外，一般没收财产，只没收其个人所有土地、存粮、存款，其他零碎小东西不没收。其个人财产与家属财产混合者，就其应得份没收之。没收财产不得损害第三人之权利。

2. 没收财产，应配合当地政权登记执行。

3. 没收之土地、存粮、存款，除法庭依法处理外，一律都应交财政部门处理。

四、罚粮、罚款之执行，除法庭依法处理外，一律交财政部门处理。

五、徒刑之执行，一律送看守所禁闭教育，不执行完毕或减免完毕，不准任意释放（减免办法另定）。

六、劳役之执行，主要是罚苦工，强迫劳动，以回村服役为原则，不能回村者，送各机关、团体、部队劳动（其办法另定）。

七、褫夺公权之执行，从判决之日开始起算，如果与徒刑合并者，从看守所释放之日起算。褫夺公权开始之日，应即通知其所属县、区、村政权登记，并布告该村群众周知。

八、死刑保留之执行，在保留期间，重复以前错误或另犯他种更大罪行者，经法庭重新讨论决定，即可执行枪毙，不经法庭另判手续，其保留即为无效（事后报专署备查）。过保留期间，其罪刑即归无效。

九、身体罚保留之执行，在保留期间，如果重复错误或犯其他重罪者，法庭重新讨论决定后，应即开始执行其处罚，其保留即归无效。过保留期间，其罪刑即归无效。

十、其他针对教育，可按具体情况运用。

第五十八条 第二、三审法庭判决确定之民事案件，可以将具体执行办法，填成执行书，发交第一审法庭执行。第一审法庭判决确定之案件，可以将具体执行办法填成执行书，指挥区村公所执行。

第五十九条 各种民事案件判决之执行办法。

一、不动产之转移，主要的是转移所有权；所有权之转移，应按税契手续办理。

二、动产之转移，可由区村公所政权用强制执行办法强迫交付。

三、人事案件之执行，应用动员说服保证的方法达到执行目的。必要时，可用禁闭方法强迫执行，但禁闭至多不超过半个月。

第六十条　本制度自公布之日实行。

（选自太岳行署一九四四年《司法工作》第五期交流增刊）

晋绥边区第四专员公署通令

——规定各县送复核复判案件应注意遵守事项由

（一九四三年）

查高院本年一月二十日法行字第168号命令关于执行核案新决定，业经径令各县照办在案。兹为认真执行上级正确规定送核案件，便于以后进行纠正已往草率从事起见，除各级司法干部应将上项命令与以前法行字第104号命令（上年五月二十一日边府高院命令）合并深入讨论坚决执行外，嗣后关于呈送专署之复核复判案件应：一、判死刑者，缮判决正本两份、会议记录一份（无则声明）、填死刑审核登记表一份（填至来文号数栏以下空文），连县卷一并送署备核；二、判书内应指出援用法条或判决根据；三、由公安机关送来之案件，司法机关亦须详加审讯记录，不得仅以公安机关原卷为根据加判送核；四、纠正过去对判决死刑人犯有的仅从历史上叙述一堆恶迹，不指出判决死刑重要根据与其有处死罪迹，审判人员既不注意侦察追问，亦不适用法条的忽略现象；五、小偷破坏空［室］清［野］处死刑的权限，在此项命令中未明白指出，应由本署请示，在未得高院指示令与战争未到之前，此项案件之处死者暂送本署核示执行，除分□□希分别照办。

晋西北巡回审判办法

（一九四二年三月一日公布）

第一条　行署司法处审判庭及各专署县政府，为了民众诉讼之便利，得定期派推事或裁判员深入下层，巡回审判其管辖之民刑诉讼案件。

第二条　行署推事每次出巡应按实际情形，在其所巡回各地先期广贴布告。县裁判员巡回，到村应向村调解委员会考查有无应行检举之刑事或调解不成立情愿起诉之民事案件。

第三条 行署巡回审判管辖事件如下：

（一）不服第一审判决而上诉的民事、刑事诉讼案件。

（二）不服第一审裁定而抗告的民刑案件。

第四条 裁判员巡回审判管辖事件如下：

（一）民事、刑事第一审诉讼案件。

（二）代行检举刑事案件。

第五条 行署推事巡回审判，应就县政府或其他适当处所开庭；裁判员就区公所开庭。

第六条 关于第二审民刑诉讼案件审理日期，应由行署巡回推事预先嘱托县政府逐案排列，并传集诉讼关系人及一切应传人证。

第七条 关于书记员、文书、验检员、司法通讯员之事务，由当地县政府派人担任，但巡回推事于必要时，得酌带行署人员办理。

第八条 裁判员到村巡回审判，得带书记员一人，通讯员或勤务员一人。

第九条 应送复判之案件，得由原审机关送行署巡回推事复判。复判案件，经更审判决后，应送巡回推事查核，如认为有疑义者，应进行第二审审判。无疑义者，发回执行。

第十条 行署巡回推事，判决最高本刑为死刑，或徒刑在三年以上或民事诉讼标的在二千元以上者，应拟判送行署决定后，再为宣示送达。

第十一条 行署巡回推事对处刑不满三年，或民事诉讼标的在二千元未满之案件，得自己决定，以行署名义，借用县印制判送达。

第十二条 裁判员巡回审判，对处刑为六月以上有期徒刑之刑事案件，或民事诉讼标的在五百元以上者，讯问终结后，带回县府，依通常手续，拟判宣示送达。

第十三条 裁判员巡回审判，对处刑六月未满之刑事案件，或标的在五百元未满之民事案件，得自己决定，以县府名义，借盖区公所图记，制判送达。

第十四条 巡回推事或裁判员未到达当地前，县区村各级政府，对于重要的证据或程序，得实施紧急处分，送巡回推事或裁判员办理。

第十五条 行署或专署巡回推事所经办有关案件之其他文件，也得借用县印。

第十六条 专署巡回推事到所管各县巡回审判，适用裁判员之规定，所制判决，亦得借用县印，以专署名义行之。

第十七条　本办法自公布之日施行。

（选自晋西北行政公署《法令辑要》）

晋西北陪审暂行办法

（一九四二年四月十五日公布）

第一条　为了确实了解具体案情，使群众参加审判意见，特制定本办法。

第二条　普通民刑及特别刑事案件无秘密必要者，得通知有关群众团体陪审，并聘请公正人士列席陪审。

第三条　下列团体各选出陪审员及候补陪审员各一人，并由司法机关临时聘请公正人士一人为陪审员，但陪审列席人数以三人为限。

（一）工人抗日救国会。（二）农人抗日救国会。（三）青年抗日救国会。（四）妇女抗日救国会。（五）其他群众团体。

第四条　各群众团体应将选定之陪审员及候补陪审员〔的〕姓名、性别、年龄、住址、职业列表汇送司法机关。

第五条　陪审员于审判案件时，有与当事人有亲戚关系者，应自行回避。不回避者，当事人得声请回避，推事、裁判员或军法官亦应依职权令其回避。

第六条　遇有应付陪审之案件，审判长、裁判员或军法官应于开审前三日，以通知书填列当事人、刑事被告人姓名、籍贯及日期时间，通知应出席的陪审员届期陪审。陪审员如无正当理由不出席或出席非全数者，应径行审判，或以已出席者陪审。

经通知后，陪审员因疾病或其他事故不能执行职务者，应以其候补陪审员补足之。

第七条　陪审员收到通知书后，应出具回证。

第八条　陪审员到齐后，审判长、裁判员或军法官，应将陪审员姓名及被告姓名、年〔龄〕、籍〔贯〕当庭宣示，问陪审员与被告有无第五条情形，应否回避。

声请或自请回避者，应说明理由，由审判长、裁判员或军法官裁定之。

陪审员因回避不足定额时，应通知有关候补陪审员补足到庭，或指定审判日期，当庭通知在场人员届时偕同应补之候补陪审员到场。

第九条 陪审员不能适用于刑事侦查庭及民事调查庭。

第十条 陪审自开庭后退庭前，除第六条第一项末两段情形外，均须有定额之陪审员出席。

第十一条 陪审员对案件不明了之事实，得声请讯问明白。

第十二条 陪审员在审判时发问，得经审判长、裁判员或军法官之许可。

第十三条 陪审员对所陪审之案件，在事实上及法律上得陈述意见，审判人员如对陪审员之意见不能采纳者，应释明之。

第十四条 陪审案件于辩论终结后，审判人员应谕令民事当事人、刑事被告、被害人、证人、庭役人等退庭，向陪审员指明下列各点，命其参加评议：

（一）有关之事实及证据。

（二）关于本案之法律上论点。

（三）刑事被告之有罪无罪及罪名所犯法条。

（四）民事诉讼之有无理由。

第十五条 案件复杂，当日不能评议完毕者，应当庭于三日内指定时期，命再到场继续评议。

第十六条 案件经评议后，裁判人员认为评议正确应采纳之；不采纳者，应释明之。

第十七条 案件经评议决定后，审判庭、县政府或军法官，应本其评议之结果，依通常程序而为判决。

第十八条 陪审员对陪审案件，经裁判人员决定后，不能再提出异议，并应保守秘密。

第十九条 陪审员对审判笔录内关于所提出之意见与评议部分应签名盖章，如必经复判复核案件，应附卷内，以备审查。

第二十条 本办法适用于第一审。

第二十一条 本办法自公布之日施行。

（选自晋西北行政公署《法令辑要》）

山东省各级司法办理诉讼补充条例

(一九四一年四月十八日通过，同日公布施行)

第一条 各级司法机关对诉讼案件应遵照国民政府所颁民刑各法及民刑诉讼各法办理，但为适应敌后抗战环境特制定本补充条例。

第二条 各级司法机关办理民刑诉讼，应维护广大群众利益，动员全民参战为主旨，不得拘泥成法，致陷抗战于不利。

第三条 为教育民众及补救审级不全之欠缺，对于民刑案件尽量采取调解方式，但危害抗战及广大群众利益之民刑重大案件不在此例。

第四条 法理、习惯为调解及审理案件重要依据之一，惟不利抗战及庸俗的道德观念与仅利于少数人之习惯不得援用。

第五条 凡不能依法径行判决之案件，应提交各级行政委员会决定后再行判决。

第六条 推事执行职务应主动积极，纠正过去敷衍、积压、推诿之恶习。

第七条 检察官为代表国家公益及法律执行机关，应主动积极执行其应负责任，以发扬检察制度之精神与作用。

第八条 检察[官]执行职务遇必要时，得请公安局协助进行。

第九条 为事实之限制，刑事案件力避自由刑之执行，必要时可易以财产刑或其他感化方法。

第十条 执行徒刑可易地执行，并令服劳役。

第十一条 民刑诉讼手续以合理合法简捷为原则，不得以法定形式之欠缺而拒绝受理或拖延不结。

第十二条 民刑诉讼补充条例另定之。

第十三条 本条例修改解释之权属于山东省临时参议会。

第十四条 本条例自山东省临时参议会通过后公布施行。

(选自一九四四年八月山东省胶东行署《法令汇编》)

山东省改进司法工作纲要

(一九四一年四月二十二日通过，同日施行)

第一条 本纲要系根据国民政府颁行之法院组织法及山东省临时参议会

决定之司法原则制定之。

第二条 为适应敌后环境，完成三级三审便利民众诉讼起见，县设司法处，为民刑诉讼第一审机关，专署区设地方法院，为民刑诉讼第二审机关，全省在高等法院未正式成立前，暂设高级审判处，为民刑诉讼第三审机关。为便利全省各地诉讼，各主任公署区设高级审判处分处，代行职务。

第三条 全省设一司法行政机关，专司司法制度之改进及创制、修改现行法令，统一全省法令之解释。

第四条 为便利诉讼及易于了解案情，缩短民众讼累计，各区乡成立调解委员会。

第五条 各级司法机关，在各级行政委员会领导之下，仍保持其独立之组织系统，其各级司法长官，应由参议会选举之，并为各该级行政委员会当然委员。

第六条 推事或审判官审理案件，除应保持其部分独立审判外，必要时须经各该级行政委员会决议处断之。

第七条 各级司法机关办理诉讼以中央及地方政府颁布之法令与条例为依据。

第八条 为救济司法人才之缺乏，凡属有法律知识或司法经验及坚决抗战、拥护民主之进步人士，均得充任推事、审判官、检察官。

第九条 诉讼手续务求简捷，凡不利于抗战期间之诉讼手续，应酌予变通或修改之。

第十条 讼费、状纸费、送达费、抄录费等暂予免收。

第十一条 为发扬检察制度，贯彻法律保障人权之精神，各级司法机关设置检察官若干人。为便于领导及加强检察工作起见，建立各级检察委员会，为领导、计划、推动各级检察官及一切检察工作。

各级检察委员会，由各级参议会选举之，检察官由检察委员会推选之。检察委员会组织条例另立之。

第十二条 高级审判处处长，监督本处及所属下级司法机关及其分处。

高级审判分处处长，监督该处及所属下级司法机关。

第十三条 重要之民刑案件，与同级有关之法定群众团体，得派代表出席陪审，陪审办法另定之。司法机关于开庭前须通知之。

第十四条 本纲要由山东省临时参议会通过后施行。

（选自一九四四年四月渤海区行政公署《战时单行法规》）

山东省陪审暂行办法(草案)

第一条 为使司法与群众密切结合求得判决之准确与公平,特根据山东省改进司法工作纲要第十三条之规定制定本办法。

第二条 各级政府司法部门审理民刑重要案件应通知陪审员出席陪审,其每次出席人数应依照案件情形就第三条所列人员中令其全体或一部出席。

第三条 陪审员为下列人员：
一、同级群众团体代表。
二、同级参议会驻委会代表。

第四条 出席陪审之群众团体代表由政府通知其团体自行推选,参议员由参议会驻会委员会推定之。

第五条 陪审员有帮助调查案情、列席陪审、陈述意见之权,但无决定处理案件之权。

第六条 司法部门于受理案件后,即按照当事人所属团体于向当事人送达传票时,分别通知其团体,令其推选代表,其经政府指定陪审之参议员,由政府直接通知之。

前项通知应记明开庭日期及应到处所。

第七条 各陪审员于接到通知后,应即着手进行调查工作,其所获得之材料应于开庭一日前提交司法机关以备参考。

第八条 陪审员陪审时不得直接发问,如有询问事项,须得主审者之允许方得发问。

第九条 辩论终结后,主审应即召集陪审员开评议会,各陪审员应据个人对案情之了解提出意见以供参考(如意见不一致时亦无须表决)。

第十条 主审于评议终了后,应将陪审员之意见及个人之意见提请所属之行政委员会作最后决定。

第十一条 陪审员应公平负责忠于职务,如有借端徇私或招摇情事,一经查出或被告发证实者,除停止其职务外,并按其情节轻重依法惩处。

第十二条 陪审员对于案件应保守秘密,如有泄漏致他人名誉或公务上受有损害时,除在行政上予以处分外,并酌量情形使负一定之刑事责任。

第十三条 本办法由山东省战时行政委员会通过后公布施行。

(选自《山东省现行司法法令》)

山东省公安局暂行条例

（一九四一年十月一日公布施行）

第一条 为保卫抗日根据地，保卫抗日民主政权，保卫人民利益，保障各抗日党派合法权利，镇压敌探汉奸，制止非法行为，维持社会秩序起见，于县以上之各级政府内设公安局。

第二条 公安局是抗日民主政权维持治安并遂（执）行本条例第一条任务之主管机关，是政府的组成部分，故各级公安局应在各该级政府监督与领导下，秉承上级公安局政治上与工作上的领导以进行工作。

一、各级公安局应接受各该级政府行政上的领导：

甲、执行政府政权工作上的指示。

乙、接受政府对工作的监督与生活上的管理。

丙、各级公安局应向各该级政府作工作报告。

二、各级公安局应接受上级公安局政治上工作上的领导：

甲、执行上级公安局之决定、指示及计划，接受其检查。

乙、接受上级公安局关于技术上的训练与教育。

丙、各级公安局应向上级公安局及时作工作及案件之详细报告。

第三条 公安局的组织系统如下：

一、全省设"山东省公安总局"，直隶于山东省行政委员会，指挥与管理全省各级公安局。

二、各主任区设"××主任区公安局"，直隶于各该主任公署，秉承省公安总局之方针，指挥与管理该主任区各级公安局。

三、各专员区设"××专员区公安局"，隶属于该专员公署，秉承上级公安局之方针与指示，领导与监督所属各县公安局工作。

四、各县设"××县公安局"，隶属于各该县政府，秉承上级公安局之方针与指示，进行全县治安工作。

五、区及市镇设正副公安特派员，直隶于县公安局，并遵照区公所之指导，办理全区治安工作。

第四条 公安局应根据山东省战时施政纲领及锄奸政策进行以下的基本工作，如：

一、侦察破获破坏抗日民主根据地内军事、政治、经济、文化、交通、建设及危害军政机关团体及人民利益的敌探汉奸。

二、肃清一切破坏抗战、破坏团结、破坏政权、破坏人民利益的危害分子。

三、进行锄奸运动之政治动员，办理汉奸自首。

四、开展锄奸组织，推行锄奸运动。

五、稽查迁移、居住、旅行的手续，清查户口，检查交通，盘诘来往敌占区之行人，防止奸细混入。

第五条 公安局之职权如下：

一、公安局依法定手续，对于敌探、汉奸、危害分子有侦查、预审、逮捕与控告权（关于逮捕手续另定之）。

二、公安局对有汉奸或破坏抗战团结之行为者，不论其为机关、团体或普通人民得执行检察机关之职务，实行严格检查，并可向司法或军法机关起诉。

三、公安局对〔危〕害国家之特种刑事犯，必要时（有关未来案件破获者）在得上级公安局批准后，有负责处决权，但一般奸细犯应交军法或司法机关正审判决。

四、公安局对于军法机关或司法机关关于特种刑事犯之判决，认为不合时，得向上级政府与上级公安局上诉。

五、公安局不得直接逮捕军队人员，应通知部队主管机关处理之，但特别紧急情况可先负责逮捕，之后，仍须交其主管机关审讯处理。

第六条 山东省公安总局在未成立以前，由山东省战工会公安处代行职权。

第七条 本条例如有未尽事宜，应由山东省战工会随时修正。

第八条 本条例自公布日起实行。

（选自《山东省战时行政委员会公文合订本》）

山东省战时工作推行委员会关于盗匪案件划归公安局审理的通令

（一九四二年七月六日）

查肃清盗匪安定社会秩序为目前重要工作之一，本会为有效制止盗匪，迅速完成此项任务起见，经第三十次常会议决：盗匪案件概由各县公安局直接审理，县行政委员会决定，呈由专署转呈本会或行政主任公署由公安处复审，分别提交本会常会或公署行政委员会决定。至〔于〕直属专署除滨海区应径呈本会复审外，其余鲁南、湖西、冀鲁边各专署即由各该级公安局复审，行政委员会决定，除惩治盗匪条例另行颁发并分令外，合行令仰遵照执行为要。

（选自山东省政府《战时法规政令汇编》第二辑）

山东省战时工作推行委员会厉行判决批答严格审级的通令

（一九四二年七月十八日）

近查各级司法机关受理民刑案件对民众呈状既少批答，案件终结又多不予批判决，而仅在行政会上决议，即行送请复审，致使当事人等不悉处理情形，依时上诉，更不能获悉政府对其诉状是否受理，及时提出答辩及补正，于是上诉权利无形剥夺，审级制度亦同虚设，且案件积累因此亦多。兹为纠正上述缺点，使司法制度渐入正规计，特决定厉行判决批答严格审级，嗣后各级司法机关于受理案件后，在诉讼进行中，对于所收呈状应予批答：凡有关诉讼进行及其本人权利义务之批答，应行送达，其余一般批答可斟酌贴挂。每至案件终结，务须依法制送判决，限定上诉期间。如当事人于期间内声明上诉，原审机关即应将全案卷证移送受理上诉司法机关。倘逾限不提起上诉，判决即为确定，原审机关且应依照法字第一号训令分别执行，或送请复审。自此次通令后，各级司法机关务须严格遵守，倘再发现类似上述错误情形，各地区上级司法机关应予及时纠正，不得稍事迁就，具有越级或未经判决上诉者，应予驳斥或当面谕知，除判决书批答格式另行印发并分令外，合通令仰遵照。

（选自山东省政府《战时法规政令汇编》第二辑）

山东省战时工作推行委员会关于厉行保释、减少羁押人犯与改善犯人待遇的训令

（一九四二年八月）

查各级司法机关对于民刑案件，时有不分案情轻重，嫌疑大小，滥行羁

押，甚至无故加以身体之束缚，而看守人员亦不少对犯人横加侮辱，任意打骂等不良行为，若不即时纠压，非惟有失感化教育之意义，违犯进步刑事政策之主旨，且更有违背法治精神、保障人权之真谛。兹为纠正上述错误，正确掌握政策，达成保障人权之任务，特制定后开决定，令发各级政府，仰即遵照执行为要。

附决定一份

（选自山东省政府《战时法规政令汇编》第二辑）

山东省战时工作推行委员会关于厉行保释、减少羁押人犯与改善犯人待遇的决定

（一九四二年八月）

一、民事案件除在执行中遇必要时得执行管收外，一律不得羁押。

二、刑事案件被告除犯最重本刑五年以上之罪者，于必要时应行羁押外，其余不及五年之较轻案件，应厉行保释候审为原则，或斟酌情形令其缴纳相当数量之保证金，在外候审。

三、被押犯人如恪遵看守规则，不得束缚其身体，其因有暴行逃亡或自杀之虞者，实行束缚其身体时，不应过分予以苦痛，以能达防止之目的为限。

四、为促进犯人觉悟、进步，应加强犯人之教育，对犯人之日常生活、卫生、衣食等，尤应注意，以收辅助教育之效。

五、对于看守人员，应经常加以适当之看守教育，使之对看守工作具有基本之认识，并予以纪律教育，使之知所戒惧，既可免除越狱、逃亡及侮辱犯人之现象，更可借得辅助教育之作用。

（选自山东省政府《战时法规政令汇编》第二辑）

山东省各级公安局拘押差犯暂行条例

（一九四二年九月二十七日公布施行）

第一条 下列差犯于预审期间，应由公安局羁押：

甲、敌探汉奸。

乙、破坏抗日军事或政治之设备者。

丙、盗匪。

第二条 差犯有下列情节之一者不得羁押：

甲、非前条规定之差犯。

乙、除现行犯外，未经法定手续逮捕者。

丙、人证或物证不具其一者，但临时查获情节重大者。

第三条 本条例第二条所称之现行犯，即正当实施犯罪行为而不及履行法定手续逮捕者。

第四条 逮捕手续列下：

甲、须持有公安局之逮捕证（样式列后）。

乙、公民犯罪时须经县以上公安局长批准逮捕之，并报告同级行政长官。

丙、现任村长犯罪时，须经县以上公安局长请由同级行政长官核准逮捕之。

丁、现任区长犯罪时，须经专员（区）以上公安局长请由同级行政长官核准逮捕之。

戊、现任县长以上官员犯罪时，须经专员行政主任或省公安处长请由战工会核准后逮捕之。

己、犯罪之各级抗日团体主要负责干部之逮捕与各该级行政官员同。

庚、犯罪之其他工作人员之逮捕，按其现任职务比照上开各项办理。

第五条 下列差犯应由主任区或直属专员区公安局羁押之：

甲、有□□县之案件。

乙、情节复杂，县公安局难于审理者。

丙、情节重要，可供深入参考者。

丁、指定提交者。

第六条 公安局依法提起公诉时，即将差犯送交司法机关羁押。

第七条 对差犯不得侮辱、虐待或体罚，并注意其教育与卫生，但有违反管理规则者，得予以适当之处理。

附逮捕证式样

逮捕证	字第 号	逮捕证存根
民到府候讯 拘捕×县×区×村 中华民国 年 月 日 局长		民到府候讯 拘捕×县×区×村 中华民国 年 月 日 发 局长

第八条 本规则由山东战时工作推行委员会公布施行。

(选自《山东省战时行政委员会公文合订本》)

山东省战时工作推行委员会
关于成立司法机关的训令

查各级司法机关组织条例早经本会颁布在案，而迄今多未遵照组织成立，对诉讼案件率由行政机关之第一科兼办。因责成不专，兼顾无暇，故不能不临时应付，草率从事，致背法离情之现象屡见迭出，长此以往，非惟有损政府威信，而人民之权利亦无由保障，且更有促使民众趋敌求直之危险。兹为加强今后司法工作，使根据地各种政策具体深入民间，并提高民主政权之威信计，除分令外合行令仰遵照后开办法积极办理，并将办理情形连同司法人员履历呈报本会备查为要！

附办法：

一、各级政府于文到后一个月内遵照前颁各级司法机关组织条例建立完竣，倘限于干部缺乏，可将人员酌量裁减最低限度，务须设置专理司法人员，以专责成。

二、如一时无专门司法人才时，可就现任工作人员中择其对司法工作感有兴趣与了解一般政策者充任之，纠正空喊需要而不认真设法建立之等待现象。

三、主署级及专署级司法机关，应令所属司法机关按月将其受理民刑案件以及判决、调解数目按级呈报，以便及时了解具体情况。主署级及直属专署级司法机关，每三个月按照上开内容呈报本会一次。

四、凡判处二年以上之徒刑案件，虽当事人不上诉，其判处机关亦应递送该管主署级司法机关复审，至判处机关为直属专署级与其所辖各县级，除滨海区应径送本会复审外，其余概由专署级司法机关复审。其复审机关务将事实与罪刑详细审核，有无违背政策，分别准驳，并根据具体材料详为指示，作为实际教育，以提高司法人员之质量。

五、湖西、鲁南与冀鲁边各专署级司法机关所判处案件，免送复审。至所辖各县级对于判处二年以上之徒刑案件，送由该管专署级司法机关复审。

六、各级司法机关判处之死刑案件，未经当事人上诉者，除滨海区应送由本会复审外，其余一律送由各该区最高司法机关复审，并由最高行政委员会确定。

七、各级司法机关已判处之案件，在刑事未逾十日（自接受判决之次日起算）、民事未逾二十日，不能根据判决执行，必须经过上述各法定期间，当事人不上诉时判决才算确定，才能依判执行。

（选自山东省政府《战时法规政令汇编》第二辑）

山东县司法处刑事复判暂行办法

第一条 为补救刑事初审之建设，特依国民政府刑事复判成例，参酌敌后具体情况，制定本办法。

第二条 县司法处判决的刑事案件，除第三条规定外，不论有罪无罪，凡未经上诉或其他未经第二审法院为实体审判者，均应由该管地方法院复判。

第三条 下列各款之犯罪，除因牵连关系应并案办理外，勿须经过复判。

一、最重本刑三年以下有期徒刑、拘役或专科罚金之罪。

二、刑法第三百二十条之窃盗罪。

三、刑法第三百三十五条之侵占罪。

四、刑法第三百三十九条之诈欺罪。

五、刑法第三百四十九条第二项之赃物罪。

第四条 前条第一款对于刑法第一百三十二条之泄漏通常秘密罪，第一百四十三条、第一百四十五条之妨害投票罪，第一百八十六条之危险物罪，第二百七十二条第三项之预备杀人罪，第二百七十六条之过失致人死罪，及前条第二款因妨害空舍清野而犯窃盗罪，前条第三款因涉及惩治贪污条例而犯之侵占罪，不论罪刑轻重，均应呈送复判。

第五条　应行复判的案件，卷证未送上级法院者，原县司法处应于上诉期满后五日内，将卷证判决呈送该管地方法院检察官核办，其卷证已在上级法院者，应径行复判。

第六条　检察官收到初判卷证后，应于三日内转送同级法院复判，如认初判违误，有上诉之必要者，得于五日内提起上诉。

第七条　第二审法院发现初判有疑义者，得令原审查复，如认初判合于下列情形之一者，应为核准之裁定：

一、法律事实相符者。

二、事实明了，仅引用法律错误或程序违法，但为不影响于科刑者。

前项第二款情形应于核准裁定之理由内纠正之。

第八条　初判有下列情形之一者，应为更正之判决：

一、事实明了，仅用法错误致罪有失入者。

二、主刑之量刑失当者（但认为应处死刑或无期徒刑时，应为复审之裁定）。

三、从刑或□□处分失当者。

四、缓刑不适当，或被告曾受徒刑以上刑之宣告者。

第九条　除前二条情形外，应撤销初判，为发回复审之裁定。

复审裁定不得抗告。

第十条　复审裁定，就下列方法之一为之：

一、发回原县司法处复审。

二、指定推事莅审。

三、提审。

第十一条　一案中有应核准、更正、复审之部分互见时，依下列各款办理：

一、应核准与复审之部分互见时，应为复审之裁定，但应核准者系免刑、无罪、免诉或不受理之判决时，得将该部分另为核准之裁定。

二、应核准与应更正之部分互见时，应为更正之判决。

三、应更正与应复审之部分互见时，应为复审之裁定。

第十二条　有多数被告，其中部分被告上诉，或被告犯数罪，仅就原判一部上诉者，如上诉法院认为有合并审理之必要时，应先提审裁定，然后合并审理，但判决仍分别行之。

第十三条　复判法院为第七条或第八条之裁判时，应将裁判正本令发原县司法处，送达当事人。

第十四条　原县司法处，复审判决后，仍应将卷证连同判决正本呈送上级检察官查核，如认为不当时，仍得提起上诉。

第十五条　检察官或自诉人，对于更正提审或莅审之判决，得上诉于第三审法院，对于原县司法处复审之判决，得上诉于第二审法院。

被告对于更正提审、莅审或复审判决，得分别提起第三审或第二审上诉。

原告人对于县司法处复审判决，得向第二审检察官申诉不服，请求提起上诉。

群众团体派人代理或代表其会员为诉讼时，亦得分别提起上诉或申诉不服。

第十六条　复判核准应照初判刑期执行者，其刑期自初判经过上诉期间之翌日起算，但未受羁押之日数，不算于刑期之内。

第十七条　本条例自公布之日施行。

（选自山东省胶东行署《法令汇编》）

山东省胶东区行署各级军法会审委员会组织及审理暂行条例

第一条　为适应敌后战争环境，提高抗战纪律，密切军政民团结，调整军政民关系，特制定本条例。

第二条　军民犯罪有下列情形之一者，由军法会审委员会审理之：

一、军人、军属或地方武装部队犯罪直接侵害人民利益者。

二、人民犯罪妨碍军纪、涉及部队利益或名誉者。

三、其他犯罪，经军政首长认为必要或同级群众团体请求者。

第三条　县至主任公署，应各组织军法会审委员会，处理当地发生有关军法事件。

第四条　各级军法会审委员会，上下级发生直接领导关系。

第五条　军法会审委员会由下列人员组织之：

一、县级以上行政首长。

二、县级以上司法机关首长。

三、代表军队和地方武装之营级以上的军政首长。

四、各级群众团体负责代表。

第六条 军法会审以事实便利为主，县至主任公署级均得受理初审，不服判决，得提起上诉，但主任公署级之判决，不得上诉。

第七条 各级军法会审，由同级行政或司法机关首长任主审委员，负责召集会审委员进行审判程序。

第八条 主审委员接受会审案件后，应即着手调查证据，并指定会审日期，通知会审委员，提传人证，同时指定书记负责编卷、记录等事。

第九条 会审日期前，主审委员认为必要，得召开预审会议，交换意见，或预行审讯人证，借以明了事实。

第十条 会审事件，一次不能终结者，军事人犯应交原军事机关带回看管，其他人犯由主审委员指定地方管押之。

第十一条 会审时由主审委员依次审讯人证，其他会审委员，通过主审亦得为必要之审讯，但被告有最后辩论权。

第十二条 会审事实已明，应即宣布终结，经会审委员会评议决定，制成简要判决即时或定期传唤当事人，宣告判决要旨及理由。

第十三条 判决宣告后，应即制作正本，分送各委员存查，并送达各当事人收受。当事人如不服判决，得于七日内，向原审机关以书状或口头声明上诉。当事人以口头声明上诉，原审机关应命书记官制成笔录，记载不服理由，令上诉人签名或按指印。

第十四条 当事人上诉后，初审主审委员，除认上诉不合法得径行裁定驳回外，应检齐卷证，连同上诉状，呈送上级军法会审委员会。

第十五条 初审判决除主署级以外，因逾期不上诉或上诉不合法被驳回确定后，原审机关应于五日内检齐卷判，呈送上级军法会审委员会复判，须经复判核准，始得执行，但死刑之执行应分别呈请胶东最高军政机关之核准。

第十六条 军法会审案件上诉机关认为事实明了，罪情相符者，得不提传当事人，径以书面审理判决。

第十七条 军法会审判决确定之人犯，应由所属军政机关分别依法执行。

第十八条 本条例所未规定之事项，刑事诉讼法及刑事复判暂行条例各规定以与本条例精神上不相抵触者为限准用之。

第十九条 本条例之解释权，属于主署级军法会审委员会。

第二十条 本条例经胶东军政民联席会议议决后公布施行，修正时亦同。

（选自山东胶东行署《法令汇编》）

修正淮海区审理司法案件暂行办法

第一章 总则

第一条 凡本区法院及兼理司法之县政府审理司法案件，除另有规定外，概依本办法处理之。

第二条 司法案件之审理，应以抗战建国纲领为最高原则，对于国民政府所颁布之法令，除因战时环境及地方实际情形由行政公署另颁有单行法规施行外，一律适用。

第三条 抗战以前案件，除政治案件外，一切判决仍为有效。

第四条 审理诉讼案件，应以照顾抗日各阶层人民之利益为基础，对于民事案件，以调解为主，审判为辅，对于刑事被告，以教育改造为主。

第二章 管辖

第五条 本区司法机关之组织，暂定为二级二审制，县政府兼理司法为第一级审判机关，行政公署设法院为第二级审判机关，其依民刑事诉讼法得上诉于第三审之案件，暂以第二审为终审。

第六条 关于军事犯案件，由军法机关审理之；关于政治犯案件，由公安机关预审之。

第七条 区署、村（镇）公所及群众团体对于诉讼案件无审判之权。

第八条 检察官之职权，由法院检察官行使之；在未设检察官之前，由公安总局代理行之。

第三章 人犯之拘束

第九条 拘捕人犯非依法律不得为之。

第十条 一、下列人犯，不论何人得不用拘票径行逮捕。

（一）汉奸、敌探、逃兵。

（二）犯罪确有实据，现在通缉或逃亡中者。

（三）犯命盗案件有重大嫌疑而有逃亡之虞者。

（四）刑事诉讼法第八十八条规定之现行犯。

（附：刑事诉讼法第八十八条：现行犯不问何人得径行逮捕之。

犯罪在实施中或实施后即时发觉者，为现行犯。

有下列情形之一者，以现行犯论。

（一）被迫呼为犯罪人者。

（二）因持有凶器、赃物或其他物件，或于身体、衣服等处露有犯罪痕迹，显可疑为犯罪人者。）

二、民众或群众团体逮捕前项人犯，应即解送主管村（镇）公所或区署。

三、部队逮捕前项人犯，除军事犯外，应即解送该地主管审判机关。

第十一条 区、村（镇）长在其管辖区域内，对于前条所举之犯罪者，应不待上级命令径行逮捕。

羁押人犯除因特别情形接受上级允准者外，村（镇）公所应在二十四小时内，区署应在四十八小时内，移送该管司法机关处理。但上级命其移送者，仍应即时移送。

第十二条 凡羁押之人犯，在特殊区域不能解送的，须将事实及不能解送之原因，详报该管司法机关备核。

第十三条 除第十条列举之人犯外，民兵及群众团体无逮捕及羁留人犯之权。

第四章　起诉及审判

第十四条 起诉应以书面向主管司法机关为之，但当事人不能自作书面时，得命口述，制成笔录，或代撰书状，命当事人按指印为凭。

第十五条 案里案件，于开终结庭时；当事人得先期呈准该管司法机关延请代理人或辩护人出庭。

第十六条 各级司法机关得以批示代裁定、庭谕代判决，并为送达。

第十七条 婚姻之诉当事人之一造受合法传唤而无故不到场者，得依到场当事人之一造辩论而为判决。

第十八条 为适应抗战环境，除从刑仍依刑法规定外，特规定主刑之种类如下：

一、死刑。

二、有期徒刑：刑期最高不得超过十年。

三、罚金：依据刑法分则各本条之规定，参照犯令、资力，及当时通用之币值酌科之。

四、拘役：二月以下，一日以上。

五、管束：一年以下，一日以上。

第十九条 受有期徒刑或拘役之宣告，因抗战环境及被告身体、职业或家庭之关系，执行显有困难者，得以抗币（一元折合法币五十元）一元以上，五元以下折算一日，易科罚金。

罚金应于判决确定后一月内缴纳之。

第二十条 第一审司法机关判决死刑之案件，虽经确定，仍须将全案卷宗、证据、物件，呈送第二审司法机关，核准后方得执行。

第二十一条 第二审司法机关对于第一审司法机关呈送复核之死刑案件，认为有疑义时，得提审、派员莅审，或令原审机关更审报核。

第二十二条 兼理司法县政府所收司法罚金及没收犯人之财物，应于每月月终，分别造列清册，汇报法院及行署财粮处。

第二十三条 各级司法工作人员处理案件，违反本办法或其他法令之规定，应分别情形负刑事上、民事上之责任。

第五章 上诉及抗告

第二十四条 对于县政府所为第一审之判决不服者，得依法上诉于淮海区法院。

第二十五条 对县政府所为第一审之裁定不服从者，得依法抗告于淮海区法院。

第二十六条 上诉或抗告，均应以书面或口诉叙述理由，向原审司法机关为之。

第六章 巡回审判及陪审

第二十七条 各级司法机关得按时组织巡回法庭，就近审理民刑诉讼，巡回审判办法另订之。

第二十八条 各级司法机关于审理案件时，得采用陪审制度，陪审办法另订之。

第七章 看守所与监狱

第二十九条 各级司法机关应设看守所，看守临时羁押之人犯；淮海区法院设战时监狱，执行已决之徒刑案犯。

第三十条　受徒刑或拘役宣告之人犯，在执行中，应服公役。战时监狱，对于徒刑案犯，应施以教育，授以工艺，使其劳动生产，看守所及监狱之守卫事宜，应由警卫部队担任之。

第八章　法警

第三十一条　各级司法机关应设法警若干人，负拘传、宣示、执行、送达等之责。

第九章　执行

第三十二条　徒刑除送战时监狱执行外，余由判决确定机关执行之。民事案件应由判决确定之机关执行，但下级机关奉上级机关命代执行者，不在此限。

第三十三条　执行死刑，一律用枪决。受刑人如有遗嘱，应记明笔录，转告其家属。

第三十四条　通缉在逃之刑事被告，负有民事上之赔偿责任者，司法机关得查封或变卖其财产，以相当价值交被害人，以资抵偿。

第十章　关于新解放区案件

第三十五条　解放前，伪政府所为之裁判，一律无效。

第三十六条　利用敌伪权势，胁迫诈取他人之所有物，应返还之。

第三十七条　利用敌伪权势所订立之契约无效。如因此兼并他人之土地，或侵夺他人财物者应返还之。

第三十八条　凡当事人双方自由公平订立之契约，与我法令并不违背者，仍为有效。

第三十九条　依据伪政府之法令有交付之义务而为财物之交付者，无论因公因私，除尚有存在者外，不得请求返还，但尚未履行者，得停止履行。

第四十条　利用敌伪权势而为之婚姻行为，得于解放后一年内声请撤销之。

第四十一条　利用敌伪权势犯刑事之罪者，仍应依法负刑事之责，但经准予自新者得减免其刑。

第十一章　附则

第四十二条　本办法公布后，前颁淮海区审理司法案件暂行办法废止之。

第四十三条 本办法经淮海区参议会通过，交由行政公署公布施行。其修正手续亦同。

第四十四条 本办法自公布之日起施行。

（选自淮海区专员公署《淮海区单行法规（草案）》）

淮海区人民代表陪审条例（草案）

第一条 为发扬民主精神，使案情易于了解，判处得以适当，特制定本条例。

第二条 凡审理民刑诉讼案件，均可使人民代表参加陪审。

第三条 法院、县政府于审理案件时，淮海区参议会、县参议会及县群众团体均可推派代表一人至三人参加陪审。法院、县政府于进行巡回审判时，就其发生案件之区域内群众团体及地方公正人士中，各聘任一人至三人参加陪审。

第四条 参与陪审之代表应具备下列条件：

一、负有地方信誉者。

二、在抗日民主政府建立后未受刑事处分之宣告者。

三、在出席陪审之法院或县政府无与人民发生刑事诉讼未结者。

四、与当事人及案情无关者。

第五条 人民代表经推选聘定后，由法院或县政府通知出席陪审者，即当参与陪审。

第六条 审判案件非一庭所能终结者，于继续审讯时，其陪审代表由第一次出席之人担任。

第七条 诉讼程序上之进行，由主审人指挥之。

第八条 当事人、证人之讯问，由主审人行之。陪审代表对案情有疑义时，得声请主审人为必要之发问。

第九条 凡案件已经审理终结者，参与陪审代表应于退庭后，立即会议评论，提供意见，交由主审人参酌裁判。但对于裁判之确定无拘束力。

第十条 陪审代表应于审讯笔录上签名盖章，以明责任。

第十一条 陪审代表对于陪审之案件，有保守秘密之义务。

第十二条 陪审代表就其陪审之案件，不得为当事人事先机谋，事后贪缘请托。

第十三条　陪审代表就其陪审之案件，如有要求期约收受贿赂者，依法惩处。

第十四条　本条例经淮海区参议会通过，交由行政公署公布施行。其修正手续亦同。

第十五条　本条例自公布之日起施行。

（选自淮海区专员公署《淮海区单行法规（草案）》）

淮海区巡回审判实施办法

第一条　本办法依据修正淮海区审理司法案件暂行办法第二十七条之规定制定之。

第二条　各县政府应于每月终了时，将稽延未结及未能解审之案件，列表呈报法院，以备查核。

第三条　法院认为某县积案较多，有组织巡回法庭之必要时，得指派推事一人，随带书记官一人，法警二人前往审理之。

第四条　县政府于巡回审判推事到达时，应将稽延未结及未能解审之案件，检齐卷宗，移送巡回审判推事办理。但本月的新收未结之案件，仍由承审室自行处理。

第五条　巡回审判推事在各县审理民刑案件，得独任为之，如认为有合议之必要时，应召集县长、承审员或公安局长参与审判。

第六条　诉讼当事人对于法院巡回法庭所为之判决不服者，仍得向法院提起上诉。但曾任巡回法庭原审之推事，不得再行审理。

第七条　巡回审判推事对外行文及制作判决书，以淮海区法院巡回法庭及巡回审判推事名义行之。

第八条　巡回审判推事于工作完竣离县时，应将理结之案件，具报法院备查，并附送裁判书。

前项理结案件之卷宗，由原县保存。

第九条　巡回审判推事每到一县，除审理案件外，并有检查该县司法工作之责。

第十条　各县县长认为某一地区诉讼案件较多，必须就近审讯，以便深入了解迅速处理时，得指派承审员、书记员前往该区组织巡回法庭。

第十一条 县政府巡回法庭，以承审员为主审人，陪审人员之设置，适用淮海区人民代表陪审暂行条例之规定。

第十二条 诉讼当事人对于县政府巡回法庭所为之判决不服者，得上诉于淮海区法院。

第十三条 县政府巡回法庭对外行文及制作判决书，以县长名义行之，承审员付署。

第十四条 巡回法庭之执达事项，由所在地政府负责办理。

第十五条 本办法由淮海区行政公署制定颁布施行。其修正亦同。

第十六条 本办法自公布之日起施行。

（选自淮海区专员公署《淮海区单行法规（草案）》）

淮海区徒刑案犯执行暂行办法

第一章 总则

第一条 为适应战时环境，便于管理教育已决案犯，特制定本办法。

第二条 徒刑案犯，在执行期间，一律不得行使公民权利。

第三条 徒刑案犯，在执行期间，如再犯他罪，应即送交司法机关处理，与前科之刑合并执行。

第二章 交村执行

第四条 各级司法机关判处徒刑案犯，刑期在二年以下及二年以上中之有恶性传染病者，应易服公役，并取具妥保，发交该管村公所执行。

各级司法机关于发交前项案犯时，应将案犯姓名，住址、犯罪事由、刑期及在执行中必须注意之事项，知照该管村公所。

第五条 村公所于接受前条之委托后，应将案犯编号登记以凭差遣。

第六条 村公所遇有后方特定勤务，及奉命差遣时，应尽先拨用服公役之案犯。

第七条 村公所在同一日间，遇有案犯人数超过应支押役人数之情形时，即采用轮流服役制度，依次调遣之。

第八条 村公所对于服公役案犯之言行，有检查督促之责，并得干涉案犯之迁徙或远行。

第九条　案犯刑期已满时,村公所应向发交该犯之司法机关,具报备查。

第十条　案犯刑期已满,虽计算服公役之日尚未足,亦视为执行完毕。

第三章　送监执行

第十一条　各级司法机关判决徒刑之案犯,刑期在二年以上而无恶性传染病者,应取具妥保,送交战时监狱执行。

由法院判决确定者,移送公安总局转交战时监狱检收。

由各该县政府判决确定者,应先解送法院,再依前项手续办理之。

第十二条　刑期中之案犯,衣服行李一律自备,饮食由监供给,如有疾病,除由监延医诊治外,并得准保出外就医。

第十三条　在监案犯,每三个月得请假一次,其手续另行规定之。

第十四条　案犯家属接见,须有该管村长之介绍信,并经典狱长许可,方准接谈,但概不招待接见人之膳宿。

第十五条　案犯管理教育办法另定之。

第十六条　刑期中之案犯,于学习、劳动、生产各方面表现优良,而有悛悔实据者,得由典狱长报告上级提前释放。

第十七条　案犯在监执行期满,由典狱长报告上级,批准释放。

第四章　附则

第十八条　本办法由淮海区参议会通过,交由行政公署公布施行。其修正手续亦同。

第十九条　本办法自公布之日起施行。

(选自淮海区专员公署《淮海区单行法规(草案)》)

淮海区司法公安案犯统一管教暂行办法

第一条　为改善案犯待遇,进行教育,特制定本办法。

第二条　所有案犯一律由看守所负责看管之。

第三条　看守所依案犯性质,由司法、公安两部门领导之。

第四条　看守所应选择适当之处所及房屋,并排除妨碍看守及便于案犯脱逃之事物。

第五条 案犯入所时，由看守所长检查，所有携带钱物，一律送交上级暂为保存。

第六条 看守所长应秉承上级之命令，分别编组看管之。女犯有三人以上者，得另行看押之。

第七条 看守人员对案犯不得施行侮辱打骂。

第八条 案犯如有疾病，应予隔离，并随时呈报上级加以诊治。

第九条 案犯于夏秋热季，准予沐浴及随时洗涤衣服。

第十条 案房内春冬一概铺草，夏秋改换芦席。铺草应按月换新，铺席应随时曝晒洗刷。

第十一条 案房内于夜间设大小便桶各一，拂晓以前黄昏以后，不准案犯外出。

第十二条 暑季应规定时间，使案犯出室纳凉。

第十三条 案犯每月剪发一次。

第十四条 案犯家属请求接见或送给衣服食物时，均须经过上级批准，并应加以检查。

第十五条 案犯不准互相谈话、吸烟及日间睡眠。

第十六条 为加强案犯教育，应按时派人或指定识字犯人进行读报，并组织文化及时事之讨论。

第十七条 主管机关每周应派员到所，召集案犯及看守人员开会，检查犯人生活及看管情形。

第十八条 所内案犯及看守人员，对于本办法各节，故不遵守者，所长应随时报告上级，予以惩处。

第十九条 本办法经淮海区参议会通过，交由行政公署公布施行之。修正手续亦同。

第二十条 本办法公布之日起施行。

（选自淮海区专员公署《淮海区单行法规（草案）》）

淮海区拘票使用办法

第一条 刑事被告罪嫌重大，而有下列情形之一者，得使用拘票拘提之：

一、无一定住所者；

二、有逃亡之虞者；

三、有湮灭、伪造、变造证据或勾串共犯或证人之虞者；

四、所犯为死刑，或最轻本刑五年以上有期徒刑之罪者；

五、经合法传唤，无正当理由不到者。

第二条 民事被告有下列情形之一者，得使用拘票拘提之：

一、经传唤不于日期到场，亦不声明理由或其理由不正当者；

二、非本人到场，本案虽经终结而不能收终结之效者；

三、证人因连传不到被处罚，仍不遵传到场者。

婚姻案件之当事人，不适用前项第一款之规定。

第三条 签发拘票之权，在法院属于院长，侦查中由检察官付署，审判中由受命推事付署。在兼理司法之县政府属于县长，关于司法案件由承审员付署，关于公安案件由公安局长付署。

第四条 拘票应记载下列事项：

一、被告之姓名、年龄、性别、住址或其他足资辨别之特征；

二、被告犯罪之行为；

三、拘提之理由；

四、应解送之处所；

五、发票之机关；

六、发票之年月日。

第五条 拘票由发票机关指挥所属政府或警队执行之，必要时得作拘票数通，分交所属，各别执行。

第六条 执行拘提，应以拘票示被告。

第七条 依法执行提票之公务员，遇有急迫情形，得于管辖区域外执行拘提，或请求该地之行政机关执行之。

第八条 执行拘捕后，应于拘票记载执行之处所及年月日，连同被告一并解交发票机关。如被告逃亡或藏匿，因而无法执行者，应缮具简明报告书，并粘附原拘票，呈缴发票机关备查。

第九条 被告为现役军人时，执行拘提之公务员，应以拘票知照所隶属之长官协助执行。

第十条 区村政府对本法第一条所规定之刑事犯，认为有拘捕之必要时，得呈请县政府签发拘票，依法执行。

但如系现行犯，得不用拘票径行逮捕。

第十一条 本办法由淮海区行政公署制定公布施行，如有未尽事宜得以命令随时修正之。

第十二条 本办法自公布之日起施行。

（选自淮海区专员公署《淮海区单行法规（草案）》）

淮海区公务人员非法拘押惩处暂行条例（草案）

第一条 为加强保障人权，实行法治，严整行政纪律，特制定本条例。

第二条 除合于淮海区审理司法案件暂行办法第十条第一项（附注一）规定之人犯，非有县政府或法院签发之拘票不得擅行拘捕，否则即以非法拘捕论处，拘票使用办法另定之。

附注一：
淮海区审理司法案件暂行办法第十条第一项：
一、汉奸、敌探、逃兵。
二、犯罪确有实据，现在通缉或逃亡中者。
三、犯命盗案件有重大嫌疑，而有逃亡之虞者。
四、刑事诉讼法第八十八条规定之现行犯（附注二）。

附注二：
现行犯不问何人得不用拘票径行逮捕之。
有下列情形之一者，以现行犯论。
一、被迫呼为犯罪人者。
二、因持有凶器、赃物或其他物件，或于身体、衣服等处露有犯罪痕迹，显可疑为犯罪人者。

第三条 村（镇）公所拘捕人犯应于二十四小时内，区署拘捕人犯应于四十八小时内，解送上级机关，逾时不解者，即以非法羁押论处。

第四条 县政府羁押人犯，在侦查中不得逾两月，在审判中不得逾一月，有延长羁押之必要者，应于未届期满前呈请法院核准，否则仍以非法羁押论。

第五条 民事被告人不合于管收民事被告人规则第三条第一项（附注三）之规定者，不得管收。

附注三：
管收民事被告人规则第三条第一项。
民事被告人有下列情形之一者，应提出担保，其无相当保证人或保证金者，得管收之。

　　一、有逃匿之虞者。

　　二、有犯刑事之嫌疑者。

　　三、具有前二款原因之一，而原保证人死亡或声明退保，不能另有其他保证者。

　　四、判决确定，显有履行义务之可能，而不遵判履行者。

　第六条　村公所对于任何事件无直接处罚之权。

　区署除对于违警事件外，无其他处罚之权（违警罚法另定之）。

　第七条　拘捕或羁押中扣押人犯之物件，应随时发给收据。如人犯解送上级时，并应将扣押之物件一并解送之，不得隐匿不报或擅自截留。

　第八条　羁押中之人犯，非有暴动、逃亡或自杀之虞者，不得束缚其身体。

　第九条　上级公务员对于所属下级公务员非法拘捕人犯，有监督检举之责。

　第十条　执行拘捕时，除因人犯拒捕而为必要之措置外，不得侵害人犯之身体。羁押与审判时，并不得对人犯施以拷打、凌辱或其他虐待之行为。

　第十一条　公务人员犯本条例之规定者，应由任免机关惩戒之，如情节重大并得送由司法机关处以拘役或一年以下之有期徒刑。

　第十二条　前条之惩戒，依下列方法为之。

　　一、告诫；

　　二、申斥；

　　三、记过；

　　四、停职；

　　五、撤职。

　第十三条　公务人员对于拘押之人犯，犯其他之罪者，依据刑法及其他特别法规定处罚之。

　第十四条　公务人员非法扣押人犯时，被害人或其家属有控诉之权。

　第十五条　其他法令与本条例不相抵触者，仍适用之。

　第十六条　本条例经淮海区参议会通过，交由行政公署公布施行。其修正手续亦同。

　第十七条　本条例自公布之日起施行。

（选自淮海区专员公署《淮海区单行法规》（草案））

淮海区审理敌伪区人民诉讼案件暂行办法

第一条 凡敌伪区人民无论一造或两造在本地区司法机关诉讼者,均适用本办法。

第二条 诉讼当事人一造或两造,住在敌伪区,而系争标的物在本地区者,其诉讼应于本地区司法机关为之。

第三条 诉讼当事人一造或两造,住在本地区,而系争标的物在敌伪区者,其诉讼仍应于本地区司法机关为之。

第四条 诉讼当事人一造或两造,虽住在敌伪区,但传票确已送达在三次以上而仍不到庭,得为缺席裁判。

前项裁决如不能即时执行时,俟该地区解放后执行之。

第五条 诉讼当事人及系争标的物均在敌伪区,而合意在本地区进行诉讼者,应遵守本地区司法机关之裁判。

前项裁判,依前条第二项之规定办理。

第六条 诉讼当事人之一造,住在敌伪区确系无法传唤者,得以裁定中止其诉讼。

中止期间,不受时效之限制,俟该地区解放后再行回复原状。

前二项之规定,对于婚姻或继承之诉不适用之。

第七条 本地区调解委员会规程,对于敌占区人民亦适用之。

第八条 敌伪区人民刑事诉讼,如向本地区司法机关进行时,应受理之。

第九条 敌伪区人民因假借敌伪权势而订立之一切契约,蒙受损害之一方,得向本地区司法机关诉请撤销。

前项裁判如不能即时执行,适用第四条第二项之规定。

第十条 敌伪区人民因对敌斗争(包括秘密、公开两种)而有功绩者,为刑事被告时,如能提出证明文件或证明人,经审查属实后,得酌量情形减免其刑。

第十一条 敌伪区人民受刑事处分宣告后,如其家属对于抗敌工作有特殊贡献,经证明属实者,得停止执行。

前项停止执行之敌占区人民,如本人积极抗战者得减免其刑。

第十二条 其他法令与本条例不相抵触者,一律适用。

第十三条 本条例经淮海区参议会通过,交由行政公署公布施行。其修正手续亦同。

第十四条　本条例自公布之日起施行。

（选自淮海区专员公署《淮海区单行法规》（草案））

苏中区惩治伪化诉讼暂行条例

（一九四四年九月公布施行）

第一条　为防止人民勾结敌伪势力，冒用诉讼方式，窃取非法权益，特订定本条例。

第二条　凡敌伪对人民权益之非法措置及伪政府伪法院之判决，一律无效，政府得根据具体情形恢复其原状。

第三条　诉讼案件之原被告及系争标的，在敌伪据点以内，除按照苏中处理诉讼案件暂行办法执行外，其形势有执行之可能时，政府得随时执行。

人民借敌伪判决，在根据地内妄自执行者无效。

第四条　凡根据地人民向敌伪政权、部队进行告诉者，处一年以下有期徒刑，或抗币五百元以下之罚金。

犯本条罪行，致他人受损失者，负赔偿责任。

第五条　犯前条罪行，致他人身体遭受伤害者，处五年以下有期徒刑，因而致死者，处死刑。

被害人及其家属，得请求损害赔偿。

第六条　在抗日民主政府诉讼失败后，为报复而犯第四、第五条之罪行者，加重本罪二分之一。

非因故意犯第四条之罪行，向抗日民主政府自白并申请合法之审判者，得免除其刑；犯第五条之罪行，得酌量减轻。

第七条　教唆或主使他人向敌伪政权、部队进行告诉者，按照情节轻重，照第四、第五条处罚。

第八条　意图渔利，犯第七条之罪行者，处七年以下一年以上有期徒刑。

第九条　违犯本条例所规定之罪行者，人民有告发之义务，各级政府得不待告发以职权进行侦查起诉。

第十条　犯本条例第四、第五条之罪行者，除处罚外，其系争权益，政府仍应按照法令，作公平合理之裁判。

第十一条　本条例由本署颁布施行,如有未尽善处,得以命令修正之。

(选自一九四四年九月二十八日《苏中报》)

苏中区处理诉讼案件暂行办法

(一九四四年十月公布施行)

第一章　总则

第一条　凡苏中区人民诉讼案件,均依照本法处理。

第二条　本办法颁布后,凡未经判决确定之诉讼案件,均依照本办法处理。

第三条　处理诉讼案件之裁判根据,应以抗战建国纲领及抗日民主政府各种政策法令为最高原则。

第四条　处理诉讼案件,应照顾抗日各阶层人民之利益为基础,对于民事案件,以调解为主,审判为辅,对于刑事被告,以教育改造为主。

第五条　旧政府为镇压革命所为之判决,一律无效。普通民刑案件之判决,原则上继续有效,但确系冤屈之判决,经有证明者,得声请更审。

第六条　利用敌伪势力窃取权益者,一律无效,并得依惩治伪化诉讼条例惩处。

第七条　人民之法益被侵害时,得提起诉讼;但因年龄知识之关系不能进行诉讼者,得聘请代理人,或由政府指定代理人,进行诉讼。

第八条　各级政府受理诉讼案件,不得收取诉讼费用。

第二章　管辖

第九条　各县县政府为第一审,专署法院为第二审,苏中高级法院为第三审,分区未设法院者,以专员公署司法科为第二审。

第十条　军事案件归军法机关审理,汉奸、特务按照紧急治罪法组织特种法庭审理,其他案件一律均归司法机关审理。

第十一条　军人犯有普通罪刑(行),及军民间因私人纠纷发生诉讼者,应归司法机关审理。

第十二条　关于财产权诉讼案件,归财产权所在地司法机关管理;其他案件,由被告住所、事务所所在地司法机关受理;刑事由被告犯罪所在地司法机关受理。此外，双方合意及上级指定之法院，亦有权管理。

第十三条　公务人员利用职权犯贪污、违法舞弊、营私等罪行者，由上级法院指定或派遣人员于第一审司法机关审理。

第十四条　区政府对民事及轻微刑事案件有仲裁权，县政府于必要时得授权乡调解委员会仲裁案件，仲裁后如仍有不服，得径行起诉，但重大刑事案件不得调解。

第三章　起诉

第十五条　人民为维护权益，得向司法机关起诉。

第十六条　区级以上政府及公安机关为维护社会秩序、群众利益，得代表国家执行检察权，对刑事被告提起公诉。

人民对前项被告，有告发权。

第十七条　起诉不以书状为要件，人民得就诉讼内容口头告诉，由司法机关记录存卷，进行审理。

区乡政府人员及乡学教师有代人民缮录口头告诉记录（由政府统一印发）及书状之义务，不得收受任何酬劳。

第十八条　口头告诉记录及起诉书状应具备下列各项：

（一）原被告及证人、关系人姓名、年龄、性别、籍贯、住址、职业。

（二）事实与理由。

（三）请求目的。

（四）证人与物证。

（五）曾否调解或调解之结果。

（六）受理机关。

（七）起诉年月日。

（八）告诉人签名盖章或捺指印（左手二拇指）。

（九）代写人或记录人签名盖章。

第十九条　受理机关接受书状或记录时，对第十七条规定各项有欠缺时，应随时通知补正，不得拒不受理。

第二十条　投递书状除由具状人直接送到受理机关外，得由区乡政府代转。

第四章　传达与拘提

第二十一条　传唤原被告、证人及关系人应用传票，但就地审讯时，得用口头通知。

第二十二条 传票应在开庭前送达，并计算被传人足够之在途期间。

被传人于接收传票时，应在送达证上签名盖章或捺指印，并注明收到之日期。

第二十三条 送达除由专人执行外，并得委托区乡政府通讯员代为送达。

送达人于送达时，不得收受任何费用。

第二十四条 送达应于被送达人之住所、事务所或指定地点行之。

被送达人在根据地区无法送达者，得用公示送达。

被送达人拒绝送达者，得用留置送达。

第二十五条 刑事被告案情重大，有逃亡之虞者，或被传两次无故不到庭者，司法机关得命令拘提。

拘提被告时，应提示拘提证书。

第二十六条 现行犯人人得径行逮捕之。犯罪在实施中或实施后即时发觉者，为现行犯。

经政府通缉之人犯，以现行犯论。

汉奸、敌探及携械潜逃之武装人员，以现行犯论。

第二十七条 对于刑事被告之身体、物件及住宅或其他处所，于必要时得搜索之。

对于第三人之身体、物件及住宅或其他处所，以有相当理由可信为被告或应扣押之物存在时为限，得搜索之。

第二十八条 搜查应提示搜索票，实施搜索时，应作搜查笔录。

搜查应保守秘密，注意被搜索人之名誉。

对于妇女身体之搜索，应由妇女为之。

第二十九条 司法机关对于被告所持有犯罪之用品及赃物，得命令扣押，缮具收条，交被告收存。

在未经判决没收以前，除危险物品得径行没收或销毁外，不得掉换毁弃。

赃物如经原主认领，确有证明者，得准予给领。

第三十条 乡（镇）政府不得羁押人犯，区政府羁押人犯，不得超过二十四小时。遇有特殊情形，经呈请上级核准，或有正当理由者得延长之。

第三十一条 羁押及拘提人犯应尊重其人格，不得施以侮辱，但有暴行、逃亡及自杀之虞者，得束缚其身体。

第三十二条　被告逃亡或藏匿者，得通缉之。

通缉被告应用通缉书，通缉书应注明被告姓名、性别、年龄、籍贯及特征、案由与通缉理由，及应解送之处所。

第五章　证据

第三十三条　原被告主张有利于己之事实，就其事实，有举证之责任。

审判人员及陪审人员对于案情及证据，应直接、间接、公开或秘密进行周密之调查研究。

第三十四条　人民对于他人之诉讼有到场作证、忠实陈述之义务。证人经合法之传唤，无正当理由不到场者，得处以抗币五十元以下之罚金，两次以上不到者，并得拘提之，其拘提办法适用本法第二十四条之规定。

第三十五条　证人于陈述前或陈述后，应具结表示负责，如有虚伪之陈述，无论具结与否，按照伪证罪处理。

第三十六条　审判人员因调查证据及犯罪情形，得对诉讼系争标的及犯罪地点，实施勘验。

实施勘验应作勘验笔录，于必要时，并应附具图画或照片说明。

第三十七条　勘验得为下列处分：

一、履勘犯所或其他与案情有关系之处所。

二、检查身体。

三、检验尸体。

四、解剖尸体。

五、检查与案情有关系之物件。

六、其他必要之处分。

第三十八条　对于民事系争标的之勘验，原被告及关系人应提出有关之书证。

第三十九条　实施勘验时，得命证人及鉴定人到场。

第四十条　对于文书、物证及原被告或关系人之身体疾病，于必要时，审判人员得聘请或指定专门人材实施鉴定。

实施鉴定，应作鉴定书，由鉴定人以口头及书面报告。

第四十一条　鉴定人因鉴定所需必要费用，得请求法院核准发给。

鉴定人如故意歪曲事实，作虚伪之陈述者，按照伪证罪处罚，审判人员得以职权撤销其鉴定。

第六章 审判

第四十二条 诉讼案件之审判，根据实际环境，斟酌案情，得采用下列各种方式，公开进行：

一、机关审判。

二、就地审判。

三、巡回审判。

四、人民陪审。

五、人民公审。

第四十三条 审判人员应于诉讼案件发生或有关之处所，实施就地审判。但案情轻微，事实明晰者，得于机关内传集原被告、关系人进行机关审判，或就区域内划分期日，实施巡回审判。

第四十四条 审判实行人民陪审制度，聘请陪审员二人至六人，参加审讯，陪审员就下列各项人员中聘请之：

一、各抗会代表，民兵队长，抗属代表（因具体案件聘请各有关团体代表）。

二、参议员或参政员。

三、乡学或区学教师。

四、民选之乡长及乡政府委员。

第四十五条 陪审员有帮助调查案情证据，向审判员提供意见之责任，审讯时参加陪审。

案件进行至可判决时，审判人员应召集审判会议，征取陪审员意见，以为判决之基础。有不同意见时，应记明笔录，得先径行判决；如多数陪审员反对审判员之主张时，应暂行停止判决，呈请上级决定之。

陪审人员于所陪审案件之笔录，应签名盖章。

第四十六条 陪审员于审讯时，非经审判员之允许不得随意发言，如对被审讯人供言有问题时，得提请审判人员注意之。

陪审员关于审判会议之内容，应绝对保守秘密。

第四十七条 原被告于审讯时，得呈准延聘代理人或辩护人出庭，但必要时，审判员得命令原被告本人到庭。

第四十八条 审判员审理案件，以真实发现为判决之论据，不得用刑讯逼供；对供词之采纳，应辨明真伪，分别取舍之。

第四十九条 在诉讼进行中，除重大刑事案件外，审判员得于审判中试行和解，得原被告同意，制成和解笔录，如原被告自愿和解者，得撤销诉讼。

第五十条　审判员于审讯中，应给予充分时间，由原被告作言词辩论，被告有最后之陈述权。

第五十一条　诉讼达于可为裁判之程度者，司法机关应为判决。民刑事诉讼有牵连关系者，得合并判决，或分别判决。

第五十二条　民事案件原被告之一方，于审讯日期无正当理由不到场者，得以一方之请求，由其一造辩论而为判决。

第五十三条　民事被告住所不明，经公示送达，按照五十一条之规定而为判决者，以后如确有正当理由可资证明时，得请求重新更审。

第五十四条　刑事被告罪证确实者，应作处刑之判决。确属无罪者，应作无罪之判决。但案情轻微，以不处刑为适当者，得作免除其刑之判决，并得予以警告。

第五十五条　判决应制作判决书，记载原被告姓名，判决主文，及所根据之事实与理由，暨司法机关审判人员，陪审人员，判决日期。

判决书应制作正本，分别送达原被告收执。

第五十六条　审判员应将判决内容公开宣布，其对法令政策有教育意义者，并得召集群众大会，解释说明之。

第五十七条　重大案件与大多数人民有切身关系者，得举行人民公审，由人民执行诉权及陪审权。在审讯中，审判员应征询在场人民对案情之意见。

人民公审之审判权仍由审判员负主要责任，但应采纳人民之意见。

人民公审应当场宣判，如遇审判人员之意见与人民多数之意见不一致时，应记明笔录，呈请上级决定之。

第五十八条　诉讼案件经审判后，超过判决书注明上诉期间，原被告未曾声明上诉，及原被告于宣判时当场声明抛弃上诉者，即为判决确定。

第七章　上诉

第五十九条　原被告对于各县县政府所为第一审判决，不能甘服者，在上诉期间以内，得向第二审法院上诉；对于各行政区专员公署所为二审判决，不能甘服者，得向苏中高等法院上诉。苏中高等法院所为第三审判决，为终审判决，不得上诉。

第六十条　诉讼案件之上诉，除原被告得于宣判时口头声明，记明笔录外，民事案件之上诉期间，为收到判决书正本二十日以内，刑事案件为收到判决书正本十日以内。

第六十一条 上诉书状准用第十七条、第十八条关于口头起诉之规定；上诉书状应递由原为判决之司法机关转陈上诉法院。

第六十二条 上诉书状及口头记录应载明下列各项：

一、上诉人被上诉人之姓名、年龄、籍贯、职业、住址。

二、对原判决不服之理由。

三、对上诉法院请求目的。

四、上诉年月日。

第六十三条 原为判决之司法机关，收到上诉人所递上诉书状、口头上诉记录，或当场声明上诉之笔录时，应即检同全卷，申送上诉法院。

提起上诉如逾期间或系对于不得上诉之判决而上诉者，原为判决之司法机关，应以裁定驳回之。

第六十四条 高等法院在抗战期间，因地区特殊环境，得授权第二审法院为终审判决。

第六十五条 上诉法院对于上诉案件经审讯之结果，认为无理由时，应以判决驳回之。如认为有理由时，应废弃或撤销原判，更为判决。

第三审法院对于上诉案件，遇必要时得发回原审法院更审之。

第六十六条 上诉案件之送达、拘提、证据、审讯，得运用本办法第四、五、六各章之规定。

第八章 执行

第六十七条 诉讼案件于判决确定后，开始执行。

民事案件对于系争标的有变更现状及难于执行之虞者，得根据一方之声请，为假扣押、假处分及假执行之裁定。

第六十八条 民事诉讼案件之执行，由司法机关命令乡（镇）政府执行之。执行完毕后，应将经过情形，详报备查。

第六十九条 民事案件假执行、假处分、假扣押声请之一方，应于声请时提供担保，其被声请之一方，得提供担保，声请撤销之。

第七十条 关于假执行、假处分、假扣押之裁定，如有不服，得于接到裁定后七日内向上诉法院抗告。其投递书状之手续，准用关于上诉之规定。

上诉法院对于抗告案件，认为抗告无理由者，以裁定驳回之；认为有理由者，得废弃原裁定，更为裁定。

第七十一条　民事执行案件之债务人不居住根据地内，如系争标的物在根据地内者，得不待其亲到，径行交由债权人所有；如另有财产在根据地内，得以同等价值之财产，拍卖或转移，交予债权人，以为抵偿；如无财产足资执行者，俟收复据点或债务人亲来履行开始执行，其因迟延所生之损失，由债务人负责。

第七十二条　民事执行案件之债权人不居住根据地内，债务人无法履行判决者，得将标的物提交政府，用公示通知收领，如逾期六个月，移充优抗基金，并由司法机关发给证明，证明契约已经履行，原契约失效。

第七十三条　刑事案件判处死刑者，应呈请上级核准后执行。

刑事案件死刑之执行，一律用枪决。

刑事被告执行死刑时，如有遗嘱，应记明笔录，转告其家属。

第七十四条　刑事案件判处有期徒刑者，其执行办法，指定地区，实施生产劳动教育．司法机关得〔指〕定区乡政府执行之。

第七十五条　刑事案件判处有期徒刑二年以下者，得易科罚金，以抗币一元至二元折算一日。

第七十六条　刑事案件判处罚金或并科罚金而无力缴纳者，得以服役一日折算抗币一元至二元。

第七十七条　刑事案件判处有期徒刑者，如系初犯，可资教诲，司法机关得以职权宣告缓刑，自一年以上十年以下，在缓刑期内，不再犯罪，得免除其刑，如再犯罪，应合并执行。

第七十八条　判处有期徒刑之被告，在执行期间，逾六个月，确能改悔者，经执行机关之呈请，司法机关得假释之。

假释之被告，如再犯罪，应将未执行之刑期，合并执行。

第七十九条　司法机关对假释及缓刑之被告，得指定区乡政府、群众团体及被告之亲属，于一定期间内管束之。

第八十条　违禁物品，犯罪所用之物，或犯罪所得之物，没收之。

危险物品、毒品应予没收后销毁，或分别妥交军工医务机关处置之。

赃物有被害人认领时，应予发还。

第八十一条　刑事案件判处死刑者，宣告褫夺公权终身。

刑事案件判处有期徒刑者，因其犯罪之性质，得宣告褫夺公权一年以上十年以下。

被告于褫夺公权期间届满时，得呈请政府宣告复权，其在褫夺公权期内，确经改造，对社会有所贡献者，政府得以职权提前宣告其复权。

第八十二条 罚金及没收物品,除另有规定者外,一律归库。

第八十三条 通缉在逃亡刑事被告,负有赔偿责任者,司法机关得查封其财产,径交被害人,以资抵偿。

第九章 附则

第八十四条 本办法由本署订定之,自公布之日实行。

第八十五条 本办法施行后,各法院、专署及各县政府以前颁布之诉讼办法,一律作废,以后不得再颁布单行诉讼法规。

第八十六条 本办法如有未尽善处,由本署命令修正之。

(选自一九四四年十月十九日《苏中报》)

苏中区第二行政区诉讼暂行条例

(一九四三年九月一日公布,一九四三年九月十五日施行)

第一章 总则

第一条 苏中第二行政区(以下简称本行政区)法院为保障根据地人民之人权财权,适应敌后情况,确定诉讼办法免除人民讼累,特订定苏中第二行政区诉讼暂行条例(以下简称本条例)。

第二条 本行政区人民诉讼及司法机关对案件之处理,悉依本条例行之。

第三条 司法案件之处理以抗战建国纲领为最高准绳,国民政府所颁布之法令,除与因适应战时环境及地方实际情形由专署以上抗日政府颁有单行法相抵触者外,一律适用。

第四条 抗日民主政府建立前,除政治案件外,一切判决概为有效,但依民事诉讼法第四百九十六条第三项得提起再审之诉者,不在此限。

第二章 管辖

第五条 本行政区审级制度暂定二级二审制,兼理司法县政府为第一审,法院为第二审。

第六条 关于军事案件,由军法机关审理之;汉奸政治犯案件由公安机关侦讯,司法机关审判之。

前项以外案件，悉由司法机关审理之。

第七条 军人因民事诉讼或犯普通刑罪者，悉由司法机关审理之。

第八条 公务人员犯渎职罪者，得移转管辖。

第九条 区乡政府及区乡调解委员会无审判权，下列各项事件不得受理：

一、关系禁治产事件与死亡事件之宣告或撤销。

二、刑事案件，但轻微者不在此限。

第三章　人犯之拘捕

第十条 拘捕人犯非依法律不得为之。

第十一条 下列各款人犯不论何人得径行逮捕：

一、敌探、汉奸、逃兵及其他现行犯。

二、犯罪确有实据，现在通缉或逃亡中者。

三、犯命盗案件，有重大嫌疑而有逃亡之虞者。

第十二条 民众或民众团体逮捕前条人犯，应于二十四小时以内解交主管区署或有审判权之司法机关。

区署拘禁人犯，不得超过四十八小时，应即解送主管县政府。

第十三条 部队逮捕第十一条各款人犯，应即解送所在地审判机关。

第十四条 逮捕人犯不得施以侮辱、殴打等情事，但公然拒捕或有脱逃之虞者，得予以必要之拘束。

第十五条 拘捕人犯在特殊情形下不能按时解送者，应将事实及不能按时解送之原因，详报该管县政府核办。

第四章　起诉与审判

第十六条 起诉应以书状为之。

当事人不能制作书状时，得本其口述代撰书状，或由司法书记制作笔录，由当事人盖章或捺指印。

第十七条 书状应表明下列各款事项，向受诉机关提出之：

一、具状人姓名、性别、年龄、住所、职业。

二、诉讼标的及其估价。

三、应受判决事项之声明及陈述。

四、供证明用之证件。

五、提出人证之姓名、住所。

六、附属文件及其件数。

七、撰状人姓名、年龄、住所、职业。

八、呈递机关。

九、年、月、日。

第十八条 书状不合前条各项规定者，受诉机关应即命其补正。

第十九条 民事案件当事人应向受诉机关随缴诉费（另表并附说明）。

第二十条 受理民事案件应径行传讯并随时答辩。

第二十一条 当事人同时提出相关之民刑事诉讼者，司法机关得同时并案审判。

第二十二条 各级司法机关审理案件时，当事人得先期依法呈准延请代理人、辩护人或辅佐人。

第二十三条 各级司法机关审理一律禁用体刑，重证据不重口供。

第二十四条 刑分主刑及从刑，为适应抗战环境规定种类如下：

主刑：一、死刑——一律执行枪毙

二、有期徒刑

三、拘役

四、罚金——依照刑法分则各条规定，参照犯人之资力、现时通用之币值酌科之。

从刑：一、没收

二、褫夺公权

第二十五条 刑事案件终结后，各级司法机关得将刑事犯责付管束。

第二十六条 受有期徒刑或拘役之宣告，因抗战环境及被告身体、职业、家庭关系，执行显有困难或不执行为当者，得以抗币一元以上三元以下折算一日，易科罚金。

第二十七条 罚金或易科罚金于裁判确定后一个月内完纳，期满而不完纳者，强制执行，无力完纳者，以抗币一元以上三元以下折算一日，易服劳役。

第二十八条 第一审判处死刑之案件，应将全案卷宗证物申送第二审司法机关核准后方能执行。

第二十九条 第二审对前条申送复核之案件，认为有疑义时，得提审、派员莅审或令原审机关更审报核。

第三十条 民事案件应以最大限度试行和解，和解成立者，应制作笔录并为送达。

第三十一条　县司法机关所收之诉讼费、罚金及没收犯人之财产，应于每月月终造列清册汇报法院。

第三十二条　各级司法收入应分别解入金库。

第三十三条　各级司法人员处理案件故意违反本条例或其他法令之规定者，应分别情形负民事或刑事上之责任。

第五章　上诉与抗告

第三十四条　对于第一审所为之民刑事判决不服者，一律得于法定期间内上诉于第二审法院。

第三十五条　对于第一审所为之批示、庭谕或裁定不服者，得抗告于第二审法院。

第三十六条　上诉或抗告应以书状向原审司法机关为之。

第三十七条　上诉书状应表明下列各款事项：

一、当事人及代理人。

二、第一审判决及对于该判决上诉之陈述。

三、对于第一审判决不服之程度及应如何废案或变更之声明。

四、关系新事实及证据，并其他准备言词辩论之事项。

第三十八条　上诉书状不具备前条各款规定者，原审司法机关应定期令当事人补正，逾期不补正者，以裁定驳回之。

第六章　巡回审判

第三十九条　兼理司法县政府得组织巡回法庭至区乡处理司法案件。

第四十条　巡回法庭审理案件，得聘请当地民众团体代表及公正人士陪审。

第四十一条　陪审人对审理案件得发表意见，但不得干涉法庭之判决。前项陪审人发表之意见应记入笔录。

第四十二条　巡回法庭得通知所在地之军事及行政机关予以协助，倘有阻碍案件之进行及协助不力者，应报由其主管机关予以惩处。

第四十三条　巡回法庭对被告之羁押，得解送就近军政机关执行之。

第七章　看守所

第四十四条　各级司法机关得设看守所拘禁人犯。

第四十五条　看守所对犯人应施以感化教育，不得有索诈陋规及侮辱、打骂等情事。

第四十六条 人犯伙食与普通工作人员同。

第四十七条 犯人在看守期间无须支付任何费用,但因民事案件被管收者,应支付伙食费。

第四十八条 看守所设执法员一班,直接受看守所长指挥,执行看守及拘捕之任务。

第八章 附则

第四十九条 本条例未规定之诉讼手续,仍依照国民政府公布之民刑事诉讼法规定办理之。

第五十条 本条例之解释权属于苏中第二行政区法院。

第五十一条 本条例如有未尽事宜,得由苏中第二行政区法院以命令修正之。

第五十二条 本条例由苏中第二行政区法院呈准苏中行政公署司法处颁布施行。

(选自一九四三年九月十六日《滨海报》)

苏中区第二行政区征收诉讼费用暂行办法

(一九四三年九月一日公布,一九四三年九月十五日施行)

第一条 本行政区各级司法机关关于征收讼费事宜,悉依本办法办理之。

第二条 第一审讼费征收数额依下列各款行之:

诉讼标的价额或金额	讼费征收数
一、三百元	五元
二、三百元至四百元	七元
三、四百元至五百元	九元
四、五百元至六百元	十一元
五、六百元至七百元	十三元
六、七百元至八百元	十五元
七、八百元至九百元	十七元
八、九百元至一千元	十九元

九、一千元至二千元　二十二元

十、二千元至三千元　二十五元

十一、三千元至四千元　二十八元

十二、四千元至六千元　三十四元

十三、六千元至八千元　四十元

十四、八千元至一万元　四十六元

十五、万元以上每千元加征三元，不满千元者亦按千元计

第三条　第二审征收诉讼费用数额照第一审加二成。

第四条　民事非因财产权起诉者，一律依五百元未满征收之。

第五条　诉讼标的不满三百元者，免征诉讼费用。

第六条　本诉与反诉标的相同者，反诉不另征收诉讼费。

第七条　民事再审之诉照征诉讼费。

第八条　民事案件发还更审后再行上诉者，免征诉讼费。

第九条　各项声请、声明，不分审级，一律征收诉讼费二元，但声请诉讼救助者免征。

第十条　执行、送达、缮状等费一律免征。

第十一条　征收诉讼费用均以盖印收据为凭，倘承办人不给收据或额外收费，缴费人可拒绝支付，并指名控告。

第十二条　当事人无力缴纳诉讼费用声请诉讼救助，经裁定核准者，得暂缓缴纳或特予免征。

第十三条　诉讼标的计算及征收诉讼费用，一律以江淮银行发行之抗币为标准。

第十四条　本办法如有未尽事宜，得由苏中第二行政区法院随时以命令修正之。

第十五条　本办法由苏中第二行政区法院呈准苏中行政公署司法处颁布施行。

（选自一九四三年九月十六日《滨海报》）

解放战争时期

华北人民政府指令

——游击区判处死刑案件可由行署批准由

（一九四八年十月五日）

指令太行行署并抄致北岳、冀中、冀鲁豫、晋中行署

九月二十七日电悉。所称游击区判处死刑案件若经华北人民政府批准，在执行时有许多困难，案件来往至少需时一月，拟请由行署批准一节，查游击区为敌我斗争焦点，环境亦随之复杂，应十分注意正确掌握与执行政策，扩大我方政治影响，争取广大群众。至对罪大恶极、严重破坏我军事政治之奸特分子，可分别首从，判明是非，予以及时处理。为此，该署所请将判处死刑案件授权行署批准应予照准。但由行署批准之死刑案件，须检同犯罪事实及判决理由，呈报本府备查。至于一般不含政治性质之普通刑事案犯罪当处死者，则仍应依照正常司法手续呈报本府批准后执行。希即遵照，并转令所属游击区专署县府遵照执行。

此令

此指令抄致北岳、冀中、冀鲁豫、晋中行署知照

（选自《华北人民政府司法法令汇编》，一九四九年版）

华北人民政府为统一各行署司法机关名称、恢复各县原有司法组织及审级的规定的通令

（一九四八年十月二十三日）

兹为统一各行署司法机关名称，恢复各县司法组织，规定如下：

一、本府于本月十九日第一次政务会议决定：各行署原有司法机关，一律改为"某某（地区名）人民法院"，称冀中人民法院、冀南人民法院、冀

鲁豫人民法院、北岳人民法院、太行人民法院、晋中人民法院、太岳人民法院。本府各直辖市司法机关即为"某某市人民法院",如石家庄市人民法院、阳泉市人民法院,并由本府统一颁发印信。

二、由各行署转令各县政府迅速恢复原有司法组织(在民选政权未正式成立前,名称可仍旧)。过去司法机关与民、教或公安局合并,司法科(或处或人民法庭)所辖之监所与公安局之拘留所合并,工作极不便利,需要把它分开。过去司法干部转业其他工作者,应尽可能调回司法部门工作。

三、县司法机关为第一审机关,行署区人民法院为第二审机关,华北人民法院为终审机关;各直辖市人民法院为各该市第一审机关,华北人民法院为第二审机关。一般案件即以二审为止。如有不服要求第三审时,由华北人民政府主席指定人员组成特别法庭,或发还华北人民法院复审为终审审理之。各专区之有司法机关者,不作为一级,暂作为行署区人民法院分院,专区无司法机关者,不另设立。

希即遵照执行,并将执行情形报告本府。

(选自《华北人民政府法令汇编》第一集,一九四九年版)

华北人民政府通令

——处理死刑案件应该注意的事项由

(一九四八年十月二十三日)

令各行署、各直属市、专署及各县市政府

根据最近各行署呈送复核死刑案件,除北岳区办理手续疏漏较少外,其他地区,都或多或少存在着一些问题。例如:判处死刑而没有判决书,有了判决书而不宣判及送达;判决书不规定上诉期,有上诉期却不谕知被告。不经宣判,不经被告声明不上诉,即呈送上级司法机关核准。关于论罪科刑,有的由司法委员会研究决定,有的制作研究案犯确定表,但均没有审判负责人员参加讨论与研究。至于审判工作,重口供不重证据,凭被告的反省坦白,而不认真调查证据,研究案情,简单潦草,从案卷中说明不了的问题,更是较为普遍的现象。

发生以上种种现象的造因,是由于抗战期间我们处在游击环境,战斗频繁,为了及时结束案件,处理手续比较简单,是不能免的事。现在我华北解放区已经连成一片,除少数接敌区,战争状态依然存在外,大部地区已相当巩固了，土地改革工作已基本上完成了。我们司法工作者应该改变过去的作风，讲求司法手续。尤其是死刑案件，办理更应慎重（接敌区执行死刑的批准手续另有规定，见本府　字号令）。

一、审判工作必须遵守毛主席所指示的三个条件，即：

1. 禁止肉刑；
2. 重证据不重口供；
3. 不得指名问供。

二、研究案情决定判罪，得由该政府级各负责人组成司法委员会，但必须有审判负责人参加研究与决定。

三、刑罚确定后，由审判机关拟定判决书，在判决书上应记明：如有不服须于十日内向原审机关声明上诉。上诉期一律定为十天，不得减少．

四、正式开庭宣布判决书，并将判决书送达被告，制作送达证由被告在送达证上签名盖章，或按指印。

五、被告声明不服判决，要提起上诉时，该原审机关即应将上诉状检同卷判，呈送上级司法机关，不得扣留与阻止。被告声明不上诉，或超过上诉期间未提起上诉时，该司法机关即备文检同该案卷判，呈送华北人民法院审核，并经主席核准才得执行。

六、自令到之日起，如有不经宣判，或宣判而没有被告声明不上诉及逾期不上诉之证明，而呈请审核者，华北人民法院即发回原呈送机关令其补行手续。

以上办法，望各级司法机关遵照执行。

（选自《华北人民政府司法法令汇编》，一九四九年版）

华北人民政府指令

——边沿区、游击区判处死刑亦应执行宣判送达手续由

（一九四八年十一月二十二日）

令太行行署

十一月七日请示悉。

本府法行字第三号通令关于判处死刑应宣判及送达证书等手续，并告以上诉期限和上诉机关，被告如有不服，应即允许其上诉。在边沿区、游击区亦适用。因为这是民主政府尊重人民民主权利，贯彻民主精神的具体表现。

在执行上如有困难，可以设法解决，如增加戒护员或暂解送内地监所羁押等。我们不能因为手续上有困难，而放弃了原则上的掌握。希即指示各边沿区署县研究遵行。

（选自《华北人民政府司法法令汇编》，一九四九年版）

华北人民政府关于估定囚粮额数、取消讼费及区村介绍起诉制度的通令

（一九四八年十一月二十三日）

一、囚粮问题

各县监所囚粮，没有规定或规定不适当，以致各县由于无法开支，有的该判罪的不判了，有的不该释放的释放了，致引起群众的不满；另一方面，有些不能不判罪与不能释放者，在监所里，由于饮食不足，致发生疾病死亡等现象。这对于树立新民主的法治精神及治病救人的方针，是不符合的。为此、各行署、市府应即根据基本区囚犯，主要应生产自给，边沿区不能进行生产或只能生产一部分者，得予以补助的原则，迅速估定各该行署、区所需囚粮名额，报告本府，以便研究决定全华北区囚粮分配的办法。

二、取消讼费

前晋察冀边区原规定诉讼有讼费，但有的县执行，有的县已不执行，为统一起见，自令到之日起，所有讼费一律取消，以便利人民的诉讼。

三、取消人民诉讼须经区村政府介绍的制度

在抗战期间人民诉讼曾经着重于区村调解工作；调解不成，由区或村政府介绍到县政府解决。但后来有的区村干部激于个人意气，不服调解者，也不给写介绍信。有的县司法机关，没有区村介绍信，即不受理；以致有许多人含冤莫伸。今决定把区村介绍制度取消，今后人民纠纷在区村能调解者调解之；不能调解时，任凭当事人到县司法机关起诉，即不经调解亦可直向县司法机关起诉，县司法机关必须予以受理，不许再往区村推。

希各行署、市府遵照并转令所属遵照执行。

（选自《华北人民政府法令汇编》第一集，一九四九年版）

华北人民政府关于县市公安机关与司法机关
处理刑事案件权责的规定

(一九四八年十一月三十日)

近据反映各县市司法机关与公安机关对于处理刑事案件,由于权责不甚清楚,难免发生分歧的意见,致影响工作的进行,为明确职责,特作如下规定:

关于汉奸特务及内战罪犯等案件,其侦查的责任,应属于公安机关。侦查的主要任务是:搜集罪犯的犯罪事实及证据,拟以起诉,如发现某人犯罪或确系有犯罪嫌疑,即可加以侦查追究,并向司法机关提起公诉;假如侦查的结果嫌疑不足,或其行为不成立犯罪等,再则纵系犯罪,而以不起诉为适当时,则公安机关均有权释放,不予起诉,司法方面,不能干涉。

前述案件,经公安机关向司法机关起诉后,司法机关即有权责审判该案,对于被告的犯罪事实和证据,加以审理研究,看被告是否犯罪?所犯何罪?应该科甚么刑?然后加以裁判、宣示。公安机关在司法机关审理过程中,既可追诉,并可提出意见,但司法方面采纳与否,对于被告认定犯罪或无罪,科刑或重或轻,公安机关如有不同意见可以上诉。公安方面职在追诉犯罪,故对有犯罪嫌疑者,不一定证据确凿,即可起诉,而司法方面〔的〕责任〔是〕论罪科刑,若被告仅有嫌疑,没有积极的证据可以证明被告确系犯罪时,即不能论罪科刑。

至于普通刑事案件(除违警罚法外),公安机关知有犯罪嫌疑时,亦有权责为紧急与必要的措施,移交司法机关处理。

以上规定,希即遵照执行。

(选自《华北人民政府法令汇编》第一集,一九四九年版)

华北人民政府为清理已决及未决案犯的训令

(一九四九年一月十三日)

(一)近据各地报告:各级自新院、监狱、看守所、拘留所之已决未决等案犯,积数甚多。一般监所案犯,均在三十人到一百人左右,如石家庄市则常押犯在二百五十名以上(多时至四百五十人),未决犯常超过半数。

根据现有不完整的材料，研究案犯的犯罪性质，约有四种类型：

1. 敌伪犯：包括抗战时期的敌伪人员；日本投降后，解放张家口时伪蒙疆人员，及自卫战争时期，解放石门等城市时的敌伪人员。其中有中下级伪职员，伪军官，伪士兵（冀南行署自新院中有十八个兵）；有已决的，有未决的。如青县三十五名押犯中，有二十六名敌伪犯，冀南行署自新院一百五十七名押犯中，有七十八名敌伪犯，前晋察冀高等法院直属自新学艺所，此类敌伪犯，亦超过一半。

2. 破坏犯：分为破坏土改及破坏归、扩（逃兵归队，新兵动员）二种。有的是地、富恶霸，有的则是中农贫农。交河县三十六名押犯中，有三十一名破坏犯，其他很多县份都如此。

3. 特务嫌疑犯：截至去年九月份的统计，各级公安局侦查尚未起诉者，据报告全区约在五千名以上，已起诉而未判决者，无统计。

4. 一般刑事犯：过去比重不大。

由于解放地区日渐扩大，土地改革基本完成，一方面有些案犯科刑时之客观情况，现已起若干变化，同时案犯在较长时期的改造中，亦有显著进步。另一方面必须廓清积压现象，以便集中力量处理一些较大的案件。因此，清理案犯，使其能得到及时合理的处置，是有好处无坏处的。

（二）清理案犯的精神，应从新民主主义的国家利益着眼，不放纵一个坏人，关系重大的案件，决不马虎处理。同时也不积压一件应解决而拖延不解决的事，不冤抑一个应受宽大而未给以宽大的人。因此，凡侵害新民主主义国家及广大人民利益的犯罪，如战犯（指人民解放军总部公布的惩处战争罪犯命令中，所列举的犯罪而言）、官僚资本家（目前各地报告中尚无此类案犯，各地不得滥用）、奸特、破坏土改的恶霸、杀人犯及破坏国家经济机关、或与国计民生有关的财产（如破坏铁路、破坏工厂、伪造钞票、捣乱金融等）等犯罪，处理应从重。至于侵占伤害及普通损害个人利益之犯罪，则可从轻。

清理案犯的一般规定如下：

1. 清理案犯的进行，应已决犯未决犯并重，以清理特种刑事案犯（如敌伪犯、破坏犯、特务嫌疑犯）为主，其次则为一般普通刑事案犯。

2. 进行案犯的清理时，要考虑如下几个条件：

A. 犯罪科刑时的条件变化情形：如土地改革中与土地改革完成后的变化，解放区扩大，边沿区的消失等。

B. 案犯在监所的改造程度。

C. 释放后对社会的影响。

D. 犯罪情节及犯罪行为的轻或重，主动或被动等差别。

E. 刑期执行的长短，如系未决犯，视其在押日期的长短。

3. 确系特务或反革命犯，应审慎处理，不能轻易减刑或释放，或减轻褫夺公权之处分。

4. 清理案犯，必须研究其犯罪的材料，提出应如何处理的理由，不得马虎或笼统。

5. 清理案犯工作，以行署、直辖市府为单位，统一主持与领导。

行署、直辖市府应考虑：如释放案犯较多时，可能引起社会的误会或治安问题，要事先研究释放步骤及必要的对付方法。

（三）对未决犯的清理：

1. 公安局尚未侦查完毕者，由各级公安局负责按下列办法清理之：

A. 属于违警范围的，应即予以违警处分。

B. 嫌疑证据不足，又无法继续再找证据的，应登记教育释放，并通知该犯原籍之公安机关注意其行动。

C. 案情轻微，嫌疑又不大的，交保释放。

D. 案情重大，嫌疑又重大的，迅即进行侦查起诉。

E. 嫌疑及证据充足的，即起诉送审判机关审理。

F. 有犯罪证据，但不属于政治性犯罪，而是犯错误，在押时期反省较好的，得登记教育释放，或送原机关，或有关机关适当处理之。

2. 各级公安局已起诉者，由各级司法机关根据第（二）项的一般规定，迅速判处；公安局认为以不起诉为宜者，虽已起诉，仍可撤回。

如司法机关不明，或已变更者，由领导监所之司法机关清理，有争议时由行署决定管辖。监所应将关于案犯之改造情形，及有关材料送清理机关参考。

（四）对已决犯分改判、减刑、假释及继续执行四种办法清理之：

已决犯之清理，由案犯之原审机关负责进行，除判十年以上徒刑及确系反革命特务案犯的减刑或释放，须报请本府批准外，其余统由行署、直辖市政府批准办理，并报本府备查。

1. 改判：为求施刑准确，轻重得宜，应将现有案犯，由原判司法机关，重新复核一遍，根据复核结果作如下之处置：

A. 有确实反证，证明原判根本错误者，应予平反，宣告无罪开释，此种现象多来自诬告，误信不实之佐证及逼供讯等。此类案子，可能不多，然有一件，即应迅予平反。

B. 过去量刑较重或过重者，如一般伪职员，按汉奸犯处罪；一般伪方士兵及中下级职员，按战犯处罪；特务爪牙，按首要分子处罪；对我政策不了解，偶发不满言论之群众及一般地富分子按特务分子处罪；犯罪时情可原恕，应减其刑而未减；非恶霸而按恶霸处罪；及在群众运动中受群众一时激昂情绪所影响，而判罪偏重等等，均应适当减轻或释放。

C. 判决时所采之证据，迄今未能证明其确属真实者，应改为无罪之判决。

D. 一部罪行能确定，一部罪行不能确定者，其不能确定部分，应宣告无罪。

E. 原判决量刑较轻者，一般不再变动，但如发现新罪行，或因原审判确系失出很大者，可撤销原判，另行适当判刑。

F. 在群众运动中，执行政策发生偏向中之行为，如打人、打伤人、打死人等，一般不追刑事责任，其已判罪者，应予改判。个别显系挟嫌报复者，不在此限。

2. 减刑：对判刑无误之案犯，刑期执行满三分之一后，有下列情形之一者，得由监所呈报原判司法机关减刑，转呈行署核准执行：

A. 经常遵守规则，遵守纪律者。

B. 对错误坦白真实，且有清楚认识者。

C. 主动积极从事劳动，能完成任务与超过任务者。

D. 学习经常，且能帮助别人者。

E. 其他适合于减刑之行为者。

前项减刑不得超过宣告刑三分之一，不得少于宣告刑十分之一。减刑后，合乎假释条件者，应予假释。轻微案犯减刑后，所余刑期不满一年，认为无继续执行之必要者，得教育释放之。

3. 假释：监所对案犯之合乎下列条件者应备具理由报请该管司法机关，转呈行署核准假释：

A. 对所犯罪行有深切认识，且悔改有据者。

B. 无期徒刑，执行逾八年，有期徒刑，执行逾二分之一者，但半年以下有期徒刑不在此限。

4. 继续执行：案犯有下列条件之一者，继续执行之。

A. 无论罪刑轻重，毫无悔悟之表现者。

B. 罪行特别严重，其情节无可原谅者，例如敌伪人员，除一般因职务犯罪外，且主动的酷刑敲索，危害人民，或破坏革命组织与工作者。

C. 罪刑严重，虽有悔悟，但减刑假释为人民所反对者。

（五）对回村执行案犯之清理：

回村执行的案犯，无论押了的或未押的，这次都需由县派人按上述各种规定进行清理。

关于案犯回村服役：在某种条件下有其必要，但流弊甚多，因村干部新旧交替，案犯借机朦混，部分群众对某些案犯的故意庇护及人事关系、宗派观点等，致案犯苦乐不均，失去处刑作用与目的。因此，对于回村服役应采取取消的方针。其清理办法，可按其表现及广大群众意见处理。这种案犯多属轻微，一般不应再送监狱或自新院执行。惟案情较重应继续执行的送自新院或监所执行之，经此次清理之后，区、村一律不得羁押人犯。

（六）各行署各直辖市府自奉令之日起，应根据该区具体情况，制定实施方案；部分已清理地区，如冀南行署，应以本训令为主，另制实施方案，统限于奉令后四个月内办理完竣。

各行署关于清理案犯情形，应每月向本府报告一次，报告中应分析情况，把真相说明，随时发生的问题及困难所在，并应随时报告，以便即时指示，办理完竣后要有总结报告。至于各专县的报告制度，由各行署自定。

（选自《华北人民政府法令汇编》第一集，一九四九年版）

华北人民政府训令

——处理各县逃亡平津等大城市人犯的规定

（一九四九年二月七日）

据天津市报告：天津解放后，冀中、冀东各县先后派人到津市抓捕逃亡人犯，估计北平或其他大城市解放后可能也有此现象，这些逃亡人犯或为国民党特务分子，或为奸霸，或为其他破坏分子，各县群众要求抓捕该人犯等，给以应得的惩罚，这是正义的革命的要求，人民政府应该予以支持。但为了贯彻政府的法令，严肃革命的法治，防止发生滥捕、滥打、滥杀等现象，必须有适当的办法处理上述人犯，特作如下的规定：

一、各区（省）县政府应迅速造具逃亡人犯调查登记表送交所在市公安局，考查处理。

二、各区（省）县政府及群众要求抓捕逃亡人犯，回家清算时，须函知所在市公安局，由公安局派人拘捕解交，不得自行直接逮捕。

三、凡过去罪恶严重，应加惩处，以平民愤之逃亡人犯，由所在市公安局有步骤地加以逮捕，解送回县，由县政府依法惩处。

以上规定，希即遵照执行。

（选自《华北人民政府司法法令汇编》，一九四九年版）

华北人民政府关于各级司法委员会改为裁判研究委员会的通令

（一九四九年三月二十二日）

本府法行字第三号通令第二项"研究案情，决定判罪，得由该政府级各负责人组成司法委员会，但必须有审判负责人参加研究与决定"之规定，现据各地报告，名称不一致，有叫司法委员会的，有叫裁判委员会的。现令一律改为裁判研究委员会。

裁判研究委员会以司法机关负责人为主任委员，主审员、县长、公安局长及选聘之其他民众团体主要负责人为委员。委员可以固定，但召开裁判研究委员会时，对于该项案件关系不大的委员可不参加。出席委员已足五人即得开会。

裁判研究委员会研究司法机关已经审理后的死刑及五年以上有期徒刑的重大刑事案件，及有关政策原则需要慎重考虑决定或请示的民事案件（如分家、继承等案的标准原则）。其余如五年以下有期徒刑的刑事案件，及法有明文规定或政策原则显然不待研究即可决定的民事案件，均由司法机关拟具处理意见，经行政负责人核准，即为确定之判决。

裁判研究委员会在研究案件中如发生争议，不能解决，司法机关得将全部案情及其不同理由、不同意见呈送上级司法机关审核决定。

裁判研究委员会研究确定之案件，仍须由司法机关制作判决书，正式开庭宣判。

希即遵照执行！

（选自《华北人民政府法令汇编》第一集，一九四九年版）

华北人民政府关于确定刑事复核制度的通令

（一九四九年三月二十三日）

近据各省或行署的请示与报告，关于刑事案件的复核，除判处死刑的案件，已一律由省或行署呈送本府复核执行外，关于各县所判处的有期徒刑案件，呈送省或行署复核的规定，则尚未统一。有的是无论判处徒刑期的长短，均须经省或行署复核确定；有的是无论判处徒刑期的长短，均不经省或行署复核，径由县判确定；有的是三年、七年或十年以上的有期徒刑，须经省或行署复核确定，其三年、七年或十年以下的有期徒刑，则由县判确定。

为了加强各级人民法院上下级的联系，交流工作经验，提高司法理论，及便利于上级法院检查、监督下级法院与掌握政策法令在审判中的正确执行，使各级法院慎重地处理人民诉讼，把案件办理的更好，因而复核案件是一件很重要的工作。兹综合各省或行署的意见，特确定复核制度如下：

一、各县市人民法院（包括县司法处或司法科，下同）判处不满五年的有期徒刑、拘役或罚金的案件，原被两造声明不上诉或过上诉期限时，原审判决即为确定之判决。但应将判决书每月汇订成册，呈请省或行署人民法院核阅。省或行署人民法院于核阅中认为某案有复核之必要时，应即调卷复核。

二、各县市人民法院判处五年以上的有期徒刑的案件，原被两造声明不上诉或过上诉期限时，由原审机关呈送省或行署人民法院复核；若经核准，原判决即为确定之判决，若认为原判不适当，得行改判，或发还更审。

三、各县市人民法院，各省、各行署、各直辖市人民法院及其分院，判处死刑的案件，被告声明不上诉或过上诉期限时，县市人民法院呈经省或行署人民法院核转，或省、行署、直辖市人民法院径呈华北人民法院复核，送经华北人民政府主席批准，始为确定之判决。

四、各省、行署或直辖市人民法院，判处有期徒刑、拘役、罚金的案件，原被两造声明不上诉或过上诉期限时，即为确定之判决。但应将该判决书每月汇订成册，呈请华北人民法院备查，华北人民法院认为某案有复核之必要时，得调卷复核。

以上复核制度，希即遵照执行。

（选自《华北人民政府法令汇编》第一集，一九四九年版）

华北人民政府关于贯彻清理积案，
并研究减少积案办法的训令

（一九四九年五月二十一日）

据本部检查获鹿、平山二县司法工作：获鹿押犯一一八人，未决者九二人，内有奸特犯四十名，扣押时间一、二年不等。平山押犯一二〇人，未决者一〇七人，扣押时间半年至二年上下不等。内有四十余人，入所后，根本未谈过一次话；有土改时期石头案二十二起（土改时搬石头押的），长期搁置没人管；有因久押不结，家庭破产者（各阎春魁）；有只有嫌疑，没有证据，长期搁置不管者（如赵英、温少华之元宝案）；有些轻微案犯，如小偷、通奸等，亦久押不结……犯人普遍反映："扣起来，不声不响"，要求早日解决问题。民事案获鹿存五十八起，平山存一六二起。据太行行署报告：二月份民刑案件全区共三一三一件，已结一四〇〇件，未结一七三一件，未结占总案百分之五十五。又据各县二月份报告：安阳刑事未结九十五件，元氏刑事未结八十一件，安新刑事未结一〇四件，深泽民事未结一六三件，饶阳民事未结一二五件。依据各地司法工作报告，积压案件已成为不少地区存在的现象。

积压案件的原因：一般反映说："由于干部少，质量低，不能掌握政策、及时解决问题所致"。这固然也是一个实际问题。但另一方面，在处理案件的观点与方法上的不适当，也是造成积案的重要原因之一。例如，获鹿县反映：奸特案最感棘手，有的案情不明，尚待调查，就压下了；有的证据不足，应该释放，但怕群众反对，又压下了；有的案情虽明，尚待研究处理办法，又压下了。平山县反映：认为"石头案"涉及土改群运，不敢负责处理，就压下了；有的认为农民以民事案还纠葛不清，就把刑事案压下了。焦作县认为抢劫与倒算等案，大部与封建有联系，等待实行土地改革时让群众去解决，就压下了。……还有其他，不必一一列举。凡此种种，都是在观点上或处理方法上有毛病，才把案子积压起来，这是可以及时指正、及时解决的。只要各级领导上肯于调查研究，肯于出主意，想办法，就可办得到。

要想减少积案，可从受理新案、清理旧案两方面着手：

首先谈受理新案：案件一来，就要分别其轻重缓急，确定其先后处理的方针，或成案，或不成案，或进行调查，都需要当机立断。这样就可以减少案件之积压。如：北平市人民法院设有问事处，天津市人民法院设有值日收案组，石家庄市人民法院设有审判员值日制。诉讼人首先到问事处或值日处，经过初步问讯，案情大体了解后，即分别进行处理：一、可以不起诉者，即动员说服，劝归生产。二、可以成为诉讼，但能调解者，即进行调解。三、调解不成或非调解的案件，然后定期进行审理。石家庄市一星期值日的统计：计收案六十六件，当场解决者三十六件，驳回三件，转移管辖者一件，移交次日结案者七件，合计占全收案百分之七十强；成案办理者仅十九件，占百分之三十弱。我们认为，这个办法很好。天津三月份民事共结四一四件，经和解与劝告撤回者，二九六件，占百分之七十一。可见可以当场解决的很多。如当场解决而不成案，节省时间与人力，案的积压，当可减少。各地情况，容或不同，但依据各地具体条件，从办案上，研究并创造更好的办法，以减少案件，是完全可能与必要的。

其次清理旧案：根据本府法行字第一号训令清理未决犯精神，也可以研究出许多办法来。例如，案情不明，就赶快去调查；案情明了，就赶快研究处理办法；嫌疑不足和证据不足的，赶快进行解释与释放；"石头"案和与封建有联系的案件，赶快进行审理，分清是非，分清责任，分清过失与罪恶，无罪者释放，有罪者处罚，抢劫倒算者除论罪科刑外，必须退出抢来盗来之物。只要不持拖延等待态度，会收到一定成效的。

总之，我们必须明确对人民负责，为人民服务的观点，拖延案件不处理，是没有群众观点的表现；对反动分子的罪恶不敢处办，迁就群众落后的要求不敢结案，有疑难不积极设法解决，都是没有或缺乏群众观点的表现，必须迅速纠正。所谓提高理论政策水平，除学习理论文件外，应该从实际工作中入手，而不是在实际工作以外幻想什么理论政策。希各地司法机关本此精神，研究并创造迅速（但不是草率）清理积案及减少积案的办法。并将所得经验，随时报告本府。

（选自《华北人民政府法令汇编》第二集，一九四九年版）

晋察冀边区行政委员会关于调整复核复判程序的命令

（一九四五年十二月四日）

复核复判程序之规定，原为确保人民之人权财权，对此种程序之严格执行，正表示关心群众利益，对人负责之慎重态度。抗战期间，受敌寇封锁分割，时处于战争状态，为避免因公文报送稽延期日，乃授权专署（法庭）

复判刑事,并承专员意旨代核特刑,由是刑事案件止于二级。各行署成立以来相沿未改。

胜利以来,交通日渐恢复,环境亦更为稳定,对案件审判宜更加慎重,在程序上亦应力求完善。因此,关于刑事案件复判复核及司法报告等事项,特决定:

一、关于死刑案件的复核复判,专署或法庭加具意见,送省政府或行署办理,其余仍由专署办理。

二、死刑上诉案件法庭仍判死刑时,须送省政府或行署核准,再发县执行。省政府或行署有疑难时,可再呈报本会核夺。

三、关于没收财产事,一律报省政府或行署核准。

四、各县司法工作报告,径报省政府或行署及专署(法庭),专署(法庭)只造送法庭报告,不转送或审核各县报告。

省政府或行署汇齐各署县庭处报告,加具意见,报送本会。

张家口市地方法院判处死刑之案件,径报边区高等法院复核复判,死刑及没收财产之执行则径报边委会核准,司法月报亦径报边区高等法院核阅。

宣化地方法院判处之死刑案件,径报察哈尔高等法院复核复判,死刑及没收财产之执行,则径报察哈尔省政府核准。省政府有疑难时,可报送本会核夺。司法月报径报察哈尔高等法院核阅。

照以上决定,嗣后死刑案件,增加了一级审核,各法庭推事应以更多的时间去到各县帮助工作。各分院要具体的了解到县,以加强领导。

以上各节,希即遵照执行为要。

此令

(注:法庭已撤销,本件有关法庭之规定均废止。)

(选自晋察冀边区行政委员会《现行法令汇集》续编)

晋察冀边区行政委员会关于颁发各级法院状纸与讼费暂行办法的命令

(一九四六年一月四日)

查抗战期间,人少事繁,物资困难,故遇事均力求简便,用物亦力求节约,因而各级司法案卷一般均参差散乱,检查颇感困难,偶尔遗失(特别是判决书)即无从查核。抗战胜利后,解放区扩大,案件增多,司法工作较前更形繁杂，为了保障人民财产权益，适合环境的需要，应逐渐建立各种必要的司法工作制度（如比较健全的记录、统计，比较完善的卷宗、档案等等），以便组织事务，克服零乱现象，而达改进工作之目的。但各种制度之建立，需要一定的费用，如普遍向边区人民征收，势必增加人民负担，倘由诉讼当事人员负担一定的费用，则问题即可适当解决。因之，征收诉讼费用，正所以减轻一般人民之负担。且讼费征得后，仍系用在整顿司法工作上，就当事人来说，亦属合乎情理。

其次，用于诉讼的征收费用，还可限制一些滥讼案件，减少人民讼累，使人民能把时间用在生产上，同时可推动调解工作的进行。此外，由于照顾了贫苦工农（如免征审判费）亦不致因征讼费，而限制工农群众的诉讼。

基上原因，兹制定《晋察冀边区各级法院状纸与讼费暂行办法》公布施行。希各级政府，特别是司法部门工作人员，详细研究讨论，慎重执行。由于此事在边区尚属试办，没有经验，实行后有何利弊？干部及群众有何意见？统希详作考查，搜集材料，于三个月后总结问题与经验，并提出改进意见，报会核办。

晋察冀边区各级法院状纸与讼费暂行办法

（一九四六年一月四日公布）

第一条　为保障人民财产权益，减轻一般人民的负担，提倡民间调解，减少人民讼累，特制定本办法。

第二条　诉讼状纸与诉讼用纸同，由各法院各庭处依式印制（附式样），发给当事人应用，不论刑事民事，每张按所需工料费收价。

第三条　诉讼当事人购买状纸后，得自撰缮，或报告事实及理由，请求司法人员记录。

第四条　诉讼费包括审判费、执行费及当事人因诉讼支出之费用。

第五条　民事因财产权而起诉者，依诉讼标的之金额或价额按下列标准征收审判费：

一、三百元未满者，不收。

二、三百元以上五百元未满者，十元。

三、五百元以上千元未满者，二十元。

四、千元以上一万元未满者，每千元三十元。

五、万元以上十万元未满者，每千元三十五元。

六、十万元以上五十万元未满者，每千元四十元。

七、五十万元以上百万元未满者，每千元四十五元。

八、百万元以上者，每千元五十元。

以上四至八项尾数不及千元者以千元计。

民事非因财产权而起诉者，依申请办理。

反诉与本诉标的同范围者免征，反诉标的范围较大者，按余数征收。

抗日军人家属与贫苦工农免征。如抗属与贫苦工农胜诉时，由败诉之一造补交。

第一审、第二审与申诉审审判费同。

审判费之征收用三联单（附式样），发给收据，一联由交费人收执，一联贴于诉状上，一联存查。

第六条　执行费不满千元者免征，千元以上者每千元征收十元，尾数不及千元者以千元计算。

不经拍卖手续之执行费减半征收。

诉讼费用之执行，不征执行费。

第七条　民事下列声请，征收审判费十元：

一、声请再审。

二、抗告或再抗告。

三、声请回复原状。

四、声请假扣押、假处分。

五、声请除权判决。

第八条　当事人因诉讼支出之费用，于判决时注明负担之一方，现据实际情形暂计下列几种：

一、当事人食宿费及路费。

二、证人食宿费及路费。

三、状纸费。

四、勘丈勘验费。

五、鉴定费、翻译费。

第九条　本办法得按情况之变更，由本会随时修改之。

第十条　本办法自公布之日施行。

第五编 诉讼法规

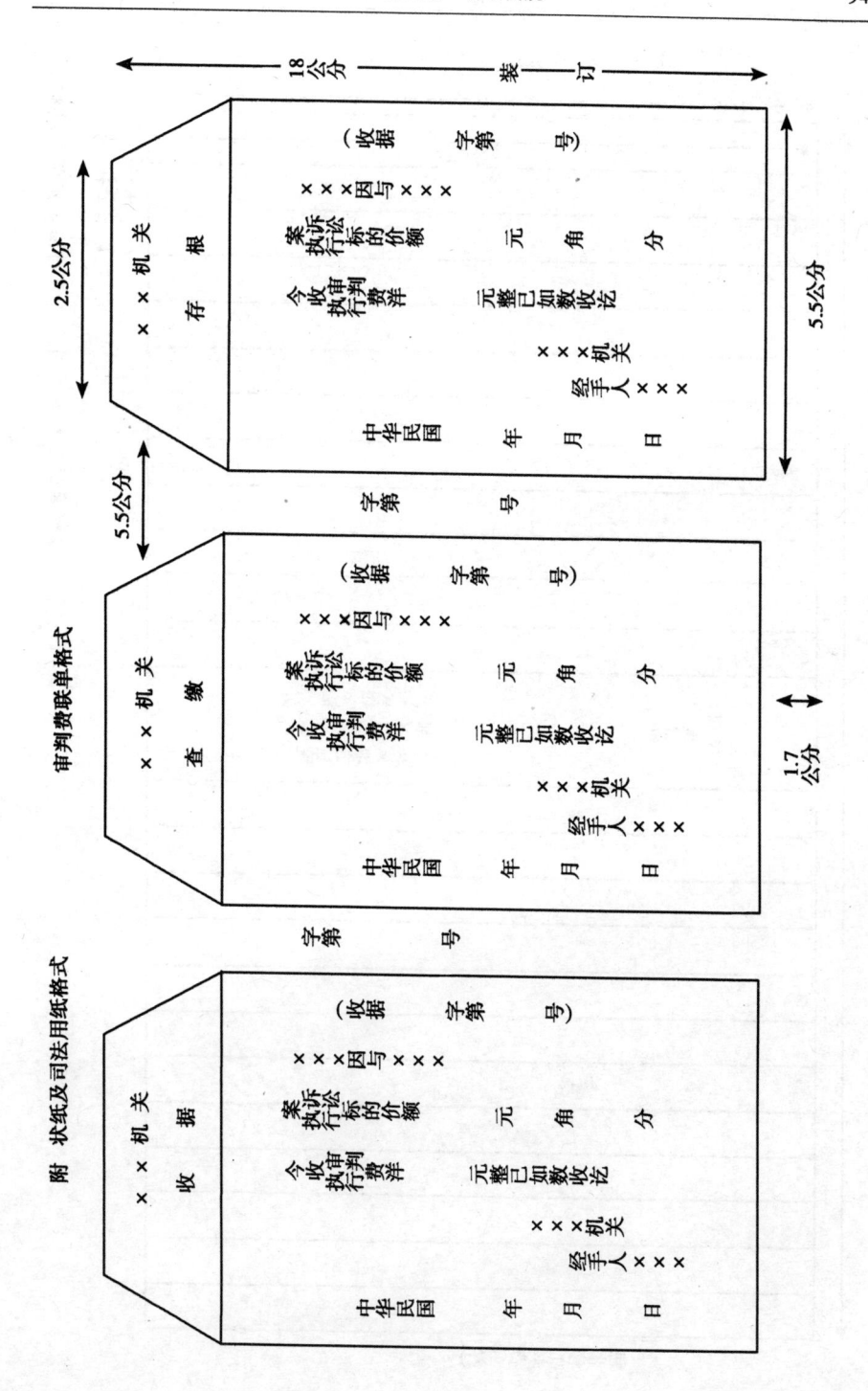

附 状纸及司法用纸格式 审判费联单格式

（三种格式图示，内容包括：
××机关 存根／查缴／收据
（收据字第　号）
案由与××
诉讼标的价额
执行标的价额
令收审判费
执行费洋
元　角　分
元整
已如数收讫
××机关
经手人××
中华民国　年　月　日

尺寸标注：18公分、2.5公分、5.5公分、1.7公分、装订）

民刑
事状
纸

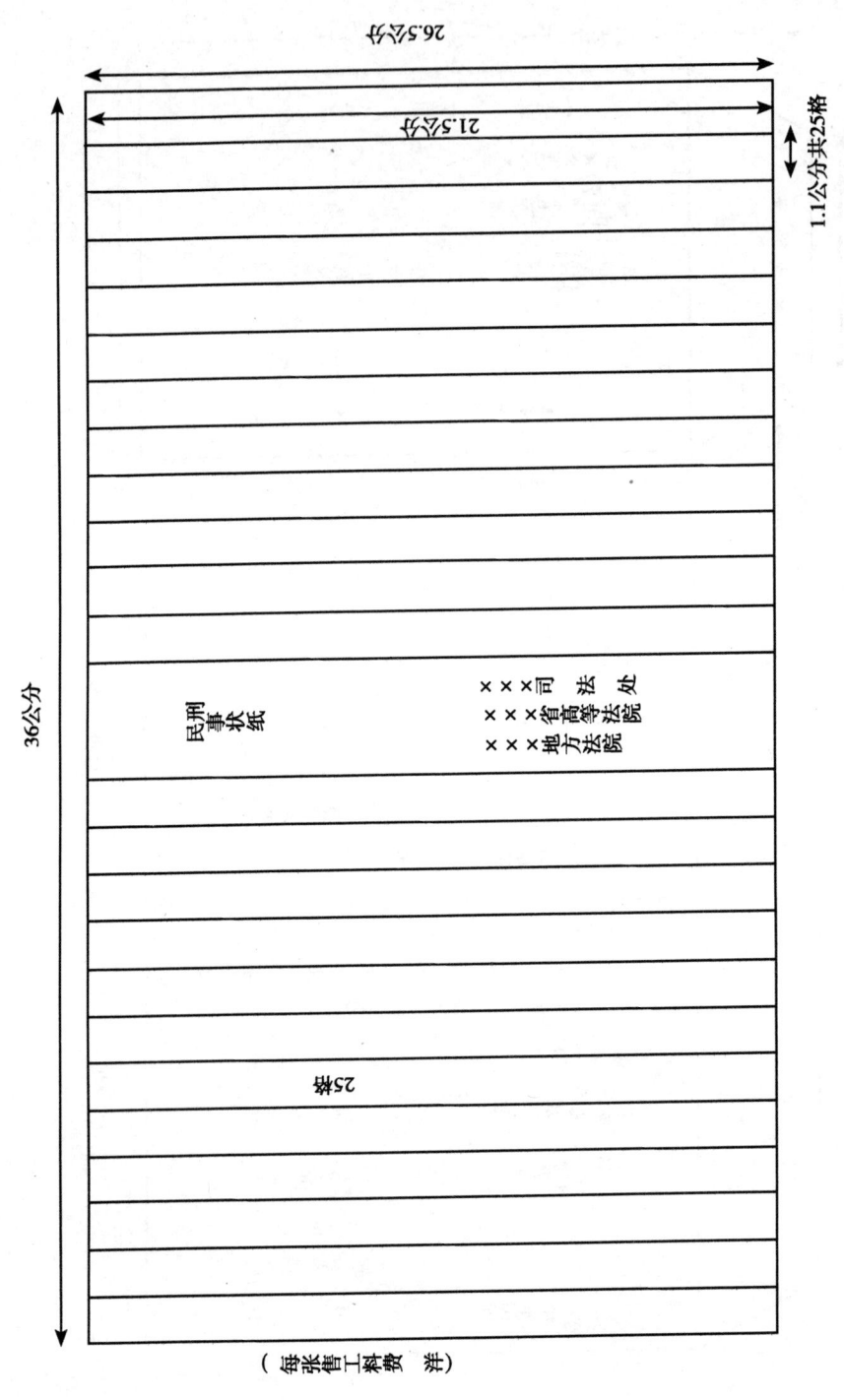

×××司法处
×××省高等法院
×××地方法院

26.5公分
21.5公分
1.1公分共25格
36公分
25格

（每张售工料费　洋　）

（选自晋察冀边区行政委员会《现行法令汇集》续编）

晋察冀边区行政委员会关于诉讼费用征收问题的通知

（一九四六年四月二十四日）

据冀晋行署请示称："（一）诉讼费用征收后，是否作为司法经费开支？抑系解上？解上用何手续？司法办公费是否仍由署县供给？（二）贫苦工农免征讼费，但未规定贫苦标准，不易掌握。抗属是否一般的都不纳讼费？政权团体干部及从部队调来的干部，其家属是否可援抗属例不征讼费？（三）现在署县传票及判决送达，均贴用邮票，此项邮费是否由当事人交付？抑在征收之讼费内开支？请复示！"等情，本会当以会法字第三十四号复以："（一）诉讼费用系边区款收入之一种，应在集有一定数目时，交由财政部门转解本会，并由司法部门将讼费收据存根逐级报会备查。不准挪借与截留开支。各行署省县司法部门系各级政府的组成部分，办公费仍由各级政府统一供给，不单独开支。（二）贫苦工农免征，由各地按照实际情形具体确定，本会难以规定统一标准。抗属系指现役革命军人家属，均不纳讼费，但应严格掌握，不能把已经复员的以及其他非现役军人家属，也按抗属优待。政民工作人员及从部队调来的人员，不能援抗属例免征。同时应注意到：抗属及贫苦工农虽不纳与免征讼费，但对方若非抗属或贫苦工农而又败诉时，仍应与其他各讼费一并执行，拨归审判费。（三）邮费如系用于机关公文来往者，虽专为诉讼案件，但因已征讼费，即不再收邮费，如专为某一当事人送达文件时，可按送达费征收。此复。"因各地亦常有此类问题发生，希参考本会此项复文办理。

特此通知

（选自晋察冀边区行政委员会《现行法令汇集》续编）

晋察冀边区行政委员会通知
——关于取消法庭法院干部分工等问题的解答
（一九四六年六月二十二日）

接晋冀高法分院请示下列诸问题：（一）分院干部如何分工？二审由分院受理，对人民诉讼增加困难，如何适当解决？（二）执达员的任务是什么？有些刑事案件，须经分院提审，可否设立看守所？（三）解送犯人，由何级何部门负责？（四）县长专员主任不兼军法官后，特刑案件判决，是否仍由县长署名？抑由司法部门受理？（五）边沿县份斗争复杂，不便长期羁押犯人，为慎重计，又不能轻易处理，拟"恢复自新学艺所，请核示！"等情，查各地亦有类似问题存在，兹逐项解答于下：

一、分院受理二审上诉案件，取消专区法庭，旨在：1. 简化审级，缩短整个诉讼过程。2. 人力集中，可实行合议制，借以集思广益。3. 事权统一，便于照顾全面，使各地司法工作平衡发展。虽从某一点观之，是增加了上诉的一些困难，但可用以下办法解决：1. 切实加强调解调处工作，健全司法处组织，充实司法处干部，提高各级司法干部质量，俾民间纠纷能在村区县得到适当解决，减少上诉案件。2. 省高院或分院应有计划地定期地实行巡回或就审，以便人民诉讼。因此，实行新制较之专区设法庭，实更为妥善。至法院分工问题，边区法院组织条例及旧高等法院及分院处务规程，均可参考。院长除以推事资格担任审判长审理案件外，其大部分工作是处理司法行政事务，并以书记官长辅助之。推事则以审理案件、制作裁判书件为主要任务。书记官应分掌收发、记录、会计、庶务等事项。庭丁职务为：开庭时，引导诉讼人出入法庭，并照料法庭（俗称站庭），担任一切勤务（边区尚未设置庭丁，其职务事实上系由执达员兼办）。惟分工不能机械，须根据实际情形具体分配。

二、执达员原是辅助民事诉讼进行和终结的重要职员，在民事诉讼开始后，直至判决确定前，其主要任务为送达传票及其他文件，在判决确定后，直至执行终结前，则以辅佐强制执行事务为主要任务，故名执达员。但边区的检察制度还不够健全，应受检察官指挥监督办理送达传票、执行拘提、实施搜索、解送犯人，并在刑事法庭照料犯人等事务之司法警察（俗称法警）尚付阙如，在目前情形下，一时也难以设置，因此传案、提人、站堂，以及看守人犯等项职务，均需由执达员负责办理。至四名执达员如何具体分工，则须酌情确定。再者，二审案件多系印发传票，由一审代传，四名执达员，当可敷用。

关于分院可否设立看守所的问题，应以有无羁押处所以为断。凡分院（或省高院）所在地，有地方法院或县司法处所设之监狱或看守所者，即可送交当地监所羁押，毋庸另设看守所，否则即可设立，以应工作需要。设所者可添设看守所长一名，由执达员兼任看守职务，不另增看守员。

三、关于解送人犯问题：原则上应下级解送上级，各县司法处或省高院行署分院对于刑事上诉或应提审之在押人犯，应派执达员执行解送，如执达员不敷分配时，可商同县府或省府行署另派其他适当人员（如保安队、警察或警察队等）。至解送办法，或直接解送（俗称长解，适用于交通便利环境平稳地区及押解重要人犯），或间接解送（俗称短解，即递解，适用于辖境辽阔，交通不便地区或不重要人犯之解送），均无不可，可由分院酌情确定。

四、县长、专员、行署主任、省府主席等不兼军法官后，审判特刑案件之职权，属于各级司法机关，裁判书即无须再由县长等署名。但关于司法行政事宜，仍须按照"关于边区司法机关改制之决定"第五条办理。

关于判处死刑案件，按照本会胜民行字第二十一号指示："判处死刑必须一律报请行署或省府批准"。此系指各省署辖境内各级司法机关所判的特刑案件或普通刑事经一、二审判决未经上述第三审者而言。如普通刑事已上诉至三审，经本会判处死刑发回原审执行者，不在此列。

五、行署设置自新学艺所，因今日情形已与抗战时期不同，故一般的无此必要。如边沿县份因斗争尖锐复杂，遇有一时难决之人犯，而当地又不便久押时，可解送邻县或分院监所寄押。

以上统希知照——右通知边区各级政府及司法机关。

晋察冀边区行政委员会关于人民法庭工作的指示

（一九四八年一月六日颁布）

（一）人民法庭应该是人民镇压反革命及一切危害人民利益分子的工具，是把群众大会审判处决罪犯的形式提高一步的组织形式。在目前土地改革期间，人民法庭应该保卫农民，对于一切违抗或破坏土地法及侵犯人民民主权利的罪犯，必须根据人民群众的要求和意见，坚决予以处分，任何对于这些罪犯的纵容和自由主义都是错误的。同时，人民法庭的起诉、审讯与判决，必须实事求是，明辨是非，任何草率鲁莽及感情用事和主观主义都是错误的。

（二）人民法庭为要使自己成为人民手中有效的革命武器，必须遵照群众路线去进行工作，必须到群众中去搜集被告的犯罪事实与证据，及群众对被告处分的要求，加以调查研究、对证及被告的声辩，把事实弄明确后，再行判决。判决经群众讨论后，再行宣布。同时，办事必须迅速，方能适合群众的要求和情绪。人民法庭对于地主、富农罪犯的判罪与工农罪犯的判罪应有原则的区别，前者应从重，后者应从轻。

（三）关于人民法庭的组织，目前尚无经验，我们提议县设人民法庭，分区办事，巡回审判或到村就审。总之，要便利群众，要适合群众革命斗争的要求，而不要有任何官僚主义。各县可由县政府委派审判员五、六人或七、八人（按区之多少），各区再由农民代表会各选派（或由区农会选派，区农民代表会批准）审判员二至四人，分区组织县人民法庭审判委员会（可冠以区之次序），并在各区互选主任审判员一人，主持审判、开会，并蓄积经验。审判员应选择立场坚定，不怕镇压反革命，办事细心稳当，并为群众拥护者充任。县党、政负责人必须加强对人民法庭的领导，重要罪犯的判决须经县长批准然后执行，判决死刑之罪犯，必须经县长批准才能执行。但罪犯如对县人民法庭之判决不服，可要求复审，并可向专员公署提出声辩。凡已提出声辩者，必须等候专员公署最后判决，才能依法执行。

（四）人民法庭的工作大体可分为以下四个步骤：

（甲）检查工作：由农民团体推选之检察员，或由政府委派的检察员到被告犯罪所在村召开群众控诉会，搜集被告犯罪事实及证人，证物，并加以调查，对证，整理起草控诉书，代表受损害人民要求对被告人处刑。此项控诉书须经农民群众审查、修改、通过后，然后递交人民法庭，并在开庭时口头起诉。这一步骤最关重要，起诉书作的好的，可以集中群众要求，鼓励群众情绪，提高群众觉悟，并在充分而确实的人证、物证之前使罪犯无法狡辩。

（乙）审讯工作：人民法庭在接到控诉书后，应迅速进行预审。一切准备好了之后，即决定开庭日期、地点，发出通知，开庭时人民可自由旁听，经审判员的允许，旁听人并得发言。审判员根据起诉书审讯被告，审查人证、物证，并允许被告自己或被告的代表辩护和提出反证。审判员根据原告、被告提出之控诉与辩护及证据加以研究，然后确定罪状是否成立。如证据不足不能构成犯罪者，要再到群众中去调查，搜集材料，弄明事实，下次再审或宣告无罪。这一步骤就是弄清事实，确定罪状的工作，审判人员要实事求是，头脑冷静，不怕麻烦地辨明是非。

（丙）判决工作：第二步工作做好后，即召开审判委员会，拟定判决。宣判之前，要先与有关群众商量，征求群众意见，群众如有疑问，应向群众很好地解释清楚，群众如提出反对意见，并有新的材料，如群众的意见是正确的，就应接受群众意见，再开庭审判，委员会将原判加以修改。如果群众的意见不正确，也要很好地向群众解释，直至解释清楚，群众同意后，再开庭审判。这一步就是从拟判到宣判的工作，在这时征求群众同意，并向群众解释是很重要的。这样可以使人民法庭的工作符合群众的要求，并可教育群众，提高群众的觉悟。

（丁）执行工作：宣判之后，要按判决执行，罚款由人民法庭执行，交村农民团体处理。判二年或三年以下徒刑之人犯，一般可以交村罚劳役，但不要给罪犯以肉体上的虐待。判决超过二年或三年徒刑的人犯，一般可交县监所（或改称劳动感化院）执行强迫劳动，各行署所办之监所并可调一些犯人集中管理使用（修河修路等）。监所的管理和工作应加整顿和改善，并蓄积经验。死刑一律用枪决，由人民法庭执行。判决徒刑的人犯，我们考虑大部交村执行要好，这样可以调剂群众的劳动力，并可以减少政府管理上的困难。

（五）人民法庭绝对不准刑讯，不准舞弊。委派或选派审判人员之机关及相当的人民代表会，得按各审判人员之工作情形随时奖惩、调换。如有营私舞弊，违法失职情节重大者，应交付人民法庭审判。村农民团体在土地改革期间，对于违犯土地法之现行犯，得进行拘捕，但必须迅速报告人民法庭，并交人民法庭处理，不得长久羁押。

（六）关于人民法庭的工作，现在还缺乏经验，因此要放手让人民法庭去做，创造经验，蓄积经验，望各地随时把这方面的经验报告我们。

（选自一九四八年一月二十四日《人民日报》）

晋冀鲁豫边区关于审级及死刑核定的暂行规定

（一九四六年二月十二日施行）

一、一般民刑案件以县（市）政府为第一审机关，专员公署为第二审机关，行署为第三审机关。

二、区长级以上干部（包括政民各机关团体干部，凡其负责职务相等于区长一级者均属之，下同）犯罪案件，以专署为第一审机关，行署为第二审机关，高等法院为第三审机关。

三、有下列情事之一者，经边区政府认为必要时，高等法院得径行受理之。

1. 经下级政府声请者。
2. 经当事人声请具有相当理由者。

3. 边区政府以职权认定者。

四、县（市）政府或专署所判处之死刑案件，非经行署核定后不得执行，但如遇特殊情况，行署得授权专署执行。

五、对于区长级以上干部所判处之死刑案件，非经高等法院核定后不得执行，但经高等法院授权之行署，不在此限。

（选自《冀南行署法令汇编》第一册）

晋冀鲁豫边区关于公安司法关系及城市管理分工的指示

（一九四六年三月五日行署转布）

抗日战争结束后，全国人民争取民主和平的斗争，也已取得重大成果，目前已开始进入和平民主的新阶段，所有关于处理人犯权限及城市管理分工，随形势的变化确定如下：

一、关于捕人权限问题：

1. 除公安司法机关外，任何人无捕人权，一般的拘捕和处理权在县，在逮捕人犯时必须由公安司法部门派人持拘捕证进行。

2. 重大现行犯人人得而捕之，但无处理权，须立即送交县级机关处理。

3. 区公所无捕人权，区在受到县的委托时，可以直接逮捕，但无拘留和审理权，捕获后应将犯人连同证据材料，一并送县处理，如有不当，应由捕获人负责。

二、关于公安司法部门关系：

1. 公安局代行司法部门的检察权。因此，公安机关得执行其看管询问之职权，不限于二十四小时拘留权，预审清楚，以检察机关资格向司法机关起诉。

2. 公安局除依照违警罚法处理违警范围以内的案件外，无判决权，判决权属于司法机关。

三、现有人犯处理及生活待遇问题：

1. 对现有特务汉奸案犯及伪组织人员，原则上不采取大的集中训练，但仍需个别的小型的集中感化教育。

2. 犯人生活原则上自给，不愿自给者，可以强行自给，既不能立即释放又无法自给者，政府可以斟酌情形供给一部，同时组织其生产。一般的应采取迅速处理，本地犯人可找保释放还乡服役，外籍的可以尽量转回原籍处理，政府给以必要路费。

3. 较大案犯足够极刑条件者，如需要从政治上感化教育争取时，在生活上必须加以适当的照顾，各级财政部门得准予实报实销。

四、关于城市管理的分工问题：

1. 城市户籍、卫生工作，由民政部门主要负责，公安部门配合进行检查。

2. 复杂场所（如戏院、电影院、妓院、旅馆等）的行政管理，由市政科负责，公安机关进行检查。

3. 城市属于违警范围以内的案件（如小偷、斗殴等）概由公安局处理，其构成刑事案件者，则由司法部门处理，此类案件如涉及特务问题时，则应扣押公安局询问，最后送司法机关处理。

4. 城市以内属于捐税事宜，公安局不负责任，由财政机关负责。

太行行署关于公安司法关系及城市管理分工的指示

（一九四六年二月二十日）

抗日战争结束，全国人民争取民主和平的斗争，也已取得重大成果，目前已开始进入和平民主建设的新阶段，所有关于处理人犯权限，及城市管理分工，随着形势的变化，亦须明确确定。为此，边府特颁发边法民公字第一号联合指示，关于公安司法关系与城市管理分工问题，确定如下办法：

一、关于捕人权限问题：

1. 除公安司法机关以外，任何人无捕人权。一般的拘捕和处理权在县，在逮捕人犯时，必须由公安司法部门派人持拘捕证进行。

2. 重大现行犯，人人得而捕之，但无处理权，并须立即送交县级机关处理。

3. 区公所无捕人权，区在受到县的委托时，可以直接逮捕，但无拘留和审理权，捕获后应将犯人连同证据材料一并送县处理。如有不当，应由捕获人负责。

二、关于司法、公安部门关系：

1. 公安局代行司法部门的检察权，因此公安机关得执行其看管询问之职权，不限于二十四小时拘留权，须预审清楚，以检察机关资格向司法机关起诉。

2. 公安局除依照违警法处理违警范围以内的案件外，无判决权，判决权属于司法机关。

三、现有人犯处理及生活待遇问题：

1. 对现有特务汉奸案犯及伪组织人员，原则上不采取大的集中训练，但仍须个别小型的集中感化教育。

2. 犯人生活，原则上自给，不愿自给者可以强行自给。既不能立即释放，又无法自给者，政府可以斟酌情形，供给一部，同时组织其生产。一般的应迅速处理，本地犯人可找保释放，还乡服役，外籍的可以尽量转回原籍处理，政府可以给一定的必要的路费。

3. 较大案犯不够处极刑条件者，如需要从政治上感化教育争取时，在生活上必须加以适当的照顾，各级财政部门得准予实报实销。

四、关于城市管理的分工问题：

1. 城市户籍工作，卫生工作，由民政部门主要负责，公安部门配合进行检查。

2. 复杂场所（如戏院、电影院、妓院、旅馆等）的行政管理，由市政科负责，公安机关进行检查。

3. 城市属于违警范围以内的案件（如小偷、斗殴）概由公安局处理，其构成刑事案件者，则由司法部门处理。此类案件如涉及特务问题时，则应扣押公安局询问，最后送司法机关处理。

4. 城市以内，属于捐税事宜，公安局不负责任，由财政机关负责。

以上所示各点，应即详加研究执行，并转饬所属遵照执行。

（选自太行行署《一九四六年重要文件汇集》）

太行行署关于执行新审级制度应注意事项的指示

（一九四六年五月二十三日）

一、新审级制度总的精神，在于适应目前新的形势，保障被告或当事人的民主权利，提倡上诉。因此今后除汉奸特务案采取审核制度外，一律厉行上诉制度。这样便扩大了一审机关职权，同时也加重了它的责任。各级同志决不要因为不复核复判，就马虎从事，想重就重，想轻就轻，草率人民权利，观念上必须明确：责任加重，是为了更好为人民服务，更好保障人民权利，希各级同志认真执行。

过去我们有些同志，由于民主作风不够，游击习气的存在，怕人家上诉，常以拖延办法，久悬不决，不下判决。即便下判，也很马虎，不谕知上诉，甚至还威胁当事人不准上诉，这都是不对的。我们作判制度，不是为判决而判决，更不是为对付上诉而判决，而是为保护人民利益而判决，稍一不慎，客观上就损害了人民利益。因此，今后不但不能剥夺被告或当事人上诉权、声辩权，相反应很好帮助他们上诉与声辩，方可以表示我们新民主主义政府的司法不同于旧司法，而是真正的民主政府。同时在上诉中也可以通过上诉促进业务学习，提高工作，提高自己，都是有益而无害的。

在另一方面，我们在思想上还须严重警惕另一个偏向，即认为今天提倡上诉了，马虎一点也不要紧，反正上诉后上级可以纠正。这种思想，在原则上是对人民不负责任的思想，一切都推往上级，自己马马虎虎，这不是一个革命者应有的态度。

总之，在执行新审级制度中，每个干部思想上，第一，应该明确提倡上诉是发扬民主，因之，剥夺被告及当事人上诉权的不民主思想须要纠正。第二，取消一般的审核制度（除汉奸特务外），是加重了我们的责任，因之，绝不能以为从此就可草率从事。第三，提倡上诉，不等于减轻自己的责任，因之，绝不能把一切都推往上级，马马虎虎。我们解放区一切工作，在全国将来都要起示范作用，司法工作各界人士，都非常重视。因之，我们应该发扬革命责任心，负责地坚决地树立新作风，严格执行上诉制度。

二、执行审级制度应注意一些具体问题：

1. 民刑事每案处理后，必须写判决书；民事调解后，应写调解书；不起诉处分，应写不起诉处分书。

2. 判决书、调解书、不起诉处分书都要分别送达，并填写送达证，回执存卷，以便稽查。

3. 判决书写明上诉或声辩期限，并注明上诉机关（因高等法院与分院受理权限不同，应详细注明）及上诉地址。送达时应谕知被告或当事人于法定期间上诉，如有询问或异议时，都要很好答复与解释。

4. 民事上诉时，应谕知上诉人缮写两份上诉书，以便送达被上诉人提出声辩，如仅呈送一份者，司法机关应照抄一份，送达被上诉人，并谕知声辩。

5. 普通刑事及汉奸特务，处徒刑者应采取宣判方式，宣布其罪行。

三、死刑是否送达，这是我们工作中一个比较具体的困难，从保障被告权利来讲，是应该送达的，但在今天情形下，完全采取送达方式，事实上有些困难。兹根据工作环境、工作条件，提出以下办法：

1. 汉奸特务犯是政治上犯罪者，其狡猾比一般人要多。因此判处死刑者，原则上不送达判决，但应将犯罪事实（即判决认定之事实）详细抄录送达，并作解释，让他提出声辩，但送达事实，他虽不知处刑结果，很可能意识到自己罪重。因之，应注意看管，最好个别管押，以免意外，同时对其他犯人亦可免少波动。如果问到处刑结果时，只好从旁解释使他安心。

2. 普通刑事处死刑者，在腹心地区，工作条件又好，看守工作又有基础，自新人思想教育也好，一般要经过送达手续，但在看守上也应加注意。游击区对敌斗争尖锐，环境不好，判处死刑者，亦采取送达事实方针，不宣布其罪刑。

四、上诉以法定刑（即法律上所定的刑罚，如杀人者处死刑、无期徒刑或十二年以上有期徒刑是）为标准，审核以裁判刑（即判决时所定的刑期，如某人因窃盗处有期徒刑二年是）为标准，不属于高等分院受理范围。而上诉之案件，应经由高等分院转呈高等法院，参照附表，由二审机关确实掌握执行。

五、普通刑事虽不经过复核复判手续，但上级司法机关有权随时抽查确定之判决。

六、第一审机关呈送高等分院审核之案件，专署地方法院应详细研究、提供意见，克服承上启下，等因，奉此，不负责任的文牍主义倾向。

以上各点，希加研究执行，执行中遇有困难，随时报告，以便研究改进为要。

（选自太行行署《一九四六年重要文件汇集》）

太行行署关于重新规定审级审核制度的通令

（一九四六年八月十一日）

为着适应目前斗争形势的要求，并为未来的和平民主新时期的来临作准备，特将本区审级审核制度加以变更，并重新规定如下：

一、确定民刑事案件，均为三级三审制，审级之划分如下：

1. 市地方法院、县政府或县司法处为第一审机关。
2. 专署为第二审机关。
3. 行署为第三审机关，为本区域内民刑事案件终审机关。

行署对直辖市地方法院（邢台市、长治市）施行二审机关职权，为终审判决。

二、刑事案件除汉奸、特务、恶霸案件外，一律厉行上诉制度，在宣判后，应本提倡上诉精神对被告尽量启示其上诉，除上诉者依一般上诉手续逐级上诉外，为照顾被告不愿上诉或其他情况起见，并以下列规定补充之：

1. 刑事案件经一审机关判决后，凡裁判刑不满五年有期徒刑者，该犯不提起上诉时，判决即作为确定。

2. 刑事案件经一审机关判决后，凡裁判刑在五年以上不满十年有期徒刑者，一审机关在宣示判决后，过上诉期间该犯不提起上诉者，需将原案卷宗判决送呈专署核准，始得执行。

3. 刑事案件经一审机关判决后，凡裁判刑在十年有期徒刑以上者（包括无期徒刑及死刑），该犯不提起上诉时，需将卷宗判决送呈专署初步审核，后转呈行署核准始得执行。

刑事上诉期间为十日，民事诉讼上诉期间为二十日。

三、汉奸、特务、恶霸犯，一般不予上诉权利，但为保障被告利益起见，采用审核及申辩制度补救之，具体规定如下：

1. 汉奸、特务、恶霸犯经一审机关判决后，凡处刑在五年以上不满十年有期徒刑者，该犯不提起申辩时，判决即作为确定，提起申辩者，一审机关须斟酌案情，作再审或维持原判之判决。

2．汉奸、特务、恶霸犯经一审机关判决后，凡处刑在十年有期徒刑以上或无期徒刑及死刑，无论该犯是否提起申辩，需将卷宗、判决、申辩书（不提起申辩者不附申辩书）送呈专署核准后，始得执行。

惟专署须于每月终将本月内所核准之死刑案犯，分别详细填写死刑审核登记表，并连同判决正本，送呈行署审核备案。

3. 凡汉奸、特务、恶霸案，因处于斗争焦点之边沿地区，或群众翻身运动急剧开展地区，在情况复杂，斗争尖锐，工作上要求更为迅速时，而干部（主要是县长）能够正确掌握我政策及路线的条件下，由专署授权于县，经县长核准后，即可执行，须于事后，由一审机关将卷宗、判决等呈报专署核准备案。如有错误，由县长负完全责任。

此项规定遇有情况变化，或其他情节，专署认为必要时，得以命令撤回之。

4. 汉奸、特务、恶霸犯之申辩期间，限五日内书面写成申辩书。

以上各项规定与法秘字23号命令颁发之新审级审核制度有抵触者，一律依本令规定办理之，仰即严格遵行为要。

冀南区诉讼简易程序试行法

（一九四六年八月一日试行）

（一）民刑通用诉讼程序

第一条 人民诉讼不论民事刑事，可用口诉或状诉，必须经过村区调解，如对调解不服，即可向县府起诉，应按审级进行，其审级如下：

一、县政府为第一审机关。

二、专员公署为第二审机关（处理干部案件例外）。

三、行署为第三审机关。

第二条 起诉应向被告所在地之第一审机关为之，如管辖不明或有争执者，应向上级请示，指定管辖机关。

第三条 人民以口头起诉时，应将口诉内容制作笔录，其笔录上应记明下列事项：

一、原告和被告的姓名、年龄、籍贯、住所、职业，如系法人，其名称与所在地。

二、说明为什么诉讼，刑事应说明被告的犯罪事实，民事应说明请求的目的。

三、把理由说出来，把证据举出来。

四、在笔录后写上口诉人的姓名、盖章或按指印。

五、最后写上口诉的年月日。

第四条 政府受理诉讼后，认为有批示之必要时，须用书面批示，具状人如对批示有不服时，自接到批示之日起，七日内得提起抗告。

第五条 审问人员应将审阅情形制作笔录，并注意下列事项：

一、笔录应由书记员当庭记录（式样附后）。

二、每次审讯完毕后，应将笔录向被讯人诵读一遍，或让其看过承认无讹，令其按指印，方为有效，如当事人无理拒绝盖指印者，应记明其事由。

三、指印一律用右食指。

四、审问人员应在笔录后签名盖章。

第六条 政府于必要时得传讯证人，令其具结（式样附后），保证其证书属实，如有虚伪，应负责任。

第七条 政府在调查研究的过程中，对民事案件及轻微刑事案件应设法进行调解。

一、调解方式：

1. 庭外调解成立后，方向政府呈递和解状，撤销原诉，其双方所立字据，只生一种契约上之效力。

2. 当庭调解成立后，应令其具结画押，并制发和解书，此和解书与判决书有同等之效力（式样附后）。

二、调解原则：

1．不违背政府法令。

2．不许强迫命令。

第八条 刑事判处在徒刑一年以下，罚金在五千元以下者，可用处刑命令。民事诉讼标的在五千元以下者，可用简易判决（式样附后）。

第九条 刑事处两月以下之拘役或一千元以下之罚金，民事诉讼标的在二千元以下者，原则上不得上诉第二审。刑事处一年以下之徒刑或五千元以下之罚金，民事诉讼标的不过五千元者，原则上不得上诉第二审。

第十条 民事上诉期限为二十天，刑事为十天。如无特殊理由逾过上诉期限者，不得上诉。

第十一条 与案情有关系之司法职员对于案情之处理涉及嫌疑者，应自行回避，或依当事人之声请回避之。

第十二条 诉讼公文用纸，应有一定尺度（尺度另定），诉讼文件要用卷宗及一定格式，其应注意之点如下：

一、诉讼公文必须用墨笔自右向左直行书写清楚。

二、诉状、笔录、判决、批示及其他一切有关案情之文件，均应编号归卷。

三、卷内笔录判决等文件增删处，应由增删人盖章，以明责任。

四、卷内当事人姓名、地名，要查问明确，写成一律。

第十三条 送达文件必须有送达证（式附），送达人将送达证带回附卷。

第十四条 无论民事刑事，经政府判决后，除有特殊情形外，均须宣判，并向当事人送达判决书，每人一份。

第十五条 对于判决不服提起上诉者，应注意下列事项：

一、对终止上诉之判决，不得上诉。

二、对一审或二审之判决不服提起上诉时，民事应于二十日内，刑事应于十日内,向原判决机关声明不服,并说明不服理由,其径向上诉机关提起上诉者,亦认为合法。

三、原审判机关应根据上诉人之声请,连同原卷送交上诉机关审理,其径向上诉机关起诉者,由上诉机关调卷审理。

四、第三审机关接到上诉人书状后,得代抄副状送交被上诉人,提出答辩,认为无传讯之必要时,即行书面审理(判决式附)。

第十六条 上诉第二审案件,应尽量采取言词审理。但案情轻微,根据上诉人的口诉或诉状与第一审判决书对照研究,显无新的理由,原判既合法又合理,应劝其不上诉,如仍不服,可调卷复核,若有出入者,可准其上诉,倘无新的理由,可将原诉驳回。

第十七条 上诉书状应注意下列事项:

一、两造当事人及代理人之姓名、住址、职业。

二、对原判不服之程度及请求之目的。

三、新理由及证据。

第十八条 为第二审判决或第三审判决,均应于理由栏内叙明原判是否合法及上诉之有无理由(式附)。

(二)民事诉讼程序

第十九条 民事尽量采取就审制度,应先将就审地点及日期通知原被两造及有关人等。

第二十条 传唤当事人须有传票(式附),除由法警传唤外,可将传票由原告带回转交村公所代传被告。

原被两造均经过村公所同时到案。

两传不到得用拘票,一再拘传不到得缺席判决。

第二十一条 民事诉讼采取双方或□□言词辩论审理方式,应注意之点如下:

一、原被两造均须到庭,先由原告陈述起诉要旨,再由被告辩论,务使两造把理由说完,除违犯法庭秩序外,在陈述理由上,法庭绝对不限制其言论。

二、讯问证人,可用个别审讯方式,必要时须令具结。

第二十二条 把案情审理明白,调查清楚后,再进行最后调解,如不成立即根据法令的规定进行判决(式附)。

第二十三条 民事暂不收讼费,但胜诉人因诉讼所受之损失,得请求败诉人酌情赔偿。

第二十四条 民事案件经判决后，败诉人不上诉及终止审级之案件，应迅予执行。

第二十五条 有下列各款情形，审判机关得以职权宣示假执行。

一、有时间性而妨碍生产者。

二、上诉显无理由，故意拖延诉讼及将来执行发生困难者。

第二十六条 执行权属于第一审司法机关，依判决主文执行之，并可委托区公所或村公所协助执行。

（三）刑事诉讼程序

第二十七条 刑事有公诉、私（自）诉之分。

一、公诉：

甲、一切公诉案件任何人均有检举告发之权。

乙、汉奸政治犯须经公安机关侦查，向司法机关提起公诉。

丙、未经公安机关侦查起诉者，送交公安局进行侦查，其侦查不具体或材料不充实者，得再行侦查。

丁、公安机关移交侦查完毕之案件，应将被告人及有关案情之文件以书面送交司法机关。

二、私（自）诉：

甲、告诉人得用口诉或状诉，政府受理后得以口头或书面答复之。

乙、匿名书信不认为起诉状，只可作为调查材料。

第二十八条 传唤当事人得用传票，经传唤故意不到者，得用拘票，被告有羁押之必要者，得用押票。提审或开释时，须用提票（式样附后）。

第二十九条 案情重大有逃亡之虞者，得径行拘捕，需要搜索证据时，得经过村公所协同为之。

第三十条 拘捕不获，得用通缉票（式附）通知各级政府协助缉捕之。

第三十一条 受理案件后，得进行调查勘验。

根据调查材料进行审讯。

审讯时应以诚恳态度，动员启发犯人坦白，严禁刑讯，并不得用威胁利诱欺骗等方法。

第三十二条 审讯被告犯罪事实证明者，应为有罪之判决，被告犯罪事实不能证明，或证明后不应受刑事处分者，应为无罪之判决。（式附）

第三十三条 一案有数被告，又系同一犯罪行为，均为共犯，应分别罪行轻重，一次判决，用一卷一判一次呈报。

第三十四条 判处十年以上有期徒刑之案件，逾上诉期不上诉者，原判决机关应将卷判送请行署复判执行。

判处五年以上有期徒刑之案件，逾上诉期不上诉者，原判机关应将卷判送请专署复判执行。

第三十五条 判处死刑者，经上级批准执行。

如上级认为有提审之必要时，得径行提审；认为量刑不当，有复判之必要时，得径行复判；认为有更审之必要时，得发还更审。

本条第二项前条适用之。

第三十六条 受有期徒刑之宣告者，经确定后送监狱执行，但有下列情形之一者，得停止执行，

一、怀胎七月以上者。

二、现患重病者。

三、心神丧失。

第三十七条 判处死刑怀有胎儿者，呈请上级产后执行。

第三十八条 刑事案件受害人于刑事诉讼程序中得提起附带民事诉讼，请求判令被告赔偿其损害部分。

第三十九条 本法自民国三十五年八月一日起试行。

第四十条 本法之修正权及解释权属于冀南行署。

〔附一〕处理民刑案件的九项注意

第一、对人命案件，要立刻逮捕凶手，同时赴尸场勘验，搜索证据，对案内证物、尸体伤口等痕迹，应详细审察（虽细微之物有时亦能研究出问题），必要时还可请专门人才鉴定。

第二、对重大疑难案件，要深入下层多方调查，广泛听取群众和群团意见，必要时还可化装密查。

第三、对于各方反映材料，均应详加调查，切忌听取一面之词，或先入为主的偏差。

第四、在每次开庭审理之前，要将诉状（或口诉笔录）、调查材料及反映材料等项，详细对照研究，拟定讯问重点及审讯方法。

第五、对当事人态度要和蔼严肃，循循动员启发，纵其顽强，也要耐心说服，不要讽刺漫骂，暴躁或轻佻，更不要装腔作势的摆官僚架子。

第六、处理民事案件要将群众要求与法令精神结合起来，细心考虑，并注意下列原则：

一、双方阶级关系，起诉的基本原因。

二、先照顾劳苦大众利益，再照顾其他阶层利益。

第七、处理刑事案件在以教育为主、处罚为辅的方针下，不但教育犯人本人，同时在影响上亦即教育群众。对犯人之处罚，应根据下列几种情况决定：

一、犯罪之动机。

二、犯人之素行（包括出身、成分、职业、政治，文化水平）。

三、破坏公益之程度（包括群众切身利益及国家民族利益）。

四、犯罪之次数。

五、群众的反映。

六、犯人的经济条件。

七、犯人之性别、年龄。

八、犯罪时之环境。

九、犯罪后之态度（自首、坦白、悔悟或顽强（抗））。

第八、对被告提出有力之事实，应就其证明方法及调查途径，逐层追究。被告自白犯罪事实，仍应调查其坦白之必要证据，详细推鞫是否与事实相符，以防作伪。

第九、无重大犯罪嫌疑及无逃亡之虞的犯人，一律取保不羁押。取保方法：

一、妥实保人，保外候讯。

二、交纳保证金，在外候讯。

三、责付保人，在保人家中候讯。

四、经群众保回监督教育。

〔附二〕司法收入的征解手续

一、司法收入须登稽核簿（式附），该簿于县长或司法科长调换工作时，列入交待文件之内。

二、稽核簿编号由县府办公室盖用县骑缝印，皮上注明页数，交司法科使用。

三、司法科将一切司法收入随时登入稽核簿，月终合计总数，经司法科长审核，并在数目字上盖章，连同收据存根请县长核阅盖章。

四、县司法科于每月五号前将上月司法收入造表呈报专署（照稽核簿抄，不另列底稿）。

五、司法收入须备四联单（式附），编列号数盖印使用，经手员随时将新收的各项司法收入填写联单，第一联扯给交款人，第二联随款交财经科，第三联于每月月终裁下，装订成册，皮上写明单据张数、号数、款的总数，盖用县印，总数上并由计算人员盖章，随同司法收入月报表及财科收款书，备文呈交专署。

六、专署每三个月将各县呈报之司法收入数目汇总呈报行署。

专署本身征收之司法收入按县解交手续，三个月报解一次。

（选自《冀南区诉讼简易程序试行法》单行本）

山东省各级军事法庭组织条例

（一九四五年）

第一条 为审判战争罪犯及汉奸案件，镇压反动活动，特于军事管理期间在山东军区司令部、胶东、渤海、鲁中、滨海、鲁南等军区司令部及各城市之卫戍司令部内各设军事法庭。

第二条 各军事法庭设主席一人，检查员一人，司法员二人，书记一人，一般应以各该军区政治部主任为主席，各该军管区之公安局长为检查员，各该军管区之司法负责干部为司法员，均由山东军区委任之。

第三条 各级军事法庭之职权如下：

一、凡日军大佐以上、伪军少将以上、伪政权道以上、伪警佐以上，及其他有全省性之战争罪犯或汉奸，均由山东军区军事法庭审理之。

二、除前所举之战争罪犯或汉奸，除其他战争罪犯或汉奸，均由各该捕获之军区军事法庭审理判决为原则。如有在其他地区作恶最重者，得解押作恶最重地区之军事法庭审理之。

第四条 各级军事法庭应将所处理之案件按级旬报，以备查核。

第五条 本条例之解释修正权属于山东军区。

第六条 本条例自公布之日起施行。

（选自《战时法令》）

山东省政府关于目前司法工作的指示

（一九四五年）

日本投降全省即将光复，关于目前司法工作指示如下：

一、一般司法工作，各地仍按照山东省行政委员会所召开之全省第二次行政会议之决定进行。

二、新收复大城市之原有法院，如高等法院、高等法院分院、地方法院或分庭等，应按照所属地区由各该地区行政公署、市政府派员收管，各县城由各该县政府负责收管，于收管时应注意下列各点：

1. 掌握一切卷宗，没收没入之资财，尤须注意一切不动产移转登记簿册及职员名册。

2. 监狱监犯及监狱、工厂、资财与一切器物。

三、收管后应作下列处置：

1. 清查封存所有卷宗、资财。

2. 对于政治性之监犯，尤其因抗战活动而被敌伪拘押之监犯，无论判决与否，经查明后即为之作传达报告，分别录用或开释。

3. 对刑事监犯、押犯经审查后，轻微者即予以简明教育开释之，其情节重大者，暂予拘留教育，别作处理。

四、各大城市在军管期间暂不设法院，民间纠纷提倡调解，其普通民刑案件，则由市政府暂行管辖。处理案件应依照根据地司法方针办理，就事论事解决问题为原则，不拘泥于旧法条、旧手续。

五、在否认敌伪判决的原则下，无论民刑案件如有不服伪法院判决而来起诉者，均予受理。

以上各点应即讨论实行，如有特殊具体情况，随时呈报本府。

（选自《山东省政府法令汇编》）

山东省审理汉奸战犯暂行办法

（一九四六年五月二十四日公布）

第一条 为彻底肃清汉奸战犯，维护人民利益，保证永久和平，根据本省具体情形，制定本办法。

第二条 凡伪尉官以下、伪大队副、伪县科长及其他委任级以下之政治的、经济的、文化的、宪兵警察的特务汉奸战犯，均归当地县政府公安、司法部门共同组织临时特别法庭审判之。

如系判处死刑，应检齐案卷证件，呈经该管专员公署附具意见，转呈该管行政公署审核批准，始得执行。

如系判决徒刑或宣告无罪，被告或告诉人得依法（时间十日）提起上诉，不上诉者，原县政府应于上诉期满后五日内检齐案卷证件，呈送该管专署复判后执行之。

第三条　凡伪少校以上、伪大队长、伪县长及其他荐任级以上之政治的、经济的、文化的、宪兵警察的特务汉奸战犯，应由该管专员公署司法公安部门共同组织临时特别法庭审判之。

如系判决死刑，应检齐案卷证件，连同判决，呈请该管行政公署审核，转呈省政府批准后，始得执行。

如系判决徒刑或宣告无罪，被告或告诉人得依法（时间十日）提起上诉，不上诉者，该专署应于上诉期满后五日内检齐案卷证件，连同判决，呈送该管行政公署复判后执行之。

第四条　凡伪军旅长（少将级）以上，伪组织道尹以上，及其他简任级以上之政治的、经济的、文化的、宪兵警察的特务汉奸战犯，应由该管行政公署司法公安部门共同组织临时特别法庭审判之。

前项汉奸战犯判决后，不论死刑、徒刑均应检齐案件（卷）呈请省政府审核批准后始得执行。

第五条　前第四条之汉奸战犯，省政府认为必要时，得直接命令提审或派员莅审。

第六条　凡罪行重大之汉奸战犯，省政府司法公安部门得会同组织临时特别法庭审判之，审判后即时确定执行。

第七条　处理汉奸战犯案件，各级公安机关负检举、侦查、控诉及执行死刑之责，司法机关负搜集证据、组织审问、调查研究及依法判决之责。

第八条　审理汉奸战犯，一般应在犯罪行为地区作实际调查，多方倾听群众意见后，决定最后处理办法。

第九条　组织审判时，由该管行政主要负责人担任主审，司法及其他机关或团体代表负责陪审。公安局或公安监督员为临时法庭控诉人。

第十条　凡审判汉奸战犯时，应尽量吸收各群众团体及群众参加旁听，如汉奸战犯罪行涉及数个地区者，得巡回各地轮流审判，遍听群众意见，以便进行法治教育。

第十一条　审理汉奸战犯，除依本办法规定外，准用普通刑事诉讼程序之规定。

第十二条　本办法施行前就获之汉奸战犯，尚未判结者，亦适用本办法。

第十三条　本办法经山东省行政委员会议决后公布施行，修正时亦同。

(选自《山东省政府决定法政字第2号》)

山东省胶东区行政公署现行民刑审级制度及诉讼程序简化办法

(一九四七年四月二十九日胶东区行政公署司法处公布)

为适应当前爱国自卫战争的分散环境,给人民迅速确实地处理问题,除健全区村调解组织、及时解决民间纠纷外,今后关于人民的诉讼事件,必须加强县级的审判工作,原则上要依靠县级及时正确地为人民解决讼事问题,特拟定下列简化诉讼程序办法,希各县讨论试行。

甲、关于审级及上诉程序

一、民刑诉讼审级,原则上仍确定为一级二审制,县为第一审,行署为第二审。当事人不服县判,得上诉行署,行署判决即为终判。

二、民刑案件,经县级判决后,不论当事人曾否声明上诉,如自动发觉判决内容显有原则错误时(包括事实的认定与政策法令的运用两方面),应即本着"全心全意为人民服务"的精神,大胆纠正错误,另审另判,总期达于"公平合理"的民主裁判为主旨,"只有民错没有官错"的论调,及"一事不再理"的旧法观点,都是不正确的。

三、诉讼当事人不服县判者,得于上诉期间内(刑事十天,民事二十天)向该管县政府(即原判决机关)提出上诉书状(这一规定,县级必须指导当事人上诉书状,一定要递到本县),叙明不服的上诉理由(以口头声明上诉者亦应声叙上诉理由,由司法科记明笔录)。县级于当事人声明上诉后,应重新审查原判决,如认为上诉有理由,而发觉原判不当或错误时,应即进行另审另判,以资纠正;如认原判并无不当而当事人之上诉确无理由时,应填具意见书(即说明当事人所提出的上诉理由如何不正确,申明原判如何要这样判……),连同上诉书状及卷宗呈送行署审理。

四、行署对民刑上诉,原则上采用书面审理,即一般的为减轻人民劳费起见,不再传讯(但为了案情的彻底了解,有传讯必要者例外)。行署审理一审卷宗,如认县判适当,当事人之上诉确无理由时,应该说明理由,以判决驳回上诉(一般的应用判决,特殊情形者,亦可用批示,但仅叙明理由,不记载事实)。连同原卷发回原县,照判执行。如认上诉有理由,发现原判不当或错误时，应提出审核意见，将卷宗令发原县，同时亦可通知专署司法督察员，督导原县，另审另判，但县级于更正处理后应具报行署。

乙、关于刑事复判程序

一、县级判处徒刑三年以上之刑事案件，除经当事人声明不服，应按上诉程序办理者外，未经上诉者，仍须履行复判程序。今后为了处理案件准确起见，可由专署司法督察员代替行署审核复判案件。已经声明服判者，可先将犯人送交训育所管教执行，但案卷须留待审核之后，方为确定。各县某一时期应经复判的案卷，统应留待该管司法督察员到达该县时，一并交审阅。司法督察员如认原判适当，应即签具"核准"意见，并盖章负责；如认原判不当，须行更正时，应提出审核意见，通过县长及司法科长联席会议，交司法科更正原判。如意见不一致时，应将不同的意见开叙明白，连同原卷宗呈送行署复核。

三、烟、威①两市的民刑上诉及刑事复判案件，仍归行署直接办理。适用程序除特殊情形外，亦与各县相同。

丙、关于专署司法督察员的职责与权限

一、总的职责：

系在专员的直接领导下，代表行署督导各县司法工作。

二、具体任务：

1. 〔检查〕各县处理案件对各种政策法令的掌握及〔对〕上级指示的执行程度。

2. 代替行署审核该管各县刑事复判案件。

3. 召集属县小型的司法会议（一县或数县），听取汇报，总结工作。

4. 深入区村检查督导民间调解工作，及检查各县徒刑训育所的训育工作。

5. 听取群众的反映，及时汇报上级。

6. 受专员或行署随时委办有关司法工作的一切事宜。

（选自山东省胶东区行政公署《现行民刑审级制度及诉讼程序简化办法》单行原件）

---

① 烟台、威海卫。——编者注

太原市军事管制委员会特别法庭暂行办法(草案)

(一九四九年七月一日)

第一条 为维护革命秩序,保护国家及人民利益,坚决镇压重大反革命罪犯,特组织本会特别法庭。

第二条 特别法庭之组织:

一、特别法庭设庭长一人,设审判长一人(由庭长兼),审判官二人。

二、特别法庭设检察处一,由首席检察官一人、检察官二人组织之。

三、为广泛发扬民主,集中群众意见,得由该法庭函知本市各人民团体、各界代表、民主人士分别推选若干人为陪审员。

前项陪审员不得随便更换,但有特别事故,经庭长允许者例外。

四、特别法庭设书记处一,由主任书记官一人、书记官四人组织之。

第三条 职权及分工:

一、庭长总理一般事宜。

二、审判长、审判官掌握审理、判决等事宜。

三、首席检察官、检察官掌握预审、侦察、公诉、辩论等事宜。

四、陪审员负责搜集群众意见,向被告提出质问,检举犯罪行为,向特别法庭申述群众处理意见等事宜。

五、主任书记官、书记官掌管特别法庭一切文书、缮写、录供、整修材料、卷宗、文件、印制、判决、通知以及其他法定手续等事宜。

第四条 审判程序:

一、检察处于侦讯终结后,应作公诉书,向特别法庭提起公诉,请求审理。由该庭决定开庭日期、地点。

二、开庭时先由首席检察官、检察官宣读、解释公诉书,由被告答辩。

三、审判长、审判官于听取公诉书及被告答辩后,得提出质问与怀疑点,由检察官、被告列举证据及理由进行言词辩论。

四、首席检察官、检察官及被告请求传讯证人时,审判长、审判官得视其证据能否成立酌定之。

五、讯问及言词辩论终结时,应由书记官宣读供词,如与被告所供无异议时,由被告签名或捺指印。

前项签名或捺指印,须当庭摄影作证。

六、重要证件须当庭摄影作证。

七、审判终结时，由审判长、审判官制作判决，开庭宣判。由主任书记官、书记官制作宣判笔录。

八、特别法庭之判决，已经华北人民政府批准，为最后之判决，由本会布告执行。

第五条 席位之设置：

上设主审员席，下左右旁设陪审员席，左上设书记官席，右上设检查官席。右下旁设新闻记者席，左右两旁设旁听席。其图如下：

```
         审      审      审
         判      判      判
         官      长      官

陪                              陪
审   法                    法   审
席   警                    警   席

                               检
书                              察
记                              官
官                              席
席
              被
              告               记
                               者
                               席
```

第六条 特别法庭规则另定之。

第七条 本办法自公布之日起施行。

（选自《太原市人民政府法令汇辑》）

苏北行政公署关于县市公安机关与司法机关处理刑事案件权职的规定

（一九四九年六月八日）

近据反映，各县市司法机关与公安机关对于处理刑事案件由于权职不甚清楚，难免发生分歧的意见，致影响工作的进行，为明确职责，特作如下规定：

关于汉奸特务及内战罪犯等及其他带有政治性案件，其侦查的责任应属于公安机关。侦查的主要任务是：搜集罪犯的犯罪事实及证据，如发现某人犯罪或确系有犯罪嫌疑，即可加以侦查追究，并向司法机关提起公诉。假如侦查的结果，嫌疑不足或其行为不成立犯罪等，纵系犯罪而以不起诉为适当时，则公安机关均有权释放，不予起诉，司法方面，不能干涉。

前述案件经公安机关向司法机关起诉后，司法机关即有权责审判该案，对于被告的犯罪事实和证据加以审理研究，看被告是否犯罪，所犯何罪，应该科什么刑，然后加以裁判、宣示。公安机关在司法机关审理过程中，既可追诉，并可提出意见，但司法方面采纳与否，对于被告认定犯罪或无罪，科刑或重或轻，公安机关不能干涉，如有不同意见，可以提出上诉。

公安方面职在追诉犯罪，故对有犯罪嫌疑者，不一定证据确凿即可起诉，而司法方面责在论罪科刑，若被告仅有嫌疑没有积极的证据可以证明被告确系犯罪时，即不能论罪科刑。至于普通刑事案件（除违警罚法外），公安机关知有犯罪嫌疑时，亦有权责为紧急与必要的措施后移交司法机关处理。

苏北行政公署指令

（一九四九年九月二十八日）

令盐城专署并告各专署、各县市政府
九月十六日呈一件为请示民刑案件上诉手续等由
呈悉：关于民刑案件上诉手续、上诉至三审是否应加限制及徒刑易科罚金等三个问题，兹规定如下：

一、民刑案件上诉手续　民事诉讼当事人或刑事被告于接到判决正本后，如有不服，得在法定上诉期间向原审法院提起上诉理由，声请检卷申送管辖之上级法院，更为审判。原审法院审查如发现有违反法律程式及其他缺陷时，应令其补正。如上诉已过期，而又显无理由者，应以裁定驳回之。如上诉当事人未依上开手续而将上诉状呈寄上诉机关时，则由该受理上诉机关向原审机关调卷审理。

二、上诉三审除以二审为初审之案件外，下列案件不得上诉于第三审：
1. 债务纠纷之金额或价格不满人民币五十万元者；
2. 土地争执中之涉及经界水道纠纷者；
3. 关于婚姻事件（如解约、离婚……）；

4. 继承中请求分割遗产之纠纷；

5. 刑事案件中宣告一年以下之徒刑或拘役、罚金案件。

三、徒刑易科罚金之办法决定仍暂不施行，因苏北地区农业比重大，工商业比重小，而且经过十年以上之战争摧残，生产力与人民生活普遍降低，对轻微刑事被告如果采用徒刑易科罚金办法则大都无力负担，即使勉强为之亦与生产不利。如果为了照顾被告家庭与生产困难，不执行徒刑无大影响者，可用宣告缓刑或提前开释的办法以资补救。至对个别刑事被告认为以罚金为当者，则可宣告专科或并科罚金。

以上三项仰即遵行为要！

苏北行政公署训令

（一九四九年九月二十八日）

查县市公安局与同级法院工作关系及权责范围前经本署规定，并以法字第三十四号令行在案。近查执行以来，尚有不够负责，界限不清之处，以致文卷往返转折，影响案件迅速处理。兹为进一步明确界限，分清权责，纠正上开偏向起见，特再规定补充办法如下：

一、关于公诉

甲、关于伪匪奸细、特务、盗匪犯等案件经公安机关侦查后，认为必须送交司法机关审判者，应制作公诉书连同人犯、案卷及有关之证件、赃物、违禁等物，一并移送同级司法机关进行初审。

乙、一般盗匪或政治性案件得由县公安局直接侦查，须提起公诉者，送县市人民法院审判，如重大案件须经行政区公安局直接侦查并提起公诉者，送行政区人民法院审判；特殊重大案件须由苏北公安处直接审（侦）查并提起公诉者，送苏北人民法院审判。

丙、公诉书内容包括：（1）被告简历；（2）案由；（3）犯罪事实；（4）证据；（5）起诉理由；（6）处理意见；（7）起诉日期；（8）起诉机关负责人。

丁、公诉注意事项：

1. 案卷内所附调查材料，应注明调查人服务机关、职别、姓名，并须盖章以示负责。

2. 侦查审讯中，如有被害人及家属证人者，应传唤到庭，将其陈述记入笔录，必要时并须与被告对质。

3. 对调查材料应加以分析，辨别是非、真假、来源，于公诉书起诉理由栏内说明之。

二、监所警卫武装与公安局、法院的关系

甲、监所警卫武装的建制领导、军事及政治教育、供给关系等属于公安局，看守业务上的监督指挥属于监狱。

乙、看守所的行政领导属公安局，但对司法案件看守业务上的教育指挥属于同级法院，看守所长对司法案件的管教情况，应定期向法院回报。

三、违警案件与刑事案件处理权限问题

甲、违警案件由当地公安机关处理，如认为情节较重有处刑之必要者，应移转司法机关办理。

乙、轻微刑事案件互扭到公安局者，得随时加以调处，如调解不成应即转送法院处理。

以上三项仰即连同前颁规定切实执行，并联系实际工作进行一次检查，订出今后具体执行办法，以求贯彻并改进工作为要。

苏皖边区第二行政区人民法庭组织办法

（一九四七年十二月二十四日公布施行）

第一条 为了贯彻土地改革，彻底平分土地，消灭封建势力，实现农民翻身，必须充分放手发动群众，保证一切权力归农会。现在，根据《中国土地法大纲》第十三条的规定，以及本分区实际状况，订定本办法。

第二条 在土地改革复查期间，各级农联会有权根据人民意见，领导组织人民法庭，审判与惩办一切封建恶霸、反动地主以及所有违抗或破坏土地改革复查的罪犯。

第三条 各级人民法庭是临时组织。为了防止封建势力与匪特混入操纵破坏起见，规定其成立手续、组织成分与其产生办法如下：

一、各级人民法庭的成立，必须事前报告上级农联会批准，并派代表参加，同时请同级政府派代表参加。

二、各级人民法庭的组织，由委员七人至九人组织人民法庭委员会，同

级政府代表为当然委员。在委员会中，雇贫农代表应占三分之二，一般农联会会员应占三分之一；农联会会长为主任委员。

三、各级人民法庭委员，由各级农民大会或代表大会选举，并须由上级农联会或其所派代表审查与批准。

四、各级人民法庭可以根据工作需要，选举或聘请文书一人至二人，在人民法庭委员会领导下，负责抄写、记录、保管宗卷材料等事宜。

五、乡村人民法庭须经过群众审查与改组之农联会，才有权力召集。经过群众审查与改组之政府，就有权力派代表参加。原有农联会与政府，无此权力。当地农联会与政府，未经群众审查与改组过，则由县区农联会派人，直接召集雇贫农大会与农民大会或代表大会，选举人民法庭委员，组织人民法庭，并请上级政府派代表参加。

第四条　各级人民法庭有权根据大多数人民意见，并经过人民法庭委员会讨论，三分之二的委员同意，作出判决，并执行之。判决与执行情形，必须呈报上级农联会备案。

第五条　各级人民法庭判决罪犯之死刑，须呈请区以上农联会批准后方得执行。

第六条　上级农联会及其所召集与组织的人民法庭，有最后决定权，更改与否决〔下〕一级人民法庭的判决。

第七条　各级人民法庭主要的职权是审判与惩办封建恶霸、反动地主及违反与破坏土地改革复查的罪犯。如果处理雇贫中农的案件，必须通过区以上农联会审查与批准。如果处理干部的案件，必须通过区至县以上农联会审查与批准。

第八条　各级农联会处理重大战争罪犯与特务案件，必须通过县以上农联会的审查与批准，政府及其公安部门必须负责指导与协助。

第九条　各级人民法庭必须绝对保证贫雇农的领导权与广大农民充分发扬民主精神，发表意见。封建地主、反动富农、封建爪牙、顽匪分子，一概不得参加会议与发表意见。如发现混入操纵破坏情事，应予严厉惩办。

第十条　本办法自十二月二十四日公布施行。如有未尽事宜，本署得以命令修改之。

（选自一九四七年十二月二十七日《人民报》）

苏皖边区第六行政区人民法庭组织条例

（一九四八年二月二十三日公布施行）

第一条 为贯彻土地改革，坚决摧毁封建统治，彻底消灭地主阶级，确保人民民主权利，特依据《中国土地法大纲》第十三条之规定，制定本条例。

第二条 人民法庭是人民保卫翻身利益，镇压及处理一切违抗破坏土地改革，及侵犯人民民主权利案件的权力组织。

第三条 本行政区内暂决定县建立人民法庭审判委员会，及按区设县人民法庭审委会分会，乡设审讯检查组（但不是一级审判组织）。在必要时，经人民大会决议，经人民法庭县分会批准派人参加，可组织乡临时人民法庭。

第四条 各级人民法庭或组，由同级人民大会或代表会（委员会）选举，经过上一级政府委任与批准成立之，其办法：

甲、县人民法庭审判委员会，设委员七人，由县人民大会或代表会选举六人，并由专署委派一人，组织审判委员会，互推主席一人，审判员二人，检查员二人，书记员二人，分任各项职务。

乙、区人民法庭分会，设委员五人，由区人民大会或代表会选举四人，并由县府委派一人，组织审判委员分会，互推主席一人，审判员一人，检查员二人，书记员一人，分任各项职务。

丙、乡审检组五人至七人，由乡人民大会或代表会选举，互推组长一人，检查员、调解员、记录员各二人，分任各项职务。

第五条 人民法庭或小组，除受同级人民大会或代表会监督外，并受上一级政府及人民法庭之直接领导。

第六条 县及县分会人民法庭组织成员，雇贫农要占二分之一以上，乡审检组雇贫农要占三分之二以上，组长应以雇贫农充任。

第七条 人民法庭审判委员任期暂定为半年，但有不称职或舞弊时，人民大会得即时罢免或改选之。

第八条 人民法庭依据《土地法大纲》，秉承农民之意旨，得处理并判处下列案件：

甲、一切违抗或破坏土地改革法会案件，如造谣生事，阴谋犯罪行为。

乙、一切破坏或妨碍土地改革秩序，如隐藏分散，私自接受，任意宰杀牲畜，砍伐林木，破坏农具财产、水利建筑物、农作物或其他物品等行为，与妨碍农民接收、登记、清理及保管一切转移的土地及财产，妨碍土地及财产分配等。

丙、一切浪费、侵吞、贪污、偷窃、强占、私自赠送，以及贩卖农民斗争所得果实等行为。

第九条 人民法庭之审判委员会，采会审合议制，可根据犯罪轻重，审讯后多数讨论通过，有权判决当众坦白、赔偿、罚款、劳役、褫夺公民权之有期或无期监禁、死刑，或者宣判无罪。

第十条 凡经人民法庭判决案件，须经各级政府执行，其范围如下：

甲、判处劳役之人犯，得交区以上政府监督执行，或交由乡村罚劳役，但不得给罪犯以肉体上虐待。

乙、判处监禁之人犯，应解送县监狱执行。

丙、判处死刑之人犯，应依其犯罪性质，分别经过县以上政府批准执行。

第十一条 乡审检组职权范围如下：

甲、接受群众控诉，转呈上级审判委员会。

乙、收集罪犯之犯罪事实、人证物证，代表人民提起公诉。

丙、有权逮捕现行犯，无审判权，在上级授权之下，可组织临时人民法庭或公审大会。

丁、一般民事纠纷可进行调解。

第十二条 人民法庭对在职干部或工作人员逮捕或判处，其权限规定如下：

甲、村干须经区政府批准。

乙、乡干须经县政府批准。

丙、区以上干部，须经专署批准。

第十三条 人民法庭有权检举、弹劾任何工作人员与干部。

第十四条 人民法庭检举出政治犯时，应交公安机关协同处理。

第十五条 现役军人有违反土地改革法令之行为，得经其所属之主管机关派代表出席旁听，由人民法庭判处。

第十六条 人民法庭严禁使用肉刑。

第十七条 人民法庭判决不公，或违反群众意见时，乡以上之农会，可代表人民向上起诉，要求复判，或重换主审官审理。

第十八条 本区审判程序暂定为两级两审制（县政府、专员公署），原被告双方有一方不服判决,可于一星期内提起上诉,要求复审。属于土改案件者,其最后上诉一级为县政府,属于政治案件者,其最后上诉一级为专署。

第十九条 人民法庭办事细则另定之。

第二十条 本条例自公布之日施行,如有未尽事宜,由本署修改之。

(选自一九四八年二月二十五日《淮海报》第一四一八期)

苏皖边区第六行政区人民法庭办事细则

(一九四八年二月二十三日公布施行)

一、人民法庭办理案件,除接受群众意见外,应依本细则之规定。

二、人民法庭各审判委员之分工职掌如下:

甲、审判委员会主席负审判全责。

乙、检查员负责接收人民控告,到群众中收集被告之犯罪事实(必要时可召开被告所在村群众控诉会),人证物证,起草控诉书,代表人民要求对被告处刑。此项控诉书,须经农民群众修改审查通过,然后递交人民法庭,并在开庭时,口头代表群众起诉。

丙、审判员根据起诉书,审讯被告,并审查人证物证,允许被告或其代表声辩与提出反证,加以研究,收集材料,征求群众意见,然后提出判罪意见。如罪状不能成立,要再到群众中收集材料,弄明事实,由审判委员会商讨最后判决。

丁、书记员负责记录,缮写判决书,及整理案件记录材料卷宗。

三、人民法庭如检举出政治案件时,应随时通知公安机关,协同侦查处理。

四、人民法庭开庭审理重大案件之先,应决定开庭日期、地点,发出通知(但一般不拘固定形式,在群众斗争大会时,亦可将群众斗争会变为群众公审大会)。开庭时,正面设审判席、两边设检查席、书记席,由群众团体选举代表参加陪审,人民可自由旁听,经审判员允许,旁听皆可发表意见。

五、人民法庭进行判决时,应先与有关群众商量,征求群众意见,群众如有疑问,应向其解释清楚。如群众反对,有新的材料且群众意见正确时,就应接受群众意见,审判委员会应将原判修改,重新开庭宣判。如果群众意见不正确，也应向群众解释清楚，再宣判。

六、判处死刑案犯，应一律用枪决，由人民法庭执行。判决徒刑案犯，最好大部交村乡罚劳役，或由政府集中使其劳动。这样，既可调剂农村劳力，并可减少政府管理上之困难。

七、人民法庭审判案犯时，宜采取群众路线，着重调查研究，收集人证物证，不专注意被告口供，严禁逼供讯。

八、人民法庭判决没收财产时，应通知当地政府及农会，协同进行清查、点收与处理。

九、人民法庭应备有办理案犯登记簿，专载被告姓名、性别、年龄、籍贯、住址、成分、职业等项与犯罪事实，及裁判决定，并依案件性质，按下列三种，分别登记，以便考查。

甲、群众斗争对象案件登记簿。

乙、政治案件登记簿。

丙、干部及其他案件登记簿。

十、案犯判决后，应作判决书，缮写公布，并通知其本人，判决书的内容，除被告姓名、履历外，应说明三点：

甲、犯罪事实。

乙、裁判理由。

丙、判处刑罚。

十一、判决犯人除主刑外（如死刑、徒刑），尚有从刑时（如褫夺公权、没收财产），应一一注明于判决书内。

十二、本细则自公布之日施行，如有未尽事宜，由本署修改之。

（选自一九四八年二月二十五日《淮海报》第一四一八期）

江西省府法院关于司法工作几个问题的指示

一、关于司法工作的方针与任务

我人民民主革命目的之一，在彻底摧毁反动统治机构，并建立以工农联盟为主体的，人民大众的，反帝反封建反官僚资本的人民民主专政。因此，人民法院首先对破坏革命秩序，危害人民大众利益的反革命分子，要配合人民政权的各个部门，进行坚决无情的斗争，以期迅速建立革命秩序，保护人民大众利益。其次,对建筑于剥削压迫人民大众利益基础之上的反动司法机关,及其有关的一切反动司法制度,给以毫不容情的摧毁。因为反动制度摧毁越彻底,越干净,则新的制度的建立,就越完美,越迅速。第三,人民法院根据民主集中制的原则,在各级人民政府统一领导下,为整个革命利益而服务,我们反对虚伪的司法独立,也反对司法工作超阶级性的谬说。最后,人民法院应以中国人民解放军及各级人民政府各种纲领、政策、法令,作为处理问题,审判案件,调解纠纷的准绳。于法院成立之日起,即宣布废除伪六法全书,解除伪司法人员工作,停止旧律师活动。

二、关于司法工作的接管问题

各地各级政府或因解放时间的先后或因干部力量的强弱,致接管司法工作缺乏统一的办法与步骤,兹提出如下的意见:(一)凡属伪司法系统的伪高等分院、地方法院、县司法处以及监狱看守等机关,着一律取消。(二)各级伪法院中的伪职人员不论高级或低级,着一律停职,听候处理。(三)处理旧职员最好集中学习,先进行思想启发,打破其顾虑,然后转入民主检查,弄清是非好坏,最后进行甄别,决定试用或遣散。(四)试用旧职员以其政治觉悟、思想作风有无转变,及能否决心为人民服务,为选择主要标准。(五)经批准试用或录用之旧职员的工薪标准,按省府第二次政务会议决定执行。(六)各级伪司法机关之房屋、资材、器具、卷宗等统由各级人民政府或军管会清查接管,然后移交新的司法机构。(七)以前伪法院收受之民刑诉讼案件,未经了结者,在新的司法机关建立之后,可由当事人提出申请,予以受理,否则不再传讯。(另有规定)

三、关于各级人民法院的组织与干部配备问题

旧的司法机构打碎以后,须代之以新的司法机构,这种新的司法机构其所以不同于旧的司法机构,就是前者是为少数特权阶级利益服务,后者为广大人民利益服务。因此不仅其基本性质是两样,而组织形式也应有显著的不同。(一)赣南行署设江西省人民法院赣南分院,在行署主任直接领导下办理该行署区司法行政,并代表省人民法院受理该分院所在地专区之第二审案件。为求领导统一,机构精简,赣南分院与赣州分庭、赣州市法院合一办公,把分院、分庭、市院三处工作,尽可能由同一工作人员分别兼任处理。(二)各专员公署设江西省人民法院分庭,在各专员直接领导下,代表省人民法院办理该专区第二审案件,并兼管司法行政工作。为求领导统一,机构

精简，各分庭所在地如设有市法院如赣州、吉安、九江、临川等处，分庭与市人民法院合一办公，分庭、市法院工作，尽可能由同一工作人员分别兼任处理，避免浪费人力，增设机关。（三）各县设县人民法院，在县长直接领导下受理第一审案件。设有市政府之市，如南昌、九江、吉安、赣县、临川并设市人民法院，专署辖市而非专署所在地者得单设市法院，领导关系同县，如浮梁，专署所在地之市市院与专署分庭合并。南昌专署不设分庭，所有该专区第二审民刑案件，统由省人民法院直接受理，司法行政由民政科代办。各级人民法院所需之干部，由各级政府就现有干部中，有重点的抽调配备，分院院长、分庭庭长、市院院长，配备相当于行署处长、专署科长、市府局长，直辖市科长一类之干部充任。县法院院长，应配备比县府科长较强的，相当于县府秘书一类的干部充任。因为对处理诉讼案件干部的能力，须具备（一）社会经验；（二）工作能力；（三）政策水平；（四）理论修养均较好的，才能胜任。希各级政府务必重视这一工作，迅速慎重地配备。

四、关于领导关系与工作作风问题

上面已经指出法院是政权的一部分，反对虚伪的司法独立，因此，各级法院必须受各级人民政府直接领导，一切机关设置、经费开支、干部配备及重要民刑案件之裁判，均应由各级人民政府首长或政务会议核定解决。各级人民政府首长应把人民法院看成其本身职务之一部分，切实负起人民司法工作之建设。各级人民法院与省人民法院，是上下级关系，应直接向省法院报告工作，请示疑难问题。省人民法院对各级人民法院，亦可直接发出指示或建议，必要时得以命令行之。关于第二审案件，如果当事人不愿意在当地上诉，而要求赴省上诉者，可酌情转请省法院受理。省法院对各级人民法院办理二审案件，如认为有更审必要，可建议该法院更审，或直接由省院复判。各级人民司法工作人员处理本身业务，必须联系与依靠群众以调查研究为基础，实事求是地解决问题，反对搬条文、脱离实际的陈腐方法。各级司法工作人员处理本身业务应与发动群众、帮助群众翻身运动有机联系，并积极参加为反恶霸反匪特所建立之人民法庭工作，反对脱离群众，把司法工作孤立起来的坏倾向。

五、工作制度

各级人民法院对民刑案件的判决书，依据各种革命纲领、政策、命令、布告慎重判决外，其判决刑期在一年半以上者，得呈省人民法院批准，其他凡属有关重要案件，必须逐级首长签署判行，以明责任。并实行逐级报告制，县市人民法院每月将工作分别报告分庭和省法院，分院、分庭每月向省法院作一次报告，报告日期同省府报告制度的规定，以便了解情况，指导业务，裨益具体政策的实施。

（选自《江西政报》一九四九年第二期）

东北行政委员会关于司法行政及组织问题指示

（一九四六年十月十六日）

一、以省及特别市为单位，设立高等法院（如无适当干部可由省主席兼任院长）。由各省政府统一领导，各高等法院在业务及政策上受最高法院东北分院之指导，应克服司法独立的观点。

二、各市县依据城市人口之多寡及事务之繁简，酌设地方法院，由东北行政委员会以命令公布之。各地方法院由各地政府统一领导，在业务及政策上受高等法院之指导。

三、依据公安组织条例，各级法院之检查员，均由公安机关之首长或其他负责人员充任之。

四、废止敌伪法律，一切以民主政策及特别法令为根据，不束缚于旧法律观点，处理案件，一切以保护人民利益为原则。

五、加速颁布目前急需援用之法令，如治安条例、婚姻法、债权法等。

六、决定设立后方模范监狱，凡各地判决徒刑一年以上之人犯，均移送后方监狱，使之从事生产，以便改造其思想行动。各省县得依据具体情况设立监狱。

七、凡伪满时代之律师，一概取消其出庭资格，但其中进步分子，经训练考试及格者，得重新登记执行律师职务。

八、为加强司法工作，成立司法干部训练所，附设于行政学院内。

九、哈尔滨高等法院，受东北政委会直接领导，管辖松江省、哈尔滨特别市第二审司法案件。

（选自《东北行政导报》一九四六年第一期）

东北各级司法机关暂行组织条例

(一九四六年十月十九日)

第一章 总则

第一条 为彻底摧毁敌伪过去在东北之统治基础，根绝法西斯及封建残余势力，建设新民主主义司法制度，设立东北各级司法机关，以期贯彻保障人民民主权利之精神。

第二条 各级司法工作人员，均应树立切实朴素之工作作风，养成为人民服务之精神，彻底肃清过去旧法律观点，根绝贪污腐化行为。

第三条 各级司法机关，审判民刑诉讼案件，并管辖非讼事件。

第四条 法院分下列三级：

一、地方法院。

二、高等法院。

三、最高法院东北分院（以下简称最高分院）。

第五条 凡人口十万以上之市或人口三十万以上之县，设地方法院；不设法院之县，设县司法科。

第六条 地方法院或县司法科审判案件，以推事或审判员一人独任行之；高等法院及最高分院审判案件，以推事三人合议行之。

各级法院院长为当然推事。

第七条 案件之审理采三级三审制，地方法院及县司法科管辖第一审，高等法院管辖第二审，最高分院管辖第三审。但科处三年以下有期徒刑之刑事案件，及诉讼标的五万元以下之民事案件，得以一审终了之。最高分院之审理以书面行之。

第二章 地方法院及县司法科

第八条 地方法院及县司法科管辖事件如下：

一、民刑第一审诉讼案件。

二、非讼事件。

第九条 县司法科置审判员一人至二人，由县长领导之。

第十条 地方法院置院长一人，副院长一人，秘书一人。正副院长综理全院，政务秘书辅佐正副院长行使职务。

第十一条 地方法院置厅长一人，推事三人至六人。

第三章 高等法院

第十二条 各省设高等法院。

第十三条 高等法院管辖不服地方法院及县司法科第一审判决或裁定而上诉或抗告之民刑案件。

第十四条 高等法院置院长一人，副院长一人，秘书主任一人。正副院长综理全院政务，秘书主任辅佐正副院长行使职务。

第十五条 高等法院置厅长一人，推事二人至四人。

第四章 最高法院东北分院

第十六条 最高法院东北分院设于东北行政委员会之所在地。

第十七条 最高分院管辖事项如下：

一、不服高等法院所为判决而上诉之民刑事案件。

二、不服高等法院裁定而抗告之案件。

三、非讼上告案件。

第十八条 最高分院置正副院长各一人，秘书主任一人，正副院长综理全院政务，秘书主任辅佐正副院长行使职务。

第十九条 最高分院设司法行政处，设处长一人。

第二十条 司法行政处下设行政科、监狱科及调查研究室，各科设科长，室设主任。

行政科——处理一切司法行政事务，建设新司法制度，考核各级司法机关工作之状况，并训练新司法干部。

监狱科——监督并指导各地监所之行政，及管理改善犯人待遇，设计适合新社会精神之监狱。

调查研究室——管理资料，统计案件，调查研究有关司法之各种问题，编译出版各种法令及资料。

第二十一条 最高分院有起草、编纂及统一解释政策法令之权限。

第五章 检察员

第二十二条 各级法院设检察员一人至五人。

第二十三条 检察员之职权如下：

一、实施侦查，提起公诉，实行上诉，协助自诉及指挥刑事裁判之执行。

二、其他命令所定职务之执行。

第二十四条　各级司法组织之检察员，得由同级之公安局长或其他公安负责人员担任之。

第六章　书记室、书记员及法警

第二十五条　各级法院均设书记室，视其事务之繁简，设书记员五人至二十五人，以其中之一人为主任书记员，承院长及秘书主任之命，分配书记室一切事务。

第二十六条　高等法院之书记室，分行政科、总务科及书记科。

地方法院之书记室，分总务科、书记科。

第二十七条　县司法科置书记员二人至三人，不另设书记室。

第二十八条　书记员掌管记录、编案、文牍、会计、统计及其他事务。

第二十九条　各级司法组织，得视其事务之繁简，置法警四人至二十人，以其中之一人为法警长。

法警执行送达文件，戒护人犯及其他承上级指挥之事项。

第七章　司法工作之领导及监督

第三十条　最高分院由东北行政委员会监督领导。

高等法院以下各级司法机关受各级政府领导。

上级司法机关对下级司法组织得为业务上、政策上之指导。

第八章　附则

第三十一条　本条例自公布之日起施行。

(选自《东北行政导报》第一卷第二期)

关东各级司法机关暂行组织条例草案

(一九四七年六月草订)

第一章　总则

第一条　为保障人民安居乐业之自由权利、社会秩序之和平繁荣、制裁侵犯人民利益危害社会秩序之非法行为，及预防犯罪、改造人犯起见，设立各级司法机关。

第二条 本组织法根据关东地区各界人民第一届代表大会决议，并适应关东具体环境制订之。

第三条 关东高等法院受最高法院及其分院之管辖，关东各市县司法机关均直接受关东高等法院管辖与领导。各级司法机关须贯彻民主精神，并简化司法行政制度与诉讼程序。

第四条 各级主要法官由人民代表选任或由高等法院任免之。各级司法人员均应坚决贯彻民主政府政策法令，忠实服务，奉公守法，廉洁朴素，公正无私。

第五条 各级司法机关审判案件，以推事一人独任或三人合议行之，或就地审判，并聘请人民代表及有关政府或群众团体代表人员陪审。

第六条 各级法院院长为当然推事，得兼任庭长。

第七条 人民有身体与财产不受侵犯之保障，除现行犯外，非司法机关或公安机关，其他任何机关、团体或个人无逮捕与没收之权；外国籍人如有违法行为，依据政府法令，参照国际法及签订之有效条约处理之。

第八条 关东地区之民刑诉讼案件、非讼事件及其他司法事务之处理，有法从法，无法从理，或根据公正民意及善良风俗。

第二章 地方法院及司法处（科）

第九条 市或县设立地方法院，不设地方法院之市县设立司法处（科），高等法院所在地之市得兼理该市司法行政及第一审诉讼案件，不另设该市地方法院或司法处（科）。

第十条 地方法院及司法处（科）管辖第一审并不属高等法院特别权限内之民刑诉讼案件及其他非讼事件，并分期向高等法院汇报其工作。

第十一条 地方法院设院长一人、副院长一人、秘书一人，正副院长综理全院事务，并监督行政事务，秘书秉承正副院长之命辅佐其职务。

第十二条 地方法院得置审判庭，设正副庭长各一人、推事六人以上及书记官若干人，分别审理民刑案件。

第十三条 地方法院得置司法行政科，设正副科长一人、科员及会计若干人，掌理以下事宜：

一、考核教育司法干部、法警及勤杂人员，管理司法经费与司法收入，处理司法行政事务，监督司法制度实施，保证供给，统一调遣，执行任免。

二、领导检查看守所对犯人之生活管理及教育改造等事宜。

三、收发及警卫之管理。

第十四条 司法处（科）设处（科）长一人，视其工作之繁简，设推事二人或三人，书记官三人至五人。

第十五条 地方法院或司法处（科）对未正式起诉或声请撤回之民事诉讼案件以及轻微刑事案件，须遴选推事一人主持调解，聘请人民团体代表或公正人士若干人参加调解，合理解决民间纠纷，增进和睦。调解成立时，调解书与确定判决书有同等效力；调解不成立时，得正式起诉，依法判决之。

对区级以下之调解工作，经常指导检查，并汇报上级（调解条例另定之）。

第三章 高等法院

第十六条 关东地区设高等法院。

第十七条 关东高等法院管辖以下事件：

一、关于不服地方法院或司法处（科）判决而上诉之案件。

二、关于不服地方法院或司法处（科）裁定及其命令而抗告之案件。

三、关于阴谋作乱、破坏外交及其他特种刑事案件，或经检察机关批准提解之案件。

四、考查或复核地方法院或司法处（科）所处理未经上诉或撤回上诉以及上诉不合而未经实体上审判之刑事案件。

第十八条 高等法院设院长一人、副院长一人、秘书主任一人。正副院长综理全院事务，并监督行政事务；秘书主任秉承正副院长、首席检察官之命辅佐其职务。

第十九条 高等法院置审判庭及地方庭，各设庭长一人，必要时得设副职，推事七人至九人，书记官若干人。

高等法院得与市县地方法院合署办公。

第二十条 关东高等法院院长由关东人民代表大会选举之，任期至下届人民代表大会选举后止，连选得连任。

第二十一条 关东高等法院置司法行政处，设处长一人，管辖下列各部门：

行政科设科长一人，科员若干人，掌管各级司法干部、司法警及勤杂人员之铨叙教育，处理日常行政事务，监督各种制度之实施，考核各级司法工作之状况，并培养训练司法干部。

二、总务科设科长一人，科员若干人，掌管司法经费、司法收入及保证供给等事宜。

三、监狱科设科长一人，科员若干人，掌管监狱行政与改造犯人，考核地方法院或司法处（科）之监狱工作，设有感化院者指导其工作。

第二十二条　关东高等法院置编研室，设主任一人，研究员若干人，从事新旧法规之编研事宜。

第四章　检察机关及检察官

第二十三条　关东各级司法机关分别配置检察官，高等法院设首席检察官及检察官若干人，地方法院或司法处（科）设检察官，如在二人以上者得设首席检察官，视工作之繁简得酌设书记官若干人。

第二十四条　关东高等法院首席检察官由关东人民代表大会选举之，任期至下届关东人民代表大会选举后止，连选得连任。

第二十五条　高等法院首席检察官以下各级检察官，由高等法院首席检察官任免之。

第二十六条　检察官之职权如下：

一、实施侦查，处分，提起公诉，实行上诉，协助自诉，担当自诉人及指挥刑事裁判之执行。

二、其他法令所定职务之执行。

第二十七条　关东所有各机关各社团，无论公务人员或一般公民，对于法律是否遵守之最高检察权，均由检察官实行之。

第二十八条　各级检察机关与各级法院或司法处（科）管辖区域同，遇有紧急事宜得于管辖区域外行使其职权，首席检察官有亲自处理各该管区域内检察官事务之权，并有将该管区域内检察官之事务移于别区检察官之权。

第二十九条　各级检察机关不受其他机关及审判机关之干涉，独立行使其职权，只服从上级检察机关首长之命令。

第三十条　各级公安机关首长对解送法院之案件为当然检察官，并协助法院检察官执行其职务，已置检察官之法院，公安机关移送案件时，须经由检察官交付审判，各级检察官得调度司法警。

第三十一条　高等法院首席检察官秉承人民之意旨，与法院院长共同领导全关东地区之司法工作，任免司法人员。

第五章　书记、翻译及司法警

第三十二条　书记官掌管记录、编案、印信、统计、执行、收发、保管卷宗与证物等事宜。

第三十三条　翻译担当外国语言或文字之译述。

第三十四条　各级法院视其事务之繁简得置司法警若干名，司法警之职务为送达文件、提解犯人、警卫机关、执行看守及其他秉承上级指挥之事项。

第六章　司法行政之监督

第三十五条　司法行政之监督依下列规定：

一、高等法院长及首席检察官执行关东公署行政会之决定、决议，受正副主席及人民之监督。

二、各地方法院长或司法处（科）长执行该管市或县行政会之决定、决议，受正副市、县长及人民之监督，并受高等法院之领导检查。

三、各地方法院检察官，受上级检察官之监督。

第七章　附则

第三十六条　本组织法之解释权，属于关东高等法院。

第三十七条　法院及检察机关遇实际需要应添设或废止某部门时得酌情行之，但须经过行政会批准或追认之。

第三十八条　关于司法人员之任免，除本法规定者外，适用关东公务员任免法之规定。

第三十九条　其他法令与本组织法有抵触时，依据本组织法之规定。

第四十条　本组织法自公布之日施行之。

（选自东北旅大高等法院《司法条例汇编》）

东北解放区人民法庭条例

（一九四八年一月一日）

第一条　本条例依据中国土地法大纲第十三条及东北解放区实行土地法补充办法第十二条之规定制定之。

第二条　经过区农民大会与代表大会之选举与经过上一级政府之委任，得设立人民法庭，审判与处分一切违抗或破坏土地改革的案件。

第三条　村区两级人民法庭，受村区农民大会与代表大会及其选出的农会委员会直接领导，并受上一级之政府领导（如村人民法庭受区政府之领导，区人民法庭受县政府领导）。

第四条　村人民法庭设审判委员七人，由村农民大会或其代表大会选举六人（贫雇农应占多数），并由区政府委派一人，组织审判委员会。互推主席一人，审判员二人，检查员三人，书记员一人，分任各项职务。区人民法庭设审判委员五人，由区农民代表大会选举四人（贫雇农应占多数），县政府委派一人，组织审判委员会。互推主席一人，审判员一人，检查员二人，书记员一人，分任各项职务。

第五条　审判委员会认为有必要或由农民之要求时，得经农会召集村区之群众公审大会。

第六条　审判委员会的会议由主席召集，会议之决定及案件之判决，采民主集中制，经过讨论，多数表决通过，由主席公布执行之。

第七条　审判委员之任期暂定为半年，但有不称职或舞弊时，得由农民代表会罢免改选之。

第八条　人民法庭依据土地法大纲及其补充办法，秉承农民之意志，得受理并判处下列案件：

甲、一切违抗或破坏土地改革法令之造谣生事阴谋犯罪行为。

乙、一切破坏或妨碍土地改革秩序，如隐瞒分散、私相授受、任意宰杀牲畜、砍倒林木、破坏农具、财产、水利、建筑物、农作物或其他物品等行为；与妨碍农民接收、登记、清理及保管一切转移的土地及财产；妨碍土地及财产之公平分配等。

丙、一切浪费、侵吞、贪污、偷窃、强占、私自赠送以及贩卖农民斗争所得的果实等行为。

第九条　审判委员会可根据犯罪轻重，有权判决：当众坦白、赔偿、罚款、劳役、褫夺公民权、有期或无期监禁、死刑，或者宣布无罪。

第十条　凡经人民法庭判决之案件，须经各级政府执行者，其范围如下：

甲、判处劳役之人犯得委托当地区村政府监视执行。

乙、判处监禁之人犯应解送县监狱执行。

丙、判处死刑之人犯应依其犯罪性质，分别经过省、县政府批准执行。

第十一条　现役军人有违反土地改革法令之行为时,得经过所属之主管军政机关派代表出席旁听,由人民法庭判处。

第十二条　人民法庭禁止使用肉刑。

第十三条　被告对人民法庭之判决不服时,可于七日内按级上诉。属于土地改革案件者,其最后上诉一级为县政府;属于政治案件者,其最后上诉一级为省政府。

第十四条　各地区各级人民法庭于该地区土地改革全部完成后,即行撤销。

第十五条　人民法庭之办事细则另定之。

第十六条　本条例适用于民国三十六(一九四七)年五月一日以前,原属解放区之地区。

第十七条　本条例自公布之日施行,如有未尽事宜,得由东北行政委员会修改之。

(选自《东北行政导报》一至三卷合订本)

东北行政委员会关于成立高等法院并健全司法机关的指示

(一九四八年三月二十三日)

查我基本解放区土地改革业已基本完成,司法工作急需建立与加强,以便进一步地建立新民主主义的民主社会秩序,保障解放区人民的各种应得权利。因此,各省尚未成立高等法院者应尽速成立;各县应普遍成立司法科,并宜根据城市人口多寡,事务繁简,酌设地方法院。

凡担任法院院长及司法科长之干部,应为能掌握与执行新民主主义司法政策者,并应尽可能地健全司法机关的组织。本会以前颁布之《东北各级司法机关暂行组织条例》(载于《行政导报》第二期)现仍适用有效。希即参照执行,并将司法工作进行情形随时报告本会为要!

(选自《东北行政导报》第二卷第一期)

东北行政委员会关于建设司法工作的几项具体指示

(一九四八年五月二十七日)

为了贯彻东法字第一号关于建立与加强司法工作的指示，我们对当前的司法工作，提供下面的意见：

一、各省尚未成立高等法院者务希于最近期间成立。各县司法科必须予以充实。人口稠密之城市得斟酌设立地方法院。各级司法机构的建立，至迟应于本年八月底完成，并开始公告受理人民诉讼。凡已成立之司法机关均应于成立后一个月内呈报本会司法委员会备案。

二、对于司法干部之配备，以各地自行调剂为原则，不可依赖上级。各级政府负责同志必须注意解决司法干部问题。县司法科至少应有能掌握政策之老干部一、二人，其来源可抽调区级干部，或将原公安部门掌管司法审讯之干部转至法院工作。地方法院及高等法院的干部，应由各省市政府依据具体情况适当配备之。

三、一切案件皆应根据我民主政府政策及特别法令处理，如有不能解决之问题，可呈请司法委员会解释。对于民事纠纷应本实事求是之精神，站稳革命立场，耐心地说服教育，做得入情入理，使当事人心服口服，不是官僚主义地专靠法律条文办事。各级司法机构成立完备之同时，应宣布当事人如不服原审判决者，得于一定期限向上级法院上诉。

四、旧司法工作人员（包括伪满时任职及新收复的蒋管区）的采用，除一部分技术人员外，所有推事、检察官、书记官长等一概不准采用。留用之技术人员亦应查明其出身历史及过去之工作作风。

五、我新建立的各级司法机构，暂不准许律师出庭，这样可以使我们的司法工作更能接近群众。为了便利当事人诉讼起见，法院可采取以下办法：(1) 设立缮状处，免费或低价代人民缮写诉状。(2) 准许人民以言词控诉，由法院人员笔录之，不必拘泥状纸形式。(3) 监狱设缮状员，专为监犯免费写状。

六、设立监狱，干部也要自己解决。经济上困难，可组织犯人从事生产来解决。各地监狱如能把犯人生产组织好，完全可以自给自足。各级政府只负责最初一个时期的经费就可以了。对于犯人的改造，除罪大恶极难以改造者外，一般均采取在劳动中改造的方法，平日的政治教育亦应配合劳动，使犯人在长期过程中养成劳动的习惯。

七、对未来司法干部之培养,最好各省开办司法干部训练班,抽调或招收一批具有相当文化程度的纯洁青年,给以政策及法令上必要的教育,或由各省(市)县抽调干部送司法委员会训练。

八、各地业经成立之司法机关及代办民刑诉讼之公安机关,应将过去办理案件经验总结,呈送司法委员会,以供制定法令之参考。

以上各项务希各级政府负责同志及司法工作同志切实注意执行为要!

(选自《东北行政导报》第二卷第二期)

东北行政委员会关于各级司法机构改为人民法院的通令

(一九四八年九月六日)

兹经东北政委会常委会决定,将过去之各级司法机构均改称为人民法院,推事改称为审判员,其系统为:(一)最高法院东北分院改称为东北高级人民法院;(二)各省高等法院改称为省(特别市)人民法院;(三)各地方法院及县司法科改称为市(县)人民法院。至于各级人民法院之组织条例,俟另文公布,仰即遵照并转饬所属遵照。

(选自《东北行政导报》一至三卷合订本)

辽北省各市县旗人民法院的组织职权、义务及办事细则(草案)

第一章 组织职权与义务

第一条 遵照东北行政委员会东法字第一、二号指示,及辽北省政府法字第一号之命令,根据目前工作之需要与客观要求,建立市县旗人民法院。

第二条 市县旗人民法院,为市县旗政府之组成部分,在市县旗长直接领导之下,进行司法工作,同时接受省人民法院之业务指导。

第三条 市县旗人民法院的管辖范围:

一、以市县旗的行政区划为辖区。

二、民事诉讼案件通常以被告的住居地方为受诉法院,但个别诉讼如离婚之诉,亦可按原告所在地提起之。

三、刑事诉讼案件，均以被告及犯罪行为地，为诉讼法院。

四、凡辖区内之军、政、民各阶层，发生诉讼时，均得审讯之。

五、有重大案件时，应由省院管辖之。

第四条 检查逮捕之权限：

一、对刑事案件，检查逮捕权由各市县旗公安机关为之，其他任何机关、团体，除现行犯外，不得逮捕检查人犯。

二、法院要求公安机关逮捕之人犯，应于捕到后三日内，解送至法院。

第五条 市县旗人民法院设院长、科员及法警等人员，按政委会规定，其职权：院长负责领导进行全市县有关司法工作；科员分担审问案件，整理材料，保管案卷及提押等事宜。

第六条 本院以保护和增进新民主主义社会的民主秩序，鼓励社会劳动者和奉令守法分子，惩罚破坏社会劳动及破坏新民主主义法纪分子为基本职责。

第七条 凡本院工作干部，应养成高度的为人民服务、对人民负责的精神，坚定地站在劳苦人民大众的立场，忠诚于职务，奉公守法，为人民勤务员。

第八条 为很好地完成国家和人民交给我们的任务，每一司法工作者必须熟习掌握政府法令与政策，本着实事求是精神，及走群众路线，慎重地处理一切案件，并着重对犯人施以劳动锻炼，进行教育改造，俾使成为新社会之良好公民。

第九条 虚心研究司法业务，学习政治理论，不断提高自己，养成革命的司法工作人员。

第十条 建立会议报告制度，提倡民主作风，对问题开展民主讨论，发挥批评与自我批评。

第十一条 对学习进步，工作积极，成绩显著者，表扬奖励；对思想落后，工作粗枝大叶，拖延缺乏效率，甚至犯错误者，给以批评惩处。

第二章 收发案件

第十二条 收发案件，是司法工作中一个重要环节。因此，必须建立收发制度。在分工上，应设文书科员，专门掌管、处理下列事项：

一、一般属于法院公文之收发、送达、缮写。

二、接受民刑案件。

三、上诉案件卷宗之发送。

四、已未决案件之统计、编号、保管、归档。

五、各种报告表（包括日报表）之填写呈送。

六、印文及各种图书之保管。

第十三条 接受民事案件时，应注意附件页数，证据种类，属于可保管者及贵重物品、金银流通券等，须妥为保管。

第十四条 接受刑事案件时，除依前项手续办理外，对接收犯人，应按下列规定办理之：

一、对公安局或其他机关送来罪行成立之犯人，当即接收，拘留看管。但有赃物证据而不随案同时解送者，得不接受之。

二、对一般机关、团体或个人检举之犯人，于收案同时，应对该案做初步了解，对罪行明显者，得以院长署名盖章之押票拘押之，并须登于羁押人犯登记簿上；应归公安局检查者，转送公安局。对案件轻微无拘留必要者，可令保候审，如无保证者，仍可拘押之。

第十五条 法院如与市县旗政府合署办公，第十二条第一、三两项由政府收发负责。

第三章 审理案件

第十六条 审理民事案件，按下列手续进行之：

一、首先由院长指定专人负责审判，或调解工作。

二、传唤当事人，须填传票，并登记传票送达簿，送达之。

三、提审犯人，须以院长署名盖章之提票为之。

四、案情需调查者，由院长指定专人进行，多方搜集材料，写成调查报告书，认为有征询当地有关机关政府及人民团体意见时，应函告该机关或团体提出意见书。

五、审讯进行时，笔录由科员负责记录，审问完后，笔录当场宣读，并由当事人捺印。

六、在审讯中，随时应做到宣传政府法令与政策，说服教育，使被审者坦白，尤应注意被审者发言中矛盾点，必要时可传讯证人，提出证物。

七、在审讯中，合审时，着重追究分审当中发现的问题，掌握中心要点，并应给当事人以充分辩论机会，尤其是表达能力弱者，如工人、农民、妇孺、病者及少数民族等。候辩论做到一定程度，即行终结，否则可宣布临时中止。

八、于辩论终止后，未继续辩论前，主审者须搜集材料，加以研究，并令当事人提出新材料。

九、辩论到达双方当事人无话可说，调查手续已完，新的证据材料已无的情况下，即可宣布终结辩论，当场宣读辩论笔录，令当事人捺印。

十、在未判决前，准许原告人撤回诉讼，如当事人双方意见一致，亦可进行和解。

十一、在民事审理过程中，产生刑事案情者，应送有关检查机关，进行检查。

第十七条 审理刑事案件，按下列手续进行之：

一、在审讯当中，根据材料证据，进行审讯手续，准本章第十六条，民事审理第三、四、五、六、七、八、九各项办理之。

二、如材料不足，可使检送机关补充之，不属于检送机关者，由本院指派专人搜集之。

三、对犯人住所或其他场所有必要搜索时，应协同公安机关及该犯人之住所或其他场所之组长或四邻到场搜索之。

四、搜索时，或其他情况下，如发现被告人有应扣押之物得扣押之，但须交付扣押物品收据。

五、因调查证据，得实施勘验，勘验进行时，须令证人、鉴定人到场。如检验尸体，得命医师为之。其他证物，可请有专门知识人员鉴别之。

六、在刑事过程中，附带民事案件时，可对原告人提起民事部分，同时审理之。

第四章 判决

第十八条 由主审者作成判决书，提出经院长主持之判决讨论会研讨通过后，由院长签字，提向行政首长核夺。但民刑轻微案件，得使用简易判决书。

第十九条 判决书除存卷外，须按当事人之多少，作成数份送达之。

第二十条 送达判决书，可用以下之方法：

一、邮差送达：如对当事人送达困难，并无代收人时，应从邮局送达，交邮局文书时，即为送达时。

二、公示送达：如当事人住所不明，并准原告人之声请，应为公示送达。

三、嘱托送达：如当事人在其他法院所在地居住，可嘱托该法院代为送达。

四、简易判决书，当庭送达之。

五、如认为案情重大，并有教育意义者，除将判决书贴于法院揭示板外，可用布告行之。

第二十一条 上诉事件的程序：

一、民事诉讼当事人，不服第一审之判决者，得于收到判决书之日起，二十日内，向原审法院声明上诉。

二、刑事案件之被告、被害人、检查机关不同意第一审之判决者，得于十日内，向原审法院声明上诉。

三、声明上诉之日，如限期末日适逢休假日者，应顺延之，不得算为过期。

四、第一审法院于接到当事人声明上诉时，民事案件于五日内将全卷呈送上级法院，刑事案件须先将卷宗呈送上级法院，得指示后，再行解送人犯并证据。

五、民事上诉人于第二审判决败诉时，须赔偿被上诉人之旅费。

六、刑事被告人上诉，于第二审判决败诉时，对其上诉期间之羁押日数，不扣除之。

第二十二条 法警掌管下列事项：

一、民刑事传票、判决书之送达。

二、当事人之传唤。

三、保证书之验对。

四、刑事犯人之提审、解送等。

五、传唤票之送达。

第六章　司法行政

第二十三条 凡民刑案件之判决，必须经该管理行政首长划行后执行之。重大案件，并须请省法院复核。

第二十四条 关于各市县旗没收犯人的赃物和罚金，未经政府首长批准时，不准擅自动用。

第二十五条 市县旗人民法院于工作中发现疑难问题时，可请省法院解答之。区、村、街向市县旗政府提出有关司法问题，市县旗法院负责研究解答之。

第二十六条 法院需用之经常费、业务费、临时费及生产资金，由县政府内统一收支。

第二十七条　会议制度：
一、院务会议：每月末召开一次，全院干部参加，由院长召集之，检讨本月工作，计划下月工作。
二、案件研究会：按工作需要，得随时召开之，由院长及科员等研究判决的案件是否符合政府法令与政策，量刑轻重等。
第二十八条　每月末作成全月工作总结报告书，总结工作情况及优缺点，干部情况及意见等，提交行政首长及送省法院一份。
第二十九条　生活学习受县政府统一领导。
第三十条　本细则经东北政委会批准后施行。

（选自《司法工作参考材料》）

哈尔滨特别市民事刑事诉讼暂行条例（草案）

（一九四八年十月二十四日市府常委会通过）

按：本暂行条例系经市政府常委会十月二十四日会议通过，并呈请东北行政委员会核示，拟经批准后在本市公布试行，后因未及批准故未对外宣布，只内部部分施行（如第十条即未实行）。

第一条　为建立法治制度，以维护革命秩序，特制定本条例。
第二条　哈尔滨特别市人民法院（本条例以下简称人民法院）管辖本市初审、二审之民刑案件及非讼事件。
哈尔滨特别市公安局（本条例以下简称公安局，包括局与分局）为本市刑事检查机关，对刑事案件有检举职权，于侦查后如证据充足，应即连同证据物向人民法院提起公诉，如证据不足，则予不起诉处分。
一般民刑案件之审判、罚款与没收，统属人民法院处理。违警法罚款统属公安局处理。
第三条　对本市一切人犯之逮捕权，统属公安局与人民法院。但对犯罪正在实施中或实施后即时发觉之现行犯，及在追呼中或持有凶器、赃物等显露犯罪痕迹之准现行犯，人人应径行逮捕，并即时送交公安局或人民法院。
第四条　一般刑事案件除公安局有向人民法院提出公诉之权外，被害人有径向人民法院据实告诉之权，其他任何机关、团体、部队或个人亦有向人民法院据实告发之权。
以陷害他人受刑事处分为目的而为虚伪之告诉、告发者，以诬告论罪。

人民法院于接受告诉、告发或自行发觉之案件后，得径为侦查，或转嘱公安局为全部或部分之侦查。

第五条 民事纠纷应尽先经街区政府根据双方自愿并在不违反政策法令下进行调解，减少讼争。但调解非诉讼必经程序，亦不得强迫，如一方不服，应将调解经过及意见送人民法院处理。

第六条 民刑诉讼，政府均不收讼费。

第七条 为防止滋长讼争及徒增群众负担，严禁未经政府审查登记之旧律师及旧司法代书参与讼诉活动。

第八条 不论民刑案件，不识字当事人可径向法庭口头告诉，由法庭人员直接笔录；在羁押中不识字被告，亦可向监狱或看守所人员口述笔录后转人民法院或公安局。但能用文字者须用书面呈状。

第九条 诉讼进行概用中国语言文字，但须保证不通晓中国语言文字之当事人，能经过翻译员明了案卷内容，且有权使用其本民族语言文字在法庭上陈述。

第十条 当事人应尽量向司法人员直接陈述，解决问题，如确认为有为选任诉讼辅助人之必要时，得就下列人员中选任，呈准人民法院后作为诉讼代理人、辩护人或辅佐人。

1. 配偶、法定代理人、监护人或共同经济生活之亲属。
2. 有法律上利害关系之人。
3. 基于正义并经区以上政府机关团体证明确非别有私图之公正人事。

前项各款之诉讼辅助人，如有冒充身份，假造证据或捏造事实，除撤销其资格外，并得按情节治罪。

第十一条 当事人认为主办案〔件〕人员有偏颇之虞而有实据者，得向人民法院院长请求其回避。

第十二条 刑事被告经合法传唤而无正当理由不到者，得予拘传。如犯罪嫌疑重大而有下列情形之一者，得予逮捕或羁押：

1. 逃亡或有逃亡之虞者；
2. 有湮没证据之虞者；
3. 犯罪情节重大者。

第十三条 刑事案件为发现证据，对刑事被告及其关系人之身体、财物、住所，得为必要之搜索。

为保全证据，对供犯罪所用或犯罪所得之物，得为扣押或查封。

民事案件为保证执行及免除将来不能恢复之损失，得为暂时扣押或处分。执行前列各项职务之人员，对被搜索人之一般财物不得滥为扣押或查封，对证据物不得盗换或侵占。

第十四条 民事当事人受合法传唤而无正当理由两次不到者，得视为撤销，或缺席裁判，有必要时得科处罚款或拘传。

第十五条 证人或鉴定人有到场据实陈述或鉴定之义务，如受合法传唤而无正当理由两次不到者，得科处罚款，对证人并得予拘传。

人民法院或公安局为诉讼上之必要，得对特殊问题实行鉴定时，得选任具有该项专门知识之机关、团体或个人为鉴定人。证人费用及鉴定费由有法律责任之当事人负担，刑事案件中之鉴定费必要时得由国库支付。证人或鉴定人为虚伪之证言或鉴定时，得以伪证论罪。

第十六条 审判庭实行公开，诉讼有关关系人及一般群众均可到庭旁听，但有关国家秘密或有害风化案件，不在此限。

第十七条 审判中对民刑当事人之有利与无利两方面，应同样予以注意，并保证其有充分辩护或主张之机会，对其有利事实或权利虽未为主张或请求，亦须启发之。

第十八条 进行审判须凭证据，讲道理，对当事人或犯人均不准刑讯或虐待，违者以滥用职权或侵害人权论罪。

第十九条 对人民法院初审庭判决不服，刑事于五日内，民事于十日内提出上诉，由人民法院二审庭受理之。对二审判决不服，得依法上诉于东北高级人民法院。

当事人、被害人、法定代理人、监护人或检举该项案件之公安局均有前项上诉权。

第十条规定之其他诉讼辅助人在不违背当事人意旨下，亦有第一项上诉权。

第二十条 民事判决于必要时得宣告"暂时执行"。

第二十一条 对判决已表示服判，超过法定上诉期间未声请上诉或经终审判决者，均为判决确定，即发生执行效力，必须遵行。如不遵行或故意违抗，除得实施强制执行外，并得以妨害公务论罪。在法庭经签字同意所成立之调解，与确定判决有同一效力。

第二十二条 对判决确定案件，如发现确实之证据或新事实足以推翻原判决所依据之基础者，当事人得向人民法院声请再审。

法院发现所为判决确属错误，应不待当事人之声请，依职权进行再审。

前第一项再审请求权，民事于知悉新的证据或事实后三十日内，或判决确定后二年内为之，但刑事不在此限。

第二十三条 死刑案件，须经市政府审核，呈请东北行政委员会批准后执行。

第二十四条 本条例解释权与修改权属哈尔滨特别市政府。

第二十五条 本条例呈经东北行政委员会批准后明令公布施行之。

（选自《哈尔滨特别市人民法院司法工作资料汇集》）

哈尔滨特别市人民法院法庭规则

（一九四八年）

按：初期为"便民"、"不拘形式"，致审判秩序不良，现除基本群众间诉争多采用"座谈"式外，均用法庭，并定此规则。

一、为保持法庭秩序，凡入庭者必须遵守本规则。

二、诉讼当事人或关系人未经主办审判员传唤或命令，不得进入法庭或擅离法庭。

三、诉讼当事人或关系人应听从审判员讯问，对所讯问题不得答非所问，或拒绝答复。

四、诉讼当事人或关系人所为之陈述，经书记员当庭作成笔录后，均须署名盖章或捺盖指印，如认为记载有不符合本意时，有权请求修正。

无故拒绝遵行前项法定义务时，经书记员将其情形记明后，亦发生与笔录之同一效力。

五、入庭旁听者须先经法院许可，经审判员指示始得发言。如审讯案件涉及有关国家秘密或影响当事人名誉者，审判员发出禁止旁听命令后，须立即遵行。

六、入庭者如对审讯有何意见，可于审问完毕或闭庭后，以口头或书面向主办审判员或法院提出之。

七、审判员宣读判决时，凡在庭者均须起立静听。

八、凡入庭者均保持肃静，严禁喧哗。

九、对以上各项有所违犯时，由审判员即时制止外，并得酌处以警告或拘禁两周以下之纪律处分。

（选自《哈尔滨特别市人民法院司法工作资料汇集》）

哈尔滨特别市政府对公安局与人民法院
关于处理民刑案件的分工与联系决定

为确定本市公安局与人民法院间在处理民刑案件上的分工与联系，以建立本市法治制度，本府特作如下决定。

一、除现行犯外，一切逮捕权属于公安局（总局司法科、治安科、外侨科及分局）与人民法院。逮捕政治犯统属公安局，分局之逮捕亦须经公安总局之批准。

二、公安局检举案件后认为构成犯罪时，应向人民法院提起公诉，其中求刑在五年以上或经上级指定者，公安总局各科或分局须作好起诉书，经总局长审核后，统以总局长名义向人民法院提起公诉。但求刑在五年以下者，各公安分局长、司法科长署名即可公诉之。

三、公安局对案件检举后，认为证据不足时，应为不起诉处分。但如系被害人向公安局告诉或人民法院委托侦查之案件，则应概送人民法院处理。

前项公安局所为不起诉处分，关系人如不服时，得于五日内向公安总局长抗告。

四、一般违警罚权属公安局，其最高罚金额不超过十万元（以本决定公布时之高粱米价折算），拘役不得超过十五日。刑事案件中之处罚、没收与罚款权，则统属人民法院。

公安局于提起公诉时，除武器及在政治上有留用必要之证件外，一切证据物、赃物、赃款及口供笔录（反革命案犯得用口供抄件）与案犯一并送人民法院最后处理，公安局则有监督之权。

公安局在侦查中所为之查封，亦须作成书面附卷，于移送案犯时即须协同交待，并易为人民法院之查封。

第一项公安局准留之武器及证物，须在案卷内制作目录说明之。如人民法院在审判上有提示之必要时，须及时提示之。

五、公安局除依前条规定留用证物外，不得没收和截留扣押物品。如有此情形时，人民法院有权监督并得拒绝受理该项手续不合之案件。被告犯罪证据不足，或患传染病之案件，不应为案犯之移送，如有此情形，人民法院亦有前项拒绝权。

六、人民法院于审理公安局检举之案件中，如发现对案件中之一部或全部须有实行侦查之必要时，公安局有补行侦查之责任。

人民法院于自行受理案件中，如须实行侦查时，公安局得协助处理之。

人民法院在传唤、逮捕、搜查、检证及强制执行上如需公安局协助之必要时，公安局有协助之责任。

七、人民法院当审理经公安局检举之重大案件，如有必要时，应通知公安局莅庭，公安局于移送或宣判前，亦有声请莅庭之权。

八、人民法院对案件处理与公安局意见有原则上不同时，于裁判前须双方联络，如意见仍不能一致时，应由以市长为首加公安局局长及人民法院院长之三人会议作最后决定。一经此项决定，〔除〕当事人得声明不服外，公安局与人民法院均应一律执行。

九、人民法院对刑事判决除应向被害人送达一份外，如为公安局检举之案件，应向公安局送达判决书一份。

十、公安局于收到判决后，如有不服，除依第八条处理之案件外，得于五日内向人民法院二审庭声请上诉，如二审不服，并得上诉于东北高级人民法院或经第八条以市长为首之三人会议决定之。

十一、监狱开释犯人时，对犯人须发给附有鉴定之出监证，并须于释放前三日通知被告住地之公安分局（无住地者通知公安总局）。如无出监证之犯人，公安局须拒绝其落入户口。

十二、本决定未规定者，照民刑诉讼暂行条例办理之。

十三、人民法院处理各机关、部队、团体所控告之案件，准用第八、九、十条之精神办理。

十四、本决定解释与修改权属本府。

十五、本决定自公布之日施行。

按：本决定系经市府常委会议十月二十四日通过，十二月一日正式在内部发令实行。

（选自《哈尔滨特别市人民法院司法工作资料汇集》）

内蒙古自治政府关于确定死刑审核及上诉制度的命令

（一九四九年九月二十九日）

查死刑案件，关系人命，如不慎重，一经错误，即无法挽救。为此对死刑审核，特作如下明文规定：

一、执行死刑，应一律送经本府审核。如未经本府批准，各级政府均不得擅自处死。

二、死刑判决后，应通知被告准予上诉。各级人民法院于接到上诉声请后，须即连同原卷转呈上级法院审理，不得从中留难或压抑。

三、实行死刑上诉后，对过去在宣判前先送本府审核的程序，已属重叠，着即取消。各级法院经同级政府同意，旗、县、市级一审法院并经盟院复核后，即可宣判。宣判后如被告不服，可按上述办法处理，毋庸送本府审核。如被告服判，始经盟送本府审核。

四、反革命政治案犯由盟、旗、县、市人民法院审理，判决后即付执行，不准上诉。但判决前须先送本府审核批准。

前项反革命政治案犯中如个别关系秘密者，得由下级公安机关经公安部呈本府审核之。

五、重大死刑案犯，得以盟长、旗、县、市长为首，由人民法院院长、公安处（局）长或有关部门负责人组织审判委员会审决之。如意见确不能一致时，应连同不同意见，并呈本府决定之。

六、判处死刑，主要应由盟院掌握。为分明责任，死刑复核盟、府主要负掌握政策之责，盟院则主要负审查与认定案情事实之责。如对认定事实之有无或真伪发生错误，概由盟院负之。

七、为简便公文手续，盟人民法院在盟长签字同意后，得将死刑案卷径呈送本府司法部（暂时由公安部代行）转本府主席核夺。

以上各项，仰即研究执行，如盟没有设立法院可由公安机关代理，执行中有何问题，希随时呈报为要。

（选自《内蒙古自治政府法令汇集》第一集）

附 录

陕甘宁边区民刑事件调解条例

（一九四三年六月十一日颁布）

第一条 本条例为使民间调解纷争，减少诉讼制定之。

第二条 凡民事一切纠纷均应厉行调解，凡刑事除下列各罪不许调解外，其他各罪均得调解。

1. 内乱罪；

2. 外患罪；

3. 汉奸罪；

4. 故意杀人罪；

5. 盗匪罪；

6. 掳人勒赎罪；

7. 违反政府法令罪；

8. 破坏社会秩序罪；

9. 贪污渎职罪；

10. 妨害公务罪；

11. 妨害选举罪；

12. 逃脱罪；

13. 藏匿人犯及湮没证据罪；

14. 破坏货币及有价证券罪；

15. 伪造公文印信罪；

16. 公共危险罪；

17. 伪证罪；

18. 妨害水利罪；

19. 破坏交通罪；

20. 伪造度量衡罪；

21. 妨害农工政策罪；

22. 烟毒罪；

23. 其他有习惯性之犯罪。

第三条 民事及得许调解之刑事，其调解之方式如下：

1. 赔礼、道歉或以书面认错；

2. 赔偿损失或抚慰金；

3. 其他依习惯得以乎气息争之方式，但以不违背善良风俗及涉及迷信者为限。

前项所列方式，得用其一或并用之，但调解人就简易之事态及双方当事人之意志进行无条件之调解已足成立者，得不拘用前项所列方式。

第四条 前条调解之进行，当由双方当事人各自邀请地邻、亲友或民众团体，从场评议曲直，就事件情节之轻重利害提出调解方案，劝导双方息争。

第五条 前条所列调解不成立时，得由当事人双方或一方申请乡（市）

政府、区公署或县（市）政府，依法调解之。

前项乡、区、县（市）各级政府接受调解事件，必要时，得邀请当地各机关人员及民众团体、公正士绅，从场协助调解。

第六条 前两条之调解，如其事件已系属司法机关者，无论在侦察、审判、上诉、执行程序中，均得为之。

第七条 调解须得双方当事人之同意，调解人无论是政府人员、民众团体或地邻亲友，均不得强迫压抑，并不得有从中受贿舞弊情事，违者处罚。

第八条 在法庭外调解成立之事件，应由调解人制成和解书交双方当事人收执为据，如其事件系属司法机关有案者，应另写一份和解书送司法机关，请求销案。

第九条 和解书应具下列各项：

1. 双方争执之简要事由；
2. 调解成立之方式，即本条例第三条所列各款调解方式；
3. 实是双方同意和解，并无强迫压抑情事；
4. 双方当事人姓名、签字、盖章或指印；
5. 从场调解人姓名、签字、盖章或指印，代书人同；
6. 调解年月日；
7. 调解地点。

第十条 司法机关接受第八条规定已系属司法机关之案件的和解书后，应即予以审查，如属本条例第二条规定不得和解之案件，应即批示驳回；如是本条例第二条规定许以调解之案，应即将原案准予撤销，用批示录送双方当事人；如案内被告人在押者，在押人对于调解条件如已履行完毕，或者未履行完毕而无翻异之虞者，法庭询问被害人或权利人及调解人之同意，将在押人予以保释。

第十一条 系属法庭之案，得由法庭以职权依本条例之规定进行调解，或指定双方当事人之邻居、亲友或民众团体在外从事调解。由法庭调解成立者，应由法庭录具两造同意之条件与供词，朗读后，由当事人签名盖章或指印存卷，一面制作调解笔录，送达双方当事人收执为据，即将讼案注销。由法庭指定当事人亲友调解成立后，依第八条、第九条、第十条各规定办理。

第十二条 本条例由陕甘宁边区政府公布施行。

（选自《陕甘宁边区政策条例汇集》续编，一九四四年版）

陕甘宁边区政府关于普及调解、总结判例、清理监所指示信（节录）

（一九四四年六月六日）

一、关于调解

调解可使大事化小，小事化无；增加农村和睦，节省劳力，以从事生产。

调解的方式：最主要的是群众自己调解，因为他们对事情很清楚，利害关系很密切，谁也不能蒙哄谁，占便宜、让步，都在明处。绥德西直沟村主任郭维德会调解，几年来没有人向政府打过官司，成为民间调解的模范村（见五月八日《解放日报》）。这样的村子，不仅没有为争讼而费钱费时，而且大家必然和睦，肯互助，坏人坏事自然少，生产可以提高。各地要学习西直沟，学习郭维德。要号召劳动英雄，有信仰的老人和公正人士参加调解。会调解，调解有成绩的人，应受到政府的奖励和群众的尊敬。要选拔出调解英雄，因为他为人民做了好事。百分之九十以上甚至百分之百的争执，最好都能在乡村中由人民自己调解解决。

其次，群众团体调解：群众团体是群众自己的组织，群众自己选出的领导人，应该对群众有威信；而群众团体把调解争讼作为自己的业务之一，也会更增加其威信，更能和群众密切联系。定边抗联成立了调解委员会，各界称便（见五月二十三日《解放日报》）。各县群众团体要学习他的办法。

第三，政府调解：各级政府尤其是乡政府、区政府，不仅应接受人民调解的请求，而且要去找寻（派人去调解，指定双方当事人的邻友调解，工作人员下乡，遇到事就应调解）或调来调解。某县府一科会调解，有了信用，原被两方常搭伙儿来请求调解，一块儿坐下，一科的同志弄清了情况，替他们提出适当的解决法子，当面商讨，求得双方都能同意。各县县府都应这样做。不过县府调解，还不如区乡，一则老百姓免多走路，二则区乡政府知道情况要多，所以区乡政府更要把调解看做是自己的一件主要工作。

第四，审判与调解结合，即马锡五同志的审判方式：马锡五同志审的一件婚姻案、两件土地案（见三月十三日《解放日报》），奥海清同志审的土地案（见四月二十三日《解放日报》），都是负审判责任的人亲到争讼地点，召集群众大家评理，定出双方都愿意接受也不能不接受的法子。是审判也是调解。这方式的好处：政府和人民共同断案，真正实习了民主；人民懂得了道理又学会了调解，以后争讼就会减少。要发扬这方式，重大又复杂的案子，定要这样做。还有一种方式，即调解条例第十一条载的："法庭以职权依据本条例之规定进行调解；或指定双方当事人之邻居亲友在外从事调解"，也要推行。

调解应注意之点：

1. 要虚心听取群众意见，象郭维德同志说的："群众是面镜子，什么事都能照见"。

2. 要善于转变当事人情绪，凡争多是"一时之气"，气一平，什么都好说，郭维德同志很懂得这点（以上均见上报）。

3. 主持调解的人要能提出各方面都顾到而又恰当的解决办法，这个能力，只要一练习就都能有。

4. 调解结果要取得双方当事人的完全愿意，不可有稍微强迫（万一当事人不同意调解，要告状，不应阻止他）。

5. 要随时注意积极方面，如郭维德同志因调解口角而改造一个懒婆姨，白炳明同志因调解争窑而改善两家戚谊。

调解办法，现只能提出这些，望各地多搜集例子、经验（好的坏的），供给我们。在提倡调解进程中，可能发生偏向，即强迫当事人服从调解，以争取调解数字上的锦标。这很要不得，要注意防止。

（选自《陕甘宁边区重要政策法令汇编》，一九四九年版）

晋察冀边区行政村调解工作条例

（一九四二年四月一日公布）

第一条 为巩固农村统一战线，减免人民讼累，特制定本条例。

第二条 调解以调解当事人的双方自愿为限，不得对于双方或一方强迫调解。

第三条 调解工作由各村公所之民政委员会负责进行，但对外名义是村公所。

区公所不进行调解工作，但游击区域村与县之联系困难者，区公所应调解当事人之请求，亦得进行调解。

第四条 因债务、物权、亲属、继承发生的民事纠纷，得先请求村公所（民政委员会）调解，已起诉者亦可随时进行调解。

第五条　一般刑事案件，不能进行调解，唯下列之轻微刑事事件，得应涉讼者之请求，予以调解：

（1）刑法第 231 条至 235 条之妨害风化罪；

（2）刑法第 238 条至 239 条及第 240 条第二项之妨害婚姻及家庭罪；

（3）刑法第 277 条第 1 项及 284 条、285 条之伤害罪；

（4）刑法第 298 条、第 306 条之妨害自由罪；

（5）刑法第 309 条、第 310 条、第 312 条及 313 条之妨害名誉及信用罪；

（6）刑法第 115 至 318 条之妨害秘密罪；

（7）刑法第 324 条之窃盗罪；

（8）刑法第 324 条之人相互间所犯之侵占罪；

（9）刑法第 324 条之人相互间所犯之诈欺背信罪；

（10）刑法第 352 条、第 354 条至 356 条之毁弃损坏罪。①

第六条　已在司法机关涉讼的民事案件与直接侵害个人法益情节轻微的刑事案件，或已在公安局涉讼的妨害他人身体财产的违警案件，酌量情形可以在未判决或判定以前，征得涉讼者之同意，或应其请求，发交村公所限期调解。

第七条　被调解人（就是发生民事刑事案件进行调解的人）如不住同村同县时，民事主张权利与刑事被害人应到对方所在地的村公所调解。

第八条　被调解人可以委托他人代替进行调解，但调解成立时，必须双方被调解人本人到场表示同意才能成立。

第九条　村公所进行调解时，应受村长的监督，可以邀请本村其他村干部及当地公正人士帮助；区级以上的政权、群众团体干部也可以自动或被邀帮助调解；但帮助调解的人员并无任何权利与责任。

第十条　调解未涉讼的事件，调解期间不得超过七天。调解涉讼的案件和发交调解的案件，如超过限期或开庭日期，可请求展期五天，但以一次为限。已经调解的刑事案件，无论已经涉讼或未涉讼的，准许随时退出调解。

第十一条　调解成立时，应写同样的两份字据，交双方被调解人各执一份以为凭证，并由双方被调解人和调解人员二人以上在字据上签名盖章，或捺左二指指印，更须加盖村公所图记。

区公所依第三条第二项所为之调解，须于调解成立后，介绍至村发给

---

①　本条所述刑法条文均指国民党时期的旧刑法。——编者

证据。

第十二条　调解不成立时，村公所应以书面写明不成立之原委，并加盖村公所图记。

第十三条　民事调解成立后，未涉讼者不准起诉；已涉讼者应由原告或上诉人向受诉机关呈验调解成立的字据，撤回原诉或上诉。刑事调解成立后，未涉讼者不准再告，已涉讼者应由被害者向受诉机关呈验调解成立的字据，请求销案。

第十四条　调解成立的内容条件如违背政府的禁令，或有碍善良风化或涉犯罪行为，应即无效。

第十五条　调解成立的字据，如果受诈欺或胁迫而立，应该自发现诈欺或脱离胁迫之日起，在六个月以内，向司法机关诉请撤销。

第十六条　调解成立的字据和审判上的和解笔录有同等效力，可以请求强制执行，但经审核无效者不在此限。

第十七条　进行调解时，不准索取收受物品上的报酬。

附　则

第十八条　调解不成立的事件应依第十条之规定：民事事件应指示或介绍直接到司法机关起诉，刑事案件应传到被告，直接解送司法机关处理。

第十九条　调解未涉讼的伤害罪时，应让犯罪人先负必要的医治责任。

第二十条　调解未涉讼的民事亲属关系的扶养事件时，请求调解的人目下无法生活时，应让对方先给付调解期间关于生活必需的物品。

第二十一条　未涉讼的民事债务、物权事件在调解以前或调解期间，可以向司法机关先请求假扣押、假处分。

第二十二条　本条例自公布之日起施行。

第二十三条　本条例得由边委会随时修正之。

（选自晋察冀边区行政委员会《现行法令汇集》上册，一九四五年版）

晋察冀边区行政委员会关于加强村调解工作与建立区调处工作的指示

（一九四四年六月一日）

为了及时解决民间纠纷，加强团结，并贯彻简政精神，提高行政效率，应即加强村调解工作与建立区调处工作。

关于这两个工作以往都已有了相当的成绩，民间纠纷的大部分是在区村解决，到县以上政府起诉的只是极小部分，在减少人民讼累与上级政府讼案上，起了不小的作用。但由于以往我各级干部群众观点不够，不能事事从群众利益出发，主动地给群众及时解决问题的精神差，以致对这两个工作未能提起应有的注意，而在工作方式上对于如何通过群众来解决问题也注意不够。

关于区调处工作，前此还没有明文规定，调处权责既未划分，进行方法也少指示，因而使区公所对于这一工作的执行苦于无所遵循，以致使这一工作的开展也受到了影响。

现在要加强村调解工作与建立区调处工作，首先要加强群众观点，事事从群众利益出发，要通过群众给群众解决问题。其次，上级政府特别是县区政府要加强对于这两个工作的领导，教育村区干部使他们对这两个工作有进一步的认识，进一步的提高他们的责任心，在工作方法上给予具体指导。关于村调解工作，县区干部可择适当村庄，指导村干部进行示范调解，动员附近村干部参观，并总结经验，介绍各村供做参考。第三，根据事实需要，确定民政委员对村调解工作除办理必要手续外，主要负责组织调解与审查调解的责任，村中遇有纠纷发生，民政委员应劝当事人各推调解人组织调解，无必要时，自己可不必亲自参加，调解结束后，要对调解结果加以审查，如有不合政策法令的地方劝令改正。这样一则可以减少民政委员的繁忙与照顾不周的困难，二则调解人由当事人推选也容易取得当事人的信任，使调解容易收到圆满的效果。第四，关于区调处工作另有决定，该决定暂作草案颁发，各署县可依此决定并根据当地具体情形参照执行，并可选择一、二单位进行实验，研究总结经验报会，以便作最后修正后正式公布之。现将执行中应注意的几点择要指出：

（1）调处案件的范围，要严守决定第一条的规定，特别是村可进行调解的案件，一定劝令当事人先在村进行调解，村调解有困难须区帮助时并应派人帮助调解，非至调解确实不能成立，不可遽予调处。应由仲裁机关仲裁的案件一定要交仲裁委员分会处理，区公所不得单独调处，但在无仲裁委员分会的区，应视同其他民事案件负责调处，不可借口推诿。关涉抗属和区级以上干部的婚姻案件和通奸案件，为特别审慎，并避免区公所处理的困难，一定要交县处理。但应以直接关涉抗日军人和区级以上干部本人的婚姻案件和其本人或其配偶的通奸案件为限，至于其他家属的婚姻案件和通奸案件，应视同一般群众的案件予以调处。此外，凡第一条各款所未列的案件，固然一律要送县处理，不可越权调处，就是各款业已列入的案件，除民事案件外，无论刑事或特刑案件，如果案情比较严重，依照第五条的规定予以处罚显属不当的，也应送县处理。

（2）调处的方式要严守第七条的规定，不但民事案件应该完全本着调解的精神对双方进行说服，就是对刑事、特刑人犯也应着重教育劝导，促其改过自新，不应依靠威胁强制，迫令就范。此外无论调处任何案件，一定要注意调查研究，尊重舆论，不可贪图简单省事，单凭当事人的声辩，率而处理。

（3）调处结果除当事人依照限期声明不服的以外，即和已经确定的判决有同样效力，可以强制执行。但调处不同于审判和仲裁，不服调处的案件，经县审判或仲裁仍应作为第一审或第一仲裁，当事人如有不服，仍可依法上诉或请求复裁，不因曾经调处而受限制。

（4）调处人对当事人应以最大的关怀热情尽量说服，使调处结果能为当事人所接受；如当事人不服调处，应即依法送县处理，不可怀抱成见，感情用事。经县处理后，不论与调处结果是否相同，均须认真执行，不可因为不合自己的意见，甚至认为有损个人的威信，便采消极抵制办法。这是违犯群众利益，破坏行政纪律的行为，是必须彻底纠正的。

最后，县区村处理问题一定要注意很好的联系。经村调解不成立的案件，到区处理时，无论是调处或仲裁，一定要先了解在村调解的情形，对于正确合适的调解意见，要尽量维持，不可轻易变更，对于不妥的调解意见，不但要纠正，而且要研究其不妥的原因，针对症结所在，给村中以教育。不服区调处，经县处理时，无论是审判或仲裁，对区调处意见，也要同样照顾。

村调解工作和区调处工作的健全和开展，一方面可以使民间纠纷及时解决，节省民力民时，巩固农村团结，一方面又可以使上级政府省出更大精力，从事于其他更重要的工作，提高行政效率，我们对这两个工作，必须注意加强与开展。

（选自晋察冀边区行政委员会《现行法令汇集》上册，一九四五年版）

晋察冀边区行政委员会关于区公所调处案件的决定（草案）

（一九四四年六月一日）

一、为了适应今后艰苦环境，及时与合理的解决民间纠纷，以加强团结，区公所除对村调解工作应注意领导检查，促其开展外，并得对下列案件进行调处：

甲、民事案件，但须由仲裁机关处理者不在此例。

乙、刑事案件中之普通盗窃、轻微伤害、通奸及赌博案件。

丙、特刑案件中之犯破坏坚壁财物惩治办法较轻微之罪，经该办法定明可归区公所调处者。

丁、其他法令规定区可调处之案件。

前项各款案件中，村可进行调解之案件，应先经村调解，村调解不成立时，区再进行调处。

关涉抗属及区级以上干部之婚姻案件及通奸案件，应由县处理，区不得进行调处。

二、游击区区公所对于第一条所列以外之案件，如认为关系并不太大，由区调处比较适宜者，亦得进行调处，其范围由县具体规定之。

三、区公所调处案件须与抗联及有关各方面取得密切联系，共商进行。

四、区公所调处案件时，对于民事案件之当事人不得羁押。对于刑事犯或特刑人犯亦应尽可能令其取保随传随到，如有必须羁押情事，其羁押期限不得超过二日。如在二日内不能调处者，应送县解决。

五、区公所调处刑事或特刑案件时，除应尽先令赔偿被害人所受之损害外，如有其他办法如批评、劝诫等，能使被告改过自新，同时对于社会亦不致发生不良之影响者，应避免处罚。如非罚不足以资儆戒时，其处罚不得超过一个月内的苦役或小米一百五十斤折价的罚款。

罚款必须制给收据，将款送交县政府按期汇解边区行政委员会。

六、区公所调处之处罚案件，应制成调处书，发给当事人。调处书内应记明当事人姓名、住址、案情、调处结果、调处机关与调处书发出之年月日，并须加盖区公所钤记，由区长署名盖章。

七、区公所调处案件时应以说服为主，不得强迫。当事人如不服其调处时，可于调处决定后之五日内声明请求送县处理。

区公所接到当事人不服调处请求送县处理之声请后，应即介绍到县，不得拒绝或拖延。

八、区公所调处之案件，应按月或按季汇报县政府。

九、各县县政府对区公所调处工作应注意领导检查，司法处应注意指导帮助，以加强区公所调处案件之技能，而免发生偏向。

十、本决定自公布之日施行。

（选自晋察冀边区行政委员会《现行法令汇集》上册，一九四五年版）

晋冀鲁豫边区冀鲁豫区区调解委员会组织大纲

第一章 总则

第一条 为杜绝争论，减少讼累，并本息事宁人精神，决定区设区调解委员会（以下简称区调委会）

第二条 凡住在各该区之公民有关民事及有期徒刑二年以下之轻微刑事（如斗殴轻伤者）诉讼，均得声请区调解委员会调解之。

第二章 组织

第三条 调委会由各该区长及群众团体一人，公正士绅一人，三人共同组织之，并以区长为主任委员。

第四条 两造当事人各得推选一人参加调解。

第五条 调解人应具备下列各款资格。

一、中华国民年在十八岁以上者。

二、有正当职业者。

三、品行端正、素孚众望者。

第三章 职权

第六条 调解限于第二条所规定之诉讼案件，凡汉奸、烟毒、盗匪以及其他重大刑事案件，应由县政府处理，调委会不得进行调解和私行拘留管押。

第七条 调委会调解案件，不得违背进步法令及现行法令为原则。

第八条 调解已合法成立，当事人于调解后不得以未经同意为理由推翻之。

第九条 调解成立与县政府确定判决有同等效力,当事人一造若不遵行,他造得声请强制执行。

第十条 调解人如有违背职务或徇私等情,当事人于调解笔录内,得拒绝签名盖章。

第十一条 调解不成立,调委会应将调解之详细经过,呈送县政府,不得限制其起诉。

第四章 附则

第十二条 调委会办事细则另定之。

第十三条 本组织大纲如有未尽事宜得呈请行署修正之。

第十四条 本组织大纲自公布之日起施行。

附 区调解委员会办事细则

第一项

调解须以说服方式取得双方当事人同意为原则,不得用任何强迫命令、威吓等方法。

第二项

区调委会不是一审机关,不另设专人负责,除主任委员由区长兼任外,所有聘任委员均不脱离生产,遇有调解事宜,微小案件由主任一人出席亦可进行调解,民事重大案件须经过全体委员进行调解,但日常事务主任委员可以主持之,不脱离生产委员之伙食准由区内特别粮项下开支。

第三项

主任委员因公外出由该区公所民教助理员代行职权。

第四项

调委会遇有声请调解者,主任应即询问声请事实理由,随时记录,详细注明各当事人姓名、住址、职业,并着声请人盖章或按指印,有书状者亦得询问详查,是否有正当理由及合于调委会组织大纲第二条所规定之案件。

第五项

下列事件认为不能调解:

1. 禁治产事件及宣告死亡事件。
2. 经提起反诉之事件。

3. 认其声请调解关系出于不正当之目的者。

4. 依法律关系之性质、当事人之状况或其他情事认为调解显无成立之望者。

第六项

下列案件无须调解：

1. 支付命令之声请（系属督促程序）；
2. 附带民事诉讼。

第七项

声请调解人声请后，除有特别事故外，最多不得超过三天即应进行调解。

第八项

进行调解时不得用开庭形式，不论调解人及当事人均以座谈形式为之，由主任先宣布进行调解程序，然后依次发言，其调解程序如下：

1. 由主任主持会场，宣布开会。
2. 由主任临时指定委员一人当记录。
3. 先由原声请调解人陈述事实及理由，次由被声请调解人答辩，然后由双方之证人发言，但在双方发言时，他方不得中间插言，倘调解人对当事人之陈述有疑义时，可提出质问。如当事人在发言过程与案中无关及强暴不良之语，准由主任制止其发言。
4. 当事人发言及调解人无疑问后，由调解人商定调解办法，说明调解，即征求当事人之意见，如双方同意，即可制作调解笔录，由当事人及调解人署名盖章或按指印。
5. 调解笔录要点由记录高声宣读，经各调解人及当事人证明无误，由区公所保存备查。
6. 进行调解时，各当事人不得随便退席。
7. 调解成立后，由区公所制作调解笔录正本，送达各当事人每人一份收执。

第九项

调解结果如有利害关系之第三人，得通知其参加。

第十项

调解以两次为限，每次不得超过一天。

第十一项

当事人如预先不声明理由无故第二次不到场者，即认为调解不成立。

第十二项

当事人自推调解人，其伙食由各该当事人供给，但区级以上干部不得被推为调解人。

第十三项

调解不得征收任何费用。

第十四项

调解人不得收受报酬，违者以贪污论罪。

第十五项

本细则解释权属于行署。

（选自《晋冀鲁豫边区政府冀鲁豫行署法令汇编》）

冀南区民刑事调解条例

（一九四六年二月二十日公布）

第一条 本条例为使民间调解纠纷、减少人民讼累制定之。

第二条 凡民事一切纠纷（土地、婚姻、债务、继承、劳工……）均应厉行调解。

凡刑事除下列各罪不许调解外，其他各罪均得调解。

1. 汉奸特务罪；
2. 盗匪罪；
3. 杀人罪；
4. 贪污渎职罪；
5. 危害军事罪；
6. 妨害公务罪；
7. 妨害选举罪；
8. 逃脱罪；
9. 藏匿人犯、湮没证据罪；
10. 伪造公文印信罪；
11. 破坏货币及有价证券罪；
12. 伪证罪；
13. 妨害水利罪；
14. 破坏交通罪；

15. 伪造度量衡罪；

16. 烟毒罪；

17. 其他破坏社会秩序罪。

第三条 民事及许调解之刑事，其调解方式如下：

1. 对双方所争执之事物，须评议是非，明确权利。

2. 一方向另一方赔礼道歉，或赔偿损失、抚慰金或其他习惯上平气息争之方式（但以不违背善良风俗，不涉及迷信为限）。

3. 双方无条件之和解。

以上各项方式得用其一，或并用之。

第四条 调解之进行，先在所在村进行，其形式有两种：

1. 民间自行调解，由双方当事人出面，或当事人之亲族出面，邀请地邻亲友或群众团体评论曲直，就事件情节之轻重，提出调解方案，劝导双方息争。

2. 由双方当事人之一方，申请村公所调解，由村长、农会主任（或其他村干部）召集双方当事人之亲友地邻或民众团体，或其他有关人员，开调解会，大家评议曲直，就事件情节之轻重，提出调解方案，劝导双方息争。

第五条 前条所列调解如不成立时，或调解后十日内一方对调解方案不同意时，得由当事人双方或一方申请区公所依法调解之。

区公所接受调解事件后，得邀当地民众团体、公正士绅、当事人之亲友地邻、本村干部协助调解，或由区干部单独调解。

第六条 区公所进行之调解如不成立时，或调解后十日内当事人之一方又对调解方案不同意时，得由当事人双方或一方，向县政府正式起诉。

县政府接受状报后，认为仍有调解之必要时，仍须进行法庭调解，或指定双方当事人之亲友邻居、区村干部在外调解。

县政府主持之法庭调解或在外调解，如当事人不同意不能成立时，县政府得依法判决之。

第七条 县政府所为之判决如当事人不服时，得上诉于所属的专员公署。

专员公署接诉状后，认为仍有调解之必要时，得进行法庭调解，或指定双方当事人亲友邻居、区村干部在外调解。

专署主持之法庭调解或在外调解，如当事人不同意不能成立时，专署得依法判决之。

第八条 专员公署所为之判决，如当事人不服时，得上诉于冀南行署。

冀南行署受诉以后，认为有调解必要时，仍得进行法庭调解，或指定在外调解，调解不成立时，依法判决之。

第九条 调解必须双方当事人同意，始能成立。

第十条 无论是政府人员、民众团体或地邻亲友，均不得对当事人强迫压抑，并不得有从中受贿舞弊情事，违者处罚。

第十一条 调解人之间如对调解方案有不同意见时，不以多数少数付表决，而应从双方当事人同意与否为内定。

第十二条 各级政府主持之调解，邀请或指定调解人时，调解人之人数不限，但应具备下列条件之一者，始得被邀请或指定为调解人。

1. 对双方当事人所争执之事件熟悉者。
2. 对双方当事人所发生之事件曾在场目睹者。
3. 急公好义、为人正直公平者。
4. 当事人所属之民众团体负责人。
5. 曾参与调解，对争执事件作过调查研究的干部。

第十三条 在法庭外调解成立之事件，应由调解人制成和解书，交双方当事人收执为据，如其事件已属司法机关有案者，应另写一份和解书，交请司法机关核批销案。

第十四条 和解书应具下列各项：

1. 双方争执之简要事由。
2. 调解之结果。
3. 实是双方同意和解，并无强迫压抑事情。
4. 双方当事人姓名、签字盖章或指印。
5. 调解人姓名、签字盖章或指印。
6. 调解年月日。
7. 调解地点。

第十五条 由法庭调解成立者，应由法庭录具两造同意之条件与供词，朗读后，由当事人签字盖章或指印存卷，一面制作和解书，送达双方当事人收执为据，即将讼案注销。

第十六条 本条例自公布之日施行。

（选自冀南行署一九四六年七月《法令汇编》第一册）

晋西北村调解暂行办法

（一九四二年三月一日公布）

第一条 为杜息争端，减少诉讼，增强团结，特依据村政权暂行组织条例第十八条制定本办法。

第二条 村民如有民事纠葛，得向行政村调解委员会（如没有调解委员会之村，暂由民政委员会管理调解事宜）声请调解。但声请人与被声请人隶属不同行政村管辖者，应向被声请人之行政村调解委员会声请调解。

第三条 调解委员会与本调解事件，有最近宗属、配偶或历史关系，足认其执行职务有不公之可能者，应行回避。

第四条 调委因回避或他故不能出席时，由民政委员会代行之。

第五条 声请调解时，以书面或言词均可向调解委员会提出之。

第六条 调委会接收人民声请后，认为不能即时调解者，应另定调解日期通知当事人，但自声请之日起不得逾五日。

第七条 调解期限，自两造当事人到场调解之日起，不得逾三日。两造同意者，不在此限。

第八条 调委会如对争议之事实有疑义时，须派员实施勘验或调查。

第九条 调解应由村书记或其他识字人，登载下列事项于会议笔录：

（一）当事人姓名、年岁、住址、成分、职业。

（二）调解之原因、事实。

（三）调解之结果。

（四）调解委员之姓名。

（五）调解处所及年月日。

第十条 调解会议笔录，应作成笔录正本，送达当事人，取具回证。

第十一条 调解成立与确定判决，有同等效力。

第十二条 调委会不得强令当事人同意调解。

第十三条 解调委员会不得收受报酬。

第十四条 本办法自公布之日施行。

（选自晋西北行政公署《法令辑要》）

山东省调解委员会暂行组织条例

（一九四一年四月十八日通过，同日公布施行）

第一条 为及时解决民间民刑争执，减少讼累起见，特根据改进司法工作纲要第四条之规定，成立各区乡调解委员会。

第二条 各区乡调解委员会得独立行使职权，区调解委员会与乡调解委员会为领导关系。

第三条 调解委员会由区乡长、各群众团体代表及公正进步士绅共同组织之，其委员名额，由各地斟酌实际情形商定之，区乡长为主任委员。

第四条 调解委员会主任委员之职权为处理会内一切日常工作，指挥调解事宜及指导下级调解委员会之工作。

第五条 调解委员会专司调解及调查，搜集证据系指案件之证据及事实之真相。

第六条 调解委员会之委员如其亲属或有特别关系之人为被调解当事人时，得由上级调解委员会调解之，或由上级调解委员会指定其他同级调解委员会调解之。

第七条 调解应采合议制，案件之最后决定，须经参与调解之各委员共同组织之评议会决定之。

第八条 各区乡调解委员会调解案件，如遇两造不同〔住于〕某区乡时，民事得由被告所在地，刑事得由犯罪地之调解委员会调解之。

第九条 调解成立后，应制作调解笔录，交付或送达当事人，不得以判决行之，调解笔录之效力与判决同。

第十条 调解委员于接受案件后，应即时定期召集双方当事人进行调解，不得借故拖延。

第十一条 调解案件应以和婉公正态度耐心调解与说服，不得威迫利诱及其他一切不正当方法处理之。

第十二条 调解案件不准收受任何费用，其不能书写声请调解书者，口头申述亦得受理，但须制成笔录附卷。

第十三条 调解应倾听双方陈述，详察案情，若事属可疑，应即设法调查，不得徒依片面之词妄作臆断。

第十四条 调查应尽量采用习惯与法理，但庸俗的道德观念及有害抗战与仅有利少数人之习惯，不得采用。

第十五条　凡调解不成之案件，应将该案所有文卷、证据及调查所得之案情，一并呈送上级司法机关审理之。

第十六条　为便利民众与及时检查地方上破坏抗战之分子，调解委员应轮流到所辖区域内经常巡视，如有违犯抗战之重大案件，应立即呈报上级行政或司法机关，以便处理。

第十七条　本条例如有未尽事宜，得由山东省临时参议会随时修改之。

第十八条　本条例经山东省临时参议会通过公布施行之。

（选自山东胶东行署《法令汇编》）

山东省政府关于开展调解工作的指示

（一九四五年十二月十三日）

开展区村调解工作为目前及今后司法建设之基本工作。这一工作的开展，不仅是贯彻群众观念的基本精神，而且也是建立新民主主义司法机构、司法制度的重要基础。为此，已决定各县区添设调解助理员，并已于民字第六号通令通知在案。为了迅速开展这一工作，特将调解助理员的职责任务及开展调解工作应行注意事项，指示如下：

（一）调解助理员之职责为领导帮助区村调解委员会开展调解工作，在未设立区调解委员会之区，即应直接领导建立村调解委员会或说事小组等调解部门。村调解部门之组织，或每一自然村普设，或以行政村联防区、学区合设，可按具体情形自行研究决定。至于接受处理调解案件，当然亦系调解助理员之职责，但在处理案件时，最好仍配合建立调解工作的中心，与区村调解部门共同进行，借以帮助教育区村调解干部，并加强群众对调解工作的认识。为此，今后各区应重视这一工作，积极推动帮助调解助理员进行工作。目前应即着手整理现有区村调解部门和积极布置建立村调解部门。要求明年三月底，要将已有的区村调解部门整理充实健全完毕，四月底，各区最低应将所属行政村的调解部门，一律建设完成。这一工作，各县司法科长应经常巡视帮助，并定期召集会议研讨总结，加强教育，而调解助理员亦应随时向县反映情况，报告工作，以求得密切联系。

（二）根据一般反映，群众对调解委员会不如对政府司法科信仰高，致不少调解委员会形同虚设，推究其中原因有以下几点：

①由于群众受封建统治影响太深，形成了一时不易克服的信"官"不信自己力量的封建思想。

②调解委员不能站在为人民服务的立场，掌握政策法令去解决问题。相反的，无条件的息事宁人和私情偏向，致使一般善良群众冤不得伸，理不得直。

③调解委员之官僚压抑。

今后要使这一工作开展，首先应纠正以上弊端，从建立调解委员会的威信开始，具体办法：第一，各县司法科处理案件时，一定要走群众路线，运用群众力量以纠正群众信"官"不信自己力量的认识，也只有使群众见到政府处理案件是依靠民众的实际行动，才能有力地打破这一封建思想；第二，加强调解干部业务政策法令的教育。这些教育，不是单凭研读文件，而是要根据每一具体案件去研究，运用群众力量解决案件是对他们进行教育的有效办法；第三，废除一切不合乎人民要求的制度、手续、官僚架子；第四，审查了解调解干部，对那些不能为人民服务的不称职干部要适当改造或撤换；第五，调解工作是建筑在人民的自觉自愿上，这要经过一段艰苦的教育过程，不是强迫命令所能达到的。因此，要纠正过去强制调解或一定按级调解的偏向。此外，经常在群众运动中发现培养调解干部尤为重要。各地接到这一指示后，要好好讨论，具体布置，认真执行，并将具体执行情形和收获、成绩、经验，定期汇报本府为要。

（选自《山东省政府法令汇编》）

山东省战时工作推行委员会
关于民事案件厉行调解的通令

查民事诉讼日渐增多，其非经诉讼不能解决之重大案件，固属有之，而其情节轻微，不经诉讼即可调解完结之案件，亦所在多有。兹为减少民间讼累，杜绝不必要之诉讼及易于判结案件起见，特为决定如下：

（一）凡民事案件，无论大小，一律先由区调解委员会试行调解。调解成立者，应即由调解委员会发给调解笔录（其效力与判决同），其调解不能成立者，应即发给调解不成证书，以凭起诉，凡不经调解或未持调解不成证明书者，概不受理。

（二）调解委员会系司法上之协助机关，不在正式审级之列，故其调解程序依其性质及敌后情形，不受诉讼法之严格限制，其法律依据亦以抗战法令与当地之善良习惯为主，其方式更应和婉耐心，公正为尚，凡稍步威迫利诱或处罚拘役均属违法。

（三）区调解委员会应以区长及群众团体代表与公正士绅共同组织之为原则，对案件之调解，应先由会议根据事实决定处理办法，以防包办独裁之弊。

（四）各级司法机关对所属调解委员会，应经常检查督促指导其工作，充实其组织，纠正推诿放任、漠不关心的态度。以上各节俱经本会第一次常委临时会决定，记录在案，仰即遵照办理，并仰参照前颁区调解委员会组织条例，切实计划深入检查，以便保证该项决定之彻底实行为要。

（选自山东省政府秘书处《战时法规政令汇编》第二辑）

渤海区村调解委员会暂行组织条例

（一九四四年四月二十日公布施行）

第一条 为及时解决民刑争执，减少讼累起见，特根据民国三十年山东省临时参议会公布之调解委员会暂行组织条例，及三十二年山东省战时行政委员会关于司法工作的指示，特制定本办法。

第二条 区与行政村均设立调解委员会，各区村（行政村）调解委员会为同级政府组成部分之一，区调解委员会对村调解委员会为指导关系。

第三条 区调解委员会委员由区长约请各群众团体代表及赞成抗战民主之公正人士，共同推选之，区长为当然委员。村调解委员会由村代表大会选举之。调解委员会委员名额，由各地斟酌实际情形，以三人至七人为原则，各调解委员互推一人为主任委员，负责处理会内一切日常事务，并指导调解事宜。一人不得同时兼任区调解委员及村调解委员。

第四条 区调解委员会设置脱离生产调解委员一人长期驻会，如脱离生产之调解委员与主任委员非为一人时，脱离生产之调解委员应经常协助主任委员执行职务。

第五条 调解委员会处理案件，须尽力搜集讼争案件之证据与事实之真相。

第六条 村调解委员会之委员，如其亲属或与有特别关系之人为被调解当事人时，得由区调解委员会调解之，或由区政府指定其他村调解委员会调解之。区调解委员有上项情形时，该调解委员应自动声请回避，由其他委员主持调解，或由县政府指定其他区调解委员会调解之。

第七条　调解应采合议制，案件之最后决定，须经参加调解之各委员共同组织之评议会决定之。

第八条　各调解委员会调解案件，如遇两造不同县区村时，民事得由被告所在地，刑事得由犯罪地之调解委员会调解之。

第九条　案件调解成立后，应即制作调解笔录原本，认明时间地点，被调解当事人及关系人姓名与调解内容，由双方当事人及主持调解之委员签名盖章，或按指印，然后再照原本缮制正本，交付或送达当事人收执，原本存会备查。

第十条　调解成立之笔录与确定判决有同样效力，案件一经调解成立，当事人即须遵照履行，不得再提异议，但调解违法或违背政策者，不在此限。

第十一条　各调解委员会对于危害抗战及广大群众利益之重大案件，不得擅行调解，违者无效。

第十二条　调解委员会于接收案件后，应即时定期召集双方当事人进行调解，不得借故拖延。

第十三条　调解案件应以和婉公正态度耐心调解与说服，不得用威迫与利诱或其他不正当方法。

第十四条　调解案件不得收受任何费用，其不能写声请书者，口头声请亦须受理，但须制成笔录附卷。

第十五条　调解应听取双方陈述，详察实情，若事属可疑，应即设法调查，不得根据片面之词，妄作臆断。

第十六条　调解应尽量采用习惯与法理，但庸俗的道德观念及有害抗战与仅利于少数人之习惯，不得采用。

第十七条　凡调解不成立之案件，应将该案所有之文卷、证据一并送请县政府进行审理。

第十八条　为便利民众与及时检查地方上破坏抗战之分子，调解委员应轮流在所辖区域内巡视，如有违反抗战之重大案件，应立即呈报上级政府以便处理。

第十九条　调解委员会因办公需用之纸张、灯油等费，准向同级政府实报实销，但须力求节约，除脱离生产之调解委员外，其他与会调解案件委员之伙食，准按餐数向同级政府实报实销。

第二十条　各调解委员会概不得收受被调解当事人之任何财物、馈赠，违者以贪污论罪。

第二十一条　本办法由渤海区行政公署制定，提请同级参议会通过公布施行。

(选自渤海区行政公署一九四四年四月《战时单行法规》)

苏中区人民纠纷调解暂行办法

(一九四五年五月)

第一条　为使苏中区人民纠纷本新民主主义互助互让团结抗战之精神，求合理之解决，特订定本办法。

第二条　人民民事纠纷，非经调解手续，不得起诉。

民事诉讼在审讯中，如经双方合意申请，或事实上以调解为宜者，审判员得以案件移转调解机关，进行调解，但每一案件之移转调解，只以一次为限。

第三条　刑事重大案件，原则上不得调解，但系下列轻微刑事纠葛，经申请时，得进行调解：

一、诱奸串逃案件；

二、阻耕强收妨害水利案件；

三、轻微伤害案件；

四、坐闹索诈案件；

五、毁坏强占案件；

六、其他纠纷事件。

第四条　调解机关，区政府设调解股长或助理主持，并领导区乡调解委员会。

第五条　区乡调解委员会委员由区政府就下列人员聘任之：

一、乡长或民政委员；

二、乡农抗或工抗会长；

三、民兵队长；

四、妇抗代表；

五、区学乡学教师；

六、参政员或参议员；

七、公正士绅。

第六条　乡调解委员会由调解委员三人至五人组织之。

乡调解委员会以每乡设立为原则，但因环境及地区关系，得两乡或两乡以上合并组成。

区调解委员会遇必要时，临时组织之。

第七条　乡调解委员会由委员中互推主任委员及记录各一人，进行日常工作。

第八条　区政府调解股长或助理，应经常参加各乡调解委员会进行调解，遇有案件非乡调解委员会所能解决者，得就有关各乡调解委员中，聘请五人至七人组织临时调解委员会进行调解。

第九条　调解案件应于调解委员会开会时进行，调解委员不得单独私自进行，但受调委会之委托进行个别说服者，不在此限。

第十条　人民发生纠葛时，口头向调委会申请后，调委会应即确定日期，通知双方，进行调解。

进行调解之日期，申请人无故不到者，视为撤销，对造人无故不到者，视为调解不成立。

抗属与他人发生纠葛事件，应依照优待抗属原则尽先调解。

第十一条　调解纠纷须合情合理，经双方自愿同意，和解方得成立，如一方有异议时，仍不能认为成立。

第十二条　调解成立时，应制成调解笔录，详载调解内容，分缮两份，交双方收执，其效力与司法判决同。

调解不成立时，应制作调解不成立证明书，发给申请人，以便依法进行诉讼。

第十三条　调解成立后，双方均须遵照调解内容，自动履行，如有违背时，得根据一方之声请，由政府强制执行。

第十四条　调解委员会如有偏颇或作不正当期约要求者，政府得撤销其聘任，并视情节之轻重，予以处分。

第十五条　区调解委员会对案情有详细之调查研究，在兼顾双方利益之原则下，以仲裁为宜者，在区长主持会议时有仲裁权，乡调解委员会经区政府授权时，亦有仲裁权。

仲裁案件应制作仲裁书，当事人如有不服仲裁者，应于接收仲裁书后十五日内向司法机关起诉。

第十六条　调解纠纷不得收取任何费用，调解委员不得因调解纠纷，在事前事后接受礼物或请酒等酬谢。

　　第十七条　各级调解委员为义务职，开会必要时招待伙食。但每月最多不得超过两次以上。

　　各级调解委员会之办公费用，由各该级政府用生产节约办法解决。

　　第十八条　本办法由本署颁布实行后，各行政区专署、各县政府所颁布关于调解委员会各种法令章程，一律废止。

　　第十九条　本办法自公布之日起施行。如有未尽善处，由本署以命令修正之。

（选自一九四五年五月二十四日《苏中报》）

华北人民政府关于调解民间纠纷的决定

（一九四九年二月二十五日）

一、调解的重要

　　历年来，我华北解放区对于民事案件及轻微刑事案件倡导调解，民间纠纷因调解而解决的，有的县占全部案件百分之七十以上，有的村区甚至更多。这说明了我们的调解工作对于加强人民团结，免去人民因讼争而伤财费时，使能用更多力量从事于生产支前，起了相当大的作用。但在调解中也发生了一些偏差，如有的地方干部把调解规定成为诉讼必经的阶段，不经调解不许起诉；甚至当事人不服调解，而区村以不写介绍信强使服从，县也以无介绍信而不受理。这是把调解变成为强迫与侵害人民的诉讼自由，是错误的，应即废止。

　　调解是人民的民主生活之一部，凡可以调解之事，如调解好了，不只保全和气，不费钱，少误工；而且平心静气的讲理，辨明是非，教育的意义很大；调解中有互让或互助，可以改变人们的狭隘思想，这都是调解的好处，也必须注意到这些方面，才能发挥调解的作用。善于作调解工作的人，政府应予以表扬。

二、调解的组织

　　调解的进行，首先应依靠公正的双方当事者的亲友邻居及村干部，他们对事情比较清楚，关系又较密切，如果能有正确的观点，当能于纠纷开始时即使之消弭，且也常做得恰当。

其次，是政府调解，区村政府应接受人民调解的请求。为进行此项工作，村政府应设调解委员会，委员由村人民代表会选举，或村政府委员会推举均可，但村主席须是当然委员或兼任主任委员。区公所依工作繁简可设调解助理员，或设调解委员会，区调解委员会以区长为主任委员，委员则由区公所聘请群众团体代表或在群众中有威信的人士充当。

第三，已起诉到县司法机关的案子，如认为必要，也可以调解，其方式：一是法庭调解，在法庭上劝导双方和解息讼；二是指定双方所信任的人在庭外调解；三是审判员到有关地点，召集当地群众，大家评理，借以找出双方都能接受的和解办法，是调解也是审判。

三、调解的范围

凡民事案件，均得进行调解，但不得违反法律上之强制规定（强行规定：如法令禁止买卖婚姻、禁止早婚、禁止超过规定的租金或利息等）。凡刑事案件除损害国家、社会、公共治安及损害个人权益较重者，不得进行调解外，其余一般轻微刑事案件，亦得进行调解。

调解以劝说和解为主，但也必须依据政策法令提出必要的处置办法，如关于民事之赔偿或让免，轻微刑事之认错，给抚慰金等，方为妥当；无原则的"和稀泥"是不对的，但不应强人服从，其有坚持不服者，应即依法进行审判。

调解如逾越范围，不应调解的也调解了，或者处理的不适当，经县司法机关指令纠正或撤销时，调解人或机关及双方当事者均应服从，不得违抗。为此，各级政府应经常检查所属调解工作，防止偏差，并帮助调解人总结经验，提高工作。

以前颁布的调解条例，与本决定不抵触者仍有效。

上述决定也适用于城市，望各级政府研究执行，并望收集调解的好坏例子，总结经验，创造新的方法，随时报告我们。

（选自《华北人民政府法令汇编》第一集，一九四九年版）

天津市人民政府关于调解程序暂行规程

（一九四九年三月十五日天津市人民政府公布）

第一条 根据天津市调解仲裁委员会暂行组织条例第三条、第四条之规定制定本规程。

第二条 本程序旨在以政府设定的各级调解组织机构，依据双方自愿原则，推行民间调解，减少群众诉讼纠纷。

第三条 区调解股是区政府的组成部分，在行政上由区政府领导，并在业务上接受人民法院之领导，在工作上接受市调解委员会直接指导；街调解委员会是街政府的组成部分，在行政上由街政府领导，在业务上接受区调解股之领导。

第四条 调解范围：包括劳资、东伙、房租、婚姻、借贷、继承及普通民事纠纷。关于外侨劳资及其他情节较复杂的重大纠纷，区街不得擅行处理，应及时报市调解仲裁委员会。

第五条 调解原则：根据军管会及人民政府之各项政策及法令，作为调解依据，不得无原则的调解，使群众利益遭受损害。

第六条 区调解股、街调委会为适应当事人之信托，得就当事人所参加的人民团体及社会关系，约请调解人参加调解，以提高工作效率。

第七条 调解之开始：一、调解组织主动调解。二、当事人双方或一方自行声请调解。

第八条 根据双方自愿原则，当事人之一方得以正当理由，对调解人员声请回避，调解人员如认为本人有回避之必要时，亦得自行回避。

第九条 事件轻微又须迅速完结者，得依两当事人言词上首肯为和解成立，重要者则须制作和解笔录，调解笔录式样另订之。

第十条 和解笔录记载之内容：

一、当事人之姓名、年龄、职业、籍贯、住址。

二、事实经过。

三、和解之理由。

四、和解之条件。

五、和解成立之年月日。

六、调解机关及双方当事人之签名盖章。

第十一条　调解成立之后，除双方同意废除外，即发生法律拘束效力。

第十二条　本程序解释权属于天津市人民政府。

第十三条　本规定自一九四九年三月十五日起施行。

（选自一九四九年《天津市法令汇编》第一集）

关东地区行政村（坊）调解暂行条例草案

（一九四八年三月草订）

第一条　为及时合理解决民间纠纷，加强团结，发展生产，特制定本条例。

第二条　进行调解以取得两造同意为原则，不得对于双方或一方有强迫调解及阻止起诉各行为。

第三条　调解由行政村（坊）调解委员会（以下简称调委会）负责进行，并应受村（坊）长之监督。

第四条　调解委员会设调解委员三人至五人（或五人至七人），由村干部及村民推选之公正人士组织之。

第五条　调委会设主席一人，由调解委员推举之，主席因故于开会不能出席时，得委托其他委员代理之。

第六条　因债、物权、亲属、继承等事件发生之民事纠纷，应先经调解委员会调解，村（坊）调解不成时，得由区进行调处或径向法院起诉。

第七条　调解委员会对于一般刑事案件不得进行调解，但对轻微刑事事件得依涉讼者之请求予以调解。

第八条　已在司法机关涉讼的民事案件与直接侵害个人法益情节轻微的刑事案件，或已在公安局涉讼的妨害他人身体财产的违警案件，在未决或判定以前，得因涉讼者之声请，由调解委员会进行调解，调解成立后应即向法院或公安局销案。

第九条　法院或公安机关对于前条案件虽无涉讼者之声请，亦得酌量情形在未判决或判定前，征得两造之同意发交村（坊）公决或判所，由调解委员会限期调解。

第十条　调解委员会调解事项，应以两造在同一行政村（坊）为原则；如两造不住在同一行政村（坊）时，除两造同意得由任一行政村（坊）的调解委员会调解外，民事应由被告所在地，刑事应由犯罪地之村（坊）调解委员会调解之。

第十一条　被调解之两造可以委托他人代替进行调解，但调解成立时，必须被调解人双方到场表示同意，才能成立。

第十二条　区级以上的政权、群众团体干部，也可以自动或被邀帮助调解，但帮助调解的人，并无任何权利与责任。

第十三条　当事人声请调解，应以书面或言词向村（坊）公所陈述其姓名、性别、年龄、职业、住址、事由，并附送该项之关系文件，由村（坊）公所移送调解委员会进行调解，其以言词声请调解者，应由村（坊）公所作成记录，移送调解委员会办理。

第十四条　调解委员接受声请后，应决定开会调解日期，经由村（坊）公所通知当事人亲自到场。

前项开会调解日期，应自接受声请之日起，民事不得超过五天，刑事不得超过三天。

第十五条　调解期间（自开会调解至调解成立或不成立所需的全部时间）应受下列的限制：

一、调解未涉讼的事件，不得超过十天。

二、调解涉讼的案件和发交调解的案件，不得超过限定期间，如超过限定期间，可请求暂缓，但以一次为限。

三、调解中的刑事事件，无论已经涉讼或未经涉讼的，被害人得随时退出调解。

第十六条　调解委员会须有调解委员过半数之出席，始得开会。

第十七条　调解委员对于调解事项之涉及本身或其同居家属时，应即回避。

第十八条　调解委员会对于民事事件为求达成调解之效果，得对于事件之情况及当事人所提出之证据，为必要之调查。

对于刑事事件须验伤及查勘者，得由被害人或其法定代理人、辅佐人报请调解委员会勘验，开单存查，其不愿者听当事人自便。

第十九条　调解委员会进行调解时，除勘验费应由当事人核实开支外，不得索取任何费用。

第二十条　调解人不得收受报酬。

第二十一条　进行调解除对于民事当事人及刑事被害人得评定赔偿外，不得为财产上或身体上之处罚（即不得罚款或拘禁）。

第二十二条　调解成立时应本两造意旨写成调解字据三份，交由两造各执一份，村（坊）公所存查一份。

第二十三条　调解字据应记载下列事项：

一、当事人姓名、性别、年龄、住址、职业。

二、调解的原因事实。

三、调解结果。

四、调解委员及调解人之姓名。

五、调解处所及年月日。

前项字据应由两造和调解人签名盖章或捺左二指指印，更须加盖村（坊）公所钤记。

第二十四条　调解不成立时，调解委员会应以书面写明不成立的原委，并加盖村（坊）公所钤记，介绍至区或法院。

第二十五条　民事事件调解成立后，未涉讼者不准起诉，已涉讼者应由原告或上诉人向受诉机关呈验调解成立字据，撤回原诉或上诉。

刑事事件调解成立后，未涉诉者不准再告，已涉讼者，应由被害人向受诉机关呈验调解成立字据，请求销案。

第二十六条　调解成立的内容或条件，如果违背政府法令或有碍善良风化或涉犯罪行为，其调解应为无效。

第二十七条　调解成立的字据，如系因受诈欺或胁迫而立，应自发现诈欺或脱离胁迫之日起，在六个月内向司法机关诉请撤销。

第二十八条　调解委员如有违反本条例之规定，或有其他违法行为者，无论由于当事人之告发或由于村（坊）级以上政权的发觉，应即先行停止其职务，并送请该管法院依法惩治之。

调解委员之违法行为经法院判决者，应提由村（坊）民大会罢免之。

第二十九条　调解成立的字据，与法院确定判决有同等的效力，可以请求强制执行，但经审核无效者，不在此限。

第三十条　调解未涉讼的刑事伤害事件时，调解委员会应让犯罪人先负必要的医治责任。

第三十一条　调解未涉讼的民事亲属关系的扶养事件时，请求调解的人如目下无法生活时，应让对方先给付调解期间关于生活必需的费用或物品。

第三十二条 未涉讼的民事债务物权事件，在调解以前或调解期间，可以请求司法机关先行假扣押、假处分。

第三十三条 本条例如有未尽事宜，得随时修正或补充之。

第三十四条 本条例自公布之日起施行。

（选自东北旅大高等法院《司法条例汇编》）